新しく学ぶフランス史

平野千果子
［編著］

ミネルヴァ書房

はしがき

フランスの歴史と聞くと、何を思い浮かべるだろうか。まずは王政時代の宮廷文化や、それに対置される民衆文化をあげる人もあるだろう。何をおいてもフランス革命という激動の時代だろうか。革命に続いては、一九世紀も大きな政治変動の連続だった。そうしたなかでパリを舞台に花開いた種々の文化や芸術、あるいは二〇世紀の戦争の時代や、近年注目される極右勢力の変質や躍進などがあげられるだろうか。

一つの出来事からさらに別の出来事へと、関心はつきせず広がることだろう。これらはフランスの歴史の豊かさを示してもいる。豊かな歴史であるということは、その切り口もアプローチも自ずから多様なものが見出せるということでもある。そもそも今日のフランス自身が、きわめて多彩で多文化的な様相になっている。そうした現代社会を特徴づける側面から、過去に遡ってみるとどうだろうか。

このような思いから、本書はさまざまな要素のなかでも、宗教、植民地を含む対外関係、そしてジェンダーを三つの柱として、フランスの歴史を語ろうとするものである。これらは今日の社会で重要な論点となっているのはもちろん、近年の歴史学では研究も蓄積されてきているテーマである。いうまでもなくこれらの視点は、より多面的に歴史にアプローチすることを可能にし、さらに豊かな歴史の姿を少しずつ明らかにしてきた。今日では以上の論点は、歴史を語るに際して多少とも視野に入れるべきものとなっているだろう。本書はそれぞれの章の執筆者が、濃淡はあれ、この三つの要素を念頭に書き進めたものである。

章立ては基本的な時系列に沿いつつも、一つの時代を異なる複数の角度からみることができるように試行錯誤を重ねた。それを効果的に補完するため、あえてそこから少し距離を置き、特定の軸に沿って長期の幅で記述している章もある。テーマによっては時代区分がずれることもあるし、章の間で記述が重複することもいとわなかった。そうした幅輳する観点からながめてみると、最後にはどのようなフランスの姿が現れるだろうか。中世から現代にわたる一二の章と一〇のコラムを配した本書は、どこから読んでいただいてもかまわない。本書とともに、フランスの過去への旅をしばしご一緒いただきたい。また本書の刊行には武蔵大学から出版助成を受けた。記して感謝するしだいである。

二〇一九年四月

平野千果子

新しく学ぶフランス史——目次

はしがき

コラム一覧

序章　いまフランス史を学ぶということ

平野千果子

グローバル化の時代に

現代社会のキーワードを一つあげるなら、まずはグローバル化ではないだろうか。ソ連崩壊以降の一九九〇年代に急速に進展したグローバル化は、情報手段の発展もあいまって、世界は一つという感覚を大いに高めた。ところがグローバル化が深化するにつれて、その負の側面も浮き彫りとなってきた。それへの反動から今日では、世界の各地でナショナルな主張が勢いづいている。第二次世界大戦後に進められてきたヨーロッパ統合にも、近年では懐疑的な立場が急速に支持を広げ、改めて国家の重要性を訴える論調が力を得ているのが現状である。

「フランス史」をタイトルに掲げる本書は、そうしたナショナルな流れに棹さして、強固な一国史を改めて提示しようとするものではない。反動が起きても、世界のグローバル化それ自体が止まることはないだろう。そのような時代にフランスという一国の通史を書く意味は、どこにあるのだろうか。あるいは、今日フランス史を学ぶということに、どのような意味があるのだろうか。以下に少し整理していこう。

はじめにグローバル化について確認しておきたい。これは国家の垣根が低くなることとか、国家の存在が希薄化することを意味しているわけではない。たしかにグローバルに流動する資本が、国家の制御を離れて自由に越境していると見える面もある。しかし現実には、グローバル化に呼応して、国家自身が諸制度を再編し、そうした越境を許す新たな規範を生み出している。グローバル化は国家の存在を希薄化するとみえて、実はそのあり方に絶えず変容を迫っているというべきだろう。しかも自由に越境する環境を得ているのは資本であって、労働力には同じような自由はない。昨今では人の移動に対しては、その増加に合わせて各地でむしろ規制が厳しさを増している。受け入れられない者の数も膨大である。

他方で実際に移動した人（移民）に目を向けるならば、国家の別の側面も見えてくる。移動した人のなかには、軋轢《あつれき》を伴いながらも受け入れ国に定住し、やがてはその「国民」になっていくケースもある。彼らは従来語られてきたその国の歴史とは、異なる背景をもつ国民になっていくことになる。そのような「異なる国民」の数が大きく増えたことで、今日では各地で排外的な動きが起きているわけだが、異なる歴史的背景をもつ人の数が増えれば、その国の自国史なりいわゆる国民史なりは、いずれは書き換える必要に迫られるはずである。グローバル化の進展はこうした側面からも国家に変容をせまり、ひいては国家の語りを変えていく状況を生み出しているといえようか。

そもそも一国の歴史は、内側での展開だけではなく、つねに外との関係においてつくられてきた。一九世紀末の帝国主義の時代は、別の意味でのグローバル化が進展した時代だったが、この時期に西欧では並行して近代国家が形成され、ナショナルなものがかたちを成していった。現代世界におけるグローバル化の進展は、外との関係に目を向ける重要性を改めて認識させているのではないか。つまりそれは、国家の枠を取り払うものではなく、その国のみならず、内と外との関係を「トランスナショナル」に考えさせる一つの要素だといえるのではないか。それは新たな視角で、フランスという国の歴史を考える必要を示している。

そのような観点からみるならば、フランスという名称自体、一つの鍵になると考えられる。第1章にも詳述されるように、フランスという名称はフランク人に由来するものの、フランク人が何か固定的な単一の集団を指していたわけではないし、フランスという地名も今日のフランスに相当する領域を指していたわけではない。加えてメロヴィング朝期には、フランス人という表現は「主としてロワール川以南のローマ人に対する言葉」となり、またフランスという名称はアキテーヌやブルゴーニュという、他の地域に対置する地域概念だったという（プラノール 2005：120-121）。言い換えるなら、フランス人という呼称にせよフランスという地名にせよ、いずれもローマ人、あるいは他の地域などとの、いわば対他関係のなかで使われていったということである。これは一つの国家なり国民なりが、一枚岩のものでもなければ、それ自身のみでつくられたのでもなく、内の多様性をもちつつ、何よりも外との関係性においてつくられたものであることを端的に示している。こうした認識は、本書の基本的な姿勢につながっている。

本書が「フランス史」を中世の章からはじめていることに言及しておくなら、それは今日の国境概念を過去に投影しようとしてのことではない。まさにフランスなりフランス人なりが所与のものでなかった時代から、フランスとして成り立ってきたものの混成状況、あるいは複数性というものに意識を向けようとするからである。

したがって本書が念頭に置くのは、「外部」との交流・関係に視野を開いた、多様な複数性をもつフランスの歴史を捉えようとすることであると、とりあえずはまとめられよう。それは、変容を迫られ苦悩する国家の姿があちこちで伝えられる今日、いまある国家の姿もまた変容の続いた結果であることを、フランスを事例に歴史的に捉えようとすることでもある。

このようなことを考えるのは、従来のフランス史が必ずしもそうした認識の上に書かれてきたわけではないからである。

フランスにおける語り

それではこれまで、フランスの歴史はどのように語られてきたのだろうか。今日のフランスは「共和国」であり、その思想的淵源はフランス革命にあるとされる。しかし革命が一気にすべてを成し遂げたのではない。制度的には一九世紀後半以降、革命の系譜を引くと自任する第三共和政期に、今日につながる近代国家の基礎が築かれたこともあり、フランスでは長らく共和国の形成が歴史を書く際の主軸となった。しかもそれは多分に共和主義史観というべきものを生み出した。つまり歴史の各段階を共和国形成への道程とみなし、それに到達することを目的とするような歴史観といったらいいだろうか。

当時を代表する歴史家エルネスト・ラヴィスが編集した二七巻に上る『フランス史』（一九〇三〜一九二二年）は、そのような国民史を象徴するいわば金字塔である。こうした歴史へのまなざしは、その後長きにわたって続くことになる。ラヴィスは学校教科書も多く執筆している。最初の教科書の刊行は一八七六年に遡る。ラヴィス流の歴史観は、子ども時代から人びとの間に広く浸透した。歴史的事件の解釈においても、その主要な原因を共和主義に帰するといったような姿勢は、今日外国の研究者にもみられるものである。

その後、歴史学自体が、政治史中心の叙述から広く人間生活全般を扱おうとする社会史的手法へと、大きな変貌を遂げてきたが、その延長上に新たなフランス像を提示しようとする試みが実現した。ピエール・ノラの編んだ『記憶の場』（一九八四〜一九九二年）である。一三三篇もの論考を集めた大作で、扱うテーマの多様さもさることながら、起きた事件そのものよりも、それが後の社会にどのように記憶されているかという側面に注目したことでも、大きな反響を呼んだ。専門的な論文集とはいえ、一般の読者を幅広く獲得したことでも話題となった。いくつか抜粋したものが英語や日本語など他言語に翻訳されたのみならず、異なる国家や社会を場として、同じような試みがいくつもなされた。かつてフランスの植民地であった西アフリカにおいても、同様の関心から論集が編まれている。ノラの提示した歴史観がいかに時代の要請に応えるものだったかが諒解されよう。

本書の関心からは「複数のフランス」なるものを一つの大きな柱としたことに、とくに注目したい。「フランク人とガリア人」「アンシャン・レジームと革命」「赤（革命派）と白（反革命派）」「中央と周縁」「サン＝マロ・ジュネーヴ線」「パリと地方」などなど、内容的には既知のものであったとしても、対立する要素に目を向けて、共和国という鋳型に向かうのではない歴史の側面を提示したことは、「多様なフランス」を意識した編者の意図を十分にうかがわせるもので、刺激的でもあった。ラヴィスのフランス史は、普仏戦争の敗北が尾を引くなかで、均質で求心力をもつ国民形成が急がれた時代を背景として生まれたわけだが、ノラの企図はそうした物語を柔らかく解体の方向へ向かわせるものとも思われたのである。

このあたりについては、ノラ自身の言葉が参考になる。近年になって、ラヴィスの『フランス史』二七巻が再刊された（二〇〇九～二〇一一年）。それに寄せた序文でノラは、今日ではラヴィス流の歴史はもはや不可能であるものの、国民の心性に深く浸み込んでいるとして、次のように記している。「私たちはみな歴史家として、フランス人として、市民として、血管にラヴィスが流れているのだ」（Nora 2009 : x）。事実、ノラの論集は三部構成で、第三部は先に言及した「複数のフランス」だったが、まずはラヴィス的な「共和国」と「国民」が第一、二部のタイトルに掲げられていたのである。半分はラヴィスの継承から、半分は反発から『記憶の場』を構想したというノラの言は、こうした面に表れているだろう。

他方でこの論集が刊行された一九八〇年代には、すでにフランスの複数性は、内部に由来するものだけでなく、外部の植民地支配の過去に由来することも社会の前面に出るようになっていた。ところがノラの組み立てた「複数のフランス」は、そうした側面にはほとんど目配りのない構成だった。そうであればまた、この壮大な試みに対して「外部」の視点が欠如している、あるいはナポレオン戦争のみならず植民地戦争などの、痛みを伴う過去が含まれていないなどの厳しい批判が寄せられたのは、必然といえる。一点だけ載せられた植民地関係の論文は「複数のフランス」の第三部ではなく、第一部の「共和国」に収められており、その論旨も共和主義史観に則るものだった。

ノラの試みが一世紀近くもフランスに根を下ろしていた歴史観への挑戦だったとして、今日ではそれを評価しつつ、とりわけ外部との関係／植民地関係ではさまざまな分野や地域の専門家が、さまざまなテーマで成果を発信している。そうしたまなざしが、フランス史という大きな物語のなかにいかに包み込まれていくのか、という将来への展望が語られるべき時代に、わたしたちはいまあるように思う。

その一端は、教育現場に還元されている。最近の学習指導要領に基づく高校の歴史教科書をみるならば、たとえば現代史の巻では、第二次世界大戦後のアルジェリア戦争の「記憶」に一章が割かれている。アルジェリアに出自をもつ生徒の数が増していることが、その背景にはあるだろう。立場によって異なる複数の「記憶」に焦点を当てて現代社会を考えるという視角は、批判はあれノラの貢献が発展的に継承され、根差してきたことの証でもある。共和国に収斂する歴史に居場所のない人びとを視野に入れたフランス国民史への試みは、こうした側面からもはじまっているようである。本書を準備していた二〇一七年には、『世界のなかのフランス史』（パトリック・ブシュロン編）という、ノラを意識した多声（ポリフォニック）的で挑戦的な試みがかたちをとったことも記しておきたい。

多様性に開かれたフランス史の試み

いまアルジェリアの例を引いたが、今日のフランスがきわめて多様な社会になっていることは、言語状況にも現れている。少し古い数字だが、一九九九年にフランスの諸言語について調査したセルキリーニは、「欧州地域語憲章」の基準に照らすとフランスには七五もの地域語・少数言語が存在すると述べている（セルキリーニ 2008：92-93）。時の為政者も驚いたというその数字は、古来からの地方語ではなく、多くは旧植民地である海外県や海外領土に由来するものや、近代以降にフランスに流入した人びとに負うものだという。二〇一七年の別の調査では、フランス共和国の抱える言語の数は四〇〇は下らないという報告すらある（DigiSchool）。フランスがいかに多彩で多文化な社会となっているか、もはや多言を要すまい。

そうした多様な社会であることを念頭に置きつつ、本書ではまえがきで述べたように、宗教、植民地を含む対外関係、ジェンダーという三つの軸を意識した通史をめざしている。これらについて、少し言及しておこう。

まず宗教だが、ヨーロッパはキリスト教文化圏であり、今日のフランスもカトリックだと考える傾向はいまだに根強いようである。たしかにフランスは歴史的にカトリックの国であり、「（ローマ）教会の長女」ともいわれてきた。一九世紀末でも九八％がカトリックである。キリスト教はフランス社会の基層文化として、いまも根づいている。しかし現代のフランスにおける宗教の特徴をあげるなら、ヨーロッパのなかでも抜きんでて世俗化の進んでいる国となっていること、そしてイスラームが第二の宗教となっていることではないか。街を歩くと目に入る建造物は、圧倒的にキリスト教に由来するものが多いとはいえ、そうした街並みが形成された歴史と、今日の宗教をめぐる状況は、もはや一致してはいない。イスラームに関しては、祈りの場の不足もまた差し迫った課題として指摘されている。

しかも歴史を遡れば、信教の自由は近世以降のフランスにとって重要な論点だった。カトリック以外の宗教を認めるか否かは、戦争にも発展する大問題だったのである。信教の自由や礼拝の自由の容認が、異なる宗教の信徒を社会に寛容に受け入れることに、直接つながるわけでもない。加えてカトリックの内部からもさまざまな立場が生まれ、それを認めるか排除するか争われたことも、またフランスの歴史の一部である。時代ごとに現われる相貌の一端は、本書にも描かれるはずである。

次に対外関係については、すでに言及してきたので多くは繰り返さない。ここでは、一国の歴史は今日の国境の内部だけでつくられてきたものではなく、時代によって変化する国境の外部との交流／接触の歴史があったこと、「フランス人」という存在にしても固有の民族がいたわけではなく、歴史的につくられてきたことを改めて記すにとどめよう。ただし植民地問題に関して付言するなら、本書は歴史の「負」の側面を批判の俎上（そじょう）に載せようとするものではない。植民地史研究においては、支配と抵抗という二分法では語り切れない世界が、すでにさまざまな側面から明らかにされている。それらを子細にたどることは本書の枠を超えるが、今日の多様なフランス社会を形作る歴史的背景を考えるうえで、植民地とのかかわりはもはや欠かせない要素となっている現状があることは、確認しておきたい。

三つ目のジェンダー／性をめぐる問題は、近年研究が著しく進んでいる分野の一つである。権力の中枢にある多くは男性であり、政治を中心とする歴史においては男性が歴史をつくっているかのように語られてきた。女性が社会においてどのように位置づけられ、どのような営みを送っていたのか、結果として歴史の大きな流れにどう影響を与えてきたのかを考慮することは、より豊かなというよりは、より歴史の本質に迫るものであることが、すでに実証されてきたといえる。そうはいうものの、こうした論点を本書のような通史にどのように取り込んでいくのか、どのように描き出すのか、まだ正解はないのではないか。

植民地問題についてもそうなのだが、少なくとも本書では、中心の柱となる歴史の傍らに、女性やジェンダーの歴史が添えられているかのような構成はとらなかった。本書の執筆者のなかにジェンダーを専門とする研究者はいないけれど、それでも一人ひとりがこの問題を意識し、不十分ながらも可能な範囲で書くものに反映させようと心がけることを共通の課題とした。第一歩は、まずはそうした意識をもつことからだと思うからである。

したがって、三つの要素が均等にいずれの章でも触れられているわけではない。もとより限られたなかで、どこまで達成できているかは定かでないものの、各執筆者が上記のような問題意識を共有しつつ、新たなフランス史を編もうとする姿勢で臨んだことは、記しておく。

本書の構成

それでは本書の構成を簡単に記しておこう。本書に収めた一二章はほぼ時系列に配されてはいるが、それらは重なりあって展開されるからである。

第1章は中世を扱う。中世からはじめることについてはすでに述べたので繰り返さないが、どのようにフランスなるものの核がつくられていったのかだけではなく、後の時代によって、また立場によって、語られる歴史像が異なるものでありうることを考えさせられよう。本章にはゴシック建築のコラムを付した。一つの建築様式をめぐる認識が時代によって変遷するダイナミズムと同時に、やはり中世の建築が後の近代になって再発見されるというダイナミズムが描かれる。コラムを含め本章を通しては、長期の視点で読み解く歴史の躍動感が読み取れるはずである。

続く第2章と第3章は、フランス革命までの近世を対象とする。中世で今日のフランスの核となる部分が成り立ってきた後の時代、おもに外との関係に目を向けたのが第2章、内においてどのような生活が営まれたのか、宗教を軸に追ったのが第3章である。ただし内における歴史の進展も、外との交錯によって展開していった。そうしたダイナミックな歴史の諸相を、それぞれに配した「港町」と「ユダヤ人」をテーマとしたコラムとともに、味わっていただきたい。

第4章はナポレオンまでを視野に入れた革命期である。革命期は、本書で柱とした三つの要素が凝縮して顕在化した時期だといえる。本章は「人権宣言」という革命の大きな基礎に立ち返って、それらの要素を語り直したものである。掲載したコラム「啓蒙主義」も、新たな角度からの読みである。

第5章、第6章は、革命後の一世紀を通史的に語り下ろした章である。ナポレオン時代が終焉を迎えた復古王政期から、次のナポレオン三世の時代の終焉までを追ったのが第5章、それを受けて第6章は、第三共和政期の開始から第一次世界大戦までを視野に収めている。また第5章のコラムは、産業革命に伴う貧困の深刻化を地球規模のビジョンのなかで解決しようとした人びとを取り上げたもの、第6章のそれは、仏独の間で歴史に翻弄されたアルザス・ロレーヌにおける人びとの心性の変化を、ドイツ側から捉えたものである。いずれもある意味で、今日にも通じる問題をはらんでいるのではないか。

第7章と第8章は、テーマ史を設定している。まず第7章は、一九世紀を通してフランスの教育制度がいかにつくられてきたのかを、宗教という視角から通観した章である。宗教が教育の場においてかくまで争点化されていたことは、当時のフランス社会の一端を象徴する。また今日のフランスでは、公的な場には自らの宗教をもちこまないという原則（ライシテ）に則ることで、各人の平等を担保しようという方向性が出されている。実際に平等な社会に向かっているとは言い切れないものの、現在のあり方は、ライシテの変質を伴いながら、本章の議論の延長上に展開されているのである。

第8章はさらに長いタイムスパンをとって、二世紀にわたるフランスの経済史をまとめている。本書が「宗教、植民地を含む対外関係、ジェンダー」という三つの軸を立てた段階から、社会経済史への目配りが欠けることになるのはやむを得ないことだった。第5章のコラムと並んで、それを補うのが本章である。そこには「農村史」のコラムを添えた。フランス史においては農村の歴史が大きな位置を占めるとはいえ、簡便な通史では等閑視されてきた感がある。コラムという短いかたちではあるが、奥深いフランスの姿を垣間見ていただきたい。

本書のなかではやや長めの第9章は、ほぼ二〇世紀の前半、すなわち第一次世界大戦から第二次世界大戦までの時期を、国際情勢の転変とともに鳥瞰している。一つ目の大戦がフランスに与えた衝撃の大きさは、日本の体験とは決定的に異なっている。しかも大きな問題は戦後に残され、国際情勢とも絡みながら、二つ目の大戦へとつながっていく。そこでフランスが加担したユダヤ人迫害（コラム8）が示唆するように、負の過去にどう向き合うかは、現在進行形で私たちにも突きつけられている課題である。

最後の三つの章は、第二次世界大戦後を扱っている。戦後七十数年をどう語るかには、さまざまな手法があるだろう。本書ではこの時代を三つの異なる角度からたどることとした。まず第10章では、戦後フランスの政治と社会の変化を考察する。すなわち一二年で潰えた第四共和政に次いで、一九五八年から今日まで続く体制である第五共和政の変遷を追う。フランスでも、もはや従来型の左右の対立では政治や社会を語れない状況になっている。コラムに配した「五月革命」からは、すでに半世紀がたつ。今後、本格的な歴史のテーマとなっていくであろう。

第11章はヨーロッパ統合である。フランスという位置から統合を振り返ると、その歩みはどのようなものだったのか。二〇〇四年に一気に東ヨーロッパにまで加盟国を広げ、成功した国際組織として称賛されたEUも、近年では急速に亀裂があらわになってきている。そうした情勢の変化も視野に収めつつ、統合が具体的にかたちを成した第二次世界大戦後の経緯を明らかにする。

第12章は対外関係のなかでも植民地に注目して、戦後の歴史を振り返る。敗戦とともに植民地を喪失した日本とは異なり、戦後のフランス植民地は、独立への経緯は地域ごとにまったく異なる展開となった。独立しなかった地域もある。しかもそれまで外部にあると思われていた植民地の要素が、今日には内部に浸透してきている。昨今の「異質なフランス人」をめぐる議論は、多くはこれらの地域出身者に向けられている。彼らの戦後史の一端を、コラムも含めて概観できればと思う。

以上の記述に私たちのめざしたところがどれほど織り込めているか、あとは読者にゆだねたい。一人ひとりの読者の関心によって、読み取るものは異なるだろう。そしてそれこそが、歴史をたどる醍醐味だとも思われるのである。

参考文献

サッセン、サスキア『グローバリゼーションの時代――国家主権のゆくえ』（伊豫谷登士翁訳）平凡社、一九九九年。

セルキリーニ、ベルナール「言語的多様性――フランスにとっての挑戦か好機か」（三浦信孝訳）『日仏文化』第75号、二〇〇八年。

ノラ、ピエール編『記憶の場』（谷川稔監訳）全3巻、岩波書店、二〇〇二～二〇〇三年。

プラノール、グザヴィエ・ド『フランス文化の歴史地理学』（手塚章・三木一彦訳）二宮書店、二〇〇五年。

Anderson, P., *La pensée tiède: un regard critique sur la culture française*, Paris: Seuil, 2005.

Boucheron, P. (dir.), *Histoire mondiale de la France*, Paris: Seuil, 2017.

Colon, D., et al., *Histoire Term* (Programme 2014), Paris: Belin, 2010–2014.

Nora, P., «Préface», Ernest Lavisse, *Histoire de France*, vol. 1, Paris: Equateurs, 2009.

Somé, M., et Simporé, L. (dir.), *Lieux de mémoire, patrimoine et histoire en Afrique de l'ouest: aux origines des ruines de Loropéni, Burkina Faso*, Paris: EAC, Éd. des Archives contemporaines, 2014.

«Chiffres-clés: les Français et les langues étrangères», DigiSchool, https://www.digischool.fr/international/tests-anglais/chiffres-cles-francais-langues-etrangeres-16265.html (2018-2-16)

第1章　フランス史の時空間

鈴木道也

この章で学ぶこと

この章では、五世紀から一五世紀にかけてのガリア、すなわち現在のフランスと地理的に重なる地域の歴史を扱う。五世紀にこの地に建設されたフランク王国は、九世紀のなかばに三つに分裂する。その一つである「西のフランク人たちの王国」、いわゆる「西フランク王国」は、百年戦争を経た一五世紀には「フランス王国」としてまとまりを見せている。この、あるいはこれらの王国の歴史を、限られた史料から描いていこうとすれば、それはまず王位をめぐる有力家門間の争いを中心に置くことになる。この時期に「フランク人たち」、そして後には「フランス人たち」の王となり、その地位を継承したのは、メロヴィング家、カロリング家、カペー家、そしてカペー家傍系のヴァロワ家である。王位をめぐる争いと、それを維持していこうとする彼らの試みのなかから、後のフランスを形づくるさまざまな要素、たとえば国語としてのフランス語、首都としてのパリ、国土の広がり、そして民としてのフランス人といったものが、未確定ながらも、少しずつその具体的な姿を見せてくることになるだろう。

1　フランク人とフランキア

フランク人たちの王と王国──メロヴィング家とカロリング家

一千年を超えるこの長いガリアの歴史のなかからフランス史を切り出そうとする時、そのはじまりはどこに置いたらいいのだろうか。最近の研究者たちは、カペー朝の後半に即位した三人の王、フィリップ二世、ルイ九世、そしてフィリップ四世の治世、すなわち一二世紀末から一四世紀初めにかけての時代を「長い一三世紀」として重視する傾向にある。しかしこれら三人の王の下で編纂された年代記をみると、その冒頭には「フランスの歴史のはじまりは、トロイアの高貴な家系に由来する」と記されている。もちろんこれは一つの伝説であるが、彼らのなかには、自分たちが新しい国を建てているのだという自負や気負いはあまり感じられない。その支配はトロイアにさかのぼり、フランク王国の、そしてとりわけ偉大な皇帝シャルルマーニュの伝統を受け継ぐものであった。フランス史はどこからはじまるのか。この問いについて考えるために、まずはフランク人たちの王の系譜をたどってみよう。

フランスやフランス人という言葉は、ラテン語のフランク人（Franci）に由来する。彼らは紀元三世紀ぐらいからローマ帝国の辺境に現れている。ある者は農民として帝国領内で暮らし、またある者は軍人として小アジアやエジプトでも活躍していた。フランク人たちのなかにはサリー人やリプアリア人といった小集団が存在し、互いに競いあっていた。ローマ帝国がその西方部分において政治的影響力を失っていくなか、サリー系のフランク人でメロヴィング家出身のキルデリク一世とその子クロヴィス一世は、周辺のフランク人たちをまとめあげていく。とくにクロヴィスは、その軍事的な能力によってガリア全域に力を拡げ、アタナシウス派のキリスト教を受け容れることでローマの教会、今日カトリック教会として知られる教会組織の支持を得ることに成功する。彼が五世紀の末に建てた一つの王国、これが「フランク人たちの王国」、すなわちフランク王国であり、その統率者は「フランク人たちの王」と呼ばれた。

クロヴィス一世はガリアの地にローマ文化を積極的に取り入れ、南のアキテーヌや東のブルゴーニュにも影響力を及ぼしたが、この地の住民たちはそれぞれ「アクイタニア人」「ブルグント人」と呼ばれていた。フランク王国のなかには、異なる名前で呼ばれる別の集団が存在していたのである。したがって王国全体でみればフランク人の割合は決して多くはなかった。さらにこの「フランク人」と呼ばれる人びとも、そのすべてが先祖からの血のつながりを共有しているわけではない。彼らは王国の政治的エリートならびにその支配に直接的に服していた者たちであり、そこにはさまざまな出自をもつ人びとが新たに参入してきていた。

クロヴィス一世の死後、その王位は子どもたちに継承されたが（図1-1）、支配領域は王族間で分割されてしまったため、メロヴィング家の支配は政治的にはつねに不安定であった。ただし、ローマ時代からこの地に入ってきていたローマ人とフランク人との融合はこの間も着々と進んでいく。六世紀末から七世紀前半にかけて王位にあったクロタール二世とダゴベール一世の父子は、ローマの伝統を保持しつつ、また教会組織の助けを借りて、多様な地域と貴族をまとめていこうと試みる。しかしその後メロヴィング家の勢力が大きく回復することはなく、代わってフランク王国の北東部、「王国の東の土地（アウストラシア）」と呼ばれる地域の宮宰職を務めていたカロリング家の影響力が増していった。カロリング家のピピン三世は、教会勢力や有力諸侯を味方につけ、七五一年にクーデタを起こしてメロヴィング家からフランク王国の王位を奪う。時の教皇ザカリアス三世は、王位は血ではなく資質によって受け継がれるべきであるとしてこの王位継承を承認した。ピピン三世が建てた新たな王朝カロリング朝は、これまたクーデタによって王位を奪われる一〇世紀末まで、二〇〇年以上続くことになる。

図1-1　クロヴィス（中央右）とその家族

（出典）Paris, BN fr. 73, fol. 13v.

フランキア（フランス）とはどこか

カロリング家が勢力を蓄えていったアウストラシアに対し、フランク王国の北西部は「王国の新しい西の土地（ネウストリア）」と呼ばれていた。メロヴィング朝時代、ネウストリアは北東部のアウストラシアや東のブルグントと並んで、一つの小王国を形成していた。ただしこの言葉が示す場所は時代によって異なっており、メロヴィング朝時代のネウストリアは、フランス中央部を流れるロワール川を西の端とし、フランス北東部からベルギーに流れるムーズ川までの土地を意味していた。次のカロリング朝時代にその範囲は少し狭まり、西はロワール川から東はパリを流れるセーヌ川まで、ただしそこからブルターニュをのぞいた土地がネウストリアであった。この地で話されていた言葉が近代フランス語のもとになるオイル語であり、この土地は後にフランス王国の北部を形成することとなる。フランク人たちが住み、支配する土地のことをラテン語で「フランキア」と呼ぶが、一般的にフランキアとはこのネウストリアのことを指していた。

フランス王国の南部となる場所、いわゆるアキテーヌは、フランク人たちからはアクイタニアと呼ばれ、ネウストリアとは区別されている。王国北東部のアウストラシアを権力基盤とするカロリング家がフランク王国全体を治めるようになると、ネウストリアの存在感は相対的に低下する。この地域、すなわちフランキアが再び重要性を増すのは、カロリング朝を開いたピピン三世の子、皇帝シャルルマーニュの時代である。

フランク王国の王にしてローマ皇帝となるシャルルマーニュは、度重なる軍事遠征によってその支配領域を大きく拡大させた。ネウストリアを含めガリアの地全体が広大なカロリング帝国の一部となる。この帝国もまたフランク人たちの慣例に従って王族間で分有されたが、ネウストリアはブルターニュからの攻撃に備えて分王国に位置づけられた。シャルルマーニュはその子シャルルに、「フランク人たちの王」の称号とともにこの土地を与えている。八四〇年にシャルルマーニュの後継者であったルイ（ルートヴィヒ）一世が死去すると、相続をめぐる後継者間の争いは激しさを増し、八四三年に結ばれたヴェルダン条約によって王国は大きく三つに分けられた。このときルイ一世の末子シャルルが得たのがローヌ川の西方に広がる「西のフランク人たちの王国」である。そこにはネウストリアとアクイタニアが含まれていた。

その後ネウストリアがノルマン人の侵攻を受けると、九世紀のなかば、カロリング家はこの地の平定をロベール・ル・フォールなる人物にゆだねた。これがパリ周辺のイル＝ド＝フランス地域を拠点とするロベール家（後のカペー家）のはじまりである。その後西フランクの王位は、パリ伯となったロベール家とカロリング家の間を行き来することになる。一〇世紀前半に活躍したロベールの孫ユーグ・ル・グランは、カロリング家の国王ルイ四世から「フランク人たちの公」なる称号を得てこの地を治めている。九八七年にユーグ・ル・グランの子ユーグ・カペーが王位を得て以降、カペー家は王位の世襲に成功し、ここにカペー朝がはじまる。後にカペー朝はネウストリアとアクイタニアを政治的に結び合わせていくことになるが、そのなかでネウストリアの領域性は次第にあいまいなものとなり、フランキアとの結びつきも失われていく。

フランキアという言葉が再び現れるとき、それはすでにフランク人たちの故地を指すものではなく、カペー家そしてヴァロワ家が治めるフランス王国の領域全体を意味していた。二つの王家の下で王国はどのようにして結び合わされていったのか。次節において明らかになるように、その歩みは決して順調なものではなかった。

2　王国の継承と変容――カペー家とヴァロワ家

カペー朝の成立

カロリング家とロベール家（カペー家）が争っていたのは、「西のフランク人たちの王」ではなく「フランク人たちの王」の位である。王の称号から「西」がとれ、いつから西フランク王国の王が「フランク人たちの王」あるいは「フランキアの王」と呼ばれるようになったのかについてはさまざまな議論がある。しかし東フランク王国でカロリング家が断絶した一〇世紀以降、王国の内外で「フランク人たちの王」の呼称を積極的に用いていたのは、西フランク王国の王だけである。王位をめぐるロベール家とカロリング家の長きにわたる争いは、九八七年、カロリング家の王ルイ五世が没し、カペー家のユーグ・カペーが王位に即いたことで一応の決着をみる。彼は自らの在位中にその子を後継者として聖別させ、この地位が世襲されることを宣言した。この後一四世紀の初めまで、王の資質や適格性をめぐる議論は後景に退き、カペー家は三五〇年近く王位を維持し続ける。その後のヴァロワ家、ブルボン家という傍系による王位継承も含めるならば、一九世紀のブルボン朝最後の王シャルル一〇世まで、フランスの王位は血統に沿って受け継がれていくことになる。

もっとも、カペー朝の最初の四代、ユーグ・カペー、ロベール二世、アンリ一世、フィリップ一世が、王位に由来するさまざまな権限、すなわちレガリアを積極的に行使する場面はほとんどみられない。その多くは王から失われ、一つあるいは複数の城塞を拠点に自律的な支配を行う領主層たちの手に渡っていた。こうした領主たちの支配圏をシャテルニー（城主支配圏）と呼ぶ。一一世紀前半から一二世紀なかばにかけての一世紀以上、ガリアの地ではシャテルニーの時代が続いた。カペー家の王には聖職者たちによって一定の聖性が付与されており、その超越性はかろうじて維持されていた。しかしカペー家の王たちは、自らの直轄地に対する支配を固めるのが精一杯であった。

王権は停滞していたが、一一世紀から一三世紀にかけての西ヨーロッパは社会的経済的には拡大期であった。政治的な支配を行う領主とその領域、生産や消費の場として機能する大小さまざまな集落、そして宗教的な活動の単位としての教区が、それぞれ重なりあって活動を展開していた。人口を増加させた集落のなかには、王や有力諸侯から諸特権を獲得して自律性を強めるものもあった。商人たちも一定の存在感を示しはじめていた。聖職者たちは、そこに一定の秩序をつくり出すべく「祈る人（聖職者）、戦う人（貴族・騎士）、働く人（農民）」という三つの社会階層を設定した。しかしそれはあくまで構想に過ぎず、現実は多様であった。とくに聖職者と俗人の境界はあいまいで、聖俗の有力者が「貴族」として社会全体に強い影響力を行使していた。そしてこうした人びとを結びつけていたのは、網の目状に張り巡らされた人的な絆である。観念的なものであれ制度的なものであれ、王国に生きる者たちのなかで国という枠組みが意識されることはほとんどなかったといっていい。

「長い一三世紀」

フィリップ二世が即位した一一八〇年からフィリップ四世の治世が終わる一三一四年までの百数十年間は、王権と王国にとって一つの発展期であった。フィリップ二世は王国内に広大な所領をもっていたイングランド王と幾度も戦ったが、イングランド王ジョンとローマ皇帝オットー四世の連合軍を打ち破った一二一四年のブヴィーヌの戦いにより、その名をカトリック世界全体に知らしめることとなった。ブヴィーヌは、現在のフランス北東部、ベルギーとの国境近くに位置する。フィリップ二世の軍勢は戦力では劣っていたがいち早く陣形を整えてよく戦い、多数の捕虜をとって大勝した。王の治世を讃える詩のなかでギヨーム・ル・ブルトンは、戦勝にわく人びとの様子を次のように記している。「あらゆる階層、財産、職業の者が、老若男女を問わず同じ歓喜の賛歌を歌い、あらゆる口から国王の栄光、名誉がほめたたえられる」。

図1－2　ムスリムの兵士たちに捕らえられるルイ9世
（出典）Paris, BN fr. 314, fol. 424v.

深い信仰心の下、二度の十字軍を計画したのは「聖王」のあだ名をもつルイ九世である。イスラーム勢力に包囲された聖地を救わんと意気込んでいたが、最初の遠征ではエジプトで捕虜となり（図1－2）、二度目の遠征では病に倒れ、アフリカのチュニスで没してしまった。アフリカに前線基地を築き、圧力をかけつつ聖地に向かうという彼の企ては、最初の段階でつまずいたのである。以後、聖地の回復をめざす西方からの大規模な軍事行動が実現することはなかった。

東方への十字軍遠征は失敗に終わったが、フランス南部ラングドック地方の「カタリ派」と呼ばれるキリスト教異端勢力に対する軍事遠征には勝利した。北フランス地域を中心としてきたカペー王権の影響力は、南フランスにまで拡大する。地歩を固めることに成功したカペー家の王は、西ヨーロッパ世界で皇帝や教皇と対峙することになる。「ウナム・サンクタム（唯一の聖なる）」と呼ばれる回勅により自らの優位性を宣言した教皇ボニファティウス八世に対し、フィリップ四世は三部会を召集して王国の結束を確認する。教皇庁の影響を退けてガリア地域の聖職者の自律性を高める、いわゆるガリカニスムはフィリップ四世にはじまる。両者の対立は王の家臣が教皇を襲撃するという有名な「アナーニ事件」を引き起こし、教皇庁は王の意向を反映して南フランスのアヴィニョンに遷される。

フィリップ四世の子であるルイ一〇世、フィリップ五世、シャルル四世はいずれも短命で、男子の後継者を残さなかった。一三二八年、王位はフィリップ四世の弟シャルルの家門、ヴァロワ家に渡る。この王位継承に異を唱える者たちによって、一三三七年に戦端が開かれる。これがいわゆる百年戦争である。以後一三六四年のジャン二世死去までヴァロワ朝は安定せず、王国の景気も後退した。しかし次節で具体的にみるように、「長い一三世紀」のさまざまな試みは、続くヴァロワ朝にも間違いなく受け継がれていた。王権は王国全体を意識して政策を展開することとなり、影響力は広く王国全体に及んでいく。もちろんそれに反発する者たちも多かったが、彼らの動向も含め、この時期に運命共同体としての、いわばレス・プブリカ（共和国）としての「国家」が形成されたと主張する研究者も多い。

百年戦争とヴァロワ朝

カペー朝末期の国王シャルル四世の妹イザベラを母にもつイングランド王エドワード三世。また同じく国王ルイ一〇世の娘ジャンヌを母とするナヴァール王カルロス二世。二人はともにフランスの王位継承に反対し、連携してヴァロワ家と戦った。途中幾度もの休戦期間をはさみながら続いたこの百年戦争は、間違いなくガリアの地に大きな爪痕を残した。緒戦はイングランド側の勝利が続き、王国内ではエティエンヌ・マルセル率いるパリ市民の反乱や、ジャックリーと呼ばれる農民たちの暴動が生じた。二度にわたる黒死病の流行もあった。しかし、危機の時代はまた同時に変化の時代でもあった。

ジャン二世の子「賢王」シャルル五世は、一方では王族や貴族層の助けを借りて統治を進め、他方では国王権力を至上の存在とすべく、パリの知識人たちに理論を求めた。ここに王国内の多様な集団はそれぞれの役割を与えられる。聖職者はその活動範囲を教会組織内に定められ、王国権力から引き離された。貴族層は領主として領地を治めつつ、戦場に出て戦うことを求められた。戦争の過程で統治組織の官僚化が進み、課税もある種の必要悪として受け入れられていった。王は聖職者、世俗諸侯、そしてかかわりの深い「良き都市（ボンヌ＝ヴィル）」の代表者たちを集め、同意を得て税を徴収した。民衆は賛否を問われることもなく、各種の税負担を強いられた。一連の危機のなかで王位がきわめて不安定であったにもかかわらず、王国行政はそれなりに機能していたことに注目しなければならない。シャルル五世を継いだ子のシャルル六世が精神を病んで統治にかかわることが難しくなっても、「マーモセット」と呼ばれる王の側近集団の指導の下で、機能しはじめた王国がその動きを停止させることはなかったのである。

一四世紀の後半から一五世紀の初めにかけて、イングランド王とフランスの王が直接衝突する場面はみられず、この間長い休戦期間が続く。しかしこの時王国内では、ヴァロワ王家のなかで、また王権と諸侯との間で、対立が深まっていた。一四〇七年には王シャルル六世の弟であるオルレアン公ルイが、また一四一九年には王と対立するブルゴーニュ家の当主ジャンが、いずれも暗殺されている。ブルゴーニュ家と同盟を結んだイングランド王ヘンリー五世は、アザンクールの戦いでフランス王軍を打ち破ると、一四二〇年に結んだトロワの和約において、イングランド王家がフランス王国を支配することをシャルル六世に認めさせた。

その後シャルル六世の子シャルル七世は、突如として歴史の表舞台に現れたジャンヌ・ダルクの奇跡的な活躍によって、一四二九年にランスのノートル＝ダム大聖堂で王として戴冠することに成功する。クロヴィス以来、歴代国王の多くがランスで戴冠しており、この地での戴冠は重要な意味をもっていた。現存する大聖堂は世界文化遺産にも登録されているフランス・ゴシックの代表建築であるが、一三世紀に建設されており、シャルル七世のこの戴冠を目撃している。しかし大戴冠から一年も経たないうちにジャンヌは敵方に捕らえられ、一四三一年には異端の罪で処刑されてしまう。

図1－3 「民衆の父」ルイ12世
（出典） ジャン＝ルイ・ベザール画，1835年，ベルサイユ宮殿美術館蔵。

勢は変化しつつあった。一四三五年のアラスの和約でシャルル七世とブルゴーニュ家の当主フィリップとの間に和解が成立すると、フランスの王家は一致結束してイングランド王家と戦うことになった。砲兵隊の活躍などもあって戦争はヴァロワ王権側の勝利に終わる。とはいえ、ブルターニュ公など有力諸侯のなかにはいまだ王の命に従わない者も多かった。続くルイ一一世は、「公益同盟」を自称する彼らと戦うことになる。彼は外交力を駆使してこの争いを乗り切り、再び対立することとなったブルゴーニュ公シャルルをナンシーで敗死に追い込んだ。

意欲的に国政に取り組んだルイ一一世が亡くなった時、その子シャルル八世は一三歳とやや若く、姉のアンヌとその夫ピエール・ド・ボジューが摂政として後見した。この摂政政治に不満を抱く諸侯たちは再び「公益」を旗印に反乱を起こすが、失敗に終わる。三部会は王権側の判断を支持し続け、経済的成長もこの安定を後押しした。「温厚王」シャルル八世が親政を開始した一五世紀の末、王の権威はすでに王国全体に及んでいたといってよく、カペー朝後半から綿々と進められてきた王を中心とする国づくりは、ここに一つの到達点を迎えていた。

イタリア半島の支配をめざして彼の地を転戦した次の国王ルイ一二世も、国内では王国民との和解に意を砕いていた。一五〇六年にトゥールで開かれた三部会は、ルイ一二世に「民衆の父」という称号を与えている（図1－3）。王国の教会は教皇庁から自由であるとするシャルル七世の「ブルジュ王令（プラグマティック・サンクション）」を更新し、ガリカニスムを推進したのもルイ一二世である。まもなく訪れる宗教紛争期の大混乱を考えるならば、王国を構成する各集団はこのとき王を中心に本当につかの間の一体感を共有していたといえるだろう。後にヴォルテールは、ルイ一二世の治世を一つの理想として讃えることになる。

本節の最後に、王朝史のなかの女性について一言触れておきたい。ここまで、そしてこれからもフランス王国に女王は誕生しない。その背景はフランスでもさまざまに議論されているが、一つの理由にのみ帰すことはできない。しかし王妃のなかには、王が十字軍などで戦場に赴いて不在の時、摂政として王宮で国政を預かる者もいた。また幼くして即位せざるを得なくなった子どもに代わって、実質的な統治を行うこともあった。王の意志決定に影響を与える重要な助言をなす者もいる。本章が対象とする時期に関していえば、クロヴィス一世が改宗した背景には、王妃クロティルドの強い勧めがあったといわれる。カペー朝期であれば、ルイ八世妃として夫、そして子のルイ九世の治世で大きな発言力を有したブランシュ・ド・カスティーユの名をあげることができるだろう。またヴァロワ朝期では、イザボー・ド・バヴィエールが有名である。百年戦争のさなかに彼女は、国王シャルル六世の妻として、また王太子シャルル七世の母として、相対するイングランドやブルゴーニュとの外交交渉の最前線に立っている。

彼女たちはいずれもヨーロッパの名家出身であり、女系をたどることで王朝の歴史をより広い国際情勢のなかで考えることもできる。ブランシュ・ド・カスティーユはイベリア半島でムスリムと戦っていたカスティーリャ王アルフォンソ八世の娘であり、イザボー・ド・バヴィエールの母タデアはミラノのヴィスコンティ家出身、父シュテファン三世はバイエルン公であった。

3 姿を現すフランス王国

「いともキリスト教的な」国王と王国

第1節と第2節では、フランク人たちの王国が生まれ、その王国がいくつかに分かれ、王家が交代し、カペー、ヴァロワ両王朝の下で再び結び合わされていく過程をみてきた。本節では、近年の研究を手がかりに、カペー朝の後半からヴァロワ朝の成立、そして百年戦争にかけて確認される変化、あえていうなら「フランスの誕生」とも呼びうるさまざまな変化について紹介しておきたい。

カトリック世界に広く知られていたルイ九世の敬虔さは、この王国に一つの性格を与えることとなった。廷臣集団は、自分たちの王こそが最も敬虔なキリスト教徒であり、この国こそがキリスト教圏の中心に位置するという信念を抱いていた。王に尽くすことが教会を守り、キリスト教を擁護することになる。この後フランス史のなかで時に声高に主張され、時に問い直されることになる「いともキリスト教的な」国王像が生まれていく。王権のキリスト教的聖性を高めるため、メロヴィングからカロリング、そしてカペーへと続く王朝の連続性が強調されるとともに、パリの守護聖人サン＝ドニ（聖ドニ）との特殊な結びつきが明示され、歴代国王の墓がサン＝ドニの教会に集められた。また治癒儀礼や即位儀礼など伝統的諸儀礼の重視や、サント＝シャペル教会の建立や硬貨の打造といった記念物の創造も積極的に進められていく。

こうした政策のなかに位置づけられるのが、王国史の編纂事業である。ルイ九世治世に編纂がはじまりフィリップ三世治世にひとまず完成をみる王国年代記『王の物語』は、前書きに次のように記す。「フランス王国ならびにフランス王国民は、教会の守護者として特殊な地位に立つこと。これはフランク人の時代からのフランスの伝統であり、それゆえにフランスは聖ドニによって護られており、パリは教会を支えかつ発展させる学問の中心地としてギリシアとローマを継承する存在である」。もっともこの年代記は成立当初は不人気で、その本格的な普及のためにはヴァロワ朝シャルル五世による豪華装飾写本としての再編集を待たなければならない。

しかし体系的な王国史が編纂された意味は大きい。王や貴族たちは、フランク人たちがかかわるさまざまな出来事のなかから、自らの過去にとって相応しいと思われるものを選び出してつなぎ合わせ、自分たちの日常語である俗語を用いてそれを書き直した。その過程で「フランク人」たちの事績は「フランス人」たちの偉業になっていったのである。もちろんそれは政治的なプロパガンダという意味合いが強い。イギリスの大英図書館には数点の『王の物語』の写本が所蔵されているが、うち一点は、百年戦争期に捕虜となったフランス王ジャン二世とともに海を渡ったとされている。そこに記された王位継承の物語とその様子を記した挿絵は、イングランドに対して王位継承の正統性を主張する一つの強力な武器となったことだろう。

史書の役割はそれだけではない。読み上げられる物語を聴き、あるいはそれを黙々と読み、そして描かれた挿絵を眺めることは、王や貴族たちにとっては楽しみでもあった。史書のなかに描かれた美しい挿絵は、政治的な思惑を超えて美術的な価値を示している。一つの過去を共有する喜びが、結果的には大きな政治的効果をもたらすことになる。同時に、彼らにとっての歴史は、自らがどう生きていくか、その指針を与えてくれるものでもあった。

フランス語が生まれる

ガリア地域にローマ人が進出しはじめるのは紀元前二世紀頃である。その後この地に入ってきたフランク人は、ローマ人たちが用いるラテン語を受け入れていった。しかしそのラテン語は、発音やアクセントにおいてすでにローマのものとは異なっていた。その後フランク人たちがガリアの地を支配するようになると、この俗化したラテン語（ロマンス語）に、支配者であるフランク人たちの言葉が混じっていくことになる。言語学の知見によれば、戦いや農耕にかかわる単語にそうした影響がみられるという。しかし先にみたように、クロヴィス以降の王侯貴族たちがカトリックとの結びつきを強めるなかで、この地におけるラテン語、そしてロマンス語の優位は決定的なものとなり、このロマンス語がフランス語の起源となっていく。

とはいえ、フランス語がいつ生まれたのか、その時期をはっきりと示すことは難しい。フランク王国の分裂に際してシャルルマーニュの孫たちが率いた東西二つの軍勢は、ロマンス語と古高ドイツ語という二つの言葉で誓約を取り交わしている。カロリング帝国の言語的分裂を象徴するものとされてきたこの誓約で用いられたロマンス語は、現在のフランス語とは大きく異なっている。加えて、生まれはじめたフランス語のなかにも、地域ごとに大きな違いが存在していた。現在の南フランスのいわゆる「オック語」が、よりラテン語に近いものであったのに対し、北フランスのフランキアで用いられていた「オイル語」には、フランク人たちがかつて使っていた言葉の影響がより強く認められる。さらにプロヴァンス、バスク、カタルーニャ、ブルターニュ、フランドル、アルザスなどでは、ロマンス語を原型としながらも、それぞれ独自の言葉が発達していた。

たしかに一二世紀の末からは、王権の成長を背景として、王の宮廷で用いられていた「王の言葉」としてのオイル語が、政治的文化的影響力を強めつつあることが確認できる。クレティアン・ド・トロワがオイル語で著したアーサー王に関する一連の物語はその一例であろう。しかし史書や法文書、そして教会文書など、この世の秩序にかかわるところで力をもっていたのは依然としてラテン語であった。一三世紀後半に『ルイ六世伝』を俗語に翻訳したサン＝ドニ修道院の修道士プリマは、「この仕事を前にして我々は身がすくむ。ラテン語からフランス語に翻訳することがどれほどの困難であるかは、誰にも知り得ないからである」と記している。

一世紀を経た一四世紀後半になると、国王シャルル五世に仕えていた学者ニコル・オレームは「『アカデミカ』でキケロが語っているように、重要な物事についての権威ある書物は、自国の言葉で記されるのが最も望ましいのである」と語っており、ラテン語の影響力が弱まっていることがうかがえる。フランソワ一世が一五三九年に出した「ヴィレール＝コトレの王令」は、国の統治にかかわるすべての文書が「母語たるフランス語」で記されるよう命じている。それは国語としてのフランス語の成立を画す重要な意味をもっている。ただしこの王令をもって「フランス語」が統一されたわけではない。革命期でもなお、さらには一九世紀になってなお、フランスには多くの「地方語」が存在していた。

パリが首都になる

ルテティアと呼ばれていたローマ時代から、パリの町は幾人もの聖人たちの手によって護られてきた。多くの異教徒を改宗させたサン＝ドニは、この地の宗教的指導者であったドルイドたちに捕らえられ、現在モンマルトル（殉教者の丘）と呼ばれている場所で首を切られている。サン＝マルセルは果敢にも龍と戦い、サント＝ジュヌヴィエーヴは身を挺してフン人の侵入を食い止めている。彼らは住民たちの崇敬の対象となり、パリの聖性を示すものとして、その偉業が折々に讃えられている。そして歴代のフランク王たちは、クロヴィス以来パリに埋葬されてきた。

しかし東西に分裂したフランク王国の西部、「西のフランク人たちの王国」において、パリはその政治的中心地ではなかった。一一世紀前半のロベール一世治世にパリが国王直轄地に組み込まれ、統治のため国王から代官が派遣されるようになると、パリは次第に王の都としての体裁を整えていく。パリを流れるセーヌ川の中州であるシテ島に置かれた王宮に王が滞在する機会も増え、一二世紀の末にはこの王宮に文書庫が置かれ、パリを囲む市壁とルーヴル砦の建設もはじまる。

パリは王の都となっただけではない。国際都市としても成長していった。一二世紀前半には、聖地で活動していたテンプル騎士団がパリに重要な拠点を得た。同じ世紀の後半には、教皇アレクサンドル三世がノートル＝ダム大聖堂の建設に着手する。パリ大学が教皇から特権を与えられたのは一三世紀初めのことであり、修道会として新しく認可されたドミニコ会やフランシスコ会も、この時期相次いでパリに活動拠点を築いている。年代記作者ギヨーム・ル・ブルトンは、フィリップ二世が治める一三世紀前半のパリを、ラテン語で〈caput〉（「頭」の意、首都を指す）と記している。

その後フィリップ四世の下で王宮のなかに司法機関としての高等法院、王領地からの収入を管理する会計院、そして国庫が置かれ、パリの首都機能はいっそう強化されている。教皇ボニファティウス八世に対峙するため彼が三部会を召集した場所は、パリのノートル＝ダム大聖堂であった。

当時パリにはいったいどれくらいの人が住んでいたのだろうか。この時期のヨーロッパは基本的には農村社会であり、都市部の人口が全体の一五％を超えることはなく、個々の都市の規模もそれほど大きいものではなかった。一三〇〇年頃の数字では、マルセイユが一万人、リヨンが二万人、リールやボルドーが三万人、そしてトゥルーズやルアンが五万人程度であったといわれている。そうしたなかパリは、最新の研究によれば黒死病流行の直前には二〇万人を超えていたのではないかと推測されている。都市として際立った繁栄を見せていた。

図1－4　14世紀前半に描かれた世界図
（出典）　Paris, Bib. S.G. MS 782, fol. 374v.

カペー家を継いだヴァロワ朝の王たちも、この国際都市パリをフランス王国の象徴とすることに熱心であった。ここではそのことを明瞭に示す一枚の世界図を紹介しておこう。

図1－4は、一四世紀前半に王権の周辺でつくられたと推定される世界図である。これは中世ヨーロッパで一般的なTO図と呼ばれるもので、アルファベットの〈O〉の形をした円形の枠のなかに全世界は収まり、北方で少しわん曲しているものの、中央に位置する〈T〉の形をした海域によって、世界は「アジア」「ヨーロッパ」「アフリカ」の三つに分かたれている。〈T〉の縦棒にあたるものは地中海であり、また横棒の左側はマルマラ海、黒海、アゾフ海、右側はナイル川になる。この世界図の特徴は、三つの大陸に城塞の形をした都市が描かれていることである。ヨーロッパ地域に描かれている都市はわずか四つ、コンスタンティノープル、アテネ、ローマ、そしてパリである。研究者たちは、地図のなかの城塞都市を、聖書に出てくる都市（エルサレム、ナザレ、バビロン、ニネヴェ）、異教的古代を象徴する都市（トロイア、アテネ、ローマ）、十字軍関連都市（ダマスカス、アレクサンドリア、メッカ、コンスタンティノープル、アンティオキア）の三つに分類した上で、次のような解釈を示している。すなわち、この世界図を制作した者は、それを見る者たちに、

フランスの歴史がペルシアからバビロニア、マケドニア、ギリシア、そしてローマへと繁栄を引き継いできた古代王朝史に連なるものであること、その王朝がトロイア起源であること、そして王都として、また学都として繁栄するパリが、ヨーロッパの地に描かれた他の三つの都に並ぶものであることを強く印象づけようとしたのである、と。

もっともルネサンス期の詩人ペトラルカは、教皇ウルバヌス六世に宛てた一三六六年の書簡のなかで、「ガリアの者たちは、混乱するローマに比してガリアの地の穏やかさを誇るが、ガリアにはいかなる〈教会〉博士もおらず、イタリアを出てはいかなる詩も歌も輝かず、その優位はいささかも揺らぐことはない」と記している。王や側近たちの願いとは裏腹に、フランス王国とその都パリに対する周辺の人びとの関心は、まだそれほど高いものではなかったように思われる。

フランスの国土が示される

王権がパリを都と位置づけ、その発展に意を砕いていたことは間違いない。では彼らはその国土をどのように意識していたのであろうか。王が特定の集団の長としてではなく、一定の広がりをもった領域と結びつくようになった例として、王の称号にみられる一つの変化が指摘されることがある。たしかに一二世紀頃から、王の称号として「フランク人たちの王」と並んで「フランキア（フランス）の王」の使用が増えることが知られている。しかし実際には、すでにシャルルマーニュ期にも〈フランキアの王〉の用例はあり、また一三世紀以降もさまざまな場面で〈フランク人たちの王〉の称号は用いられているから、このことがどれほど象徴的な意味をもつかについては慎重に判断する必要がある。そこでここでは、王国像の変化を示すと思われる二枚の図を紹介しておきたい。一つ目は、カペー朝ルイ九世の弟アルフォンス・ド・ポワティエが一三世紀につくらせた王国年代記『ポワティエ年代記』に描かれたものである（図1－5）。

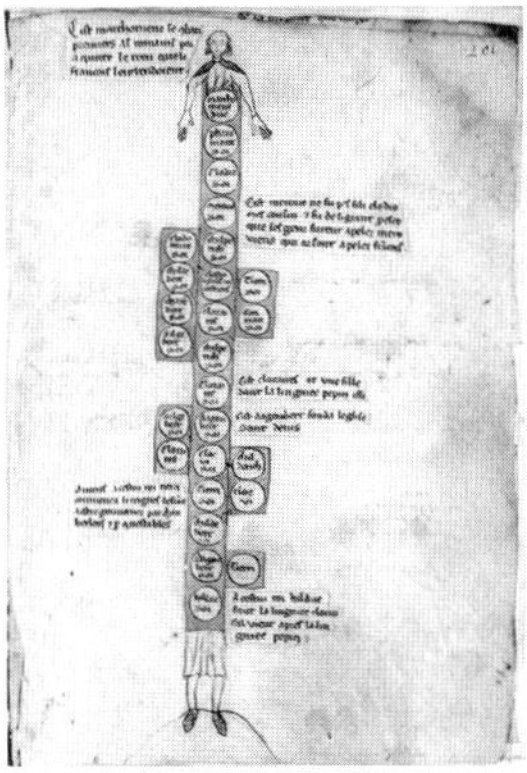

図1－5　13世紀の年代記に描かれたフランス王国
（出典）Paris, Bn Fr. 13565, fol. NP.

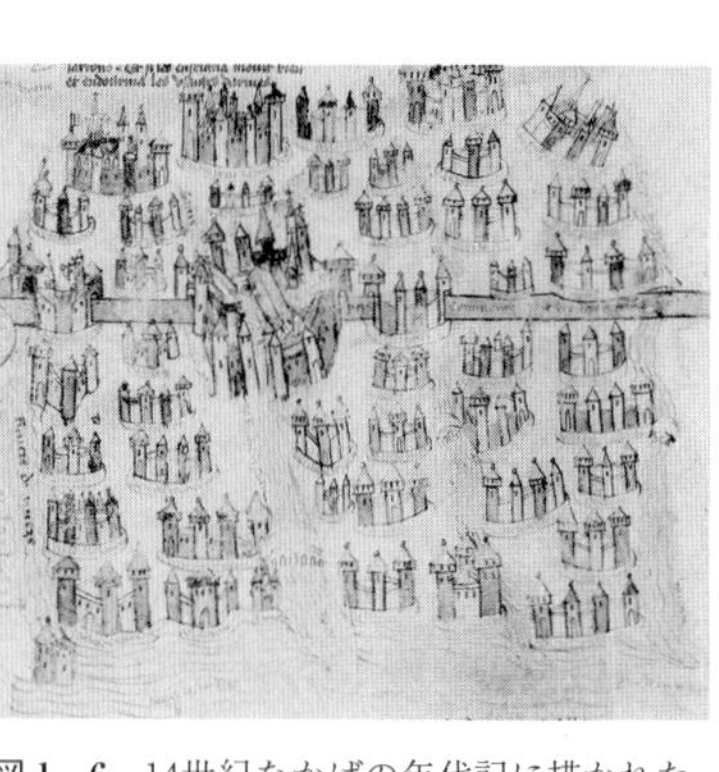

図1－6　14世紀なかばの年代記に描かれたフランス王国
（出典）　Paris, BN fr. 4991, fol. 5v.

そこには、小さな丘の上に立つ胴が異様に長い一人の王によって王国が象徴されている。長い胴のなかには歴代国王の名前をみとめることができる。王の系譜関係こそが王国史の軸をなすという当時の王国観を明瞭に示しているといえるだろう。一二世紀に活躍したソールズベリのジョンという学者は、国家を、頭を君主とし四肢をその構成員とする人体に例えたが、ここに現れる国家は、頭も四肢もすべて王である。

二つ目は、一四世紀のなかば、ヴァロワ朝期に制作されたと推定される地図である（図1－6）。「諸王の偉業について一定の理解を得る」ことを目的として筆写された『王の物語』の写本に添えられたものである。百年戦争のさなかにつくられたこの写本は、図1－5で紹介した王の系図と同じように、本文の内容に合わせて王の名が即位順に記され、その名前が一本の帯で結びあわされている。そしてその帯の先につながっているのが王国の地図である。地図の真ん中を左右に貫く幅をもった色つきの線が、その帯である。この王国は、都市パリによって全体が象徴されていた図1－4とは異なり、明確な境界線をもち、内に数多くの都市を抱えている。地図は上が東で、中央にひときわ巨大な都市パリを置き、個々の都市を城塞のかたちで示しながら、周囲は波線で表現された川と海に囲まれている。添えられた文字によれば、東側（上）はソーヌ川、北側（左）はムーズ川、南側（右）はジロンド川、そして西側（下）は「フランドルの海」と「ブルターニュの海」、つまり大西洋である。

この地図を見てただちに思い起こされるのは、第1節で紹介したヴェルダン条約である。かつてこの取り決めによってカロリング家のシャルルに与えられた「西のフランク人たちの王国」、すなわちローヌ川からソーヌ川、そしてムーズ川へとつながる線を東の境界とし、そこから大西洋にかけて広がる土地が、この地図では、はっきりと目に見えるかたちでフランス王国の領域として示されたのである。現実はともかく、ヴァロワ家の王とその廷臣集団にとっては、数百年の時を経てもなお、ヴェルダン条約で西フランク王国の王シャルルが継承した土地こそ、フランス王が統治すべき範囲であった。ちなみにこの地図には、地中海沿岸部の都市は記されていない。

4　フランス史はどこからはじまるか

いくつものはじまり

クロヴィスが王位に就いてから約一千年、きわめてゆっくりとした歩みではあったが、この国の王たちは、一五世紀の終わりには教皇や皇帝と対峙し、彼らと対等に交渉しうる存在になっていた。政治理論上、いまや王の上位に位置するのは神だけであった。ジャン・ジェルソンという学者は、一五世紀の初めに王と王族の前で「すべての良きフランスの人びとは、この美しい言葉を唱えるべきです。国王万歳、国王万歳」という演説をしている。貴族たちもまたこの王国という存在に依存しはじめ、社会各層は王を中心とした国の統治組織のなかにそれぞれの居場所をみつけていくことになる。しかしそれは必ずしも国王の下への権力の集中を意味していたわけではない。たしかに統治の中心はパリであり、シテ島に置かれた王宮であった。その地で作成され保管される文書や歴史書が、王国の存在とその連続性の証として機能していた。とはいえ、人的な結びつきも依然強固であり、集権的な統治行政が構築されていたとはいいがたい。貴族層は伝統的な権限を行使していたし、法の番人として各地に置かれた高等法院は、それぞれが自律的な判断を下していた。図1‐3に描かれた王と人びとの結びつきは一瞬で、一六世紀に生じた宗教紛争のなか、王国は再び引き裂かれていくことになる。

最初の問いに戻ってみよう。フランス王国の歴史はいつからはじまったのだろうか。これまで述べてきた歴史的事実のなかのどれか一つをもって、それに明確な答えを与えることは困難である。確認してきたのは「フランク人たちの王」の歴史であり、また同時に「フランス人たちの王」あるいは「フランスの王」の歴史でもあった。そこに切れ目はない。

少なくともカペー家とヴァロワ家の王たちは、自らの国が新しく生まれたものであるとは考えていなかった。どこをフランス史のはじまりとするかは、後世の歴史家たちの判断に委ねられてきたのである。

彼らのなかのある者は、フランク人に先立つガリア人こそ「ヨーロッパ文明の祖」であるとし、そこからフランスの歴史を説き起こした。またある者は、フランク人によるローマ的ガリアの征服がフランス史のはじまりであるとする。前者は異教的ガリア人の土着性に意味を見出しており、後者は支配エリートの歴史的意義を高く評価している。ガリア人かフランク人かではなく、両者の融合としてフランス人を捉える者もいる。さらには、第2節で触れた一二一四年の「ブヴィーヌの戦い」こそがフランス史のはじまりに相応しいと考える者もいる。さすがに中世王権のようにトロイア起源説を正面から唱える研究者はいないが、フランス史のはじまりは一九世紀以降の歴史学のなかでつねに議論となってきたし、現在でもその議論は続いている。最近の概説書では、西フランク王国の王位をカペー家が手に入れた九世紀の末をフランス史の起点とみなし、そこから叙述をはじめるものも見受けられる。

三層の歴史

ここから分かるのは、歴史における三つの層の存在である。一つ目の層は、この章で比較的多くの分量を割いて説明してきた、制度的・領域的国家形成史としての中世フランス史である。二つ目の層は、中世における理念的・観念的存在としての「フランス」とその歴史である。この歴史は、主として中世の王国年代記のなかで、トロイア王家にはじまりメロヴィング家、カロリング家、カペー家、ヴァロワ家へと連なる王朝史として描かれてきた。そして三つ目の層が、歴史学のなかで、「近代国家フランス」とのかかわりでさまざまな意味や役割を与えられてきた「中世フランス」の歴史である。わたしたちが目にする歴史記述には、いつもこの三つの層が折り重なっている。制度的・領域的な部分だけを取り出してみれば、第2節で紹介した「長い一三世紀」に画期を求めることができるだろう。しかしそこで終わりではない。重なり合った三つの層を丁寧にはがし、時には層の重なりあいを確かめながら、史料を掘り起こし、ラテン・

キリスト教的世界としての西ヨーロッパのなかでフランクあるいはフランスの王権がどのように自らを認識していたのか、またそれが外に向かって示された時にどのような共感や反発が寄せられたのか、それらを慎重に見極めていくことも、この時代の理解には重要であろう。

コラム1　フランス史とゴシック建築

加藤耕一

ヨーロッパ中世のイメージを決定づけるゴシック建築は、フランス史と密接に結びついている。最初のゴシック建築といわれるサン゠ドニ旧大修道院は、フランス王家の墓所であった。

シテ島の真北およそ一〇キロメートルに位置するサン゠ドニ旧大修道院（現在は大聖堂）の歴史は古く、五世紀後半にパリの守護聖女ジュヌヴィエーヴが建設させた小聖堂が、この聖堂のはじまりと考えられる。ちなみに、この聖堂で祀られる三世紀なかばに殉教した聖ドニ（Dionysius）その人もまた、パリの守護聖人として知られている。

七世紀に入ると、メロヴィング家のダゴベール一世が、規模を拡大した新しい聖堂を建設させ、この地に埋葬された最初の王となった。また八世紀なかば、メロヴィング家から王位を奪ったピピン三世は、七五四年にこの聖堂で戴冠式を執り行い、その後、修道院長フルラに命じて新聖堂の建設を進めさせる。七六八年に没したピピン三世もまた、建設工事の進むこの聖堂に埋葬された。フルラによる新聖堂はシャルルマーニュの治世になって完成し、七七五年に献堂式が執り行われた。

その後、四世紀を経て、カペー家のルイ六世とルイ七世の宮廷で活躍したサン゠ドニ修道院長シュジェールは、ここを王家の墓所に相応しい聖堂にするために、聖堂の改築に着手する。彼は、規模拡大のために身廊を延伸し、新たな玄関部分となるファサードを新築し、さらに古い身廊に接続するかたちで新内陣を建設した。この時に建設された内陣および周歩廊部分こそ、その後「ゴシック様式のはじまり」と高く評価されるようになった部分である。

この改築の際、シュジェールは、ダゴベール時代と伝え

サン＝ドニ旧大修道院の周歩廊（筆者撮影）。

られる壁の一部を丁寧に残し、またカロリング期の大理石円柱に敬意を表し、同様の大理石円柱を熱心に探した。彼はこの教会堂にフランス王家の歴史が物理的にも精神的にも積層していることを意識して、その歴史を守ると同時に、王家に相応しい華やかな新築部分を完成させたのである。そしてそれは、新時代を切り拓くゴシックという新様式になったのだった。

シュジェールの時代から一世紀を経て一三世紀になると、今度は聖王ルイ九世がこの聖堂の大改築工事に着手する。これは、シュジェールの新築部分を残しながら、古いカロリング期の部分をすべて取り壊し、ゴシック様式で統一していく工事だった。こうしてサン＝ドニは、完全なゴシック様式の巨大聖堂へと変貌した。

ルイ九世の下でサン＝ドニの改築を担当した建築家のピエール・ド・モントルイユは、他にも多くの重要な仕事を手がけている。一二世紀の初期ゴシック建築であるパリのノートル＝ダム大聖堂を改築し、交差廊の華やかな薔薇窓をつくったのも、あるいはシテ宮殿に併設された王家の礼拝堂サント＝シャペルを建設したのも、彼だったと伝えられる。王家主導で一三世紀に進められた、こうした一連の大規模な建設活動の結果、後にゴシック様式はフランス王家の様式とまで呼ばれるようになったのだった。

それにもかかわらず、ルネサンスのイタリア人たちは中世の建築を野蛮なゴート人（Goths）たちが作った様式とみなし、これがゴシック（Gothique）の語源となった。そして一六世紀を経て一七、一八世紀になると、ゴシックを野蛮で醜い様式とする見方が定着し、のみならず、ゴシックの装飾を取り壊したり、覆い隠したりする改築が進められていく。たとえばパリのノートル＝ダム大聖堂では、一七四一年に薔薇窓を除くほとんどすべてのステンドグラスが取り壊され、白ガラスに交換された。また内陣のインテリア装飾は、一七一五年にすべて大理石パネルで覆い隠さ

サン＝ドニ旧大修道院の内陣を見上げる。右下に見えるのがダゴベール１世の墓（筆者撮影）。

れ、バロック風のデザインに変更された。また一八世紀末には、交差廊の屋根の上にそびえ立っていた美しい尖塔が切り落とされてしまったのである。

しかし一九世紀になると、中世のゴシック建築を野蛮で醜いものと見る価値観が改められ、むしろ重要な歴史的モニュメントとして、修復され保護されるようになっていく。国家の制度として「文化財」という考え方が登場したのは、一九世紀のフランスが最初であった。ノートル＝ダムをはじめとする多数のゴシック建築は、高名な修復建築家ヴィオレ＝ル＝デュクらの活躍により、再び中世の姿に修復されていくことになったのだった。

参考文献

ジムソン、オットー・フォン『ゴシックの大聖堂――ゴシック建築の起源と中世秩序概念』（前川道郎訳）みすず書房、一九八五年。

参考文献

朝治啓三・渡辺節夫・加藤玄編『中世英仏関係史　一〇六六～一五〇〇――ノルマン征服から百年戦争終結まで』創元社、二〇一二年。
上田耕造『ブルボン公とフランス国王――中世後期フランスにおける諸侯と王権』晃洋書房、二〇一四年。
城戸毅『百年戦争――中世末期の英仏関係』刀水書房、二〇一〇年。
佐藤彰一『歴史書を読む――『歴史十書』のテクスト科学』山川出版社、二〇〇四年。
佐藤猛『百年戦争期フランス国制史研究――王権・諸侯国・高等法院』北海道大学出版会、二〇一二年。
ル＝ジャン、レジーヌ『メロヴィング朝』（加納修訳）白水社、二〇〇九年。
渡辺節夫『フランスの中世社会――王と貴族たちの軌跡』吉川弘文館、二〇〇六年。
Barthélemy, D., *Nouvelle Histoire des Capétiens 987-1214*, Paris: Le Seuil, 2012.
Bove, B., *Le Temps de la Guerre de Cent Ans (1328-1453)*, Paris: Belin, 2009.
Bove, B., et Gauvard, C. (dir.), *Le Paris du Moyen Âge*, Paris: Belin, 2014.
Bührer-Thierry, G., Mériaux, C., *La France avant la France (481-888)*, Paris: Belin, 2010.
Cassard, J. C., *L'Age d'or capétien (1180-1328)*, Paris: Belin, 2011.

Gauvard, C., *La France au Moyen Âge du V*^{e} *au XV*^{e} *siècle*, Paris: Presses Universitaires de France, 1996 [2010].

Reimitz Helmut History, *Frankish Identity and the Framing of Western Ethnicity, 550–850*, Cambridge: Cambridge University Press, 2015.

Mazel, F., *Féodalités (888–1180)*, Paris: Belin, 2010.

Venayre, S., *Les Origines de la France: Quand les historiens racontaient la nation*, Paris: Le Seuil, 2013.

第2章　近世フランスと「外」の世界

阿河雄二郎

この章で学ぶこと

近世という時代は、中世までの普遍的なヨーロッパ世界が崩れる一方、個性的で自立的なまとまりをもった地域・民族集団がそれぞれに領域（テリトリー）を支配下におさめて発展させる時期にあたっている。一五、一六世紀にみられるルネサンスと宗教改革の運動もその顕著な表れで、地域の実情に見合った政治秩序や文化の枠組みが形成されるきっかけとなった。それでは、一六〜一八世紀のフランスは、どのようなアイデンティティをもち、それをどのように実現していったのだろうか。もっとも、そのような大きな課題には、フランスだけでなく、フランスをとり巻くヨーロッパ史のなかで、もっといえば世界史という文脈のなかで「関係史」として取り組む必要があるだろう。この章ではおもにフランスが外部世界と接する点に着目し、フランスの境界や領土の意識、外国人とその管理、対外発展と植民地化といった問題から近世フランスの展開を概観する。

1　近世フランスの境界意識

近世フランスの領土拡大

百年戦争の結果、イギリスを大陸から追い払ったフランスは、他のヨーロッパ諸国に先駆けて安定した領域国家を樹立した。その後、フランスの領土拡大は二つの方向に向けられた。一つはイタリア方面である。一四九四年、シャルル八世はナポリ王国の継承権を口実に、後に「イタリア戦争」と呼ばれる戦いに突入した。次いで、ルイ一二世とフランソワ一世もミラノ公国の継承権をたてにイタリアに侵入し、北イタリアをフランスの勢力圏に組み入れようとしたため、神聖ローマ帝国のカール五世と全面衝突するに至った。もう一つは北部・東部の境界問題である。イタリア方面の戦況が思わしくなった一五五二年、アンリ二世はイタリアに代わる第二戦線を開き、メス、トゥール、ヴェルダンのいわゆる「三司教領」を占拠した。東部進出の拠点となる三司教領の領有は、一五五九年のカトー＝カンブレジ条約で事実上、黙認された。

当初のフランスの領域は王家の相続や戦争といった偶発的な出来事の所産であり、自立的な約三〇の州と約三〇〇の小地域からなるモザイク国家という側面が強かった。国民国家という集権的で均質的な空間の構築はフランス革命以後の課題である。それでも、一六世紀の前後でヴァロワ王家に対抗しうる大貴族の家系がほぼ消滅したので、王の求心力は強まり、フランス独自の君主政や国民の観念が芽生えていた。歴代のフランス王がもつ「いとも敬虔なる王」という称号は、より神秘さを増して、王が神に直接つながる「王権神授」説へと昇華し、「王はフランスにおける皇帝である」という格言は、フランス王がヨーロッパで並び立つ者のない君主であるとの自信を表明していた。フランスのアイデンティティを誇示する起源論では、古代ギリシアの伝説上のトロイア人に遡るとする学説の他、ローマ帝国と対抗したガリア人説やゲルマン人説が唱えられた。

ルイ一四世と征服戦争

一六世紀後半の宗教戦争による混乱の後、フランスの領土問題にとり組んだのはルイ一三世の宰相リシュリューである。彼の著作とされる『政治遺訓』によれば、その対外戦略はハプスブルク家が支配するドイツとスペインによってフランスが挟撃されている状況を打開すべく、ヨーロッパ諸国間の勢力均衡をつくり出し、一種の集団安全体制をもとに和平を達成することにあった。フランスが再びイタリアやドイツに軍事介入したのもハプスブルク家の野望を抑止するためで、リシュリューはドイツへの出撃拠点となるアルザスや三司教領を「ドイツへの門」と表現した。ただ、そうしたタテマエとは裏腹に、一六三一年のロレーヌ出兵、一六三五年のドイツ三十年戦争への直接介入など、フランスの領土欲が見え隠れしていた点は否定できない。一六五九年のピレネー条約で、フランスはロレーヌから撤兵する代わりに、スペインからアルトワとルシヨンを割譲させた。

リシュリューの戦略を引き継いだルイ一四世は、軍事力を最大限に活用して領土拡張に努めた。ルイ一四世の親政時代は、フランドル戦争（一六六七～一六六八）、オランダ戦争（一六七二～一六七八）、アウクスブルク同盟戦争（一六八八～一六九七）、スペイン継承戦争（一七〇一～一七一三）といった具合に大きな戦争が続いた。これらの戦争はイギリス、スペインなど王朝の継承問題に絡むことが多く、ヨーロッパ覇権を狙った王の露骨な征服戦争といわれる。事実、フランドル戦争の原因はスペインから嫁いできた王妃マリ＝テレーズの持参金が支払われていない代償を領土に求めたものだし、オランダ戦争の原因もオランダの経済的繁栄への嫉妬だった。「戦う王」と形容されるほどにルイ一四世は自ら戦場に赴くことを好み、とくに戦力差に見合った合理的な結果が見込まれる包囲戦を得意技とした。王はこの攻城のさまを絵画やタピスリーなどに描かせ、戦争画という手段によって国家の威信や繁栄を内外に喧伝した。

ルイ一四世の戦争政策にはヨーロッパ各国から非難の声が上がった。一六七四年のプファルツ地方の町々を焼き払う焦土化作戦や、一六八一年の不意討ちによるストラスブールの占領はことに評判が悪く、フランス軍の残虐で非人道的なやり方に対して、ルイ一四世をローマ皇帝ネロやオスマン帝国のスルタンの独裁政治に準える「暗黒伝説」が沸き起

図2－1　ヴォーバンが建設・修復した主な要塞
（出典）　Cornette, J., *Absolutisme et Lumières, 1652-1783*, Paris: Hachette, 2000, p. 84.

こった。ルイ一四世の最大の失敗は、オランダを過度に敵視したため、フランスと良好な関係にあったイギリスをオランダ支持に向かわせたことで、一六八八年以降、イギリスとの覇権抗争に引きずり込まれたのである。

ルイ一四世と自然国境説

とはいえ、フランスの地政学という観点からは、ルイ一四世の戦争の積極的な意味をいくつか指摘できる。その一つはパリの位置が王国のやや北に偏っていることで、パリを外敵から守る戦略が歴代の王に課された至上命題だった。この点で、ルイ一四世は一六七八年のナイメーヘン条約で北東部のフランドル方面にまとまった領土を確保し、パリを国境から遠ざけるのに成功した。また、王は飛び地の交換などで国境の整形に乗り出すとともに、国境防衛の任務を砲術や築城術など軍事技術に秀でたヴォーバンにゆだねた。ヴォーバンの構想は「プレ・カレ」と呼ばれ、北東部の国境に沿って二列の堅固な要塞線を張り巡らせることにあったが、その計画は徐々に拡充されて、陸上部だけでなく、沿岸島嶼部を含めてフランス全土を要塞群で取り囲む壮大なものとなった（図2－1）。まさしく陸と海の国境線の構築である。

もう一つ注目すべきはライン川、アルプス山脈、ピレネー山脈で囲まれた領域をフランス固有の領土とみなす「自然国境」説の存在である。近年の研究によれば、自然国境という発想はすでに一五世紀後半に王の周辺で知られ、一七世紀にはイエズス会の学院（コレージュ）の授業でカエサルやシャルルマーニュの版図をフランス領とする地図が壁に架けられるほどに広く流布していた。一七世紀後半の宮廷では、フランスは理想的な正八角形と意識されていたようである。ルイ一四世が戦争目的をことさらに「王の栄光と名誉」を守るためと主張したのは、膨張主義との批判の根強い自然国境説を封印する狙いがあったと想定される。ただし王の目論見はアルザスの獲得でライン川に到達するにとどまった。ルイ一四世の遺産を引き継いだ一八世紀の王権は、オーストリア継承戦争（一七四〇～一七四八）、七年戦争（一七五六～一七六三）と戦争を継続する傍ら、フランスとオランダ・ドイツ間に中立的な緩衝地帯（今日のベルギー）を設けることに妥協点を見出そうとする。一七一四年、ステュアート王朝からハノーヴァ王朝に代わり、積極的に大陸政策を押し進めようとするイギリスにとっても、この地域からのフランス勢力の排除は重大な関心事だった。

2　近世フランスの内と外

地方行政とアンケート調査

ルイ一四世が獲得した領土はフランドルの一部、アルザス、フランシュ＝コンテで、これに一七六六年のロレーヌ、一七六八年のコルシカを加えて、フランスはほぼ現在の領土が確定した。王権は広大なフランスの空間をどのように認識し統治したのだろうか。

中世以来、王権が王国の実態を知るもっとも手っ取り早い方法は、王が自ら地方に出向くことだった。近世に入っても、王はしばしばそうした古めかしい制度に頼った。たとえば一五六四年、カトリーヌ・ド・メディシスは幼い息子シャルル九世を伴って、二年半にわたって文字通りのフランス一周を行った。しかし、宮廷がパリに定着するにつれて、地方の紛争処理や実情把握は、王が地方に派遣する調査官にゆだねられるようになった。元来、「王の目」「王の耳」に譬えられる調査官の権限は一時的なものだったが、一五五〇年代には「地方監察官」の肩書きをもち、一六五三年にフロンドの乱が終わると徴税管区に常駐する「地方長官（アンタンダン）」となって、司法、財政、治安など地方行政の一切を取り仕切った。

ルイ一四世の下で財務総監を務めたコルベールは、地方長官のネットワークを最大限に活用した。彼の政治手法は、まず地方長官に質問状（アンケート）を送り、返送された報告書をもとに立案するという合理的で効率的なものだった。質問状の項目は人口、食糧、産業、資源などに及び、重商主義政策の原点となっている。若い時から文書好きで、数字に慣れ親しんできたコルベールは、数学から分岐した実践的な学問である統計学の力を信じ、フランスの総合力を正確に把握しようとした。その点は、人口問題を重視したイギリスの経済学者ペティやキングの「政治算術」と共通した発想だった。ともあれ、コルベールとともに本格的な文書行政がはじまったのである。

コルベールが用いたアンケート調査は、その後も情報収集の常套手段となった。もっとも規模が大きかったのは、一六九七年にルイ一四世が次の国王と期待を寄せた愛孫ブルゴーニュ公の帝王学のために実施した全国調査で、ナポレオン時代の国勢調査を先取りするものだった。一八世紀には、人口や産業だけでなく、商品の価格、犯罪、救貧など社会の実態を知るために多方面な調査が行われ、一部は公刊された。

近世フランスの地図と交通網

アンケート調査と並んで興味深いのは、フランスの空間をどのように視覚的に捉えようとしたかで、その典型が地図づくりと交通網の整備だった。中世以来、旅行者が一般に用いた地図帖は地誌が中心で、道順に誤りがなければ方角や地形はさほど厳密である必要がなかった。一方、より正確さが望まれる統治や商業活動に関する地図については、一六世紀初からフランス全国図の制作がはじまった。とはいえ、前述したフランスの起源神話をふまえ、かつカエサルの版図であるライン川やルビコン川までを領土に含めたフィーヌの「ガリア図」（図2-2、一五二五）を見ると、フランスはずんぐりした四角形で表され、北東部や都市部などよく知られた場所はともかく、河川や海岸線はあいまいで、内陸部は山の連なりで適当に誤魔化している。一六世紀後半にフランスの輪郭が徐々に明確になり、整形されてゆくのは、船の航行に必要な「海図（ポルトラーノ）」の発展によるところが大きい。

一七世紀に入ると、地図はより科学的で精巧になった。そのうち、もっとも評価が高いのがサンソンの全国図（図2-3、一六五二）である。この地図はフランスの輪郭をおおよそ捉えているが、経度の測定のむずかしさを反映して、東西軸がやや長く、少し歪な感じが否めない。その欠点を埋めたのが子午線の測定や三角測量の技術であり、その結晶であるカッシーニの全国図（一七四四）は今日の地図と較べてもまったく見劣りがしない。その他、実用的な地図については、リシュリューやマザランなどの要望で国境線をはっきり示した軍事地図や、国内の行政区分を示した司教区地図がつくられ、一部は写本のまま秘匿された。一八世紀には、塩税、国内関税、森林、道路と運河など、テーマ別にさまざまな地図が作成されたのである。

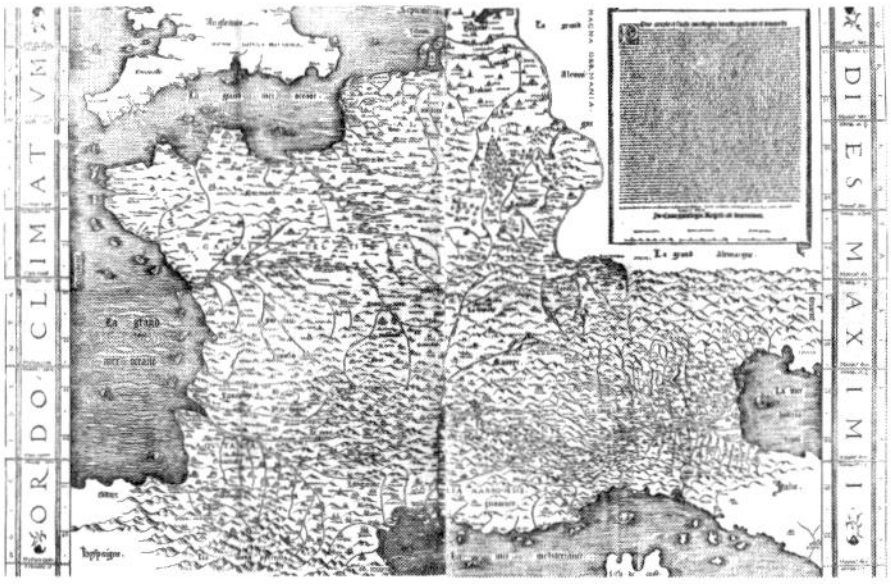

ところで、正確な情報をいち早く手に入れたい王権にとって、交通網の整備は喫緊の課題だったはずだが、その歩みはきわめて鈍かった。道路の建設や改修が地元の利用者負担にゆだねられ、通行税で賄われていたからである。一五九九年にアンリ四世が財政長官シュリーを「道路長官」に任命しているが、一六六九年にコルベールが財務関係の部局から土木部門を独立させるまで、実務や技術に携わる官僚は低い評価しか与えられなかった。それでも、のちの特別大学校（グラン・ゼコール）の先駆となる「土木学校」が一七四八年に設立されたことは、これまでの法曹主体の重々しい官僚組織

図2-2　フィーヌのガリア図

（出典）Burguière, A., et Revel, J. (dir.), *Histoire de la France: l'espace français*, Paris: Seuil, 1989, pp. 102-103.

図2-3　サンソンの全国図

（出典）Burguière, A., et Revel, J. (dir.), *Histoire de la France: l'espace français*, Paris: Seuil, 1989, p. 110.

に新風を吹き込むものだった。

遅れ気味だった道路の整備は、土木局のトリュデーヌとペロネの手で進められた。彼らの一七三八年の設計案によれば、道路は五段階に区分された。すなわち、パリと国境都市・海港都市を結ぶ「大街道」、パリと主要都市を結ぶ「パリ街道」、地方都市間の「大道」、小都市間の「王道」、途中に宿駅のない「間道」である。道幅は大街道が約二〇メートル、パリ街道が約一五メートル、大道が約一一メートルで、数人の旅行者と郵便物を運ぶ「乗合馬車」の運行が想定されていた。この計画がどこまで実現されたかは不明で、一八世紀末に「王道」と呼ばれる道路の幅が約一五メートルだった点を考慮すると、財政難のため計画はかなり縮小を余儀なくされたようである。それにしても、一八世紀の道路工事の総延長距離は約三万キロメートルに達した。アルベッロの研究によれば、パリを出発した乗合馬車がリヨンに行くのに要する日数は一七六五年で六日、一七八〇年で五日とあまり違わないが、マルセイユ行きはそれぞれ一二日と九日、ボルドー行きは一四日と六日、ストラスブール行きも一二日と五日と大幅に短縮された。パリを軸とした交通網は同心円状に広がり、パリと主要都市はわずかな時間差で結ばれたのである。ただし、このような道路工事が周辺住民の重い賦役労働によって賄われたことを指摘しておく必要がある。

近世フランスの外国人

フランスと諸外国との交流が盛んになるなか、外国人はどのように扱われたのだろうか。また、外国人はどれほどフランスに移動し、定住したのだろうか。「内」と「外」の明確化をはかる王権にとって、外国人への対応は避けて通れない課題だった。

近世フランスにおいて、外国人とは王国外で生まれた者、ないし王の支配地域外で生まれた者だった。外国生まれのフランス人も外国人とみなされる場合があったのである。法律上、彼らが「外国人（エトランジェ）」でなく、「国内人（レニコル）」とは反対概念の「国外人（オバン）」と呼ばれたのは、法的に無権利状態に置かれる流浪の民という意味からである。外国人は基本的に成人の扱いを受けず、職業面などで差別された。差別の極みは「外国人財産没収権（オーベーヌ）」の存在で、外国人は財産相続にあたって、王から帰化状を付与されていない限り、財産が王に没収される危険性があった。モンテスキューの『法の精神』はこれを「野蛮な法」と批判しているが、その一方、ボダンの『国家論』（一五七六）は帰化状の発給（＝「王の臣民化」）を王の最大の恩恵と称え、外国人に一番好意的な国がフランスと自慢している。たしかに一六世紀以降のフランスは出生地主義をとっており、両親が外国人であっても王国で生まれた者や、少なくとも父親がフランス人である外国生まれの者をフランス人と認めていた（後のナポレオン期に血統主義に移行）。

外国人に対する王権の寛大な態度は、富裕で能力のある外国人をフランスに招致しようとの思惑によるもので、すでに一五世紀後半、ルイ一一世はリヨンの「大市（フォワール）」を訪れたイタリアやドイツの商人に免税特権を与えている。一六、一七世紀には、優れた技能をもつ職人に数年間の滞在を条件に帰化状を交付する事例が頻繁にみられる。その反面、外国人の増加は人びとの目に触れ、彼らへの軽蔑や嫉妬を掻き立て、おもに都市部で外国人排斥運動を引き起こした。イタリア人はその典型で、一六世紀には「イタリア的フランス」と呼ばれるほどに各方面に進出していたが、彼らが得意とする財政・金融業、徴税請負業などは評判が悪かった。フィレンツェから嫁いできた二人の王妃（カトリーヌ・ド・メディシスとマリ・ド・メディシス）とその寵臣たちをはじめ、ローマ出身で宰相に昇りつめたマザランは、フランス人の反イタリア感情を増幅した。フロンドの乱の時、パリ市民はマザランを誹謗した文書（一括して「マザリナード」と呼ばれる）を刊行し、彼の成り上がり趣味や強欲ぶりを暴き立て、彼がパリから追われると大喝采した。

王権による外国人管理

王権は外国人の保護と排斥を天秤にかけ、彼らへのコントロールを強める方向を歩んでいった。その手法の一つは外国人に献金を要求し課税する強権的な政策で、もう一つはポリス当局による日常的な監視だった。

外国人への献金要請は歳入不足に陥った王権が行う常套手段であり、体のよい御用金の取り立てだった。フランソワ一世やアンリ二世がリヨン在住の外国人に課した「強制借款」がよく知られている。一六三〇年代からはじまるもっと露骨なやり方は長期滞在の外国人への課税で、伝家の宝刀である「外国人財産没収権」をちらつかせたものだった。なかには、帰化状を所持していても、国庫にきちんと「謝礼金（フィナンス）」を支払った証明がなければ「国内人」と認められないケースがあった。それは外国人の弱みにつけ込んだ脅迫に他ならないが、外国人の「身分改め」という側面もあった。当時の慣習では、身分の昇格は証書や金銭だけで完結するのではなく、数十年という長い時間を要したからであり、「国内人」となるまで「国外人」の身分は不安定だった。

一六九七年、王権は外国人への課税を強行した。その際、一六〇〇年以降に帰化状を取得した人がすべて課税対象とされたのは、何としても外国人から金を巻き上げようとする王権の底意が透けて見える。事実、この王令の課税対象者は約八〇〇〇人に膨れあがった。もちろんこの王令への反発は強く、近隣諸国は在外フランス人に対して報復措置をとると抗議したため、王権はそれ以上の追及を断念せざるを得なかった。もっとも、この法令の副産物として、フラン

表 2 - 1　1697年の外国人課税の地域別対象者

地　域	被課税者（人）	比率（%）
北ヨーロッパ	2142	29
スペイン領ネーデルラント	916	12
ロレーヌ	332	4
リエージュ地方	299	4
オランダ	287	4
フランドル地方	181	2
ライン地方	94	1
スウェーデン	14	0
デンマーク	19	0
ブリテン諸島	346	5
イングランド	154	2
アイルランド	172	2
スコットランド	20	0
中央・東ヨーロッパ	917	12
ドイツ	795	11
スイス	90	1
ポーランド	15	0
ロシア	12	0
ハンガリー	5	0
南ヨーロッパ	3986	53
ピエモンテ＝サヴォワ	2764	37
イタリア	759	10
スペイン	212	3
ポルトガル	188	2
マルタ	63	1
周辺地域	88	1
オスマン帝国	80	1
アフリカ	5	0
植民地	3	0
合　計	7479	100

（注）　ほかに出身地域不明者が673人いる。
（出典）　Dubost, J. F., et Sahlins, P. *Et si on faisait payer les étrangers?*, Paris: Flammarion, 1999, p. 193.

スにおける外国人の実態が数値の上でかなり明確になっている（表2-1）。表からは、フランスがオランダ、イギリス、ドイツ、イタリア、スペインといった主要国から全方位的に外国人を受け入れていたことが確認できる。ただし中世以来多かったはずのイタリア人やスペイン人の数がやや低迷している印象なのに対して、オランダ人、イギリス人、ドイツ人が比較的多いのは、一七世紀を境に政治・経済の主軸が南欧から北欧に移動したことを暗示している。

ポリスによる監視については、王権は国境を越えて移動するヒトやモノの動きに敏感になり、浮浪者、旅行者、外国人への警戒心を募らせていった。一六世紀の初め、個々の自治体を越えた広域の治安維持を担う騎馬警察隊（マレショセ）が設立された。パリを例にとれば、一六六七年、ルイ一四世はパリのポリス全般を司る「警視総監」に腹心のラ・レニーを任命した。一七五七年には外国人を所管するポリス監察官が設置されている。パリの市中には数百人の巡査、探索係、密偵が徘徊し、旅館業者には宿泊者の名や滞在理由を記した宿泊者台帳の写しを地区警視まで即日届ける義務が課され、よそ者や外国人への監視に怠りはなかった。

パスポートについても触れておこう。パスポートの起源は一五世紀に遡るようで、当初は書式もさまざまで、ヒトやモノの安全保障をパスポート所持者の側からポリス当局に願い出るものだった。しかし、ポリスの監視が厳しくなるにつれて、商用、旅行、巡礼などの用件にかかわらず、ポリス側からパスポートの提示を求められるようになった。そのため、旅行者は出発前に地元の自治体、教会、親方や雇用者に書類の作成を依頼し、それをつねに携行する必要があった。パスポートは身分証明書へと変容したのである。

3　近世フランスの対外発展——海洋帝国の構築をめざして

北米大陸とフランス

大航海時代がはじまり、いち早く新大陸とインドへの航路を開拓したスペインとポルトガルに対し、後発組のフランスはどのような対外発展の道をたどったのだろうか。ここでは、そのプロセスを地域別に概観し、全体的な流れを整理しておきたい。

一六世紀のフランス王権は、ヨーロッパの政治問題に忙殺されて、海外に乗り出す余裕がなかった。そうしたなかでも、一四九四年のトルデシリャス条約によるイベリア諸国の世界分割に異を唱えたフランソワ一世の言動は注目に値する。フランソワ一世は、この条約にフランスは関与しておらず、土地の領有には一年と一日の実効支配が不可欠であると主張し、手つかずのままの北米大陸の植民地化の可能性をサン＝マロの航海者カルティエに探らせた。王は北米大陸を北から回り込むインド航路の開拓と、先住民の伝承にある黄金郷（サグネー王国）の発見に期待を寄せていた。

本格的にカナダの植民がはじまったのは一七世紀である。アンリ四世の援助を受けたシャンプランは一六〇八年にケベックを建設し、セント＝ローレンス川を遡って五大湖方面まで探検した。また、カヴリエ・ド・ラサールは一六八〇年代にミシシッピ川を南下してメキシコ湾に至り、ルイジアナ植民地の基礎をつくった。一七二二年にはニューオーリンズが建設され、イギリス領北米植民地を取り巻くようにフランスの植民地がつくられたのである。カナダでもっとも重要な産品は、世界屈指の漁場であるニューファンドランド島沖のタラに加えて、ビーヴァー、カワウソ、テンなどの毛皮だった。一六世紀後半にはビーヴァーの綿毛を素材としたフェルト帽がパリの商店で人気を博している。毛皮は先住民との物々交換や定期市からもたらされたので、大量の毛皮を入手したい特権会社は内陸部のモントリオールに進出するとともに、フランス人系の毛皮取引人を雇って先住民の集落に送り込んだ。未開の森に分け入り、集落を転々と回る彼らは一般に「旅行者（ボワヤジュール）」と呼ばれ、毛皮の請負量を満たせない時は、凍てつく森のなかで越冬を強いられた。そのなかで、無資格で毛皮取引を行う無法者ながら神秘的でもある「森を駆ける人（クルール・ド・ボワ）」の伝承が起こった。

カナダの開発につきまとった難題は、厳しい自然環境のため、生活の自給基盤が容易に築けなかったことである。最初の開発はレコレ会、イエズス会などカトリックの理想郷の創設に燃える修道会にゆだねられ、開墾と新村の建設、先住民のキリスト教化で一定の成果をあげたが、イロクォイの人びととの戦いに巻き込まれて多くの生命が失われた。人口増をはかるため、一六六三年から約一〇年間、王権は「王の娘」という苦肉の策をとり、おもにフランスの慈善施設に収容されていた若い女性に王が五〇リーヴルの持参金を与え、カナダ在住の男性との結婚を目的として八〇〇人ほどを送り込んだ。カナダに到着すると、彼女たちはなかば強制的に結婚相手の選択を迫られた。ルイジアナの開発でも、人口資源の不足分は本国からの流刑者、貧困者、娼婦の移送に頼らざるを得なかった。結局、フランス領北米植民地の人口は一七世紀末で約一万人、一八世紀中葉で約八万人にとどまり、同時期に一五〇万人を超える人口を擁したイギリス領北米植民地と決定的な差がついた。イギリスの圧力が強まり、七年戦争の只中でケベックとモントリオールを占領されて、フランスは北米植民地をほとんど手放さざるを得なかったのである。逆説的ではあるが、カナダが一定の人口を保てたのは、植民地派遣軍の退役兵士の残留の他は、現地女性の稀にみる妊娠率の高さと、先住民との親密な交流を前提とした混血にあった。

フランス領アンティル諸島と奴隷貿易

カリブ海域のフランス領植民地は、一六二七年アンティル諸島のサン＝クリストフ島に入植したのがはじまりである。その後、フランスは一六三五年にマルティニック島とグァドループ島に拠点を移し、本国から年季奉公人を募ってタバコ、インディゴなどの栽培を行った。大きな変化が訪れたのは一六五〇年頃で、ブラジルを追われたオランダ人が砂糖栽培を伝えたのである。砂糖の生産が拡大するにつれて、亜熱帯の気候は本国生まれの年季奉公人に不向きで、労働力をアフリカの黒人奴隷で肩代わりさせる必要が生じた。当初はオランダに奴隷供給を依存していた王権は、やがて西インド会社に奴隷貿易の独占権を与え、自前の奴隷調達をめざした。アフリカではセネガルのゴレ島、ギニア湾のウィダーなどに商館や要塞がつくられ、奴隷貿易（＝三角貿易）の仕組みが整えられた。

アンティル諸島のプランテーションは、一六九七年のサン＝ドマングの領有とともに本格化した。一七一五年、一七五〇年、一七九〇年の砂糖生産量は、それぞれ約一万五千トン、約七万トン、約一〇万トンで、世紀後半は八〇％まで

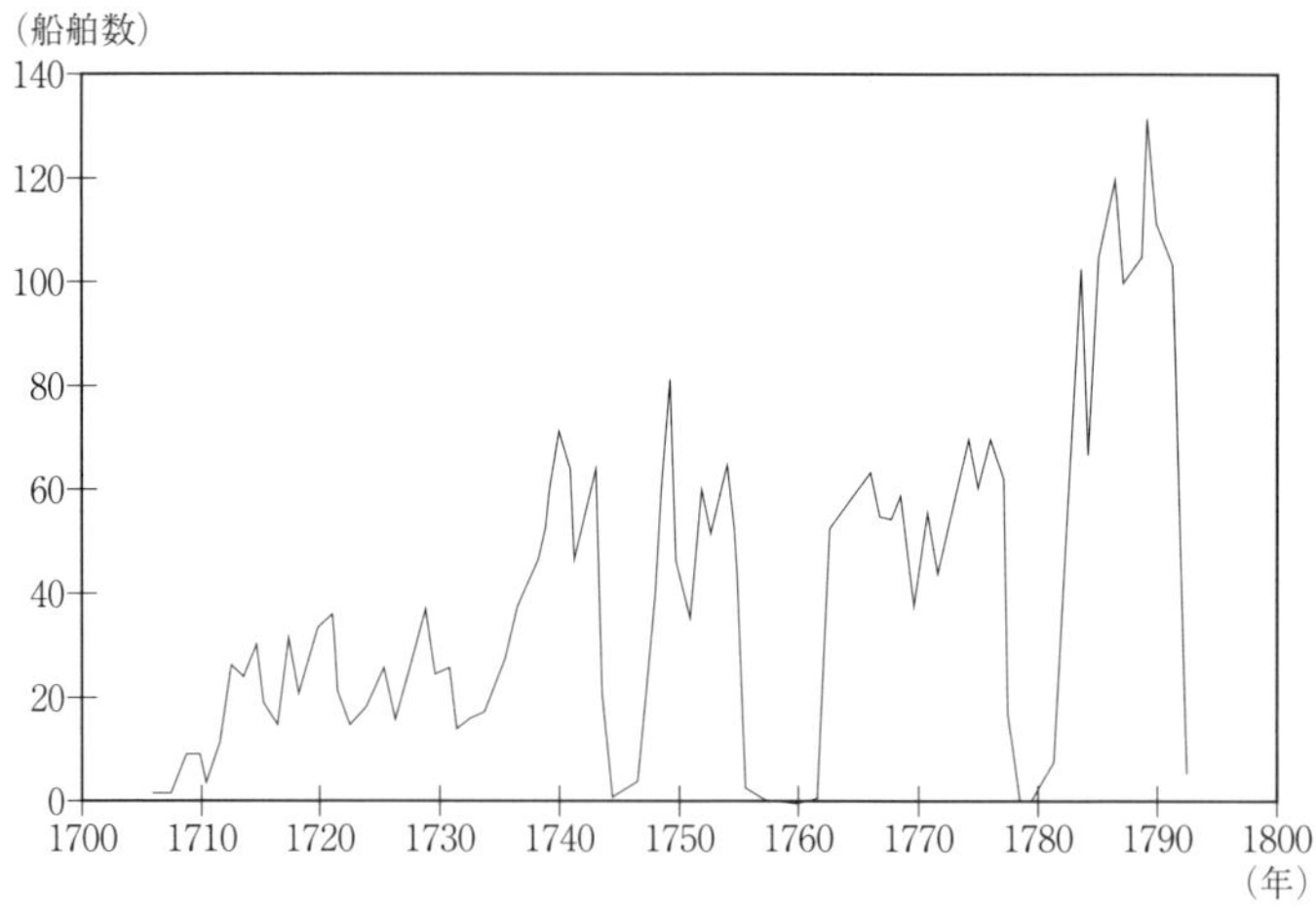

図2-4　18世紀フランスにおける奴隷船の艤装数

（出典）　Pétré-Grenouilleau, O., *Les négoces maritimes français, XVIIe–XVIIIe siècle*, Paris: Belin, 2000, p. 137.

がサン＝ドマング産である。その間、アンティル諸島に移送された奴隷は一三四万人にのぼり、砂糖生産に関する限り、フランス植民地は一七四〇年代にイギリス植民地を抜き去った。そのトレンドを示すのが一八世紀の奴隷船の出航数のグラフ（図2-4）である。そこからは、出航数が一八世紀を通じて右肩上がりに伸びており、戦時に落ち込んだ出航数が戦後に急上昇し、ブームになっていることが確認できる。

サン＝ドマングの強みは砂糖以外にもあった。一般に、砂糖プランテーションの経営には一〇〇ヘクタールの平坦な農場と五〇～一〇〇人の奴隷が必要とされた。ところが一八世紀前半にインド洋方面から伝えられたコーヒーの栽培は丘陵の傾斜地に適し、奴隷を一〇人程度しか所有しない貧しい植民者でも経営が成り立った。その点で、安価な未開地が広がるサン＝ドマングは、遅れてやってきた植民者に資金に見合ったプランテーションを可能にする魅力ある場所だった。かくして、サン＝ドマングの人口は一七二〇年代の一三万人（奴隷が約一〇万人）から一七九〇年の五二万人（奴隷が約四六万人）へ、コーヒーの生産量は一七六〇年代の約一万トンから一七七五年の六万六〇〇〇トンへと急増した。サン＝ドマングが「カリブの真珠」と称えられた所以である。

それと並行して奴隷貿易が進行した。一七世紀末に軌道に乗りはじめた奴隷貿易は、一八世紀前半にシステム化し、貿易商人が自由に奴隷船を艤装するまでに成長した。一八世紀に奴隷貿易に携わった海港都市は、ナントが最大の一四四七隻、以下、ラ・ロシェル四二七隻、ボルドー四一一隻、ル・アーヴル三九九隻の順で、主要港をほぼ網羅している。ただし、奴隷貿易には構造的な弱点があった。船の艤装に二〇～三〇万リーヴルの大金がかかること、航海に一年半前後の長い時間を要すること、奴隷や商品の価格が偶然に左右されることである。そのため、有力な貿易商人はリスクの大きい奴隷貿易に特化せず、その市場は新興の商人につねに開かれていた。奴隷貿易は儲かる商売といわれ、その利益率は高く見積もられてきたが、近年のペトレ＝グルヌイヨの研究によれば、成功と失敗の落差が大きく、賭けの要素の強い「冒険的資本主義」の典型だった。それゆえにこそ一攫千金の奴隷船はあとを絶たず、一七八〇年代には毎年の出航数が一〇〇隻を超えたのである。

フランスのアジア貿易

アメリカとは違って、インドや中国を目指すアジア貿易は、母港と目的地の往復に二～三年かかるため、王権の支援なしには不可能だった。一六四〇年代にリシュリューがマダガスカル島の領有を試みて失敗した後、一六六四年、コルベールは東インド会社を創設し、ブルターニュのロリアンに「物産集積所（アントルポ）」を設立してインド貿易に着手した。一六七〇～一六八〇年代には、ポンディシェリ、シャンデルナゴルなどに商館が開かれている。しかし、香辛料、茶、綿織物、陶磁器などアジアの物産は銀と交換されたので、いつも貿易赤字だった。その不足分を補ったのが、停泊中の会社船を用いて自前で交易し、インド商人の荷物の運搬を代行する「地域間交易（カントリー・トレード）」で、この部門が大きな副収入につながった。

東インド会社（一七一九年に「インド会社」と改名された）は、一七四一年にインド総督となったデュプレックスの下で新たな局面を迎えた。ムガール帝国の弱体化につけ込んだ彼は、軍事力によってインドからイギリス利権の排除を狙ったのである。彼の目論見はマドラス攻略までは成功だったが、本国政府から汚職や野心を疑われて失脚した。それでも一七三〇年頃に一三五〇万リーヴルだった貿易額は、一七五〇～一七五四年に二〇〇〇万リーヴルの大台に乗り、オランダには及ばないが、イギリスの貿易額と拮抗するに至った。次の七年戦争でデュプレックスのやり方を採用したのは、皮肉なことにイギリス東インド会社の書記クライヴだった。一七五七年のプラッシーの戦いで敗北を喫したフランスは、一七六三年のパリ条約で商館は返還されたものの、インドの商権をイギリスに引き渡さざるを得なかった。

もっとも、インド洋に浮かぶマスカレーニュ諸島のブルボン島（現レユニオン島）とフランス島（現モーリス島）は、アジア貿易で少なからぬ役割を演じた。ブルボン島はマダガスカル島の経略に失敗した植民者が住みついた場所で、一六六〇年代から乗船員に食糧を提供する寄港地となった。一八世紀に入ると、この島ではアラビア半島からコーヒーの移植に成功し、コーヒーのプランテーションに特化して、奴隷制が導入された。一方、一八世紀初めに占拠した元オランダ領のフランス島はインド洋上の絶好の中継点となり、造船所や軍事施設がつくられた。ブルボン島とフランス島の一七六七年の人口は、それぞれ二万七〇〇〇人と二万人で、奴隷が七〇～八〇％に達した。奴隷にマダガスカルやモザンビークの出身者が目立つのは、一八世紀後半の奴隷供給地が東アフリカに及んでいたことと、両島が奴隷の最後の受け皿だったことを示している。一七八五年に再建されたインド会社はここを足場にアジア貿易の継続をはかり、会社船を広東まで派遣したので、世紀末の人口は両島それぞれに五万人を超えた（奴隷数は合計で約九万五〇〇〇人）。

4　フランス海洋世界の再編成

フランスの植民地制度

一六世紀にフランスの対外発展を担ったのは、ディエップ、ラ・ロシェルなど小さな海港都市の冒険的な商人を除けば、新大陸に別天地を求めるプロテスタントだった。一五六〇年代にブラジルやフロリダ半島への移民が試みられたが、すべて悲惨な結末に終わった。一七世紀の植民活動は王権のイニシアティヴで実施された。その際、オランダを理想とするリシュリューは、広く資金が集められる会社方式を採用した。カナダ植民に「ヌヴェル＝フランス百人会社」、アンティル諸島植民に「アメリカ諸島会社」、マダガスカル植民に「東方会社」が設立されている。特権会社はすぐさま経営に行き詰まった。会社にとって、カナダやアンティル諸島の開発はそもそも難事業だったし、諸特権と引き換えに植民地に一定数の年季奉公人の移送を命じられたことが重い負担となったのである。

こうした窮状をふまえ、コルベールは次のように植民地の再編を試みた。第一は行政改革で、一六六三年、特権会社による植民地の領有が廃され、王の直轄地に編入された。植民地の行政を司ったのは、本国から派遣された総督と地方長官である。植民者の意思は最高評議会で辛うじて代表された。第二は経営主体の刷新で、一六六四年、すべての特権会社が統合され、喜望峰以東に東インド会社、以西に大西洋全体を統括する西インド会社が設立された。表向きは会社を装っていても、実質的な指揮権を握ったのは海軍卿と会社の理事たちである。第三は後に「排他制」と呼ばれる通商制度で、一六七〇年の法令により植民地は本国との交易に限定され、外国人や外国船の介在は禁じられた。これはイギリスの「航海法」に倣(なら)った措置だが、すでに一六六四年、一六六七年にオランダ商品に高い関税をかけた保護貿易政策の一環でもあった。

コルベールの重商主義政策は植民地を本国の統制下に置くものだった。だが、彼の思惑ははずれ、西インド会社は一六七三年に倒産し、それを後継したセネガル会社やギニア会社も破産に追い込まれた。その理由は、軍事的な負担が大きく、会社が商館の維持や奴隷の搬送の任務をはたせなかったという以上に、大西洋やカリブ海は時期さえ選べば安全な航海が可能なので、密貿易が後を絶たなかったからである。やがて王権の側も、商人の自由な経済活動に任せた方が交易の活性化につながると考えるようになった。そのため排他制は、一七一七年、一七二七年、一七六七年の法改正により順次緩和され、アンティル諸島との交易や、そこに船を派遣できる海港都市の制限が撤廃されていった。一八世紀は交易の統制か自由かをめぐる論争が沸き起こり、保護貿易から自由貿易への大きな転換期にあたっている。

海港都市の序列化──四港体制

一七世紀までのおもな海港都市の人口規模は一万人内外だった。しかし、対外貿易が急速に伸長してくると、船や港湾施設の大型化、貿易商人や乗組員の増加に即応できる海港都市の存在感が高まってきた。この点で特別な嗅覚が働くコルベールは、一六六三年以来、海岸線と海港、船の数、船長や船乗りの数など海洋調査を行った。彼の地政学の基本は、正方形に見立てたフランスを北東、東南、西南、西北に四区分し、それぞれに経済的な役割を与えるものだった。中核となる海港都市に限れば、北東部のルアンとル・アーヴル、東南部のマルセイユは申し分なかったが、停泊地や後背地の手狭なディエップ、ラ・ロシェル、サン＝マロなどは選別の途中で脱落した。逆に、西南部のボルドーはガロンヌ川の中流域、西北部のナントはロワール川の下流域に位置し、船の大型化には外港（＝港湾複合体）で対応し、後背地を川伝いに内陸部まで拡大できるのが長所だった。

四港の発展は植民地貿易の変遷と密接に関係していた。ちなみにナントの発展は、インド会社の拠点が近くのロリアンに築かれた点が大きかった。逆にナントの弱点は自前の交易品が少なかったことで、奴隷貿易に早くから手を染め、最終的にサン＝ドマングへの肩入れを強めざるを得なかった。一方、ブドウ酒の積出港だったボルドーが植民地貿易にかかわったのは一七世紀末で、一七四〇年頃に貿易量でナントを追い抜くに至った。その強みは、植民地が欲しがるブドウ酒や小麦粉など生活必需品に恵まれたことと、もち帰った砂糖、コーヒーなどを北欧諸国に再輸出する販路をもっていたことである。ルアンとその外港ル・アーヴルは、伝統的に北欧諸国との交易が盛んで、セーヌ川水運によって大消費地パリを控えているのが最大の利点だった。植民地貿易への参入は遅れたが、ようやく一七四〇年代にル・アーヴルは貿易、ルアンは商工業と役割分担し、相補的な関係がつくられた。一八世紀後半の綿花の大量輸入はプロト工業化、すなわちノルマンディの綿工業の基礎をつくっている。地中海方面のマルセイユは、一六世紀初めにオスマン帝国と「特許協約」を結び、一六六〇年に王権から特権を与えられてレヴァント貿易最大の港となったので、植民地とは無関係に見える。しかし、マルセイユは一八世紀前半から植民地貿易に加わり、奴隷貿易にも参画し、砂糖やコーヒーを東地中海世界にまで売り捌いた。

フランスの貿易額は一八世紀を通じて五～六倍に増大し、そのうち二〇%までが植民地貿易で占められている。植民地物産の大半はドイツやオランダをはじめ北欧諸国に再輸出された。交易の隆盛のさまを如実に示すのが四港の人口である。一七九〇年の人口では、パリ、リヨンに次ぐ第三位のボルドーが一二万人、マルセイユ一〇万人、ナント八万人、ルアン七万人の順となる。ただこうした海港都市の繁栄を裏返せば、本国の植民地への依存度は異常に膨れ上がっており、そこに徒花（あだばな）のようなフランスの危うさが見え隠れしていた。

表２－２　ルイ14世親政時代の等級別戦列艦数の推移

年	第一級	第二級	第三級	第四級	第五級	合　計
1661	0	0	3	4	2	9
1666	0	10	9	11	19	49
1669	9	23	25	21	13	91
1671	16	16	33	25	29	119
1682	12	20	36	26	21	115
1691	17	26	42	20	22	127
1701	25	18	50	18	19	130
1711	21	18	33	16	10	98

（出典）　Dessert, D., *La Royale, vaisseaux et navires du Roi-Soleil*, Paris, 1996, pp. 301-302.

フランス海軍の創設

近世ヨーロッパにおいて、海軍を名乗る条件は、統一された指揮系統、定期的な予算、常備艦隊の所持だった。オランダやイギリスはそうした条件をいち早くクリアしたが、これまでまったく出る幕のなかったフランスが、一七世紀後半に突如として海軍大国の仲間入りをはたしたのである。その立役者がコルベールだった。彼からみると、オランダやイギリスの海洋帝国を支えているのは、それぞれの海域に繰り出してゆく商船隊を護衛する常備艦隊の存在だった。しかも当時は、英蘭戦争の実戦経験から学んだ、大砲を五〇門以上搭載する巨大な艦船を縦一列に並べ、舷側から発射される砲弾の火力で相手を圧倒する「戦列戦法」が主流となっていた。戦列に加わる「戦列艦」と呼ばれる艦船をオランダもイギリスも約一〇〇隻保有していたので、重商主義帝国を目論むコルベールにとって、このレベルの海軍の増強は必然的な道程だった。彼が掲げた目標は第一～第三級戦列艦七〇隻を含めて艦船一二〇隻という途方もない数字だったが、表２－２にあるように、フランスは一六六〇年代から一六七〇年代にかけてのわずか一〇年間で目標を達成したのである。

この海軍力を背景に、フランスはオランダを破り、その後約一〇〇年にわたってイギリスと海上戦を繰り広げた。結果は惨憺たるものだった。一六九二年のノルマンディ半島沖のラ・ウーグ海戦で一五隻を失い、一七〇七年にトゥロン港内で一五隻が自沈に追い込まれ、一七五九年にレ・カルディノー諸島沖で六隻が撃破されるなど、フランスは雌雄を決する海戦で悉く(ことごと)敗れた。そこからイギリスの海洋覇権のイメージが定着するのだが、近年の研究では、イギリスが多くの艦船を維持したことに伴う人的・物的損害や経済的負担の大きさ、すなわち「財政＝軍事国家」の負の側面が指摘されている。それに対し一八世紀前半のフランスは、艦隊規模を縮小し、艦船の性能を高める方向を歩み、海軍の軽量化・効率化によって海洋帝国を賄おうとした。もっとも、そのつけが七年戦争の敗北につながったのは間違いなく、ルイ一六世時代には再び英仏建艦競争の火蓋が切られることになる。

海軍の創設は、戦争以外にもいくつかの影響や効果をもたらした。その一つとして、艦船を専門に建造・修復する海軍工廠が一七世紀後半にトゥロン、ブレスト、ロシュフォールにつくられ、一七八〇年代のシェルブールを合わせて、先述した四港体制を軍事面で補強するシステムが完成したのである。もう一つは、商船隊を艦隊で守る「護送船団」方式が定着したことで、イギリス艦隊と遭遇しても、艦隊同士の交戦中に商船隊を逃がす時間稼ぎができて効果的だったといわれる。その他、定期的な沿岸部の哨戒活動によって海賊船や密貿易船の横行を阻止するなど、海軍は海洋の安全に一定の役割をはたした。

海洋発展の負の遺産

前述した海洋発展の傍らで、フランスは多くの問題に直面した。第一は、艦船や商船の乗組員の確保である。元来、フランスはオランダやイギリスと比較して「海民(ジャン・ド・メール)」が少なく、五〜六万人と推定されている。ところが一隻の戦列艦の乗組員は五〇〇〜七〇〇人で、艦隊を機動させるには少なくとも二〜三万人が必要だった。そこで一六六七年、コルベールはインド会社船と艦船の乗組員を確保するために、のちの海員徴募制の前身となる「クラス制」を導入した。その方法は、海岸から約二〇キロメートル以内の成人男子を台帳に登録させ、三～五班に分けて、各班に一年の乗船義務を負わせるものだった。これまで乗組員の募集には、志願制の他、貧民や不法滞在者を拘束して無理やり船に乗せる「強制徴募（ブレス）」が一般的だった。この点で、クラス制は必要な人数をいつでも補充できる利便さがあったけれども、沿岸部の人びとは移動の自由さえ制限されて、大きな負担となった。

第二は、普段は平穏なはずの英仏海峡や大西洋の沿岸部が戦場となったことである。たしかにヴォーバンが築いた要塞線は、人びとの境界意識や警戒心を増幅させていた。イギリス海軍は一六九〇年代にサン＝マロ、ダンケルクなどを艦砲射撃し、一六九四年にはブレスト、一七六〇年にはノルマンディへの上陸作戦を敢行した。臨戦態勢を迫られた沿岸部では民兵組織として「沿岸警備隊」がつくられ、実際にイギリス軍と交戦した。七年戦争の時、イギリス軍は大西洋沖合のベル＝イル島、エクス島などを占領したが、その時の略奪や恐怖の記憶は今日でも伝承や歌謡に残されている。ベル＝イル島では女性の経血を「イギリス兵が上陸した」という。イギリス軍兵士の制服は赤だった。

第三は植民地の問題で、アンティル諸島などはモノカルチュアに特化され、慢性的な物価高に喘ぎ、自立した経済基盤を確立できなかった。もっと深刻だったのは、白人一人に対して黒人一〇人という不均衡な人口構成と、とりわけ女性の数が圧倒的に少ないことだった。王権は一六八五年に「黒人法典」を制定し、衣食住の提供、体罰の禁止など、奴隷に慈悲をもって臨むよう奴隷主を諭したが、実際には奴隷制を公認するものだった。条文は空文化し、植民者が奴隷に暴力を振るうのは日常茶飯事だったし、彼らは独自に自警団をつくって奴隷の反抗に備え、逃亡奴隷の追跡・処罰など治安の維持にあたった。

植民地には出自や肌の色に基づいて多くの階層があったが、次の三つに大別された。上層の白人は「大白人」と「小白人」に分かれ、豊かな大白人は不在地主化していた。その下にさまざまな解放奴隷、自由有色人がいて、白人の代理として植民地の実務を担当した。最下層の奴隷は、現地生まれの奴隷「クレオール」と、アフリカ生まれの奴隷「ボサール」が区別された。混血は自由人である場合もあったが、母が奴隷だと奴隷であり、混血が一律に一つの身分だったわけではない。植民地の差別構造は時間の経過とともにいっそう先鋭化し、自由有色人でも法律家、医師などの職業から排除されたばかりか、食堂、劇場など公的な場所への立ち入りを制限された。実社会で重きをなしてきた彼らに白人が恐れを抱いたからで、この両者の対立が頻発する奴隷反乱の伏線となった。一部の植民者は本国の支配からの離脱を模索し、密貿易などを通じて旧知の間柄でイギリスから独立したばかりのアメリカ合衆国に共感を覚え、合衆国との連携を強めようとした。こうして、不安定さを増した植民地は、一七九一年のサン＝ドマングの奴隷反乱で一挙に存亡の時を迎えたのである。

コラム2　港町ラ・ロシェルの盛衰

阿河雄二郎

フランスの古い港町はそれぞれに印象的で、柔らかで、言葉に言い尽くせない美しさを湛えている。マルセイユやサン＝マロも、オンフルールもすばらしい。しかし激動する近世の海洋世界のさまをリアルに追体験できるという点では、ラ・ロシェルにまさる場所はない。

ラ・ロシェルが歴史に登場したのは一二世紀末で、中世後半には塩やブドウ酒を北欧に運ぶ重要な港町となった。ラ・ロシェルの立地上の弱点は大きな河川に沿っていないため周辺地域から孤立していることで、その分イギリスやフランドルなど外国との直接的なつながりに活路を求める必要があった。そこから、商人世界ならではのコスモポリタンな性格と、独立独歩の精神が育まれた。大航海時代がはじまると、冒険的な船乗りはブラジルやフロリダ半島に繰り出している。ラ・ロシェルは宗教改革にも敏感で、一五六〇年代にプロテスタントに宗旨替えし、一六二七〜二八年の包囲戦でルイ一三世の軍門に下るまで自立的な「小共和国」であり続けた。もっとも、この包囲戦では一万人以上が餓死したと伝えられ、人口が五〇〇〇人に減少したラ・ロシェルは、すべての面で立て直しを迫られた。

ラ・ロシェルの再出発はフランスの対外発展（＝第一次

植民地帝国の形成）と密接に絡んだものだった。その一つはカナダやルイジアナを含むヌヴェル＝フランスとの関係で、ラ・ロシェルは毛皮商人や年季奉公人を送り出す窓口となった。イロクォイの人びとと戦うための正規軍カリニャン＝サリエール連隊や、ルイ一四世の肝いりで実施された「王の娘」（本文四九頁参照）もここから船出している。もう一つはカリブ海である。ラ・ロシェルは一七世紀中葉からアンティル諸島の開発、とりわけサン＝ドマングの砂糖プランテーションに力を注ぎ、一七〇〇年前後からはアフリカ、アメリカを回る奴隷貿易（＝三角貿易）を組織的に行うようになった。一八世紀前半はラ・ロシェルの最盛期で、人口も約二万人に回復している。

そうした繁栄の影で、ラ・ロシェルはいくつかの問題を抱えていた。港が手狭で後背地が小さいことは、植民地貿易の後発組であるナントとボルドーに追い抜かれる原因となった。もっと深刻だったのは一六八五年のナント王令の廃止、すなわちプロテスタント信教の禁止である。この王令の煽（あお）りで数千人の市民が亡命したといわれる。ただし残留したプロテスタントの人びとは表面上カトリックへの改宗を装い、抑圧の嵐が過ぎるのを辛抱強く待った。利益に敏な王権もこれを黙認した。また、亡命者のなかには外国で海運業を営む人が多かったので、長い目でみれば、ロンドン、アムステルダム、ニューヨーク、ボストンなどを結ぶプロテスタント（ユグノー）系の交易ネットワークの素地がつくられた。

ラ・ロシェルに破局が訪れたのは一八世紀末である。まずは七年戦争の決着をはかるパリ条約（一七六三）で失われたヌヴェル＝フランスの市場の代償を奴隷貿易に求める度合いが強まった。一七八〇年代には外国行き船舶の実に五八％までが奴隷船だった。次いで、一七九一年にサン＝ドマングで勃発した奴隷の反乱がラ・ロシェルの致命傷となった。プランテーションの破壊・荒廃でプランターや貿易商人は次々と倒産に追い込まれた。植民地復興にかける彼らの夢はナポレオンの登場で一時的に現実味を帯びたけれども、一八〇四年のハイチ独立で蜃気楼に終わった。

こうしてみると、ラ・ロシェルがたどった道程は波乱万丈で、これほど王権の植民地政策に翻弄された港町はない。それでもラ・ロシェルの強みは一八世紀の佇まいの旧市街がそのまま残ったことで、今日ではフランス有数の観光資源となっている。城壁と三つの塔が残る旧港（ヴィユー・ポール）では一八世紀の海洋画家ヴェルネが描いた風景をそのまま堪能できるし、表通りを少し入ったエスカール通りでは貿易商人の瀟洒（しょうしゃ）な邸宅群が往時を偲ばせる。石畳にカナダから船のバラスト用にもち帰った丸石が使われているのも微笑ましい。現在は「新大陸博物館」となっている貿易商人フルリオの邸宅で奴隷貿易やカナダ先住民の資料に触れるのも意外性があり、格別な趣がある。

参考文献

Delafosse, M. (dir.), *Histoire de La Rochelle*, Privat: Toulouse, 1985.

Martinetti, B. *Les négociants de La Rochelle au 18e siècles*, Rennes: Presses Universitaires de Rennes, 2013.

参考文献

金澤周作（編）『海のイギリス史――闘争と共生の世界史』昭和堂、二〇一三年。

佐々木真『ルイ一四世期の戦争と芸術――生みだされる王権のイメージ』作品社、二〇一六年。

ジュオー、クリスティアン『マザリナード――言葉のフロンド』（嶋中博章・野呂康訳）水声社、二〇一二年。

高澤紀恵『近世パリに生きる――ソシアビリテと秩序』岩波書店、二〇〇八年。

服部春彦『フランス近代貿易の生成と展開』ミネルヴァ書房、一九九二年。

林田伸一『ルイ一四世とリシュリュー――絶対王政をつくった君主と宰相』山川出版社、二〇一六年。

ベルセ、イヴ＝マリー『真実のルイ一四世――神話から歴史へ』（阿河雄二郎・嶋中博章・滝澤聡子訳）昭和堂、二〇〇八年。

Arbello, G., «La grande mutation des routes de France au 18e siècle», *Annales, ESC*, 28-3, 1973, pp. 765–791.

Burguière, A., et Revel, J. (éds.), *Histoire de la France, l'espace français*, Paris: Seuil, 1989.

Cabantous, A., Lespagnol, A., et Péron, F. (dir.), *Les Français, la terre et la mer, 13e–20e siècle*, Paris: Fayard, 2005.

Dubost, J. F., *La France italienne, 16e–17e siècle*, Paris: Aubier, 1997.

Dubost, J. F., et P. Sahlins, *Et si on faisait payer les étrangers?*, Paris: Flammarion, 1999.

Gainot, B., *L'empire colonial français de Richelieu à Napoléon*, Paris: Armand Colin, 2015.

Le Bouëdec, G., *Activités maritimes et sociétés littorales de l'Europe atlantique, 1690–1790*, Paris: Armand Colin, 1997.

Morieux, R., *Une mer pour deux royaumes, la Manche, frontière franco-anglaise, 17e–18e siècles*, Rennes: P. U. de Rennes, 2008.

Pétré-Grenouilleau, O., *Les négoces maritimes français, 17e–20e siècle*, Paris: Belin, 1997.

Pétré-Grenouilleau, O., *Les traites négrières, essai d'histoire globale*, Paris: Gallimand, 2004.

Roche, D. (dir.), *La ville promise, mobilité et accueil à Paris*, Paris: Fayard, 2000.

第3章　近世王国の社会と宗教

坂野正則

この章で学ぶこと

フランスは近世の時代に現在の国土に近いかたちとなり、海外の植民地も獲得するようになった。中世からの社会秩序を引き継ぐ部分も大きいが、新たなエリート層が登場し、都市文化も成熟する。国境や海を越えた人の移動は、それ以前の時代に比べてはるかに増加していった。またカトリック教会以外の宗教的少数派のなかから、社会的な存在感を強める人びとが登場してくることも近世の特徴の一つである。この章では「宗教」をキーワードに、王国の統治、人びとの暮らし、絆、教育や福祉、さらにはカトリックとプロテスタントという二つの宗派の関係を学んでいこう。とくに、宗派間の対立と共存、あるいは同じ宗派内部での軋轢や紛争について、その歴史的歩みを振り返ると、近現代フランスの宗教問題や文化摩擦を考える際のヒントが得られるのではないだろうか。

1　近世フランスに生きる

身分・人脈・特権

フランスは、中世末期までに主要な地域を王国に編入し終え、一七世紀のルイ一四世の時代には、ほぼ現在に匹敵するかたちが生まれた。そして、ヨーロッパ世界の中で唯一、北海・大西洋・地中海の三つの海に開かれた国となった。パリ盆地から東部国境地帯にかけての平野部、ほぼ中央部に位置する中央山塊と呼ばれる山岳地帯、ナント、ボルドー、マルセイユに代表される港町といった多様な環境が、各地に固有の社会を育んでいく。この近世王国にはどのくらいの人びとが存在していたのだろうか。一五〇〇年頃の王国の人口は一六〇〇万人台で、一六世紀の人口増加、一七世紀の人口停滞を経験した後、一八世紀中葉には二五〇〇万人台を超えて成長し、フランス革命前には二七〇〇〜二八〇〇万人に達した。彼らは、どのような条件の下で暮らしていたのだろうか。

世襲制の国王の下で、王国の臣民は聖職者・貴族・平民の三つの身分から構成されていた。たしかに、近世の身分制社会は、中世の「祈る人」としての聖職者、「戦う人」としての貴族、「働く人」としての平民に由来するが、こうした定義は各身分の実態に適合するものではなくなっていた。

第一身分であるカトリック聖職者は、貴族と並んで国王に納める直接税を免除されていた。近世のフランス国王は、国内の司教および大修道院長の指名権を掌握し、フランスの教会組織をローマ教皇から相対的に自立させ、その教会の長としての権威を確立しようとした（いわゆるガリカニスム）。司教の候補者となった人びとの多くは、貴族家門の出身であった。これに対し、村の住民の宗教生活を監督する司祭やそれより下位に属する聖職者には平民の出身者も多かった。そのため、同じ聖職者身分のなかでも政治的・経済的格差は大きかった。

貴族については、中世から存在する貴族である「帯剣貴族」と別に、貴族の称号の付いた官僚の職を購入した新しい貴族である「法服貴族」が登場する。そのなかには、高等法院というフランス各地で最上位に置かれた裁判所の裁判官や、王国政府の財務を扱う金融業者が含まれていた。重商主義政策で有名なコルベールの家系も、こうした貴族の代表例である。金銭で貴族の位を取得した一族が最上位の貴族となるためには数世代かかったものの、富裕な平民は、貴族になることで社会的上昇をとげることができた。一八世紀の半ばから後半にかけては、フランス貴族の多数が法服貴族であったことが知られている。

各身分内部での指導層は、社会的威信、名誉、そして品位を保つことが求められた。そのような人物と、彼に信頼と政治的期待をもつ下位者との間には、自発的に保護―被保護関係が築かれた。こうした人間関係が、宮廷、地方政体の各種官僚機構、軍隊、教会といった組織編成とは別に育まれ、社会の原動力として機能した。

当時の社会は、社団あるいは中間団体と呼ばれる集団が、人びとの暮らしを支える単位となっていた。これは、自然発生的に生まれた社会集団や共同の利益のために組織された団体に、近世の国王が改めて「特権」を与えてその存在と活動を保障したものである。たとえば、商人や職人のギルドは、中世以来、都市当局から自治権や自由権を与えられてきたが、一六～一七世紀にかけて、国王自身が改めてそれらを「特権」として保護することで、国王の直属に置かれることとなった。都市そのものも変貌を遂げる。都市自体も一つの社団で、中世には国王から大幅な自治権を認められていた。これに対し、近世には、財政的破綻を口実に国王による後見を受け入れ、国王権力の庇護にある人物が都市政治を主導するようになったのである。王権は、各種の社団や「特権」を駆使することで、王国内を統治した。

結婚と家族

身分、保護関係、特権団体と並んで、人びとの社会活動を支えたものが家族である。今日の社会とは異なり、政治行動、支配体系、経済活動の基礎単位は個人ではなく「家」であった。この時代の貴族や平民の上位層の間では、結婚においてもっとも重視されたのは個人の自由意志ではなく、家門の名誉や家族の営む事業の継続と拡大だったのである。より下位の民衆層の間では、配偶者選びは相対的に自由だったが、夫婦が労働の運命共同体の単位となっていたことは上位層と変わらない。

貴族は身分や社会的立場が同じ家門と縁組を結び、領主所領の拡張や地域社会における政治的影響力の拡大をめざした。他方、商人は、婚姻関係を通じて取引先の開拓や事業組織の拡大を進めた。家族の絆が地理的に離れた商業活動をまとめる信用と力をもたらすからである。信用という観点では、当時の結婚は、原則的には同じ信仰を共有する者同士で行われた。婚姻関係を結ぶ男女の多くは、同一の社会環境と宗教に基盤を置いていた。もっとも、貿易商人の間では、王国内に居住する外国商人、海外や植民地に住む同郷のフランス人と結婚する場合もあったため、必ずしも閉じられた社会の内部で完結したわけではない。

当時の平均初婚年齢はどのくらいだったのだろうか。現代と同じく、初婚の年齢は経済状況と密接な関連をもっていた。一七世紀後半においてパリ周辺の農村では、男性が約二七歳、女性は約二五歳であった。都市ではさらに年齢は高く、一八世紀に入ると晩婚化はよりいっそう進行した。要するに、男性は手に職をつけない限り家族をもつことはできなかったし、女性の出産数も制限されることになる。とはいえ、近世において、女性は平均すると四～五名の子どもを出産し、その半数が成人に達したため、出生率が極端に低いわけではなかった。

ただし、この時代はヨーロッパ全体でも乳幼児死亡率は高く、母親が産後に命を落とす場合もあった。妊娠から出産までの一連の営みには、現代以上に死が母子と隣り合わせだった。それゆえ出産にかかわる儀礼は、つねに宗教的性格を有していた。順調な発育をはじめたとしても、さまざまな理由から捨て子という方法を選ばなければならない場合もあった。都市では、人口と貧困が拡大するなかで、この傾向はより顕著だった。子どもを育てる方法もまた、社会的条件で異なる。貴族の女性は母乳での育児をせずに乳母に依存し、富裕層の女性は、しばしば子どもを近隣の農村へ里子に出した。また、捨子施設に収容された子どもも仲介者を介して農村の乳母の下へ運ばれた。もちろん、乳母を取り巻く条件に応じて、子どもの育つ衛生的環境や教育内容は変化した。小規模単位の家族で、母乳育児を軸とし、家庭教育に配慮する家族モデルが市民の間で人気を博するのは、一八世紀の後半になってからである。

2　カトリック宗教改革の影響力

小教区と民衆生活

近世フランス人は、文字通り「ゆりかごから墓場」まで教会との関わりのなかで生活を営んでいた。彼らの大多数はローマ・カトリックを信仰していた。カトリック教会は、彼らの日常生活にどのような影響を及ぼしたのだろうか。カトリックでは、信仰を強めるために七つの秘跡と呼ばれる儀礼が枢要な位置を占める。そのなかの洗礼・堅信・叙階・結婚・終油の五つは、生涯に一度だけ受ける儀式で、人生のライフサイクルとも一致していた。

人びとは誕生したらなるべく早く、近くの教会において洗礼を受け、カトリック信徒として人生を開始する。もし、洗礼を受けられずに死亡した場合、その魂はこの世をさまようと考えられていた。その後、一〇歳手前になると司祭より読み書きや計算の初歩を学ぶと同時に、少なくとも週に一度、カテキズムあるいは教理問答と呼ばれるカトリック信仰の要点を問答形式でまとめた箇条を習う（第7章参照）。教理問答とは、プロテスタントが民衆への宗教教育を工夫していることに対抗して発展したものである。カトリック信徒にとって、イエス・キリストの体そのものに変化したと信じるパンを食べる聖餐は、きわめて重要な儀式であった。一定の年齢に達した子どもは、その聖体であるパンを与えられるはじめての聖体拝領を経験した後、堅信という自分の意志で信仰を表明するための儀礼を受けて、一人前の信徒へと成長する。これらの宗教儀式は、職人や商人といった仕事の見習い教育の開始を告げるものでもあった。

成人後、生涯独身で聖職者の道を選ぶ叙階式と、世俗信徒として家庭をもつことを示す結婚式とは、人生の選択の分岐点にある儀礼であった。臨終に際しては、司祭が死にゆく者に終油を塗って祈った後に、その人は生涯を閉じる。死後は、すみやかに小教区の墓地に埋葬される。人生の節目にあたる洗礼、婚姻、埋葬の記録は、教区簿冊（小教区簿冊）

に記載されることが義務づけられ、一七世紀後半には全国で書式が統一された。これは今日の戸籍簿に相当する。ただし、この記録が残される対象はカトリック住民のみであり、プロテスタントやユダヤ人は対象外だった。

ここで、近世フランスでのカトリック教会の組織を確認しておこう。教会のもっとも小さな単位が小教区で、農村部の村落が一つの小教区に相当し、都市は通常、複数の小教区から構成された。この時代、フランス全土には三万五〇〇〇～四万の小教区があり、そこで働く主任司祭と助祭は、革命前夜で六万人以上いたとされる。この小教区を統括するのが司教区で、革命前夜には一三〇ほど存在していた。

小教区にはさまざまな機能があった。行政面では、まず徴税の拠点として納税名簿を作成し、収税役を選任する住民集会を開催した。次に、一七世紀後半には兵士を徴集する単位としても機能した。そして日曜日のミサの後に、主任司祭を通じて王令が住民に伝達される場を提供した。宗教面では、小教区教会には洗礼盤や洗礼堂は必ず設けられたため、住民の洗礼は原則的にそこで実施された。また主任司祭と信徒が教会堂の内外を行列する宗教行列は、教会暦の主要な祝日に実施され、神への感謝や守護聖人への保護を求める宗教的な意図をもつと同時に、小教区の空間的なアイデンティティを住民の間で共有する契機ともなった。

実はフランスのカトリック教会の新たな機能が明確になったのは、一六世紀のプロテスタント宗教改革と宗教戦争を経た上で、一七世紀にカトリック宗教改革が進んだためであった。この運動のなかで、カトリック勢力は、プロテスタントとの闘争を続けつつ、小教区教会を核に信徒の間に正統な教義や儀礼を広めようとした。小教区教会は、王国政府や都市の統治を補佐して、住民＝信徒に生活上の道徳を説き、社会秩序の維持に努めた。つまり、王権と教会とが両輪となって統治が進められたのであり、中世社会よりも近世社会において社会の宗教的・倫理的統制は強まったのである。

篤信家の出現

一六世紀中葉に開催され、カトリック宗教改革の方向性を決定づけたトレント公会議は、聖職者主体の改革をめざした。具体的に求められたことを列挙すると、司教による徹底した管轄区域の巡察、信徒の信仰に対する司祭のはたす役割の重視、神学校設立に代表される聖職者の養成、カトリック教会の「正典」としてのウルガタ版ラテン語訳聖書の採用、カトリック教会での秘跡の確認、教会組織における階層的制度の維持と遵守などであった。言い換えると、公会議そのものは信徒自身が社会でどのような活動を行うのかについて、明確に規定しなかった。しかし、実際には教会や聖職者と並んで在俗信徒の改革への参加もカトリック刷新の主要な柱の一つであった。この改革運動を牽引したのが「篤信家」と呼ばれる人びとである。この集団には、大司教や司教といった高位聖職者や神学者などの聖職者も含まれるが、その主体は「法服貴族」に代表される新興エリートたちであった。

一七世紀前半から中葉にかけて、国内外の戦乱が国庫の疲弊をもたらしていた。法服貴族は国庫に資金を調達できたので、次第に権力基盤を固めていく。その一方、戦乱による社会の荒廃と貧困状況の深刻化を目のあたりにして、彼らはカトリック改革の精神に基づいて、自分自身の信仰心を鍛えて宗教的な救済を得ようとするだけでなく、社会の改善をめざすようになった。彼らは、祈祷や黙想、各種の宗教儀礼に参加するといった信仰生活のみならず、貧者の救護、改革派プロテスタントのカトリックへの改宗の支援や、改宗者への物質的・精神的援助、北米大陸のフランス領であるヌヴェル＝フランスやカリブ海のアンティル諸島への商業振興とカトリック宣教援助のための植民会社設立など、その活動は多岐にわたっていた。篤信家が大いに貢献した教育と救護の組織化については次項で論じる。

篤信家の精神的な営みもまた、個人の信仰実践だけで完結されるものではなく、宗教的熱意を共有する人びととの連帯により支えられた。たとえば、一七世紀初頭に開催されたアカリ夫人の篤信サークルには、ピエール・ド・ベリュルなどフランス人思想家が参加していただけでなく、イングランド人のカプチン会士やノルマンディ出身のスペイン系信徒も含まれていた。そのため、国際的性格をもった上に、聖俗隔てのない社交空間が成立した。このサークルには、ネーデルラントで生まれた霊性運動や、スペインで流行した神秘思想がもち込まれ、そうしたなかから「フランス霊性学派」という思想が成立したのである。この思想は、イエス・キリストの人間としての側面に注目するもので、あらゆる人間の活動が宗教的救済の手段となりうるという考え方に道を開いた。すなわち、世俗の職業活動を含めた日常生活そのものがキリスト教の愛徳に基づく活動であるため、信徒も霊的救済を行うことができると考えられたのである。

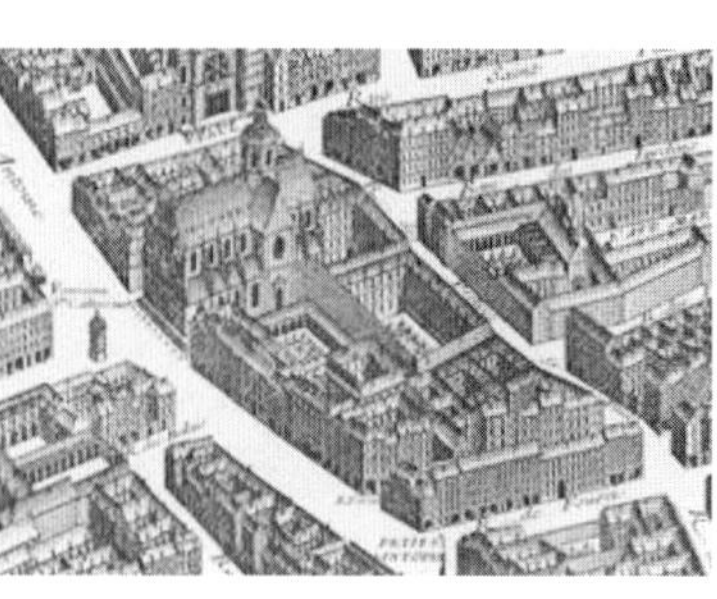

図3－1　1730年代のパリ・サン＝タントワヌ通りにあったイエズス会施設（テュルゴの地図部分）
（出典）BnF, Gallica（http://gallica.bnf.fr/ark:/12148/btv1b530111615/f10.item）.

教育と救護

ピエール・ド・ベリュルは、一六世紀イタリアで誕生したオラトリオ会を一六一一年にフランスへ導入するのにも一役買った。この組織は、信徒への司牧を行う司祭が集まった共同体で、中等教育課程にあたるコレージュを運営した。とくに、一八世紀の数学をはじめとする自然科学の教育を取り入れたことで名高い。

他にも一六世紀前半に北イタリアで生まれ、一六世紀終わりから一七世紀にかけてフランスで成長したウルスラ会は、世俗の貧しい家庭の女性への教育に力を注いだ女子修道会である。その修道女は、フランス語の学習に続いて、裁縫や刺繍も教えた。また、フランス本国のみならず、ヌヴェル＝フランスのケベックやニューオーリンズなど海外での宣教と女子教育にも従事した。男子については、一六八〇年にジャン＝バティスト・ド・ラサールが、貧しい家庭の男子を対象とした無償の学校に教師を派遣する修道士の団体を設立した。彼らはラテン語教育よりも、フランス語の読解教育に力を入れた。

こうした実学志向の教育に対して、人文・教養志向のエリート教育を担ったのがイエズス会のコレージュである。フランスにおけるイエズス会のコレージュ設立は一六世紀後半にはじまって、一七～一八世紀にかけてその数を増やすと、一八世紀の中葉には九〇近いコレージュを運営するまでに成長した。ちなみに、一七世紀中葉におけるオラトリオ会系コレージュの数は、イエズス会系の八分の一程度であった。イエズス会系コレージュの生徒は、貴族・官僚・法曹・商人・公証人の家系出身であり、卒業後は社会的エリート層を占めることとなった。コレージュ運営以外に、イエズス会士はマリア信心会などの信徒団体を全国で組織しつつ、国王付き聴罪司祭の地位を得て宮廷にも進出した。結果として、コレージュ同窓生を核に、イエズス会関係者のコネクションが、政治面での権力基盤の構築や文化面での価値観と世界観の共有に大きな影響を及ぼしたのである（図3－1）。

教育と並んで社会に働きかけるカトリック改革の成果が、救貧・捨子養育・病者救護を含む広義の救護活動であった。中世の身体障碍者、罹患者、貧者、浮浪者、高齢者は、一般的には「キリストの貧者」として宗教施設に受け入れられた。しかし、近世に入ると、各地域の事情に即して、救護施設の細分化が進んだ。

一七世紀に、この分野の事業を推進したのも篤信家である。なかでも代表的人物が、フランソワ・ド・サールで、彼は一六一〇年にジャンヌ・ド・シャンタルとともに聖母訪問会を設立し、カルヴァン派の拠点ジュネーヴに程近いアヌシから救護活動をはじめ、後にリヨン、パリへと展開させた。一六二四年にはリヨンで愛徳救護院が都市自治体の主導で設立され、貧者、身寄りのない高齢者、孤児、夫に捨てられた妻や未婚の母に必要な救済や養育の措置が講じられた（図3－2）。こうした施設には別の顔もあった。浮浪者や売春婦の収容である。これは彼らを社会から隔離し、施設に「閉じ込め」るという政策的な意図が強かった。

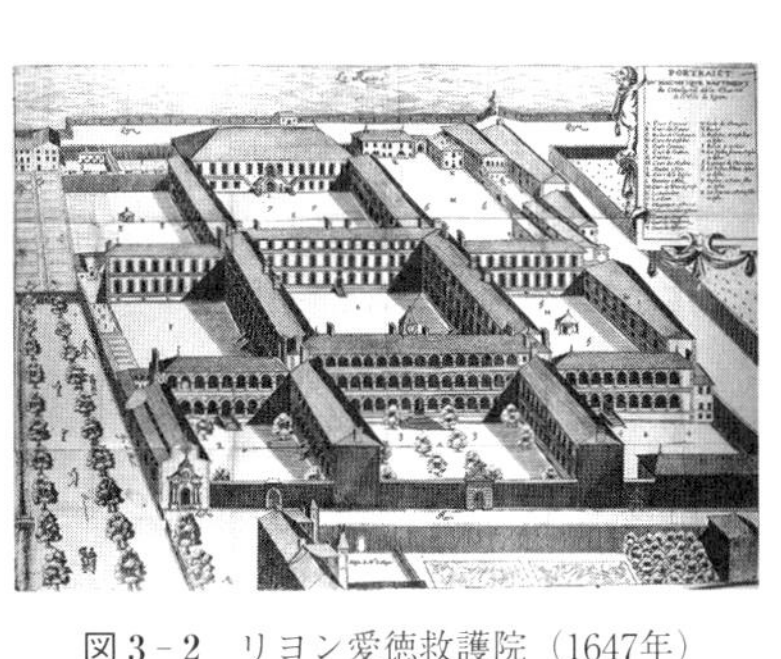

図3－2　リヨン愛徳救護院（1647年）
（出典）Public Domain（https://upload.wikimedia.org/wikipedia/wiki/File:Lyon_hopital_charite_plan.jpg）.

一七世紀中葉には、地方レベルのみならず、全国規模でも救護活動の組織化が進められた。宰相マザランを中心とする改革に既得権を守ろうと抵抗したフロンドの乱による混乱が収束した後の一六五六年に、政府が既存の救護施設を一般救護院へ統合したのは、その一例である。ただし、中世的な教会勢力による慈善的救護活動から近世・近代的な世俗行政の管理による福祉的救護活動への転換が生まれたわけではない。というのも、この一般救護院の建設には、一六三〇年代から救貧事業に積極的にかかわってきた宗教結社である聖体会の会員が、主要な貢献をはたしたからである。この施設は、貧民層の人びとに物乞いを禁じて、彼らに職業訓練を行い、倫理的な行動様式を教えた。それに伴い、カトリックの信仰教育も施された。この施設の役職者に着目すると、パリの一般救護院の役員は初代の首席役員を含め聖体会会員であり、地方都市の一般救護院の役員にも同様の傾向がみられる。こうした思想と人脈の両面をふまえると、一般救護院は、宗教的性格を色濃くもつ事業だといえる。福祉事業の脱宗教化は、フランス革命後の時代を待たねばならない。

教育や救護の事業を推進していく上で必要不可欠だったのが、一七世紀以降に出現した新しいタイプの修道女による活動であった。彼女たちはそれまでのように修道院の禁域内部にとどまって祈祷と黙想のみの生活を送るのではなく、世俗社会に直接働きかけることで、宣教活動・教育活動・救護活動へ邁進した。先述したウルスラ会修道女の女子教育活動、あるいはヴァンサン・ド・ポールとルイーズ・ド・マリヤックが一六三三年に設立した愛徳姉妹会による貧民救護や捨子養育は、その代表例である。

しかし、カトリック勢力は一枚岩だったわけではない。王国内の政治的統合に宗教を活用するためには、国外の宗教的な最高権威としてのローマ教皇権の介入をできる限り排除しなければならなかった。この点で、イエズス会士は、入会時に「教皇への服従」の誓いを立てていたため、つねに微妙な立場にあった。というのも、王権はイエズス会の教皇至上主義的な性格とは距離を置きながらも、この修道会の活動に依存せざるを得なかったからである。これに対し、世論はイエズス会士を「教皇の手先」とみなし、彼らへの反感と疑惑のまなざしを強めていく。最終的に、一七六四年の王令により、王国内のイエズス会の廃止が決定されるに至った。この会の活動がフランスで再開するのは、フランス革命、さらにナポレオン第一帝政が終わった一八一五年に入ってからである。

3　人びとが集う

農村における集い

近世フランスでは、人びとはどのように集い、交わり、絆を深めていたのだろうか。

農村では、共同の井戸や洗濯場、パンを焼くかまどが女性たちの日常的な社交の場として機能したのに対し、男性は、昼間の農作業と夜の居酒屋を社交の場として活用した。居酒屋は教会近くの広場に面することが多かった。そこは村人や近隣からの来訪者により、商談や取引の場、家畜や土地の賃貸借や小作料の支払の場として利用された。また職業上の交際のみならず、周辺地域に関する噂や情報の交換や人脈の構築も進められた。居酒屋へは、しばしば村の教会の主任司祭が、ミサの時間帯などの開店を自粛するよう申し入れを行うことすらあったのだが、あまり守られなかった。

年間を通じて農民が共同体の絆を強め、日常生活の不満や疲労を解消する機会となったのが、祭りである。もっとも重要な祭りの一つが、小教区教会の守護聖人を祝う祝日に行われるもので、住民が総出で参加した。季節の変わり目や農作業に関連する時期にあるキリスト教の祝日に行われる祭りも重視された。たとえば、復活祭や主の昇天祭は春の到来を知らせる祭りであり、この時期から農作業が開始される。また、夏至近くにあたる聖ヨハネの祝日（六月二三日）前夜に行われる火の祭りは、夏の到来を知らせる。一一月一日の「諸聖人の祝日」は、秋の収穫期と重なる。いかなる祭りにおいても、宴会は必ず準備され、領主と村民はともに大いに飲み食いをしながら、舞踏、仮装、各種のゲーム、格闘などを楽しんだ。

こうした祭りを組織・運営したのは、多くの場合未婚男子から構成された「若者組」である。教会は、この団体による放埒で反道徳的な行動に対して警戒の眼差しを向け続けた。一八世紀に入ると、カトリック宗教改革の理念を身につけた村の司祭が、それ以前の司祭に比べて、はるかに厳しく祭りでの男女のダンスなどを取り締まった。

農村の夜を彩る家での催しとしては、「夕べの集い」がある。これは、村人たちが一つの家に集まって夕食後に飲酒・娯楽・読書などを行う社交の慣習である。女性たちは「夜なべ」で内職をしたり、男たちはテーブルを囲んで酒を飲んだり、男女が秘めた打ち明け話をしたり、歌を歌うこともあった。また「青本」と呼ばれる行商人が農村を回って廉価で売っていた書籍の朗読を参加者全員で聞くこともあった。以上のような農民の集いに、教会は、反道徳的な逸脱行動への契機となる、あるいは異端の温床となるのではないか、との危惧の念を抱いた。そこで、信徒＝住民のカトリック的道徳の向上をめざして、家族が集まって祈り、宗教書を読むことを奨励した。

都市における集い

都市は農村に比べ、多様な来歴や職業をもつ人びとが集住するため、彼らの絆も複雑に織りなされていた。都市でも居酒屋は人びとの集いの核をなしたが、それは市場や船着場といった経済活動の拠点に近い場所に設けられ、工房で働く職人、日雇い労働者、港町の船乗りや沖仲仕などが集まって安酒を楽しんだ。一八世紀のパリにはおよそ二〇〇〇軒の居酒屋があった。それと対照的な飲食空間として、上位の階層の人びとが集うカフェがあった。たとえば、シチリア島出身のプロコーピオが一六八六年にセーヌ河左岸で開業したカフェ・プロコープは、コーヒーの他に、ジェラートやリキュールを提供し、それらを華麗な室内装飾のなかで賞味できるとして、同時代の文筆家や演劇人に評判が高かった。このカフェは、後に、革命家たちが集い、政治を議論する場ともなる。

居酒屋やカフェは、不特定の人びとが断続的に出入りすることによって人間関係が生まれるものだが、特定の構成員が共通の目的を達成するために、規約をもって継続的な団体をつくる場合も多かった。ここではその例として、アカデミーと兄弟会の二つを取り上げよう。

一七世紀パリでは、学術と芸術の分野で最良の才能と知性を結集することを目的として「アカデミー」が設立された。「アカデミー・フランセーズ」は、もっとも古くに設立され、高い権威を誇った。これは正統フランス語を確立することと、人文学の叡智を駆使して国王を賛美するために創設されたものである。四〇名の正会員のなかには、劇作家ラシーヌ、文人シャルル・ペロー、神学者として名高いボシュエやフェヌロンといった文化人のみならず、貴族や軍人も含まれた。他方、ロンドンの王立協会に刺激されたコルベールは、王国の学術研究の水準を向上させるようルイ一四世を説得し、「科学アカデミー」の設立に一役買った。この組織は、パリ天文台の設置や植物園の開園を推進すると同時に、一八世紀には啓蒙運動を牽引していく。以上の他にも、絵画彫刻、音楽、建築の王立アカデミーが設置され、これらは芸術の「正統」な趣向と技法を決定する機関となった。さらに一八世紀を通じては、王国周縁の地方都市まで「地方アカデミー」が普及する。それぞれの組織は国王の認可と地方の有力貴族による経済的庇護の下で運営されていた。地方アカデミーの会員は、各地の知的エリートで、宮廷とパリを中心とする文化の規範を身につけると同時に、研究報告を通じて自然科学、地場産業、都市行政や福祉問題を論じた。さらに通信網を駆使して、パリのアカデミー諸団体や海外のアカデミーの会員との国際的な知的交流に貢献したのである。

次に兄弟会とは、共通の守護聖人への帰依を目的とする宗教結社のことである。司教や各小教区の司祭による保護と監督を受けながらも、教会組織からは自立して活動する。もちろん農村にも存在するが、より多様な組織編成を発達させたのは都市部においてである。この種の団体の起源は中世に遡るが、近世においては、会員間の懇親や相互扶助や都市住民への慈善活動を実践する主体として機能した。加えて祈祷や信心業に熱心に取り組み、宗教儀礼や祭礼の運営が重視されるようになった。

したがって、各人の求める活動や目的によって、組織の性格も多様であった。たとえば、職能別兄弟会の会員は、自らの職種に基づいて団体に所属し、それぞれの職種の守護聖人に対して祈祷とその聖人にかかわる祭礼を行い、会員同士の経済的・精神的な相互扶助や懇親の宴会を通じて、集団としての団結力を養った。あるいは、南フランス各地で発達した悔悛苦行兄弟会は、個人の内面的動機から自らの意思で団体に加入し、厳格で禁欲を重んじる信心業を実行する。しばしば、会員以外の人間に所属会員の名前と会での活動内容を漏らすことは禁じられた。会員は社会的身分や地位を離れて、会の活動に平等な立場で参加し、自分たちが厳しい修養に励むことができる選ばれた信徒であるとの自覚を共有した。こうした社交の性格は、一八世紀後半からヨーロッパ規模で発展する秘密結社のフリーメイソン団とも共通する。

図3-3　ジョフラン夫人のサロン
（出典）Public Domain（https://upload.wikimedia.org/wikipedia/commons/c/cb/Salon_de_Madame_Geoffrin.jpg）.

サロンと女性

一七世紀以降、パリのエリート層の間で「サロン」が社交場として発展する。この社交空間の特徴は、多くの場合に女性が主宰して自らの居館へ貴族、聖職者、文人、学者、芸術家などさまざまな分野の人びとを招いたことにある。このサロンの源流の一つとして、ランブイエ侯爵夫人が一六二〇～一六四〇年代に邸宅で開いた会合があげられる。そこには劇作家コルネイユをはじめ、アカデミー・フランセーズの会員でプロテスタントであったヴァランタン・コンラルなどの文人が集った。王族であるコンデ親王や後にフロンドの乱や、次節で触れるジャンセニスム運動にもかかわったロングヴィル公爵夫人、若き司祭であったボシュエも参加していた。一六五〇～一六七〇年代にかけて、聖体会の幹部を務めたリアンクール公爵の居館で開催されたサロンには、フランスのカトリック教会内部で対立していたイエズス会士と後に述べるジャンセニストとがともに参加した。サロンに加わることのできる条件は、宮廷社会に由来する礼儀作法をわきまえ、サロンでの振る舞いの規範を身につけ、洗練された会話をたしなみ、文芸や芸術の「良き趣味」をもっていることであり、その基準で参加者は厳格に選別された。そうした選別を乗り越えた人びとの間では、社交生活を共有できるとみなされ、固有の連帯感が育まれた。その結果として、宗教・文芸・外交・政治の人脈が分かちがたく結合し、宗派や国境を越えた対話を促す社交的空間が生まれる時もあった。

ヴェルサイユ宮廷が賑わって一時期衰退したが、一七二〇年代以降、パリのサロン文化は再び活況を呈する。そこでは、前世紀以上に会話の主題は増え、哲学者・自然科学者・博物学者を招いて科学の発見や科学的知識の普及も図られた。前世紀と同様に、サロンの参加者は、立居振舞の規範と巧みな会話術を求められ、それは自然科学者も例外ではなかった。アカデミーの会員に選ばれるために、サロンへ頻繁に通い、国王の側近や官僚に根回しをするための人脈作りも行われた。すなわちサロンは、社交界と宮廷社会を結ぶ結節点の役割をはたしたのである。一八世紀中葉〜一七七〇年代までのパリでもっとも有名なサロンは、富裕な平民のジョフラン夫人と貴族のデュ・デファン侯爵夫人が主宰するものであった（図3－3）。啓蒙思想家や『百科全書』編纂の関係者は、この二つのサロンに出入りしている。もっとも二人の主宰者は仲が良くなかったため、それぞれのサロンでは気を遣わなければならなかった。さらに、海外からの訪問者がサロンに立ち寄ることもあった。サロンという社交空間は、「世論」形成の場であったと同時に、国際的・広域的な次元で、啓蒙思想が交差する場ともなったのである。

4　宗教的「他者」の排除と受容

宗教戦争期の暴力と平和

近世フランスの王国住民の大多数はローマ＝カトリックを信仰したが、それ以外に宗教的少数派が存在した。それはユダヤ人とプロテスタントである。ユダヤ人についてはコラム3にゆずろう。フランスでいうプロテスタントとは、アルザス地方など東部にいたルター派住民を除いて、おおむねカルヴァン派信徒のことを指すと考えてよい。彼らは「改革派」と称される。本章でも彼らに焦点をあてる。歴代フランス国王は、カトリックによる王国内の宗教的統一を政治的統合に役立てようとした。しかし、その実現は非常に困難であったため、王権は宗教的少数派に対し懐柔と抑圧を繰り返すこととなる。さらに、ローマ＝カトリック内部にも「異端」が出現するため、事態は複雑な様相を呈する。国王が公認する宗教以外を信奉する人びとは、いかにして受け入れられ、またいかにして排除されたのだろうか。

一五六二年にはじまった宗教戦争では、カトリックと改革派との残虐な暴力行為の連鎖と応酬が全国に広がり、三〇年にわたって続くこととなった。ただし、この暴力行為の動機は単純ではない。社会経済的な理由から、領主に対して農民が抵抗して起こす騒擾の場合もあれば、王族や貴族家門同士の個人的復讐から発展した場合もあった。信仰の面に動機を探るならば、改革派信徒の側は偶像崇拝を拒絶するために聖像破壊活動を行い、カトリック信徒の側は、改革派を「異端」と決めつけ、彼らは神を裏切り冒瀆し続けるという無限の罪を犯すので、その状況を「浄化」するためだとして暴力行為に及んだ。

最も凄惨な暴力行為は、一五七二年のサン＝バルテルミの虐殺である。事の発端は、カトリック陣営のギーズ公が改革派のコリニー提督を暗殺したことであり、その貴族間の闘争が、都市内部でのカトリック信徒＝住民による「異端浄化」のための改革派虐殺へと発展した。さらに、地方の主要都市にも伝播した結果、犠牲者はパリで約三〇〇〇名、王国全体では数万名にものぼった。

この事件以降、大規模な虐殺行為は減少し、宗教的憎悪の高まりと凄惨な暴力の行使はそれ以前に比べて抑制される。むしろ宗教戦争の後半は、宗派間の抗争というよりも、王国の政治的統合を優先する集団と、カトリックの純化を追求する急進派との闘争へと変化するのである。

この虐殺事件以前からすでに、ノルマンディ地方や南フランスの一部の小都市では、住民レベルで宗派間抗争の激化を回避する仕組みが工夫されていた。たしかに、全国規模の現象ではないが、ローカルな次元における宗教平和へ向けた「下からの」努力は見逃してはなるまい。

フランス王権の下でも、宗教戦争の鎮静化へ向けた具体的な方策が検討され、複数の講和を経て実現に至った。それは、個人の内面の信仰にかかわる「信仰の自由」と、宗教実践を公的に行う「礼拝の自由」とを法的に区別し、「信仰の自由」については両宗派にも全面的な保障を与えるものの、「礼拝の自由」については、改革派にのみ制限を加えるという内容であった。一五九八年にアンリ四世の発布した有名なナント王令も、この考えの延長上で構想されているのである。改革派が武力で制圧された一六二九年以降、改革派勢力の政治的・軍事的特権は失われて、限られた宗教上の権利のみが、国王により保護された。

ジャンセニスム問題

近世フランスでは、カトリック内部でも宗教的「他者」もしくは異端として排除された勢力があった。それが「ジャンセニスト＝ヤンセン主義者」と呼ばれた人びとである。

彼らの名称はネーデルラントの神学者ヤンセンに由来する。彼の思想は人間を堕落した存在とし、その人間を救済できるのは神のみであるとする悲観的人間観に基づいている。したがって、ルネサンス以降の人間の自由意志の力を信頼する立場とは、対極をなす。この思想運動は、一六四〇年代から本格的にフランスへ導入された。拠点となったのは、パリ郊外のポール・ロワイヤル女子修道院と、ヴェルサイユ宮殿近郊の渓谷にあったこの修道院の別院である（図3－4）。この運動を支持したのは、神学者や修道者に加えて、女性を含む法服貴族層の信徒であった。彼らは、修道院周辺に集い、世俗の社会不安や宮廷の派閥闘争から離れて、祈祷・悔悛・黙想の内面生活に没頭する信仰生活を実践した。

カルヴァン派は、人間の救済について神から絶対的な働きかけを強調する予定説を唱えていたが、ローマ教皇はジャンセニストの思想がそれと同じことを主張していると判断して厳しく非難した。こうした「正統」教会の態度に王国政府とフランス司教団の代表が同調したのに対し、ジャンセニスムを支持する一部の司教と法服貴族は、この問題についてはフランスの教会自身で判断すべきだと主張した。結局、ポール＝ロワイヤル修道院とその関係

図3－4　ポール・ロワイヤル女子修道院の修道院長を努めたアンジェリック・アルノとアニエス・アルノ姉妹（フィリップ・ド・シャンペニュ作）

（出典）　Larousse（https://www.larousse.fr/encyclopedie/images/Philippe_de_Champaigne_Mère_Agnès_et_re_Angélique_Arnauld/1312277）.

者は、非妥協的態度を固持したため、一六六〇年代に警察権力が介入する「大迫害」にまで発展した。これによってジャンセニスト陣営は大きく勢力を削がれてしまった。

しかし、一六七〇年代になると、オランダとの戦争遂行のために国内のカトリック勢力を結束させなければならず、ルイ一四世は、弾圧を緩める。その後一六八〇年代前半には、国内のカトリック教会の権益をめぐってローマ教皇と激しく対立するようになった。ところが、一六八〇年代末から一八世紀初頭にかけては一転、ルイ一四世は、イギリス・オランダ・プロイセンを核とする国際プロテスタント勢力との対抗上、ローマとの外交的結びつきを強める必要が生じ、結局、国王は教皇の批判するジャンセニスムの徹底的な弾圧にまわった。これを受けて、多くのジャンセニストがオランダをはじめとする国外へ亡命していった。一七一〇～一七一二年にかけては、ポール・ロワイヤル修道院別院の建造物と墓地が全面的に破壊されたのみならず、一七一三年には、ローマ教皇により、ジャンセニスム運動全体が異端と宣告されるに至った。したがって、ルイ一四世のジャンセニスムに対する姿勢は、教皇との対立と妥協、国際的な外交戦略のなかで一貫しなかったというべきであろう。

ルイ一四世による宗教政策の遺産と一八世紀の「寛容」政策

ルイ一四世の宗教政策のなかで、改革派信徒とジャンセニストに対する迫害は、知的水準の高い亡命者を国外へ流出させる要因となり、その亡命者が中心となってフランス王権とカトリック「正統」教会への批判を国外から発信し、一八世紀の「寛容」に関する議論を先導することになる。

ルイ一四世が成人して、直接政治を行うようになった一六六一年直後から、プロテスタントへの差別と排除は徐々に強まった。これはジャンセニストへの迫害と時期を同じくする。オランダ戦争後には国内プロテスタント勢力への配慮が不要となり、その動きには拍車がかかった。高等法院のような司法機関や手工業ギルドから改革派の排除が強化され、カトリックと改革派との異宗派婚も禁じられた。さらに、一六八〇年代初頭には軍隊を用いた強制改宗までもが実行されている。その後、改革派臣民の大部分がカトリックへ改宗したと主張して、ルイ一四世は一六八五年一〇月にナント王令を廃止した。その結果、弾圧されてきたプロテスタントは国外へ亡命するか、カトリックへ改宗するかの選択を余儀なくされたのである。

　亡命した人びとは、ナント王令廃止前後で約二〇万人と推計される。これは当時の王国内にいたプロテスタントの、約四分の一に相当する人数である。彼らはオランダ、イギリス、ブランデンブルク＝プロイセン、スイスへと離散した。王国内にとどまりカトリックへ改宗した信徒は「新カトリック」と呼ばれ、実質的な差別は存続した。彼らのなかにはカトリック儀礼での冠婚葬祭を拒絶する者もいて、その信仰生活は多様であった。またナント王令廃止の直後から、南フランスの民衆の間では、夜に人里離れた場所で行われる「荒野」の集会が広まり、数十名から数千名が参加する場合もあった。彼らは自分たちを、荒野をさまようイスラエルの民になぞらえたのである（図3－5）。同じく南フランスで一八世紀に入ると、改革派農民の反乱が発生し、数年にわたってルイ一四世の陸軍と対峙した。王国の宗教的統合を実現することは至難の業であった。

図3－5　18世紀南フランスにおける「荒野の集会」（ルーヴル美術館蔵）

（出典）Oratoire du Louvre（https://oratoiredulouvre.fr/patrimoine/visites/aboutissement-de-loratoire-du-louvre-au-xviiie-siecle/antoine-court-et-son-fils-antoine-court-de-gebelin）.

　先に述べたジャンセニスム運動も根絶されたわけではなかった。一七一五年にルイ一四世が死去すると、この運動を擁護する主張が、聖職者・法服貴族・民衆の各層から再び噴き出したのである。この運動を支持する聖職者は教皇の最高権威を認めず、高位聖職者による教会の集団的指導を求め、その下でこの思想運動への弾圧を考え直すよう要求した。高等法院の法服貴族には、ジャンセニストが多数含まれていた。彼らは、教皇による異端宣告を、政府が王国の法としようとしたと厳しく非難した。この立法措置が、教皇権からの王国の自立を脅かすというのである。

異端宣告をめぐる対立から発展して、フランスの教会は国家に従属すべきとする思想も生まれた。パリの民衆は、政府やパリ大司教をはじめとする「正統」教会が、ジャンセニスムに傾倒した小教区司祭を弾圧することに猛烈な抵抗と反感を示し、なかには教会組織を離れて独自に巡礼や信仰生活を営む者も現れた。さらに、地域の教会の運営は小教区の住民自身の意向で決定すべきとの主張も強まった。これら一連の教会への批判は、革命期に聖職者市民化基本法が成立する思想的根拠となる（第4章参照）。

以上の経緯を経て一八世紀中葉から後半になると、宗教的他者の存在を許容する風潮が生まれた。あらゆる宗教が対等な価値と真実をもつとは認識されなかったとはいえ、たとえばジャンセニストは、改革派に対して批判的態度を和らげた。彼らはローマ教皇とフランス王権による迫害を経験したことにより、改革派を同じ過酷な境遇に置かれた人びととみなすようになったからである。改革派の一部も、一七六〇年代以降、礼拝の復活を求める路線から転換して、ナント王令の廃止以降に失った出生や婚姻への法的な認知をめざした。もちろん、高等法院により事実上彼らの民事における法的立場は認められていたが、彼らは、成文法による法的安定性を求めた。それを受けて、一七八七年に、国王ルイ一六世はいわゆる「寛容王令」を発布するに至った。そのなかではプロテスタントの公的礼拝や共同体形成の権利は認められなかったが、カトリック以外の宗派を信奉する人びとの出生、婚姻、死亡に関する記録が司法部局に保管されることとなった。

こうした王令制定の動きには、カトリック主流派のみならず、改革派やジャンセニストもかかわった。ここで言う「寛容」は、決して現在のような信教の自由を認めることでも、他信仰の追求する真理に理解を示すことでもなく、各宗派の人びとが法的地位を平等に保障されることであった。このような方向性に対し、各宗派の主流は教義をめぐる議論を棚上げにした妥協であるとの非難を強めた。それでも、この寛容王令は、革命直前に寛容のあり方を模索した一つの姿として、この時代を象徴するものとなっているのである。

コラム3　近世フランスのユダヤ人

坂野正則

ユダヤ人は一三九四年の王令により追放されたため、法的にはフランス王国内部に存在しないことになっていた。しかし実際には、近世期に数千名規模で存在していた。彼らは出身によって異なる地域に住み、その暮らしぶりにはかなりの相違がみられる。大きくは、アルザス地方を中心とする東部と南部の二つでユダヤ人のグループが異なり、同じ南部でも大西洋沿岸部と地中海沿岸部とに分かれて暮らしていた。

アルザス地方は一六四八年のウェストファリア条約で神聖ローマ帝国からフランス王国へ編入されたが、そこではユダヤ人が数世紀も前から入植を進めていた。この地域のユダヤ人は、中・東欧に離散したアシュケナジ系である。彼らはさまざまな在地権力からの特権で保護されて暮らしてきており、国王もその体制を尊重せざるを得なかった。ルイ一四世の時代にこの地方が政治的に安定したため、移住者は増加する。一八世紀なかばで、およそ二五〇〇家族を超え、革命前夜には二万五〇〇〇名を数えたとされる。彼らは農村を生活拠点として古着の行商や家畜の取引、あるいは金貸業などを営んでいたが、概して貧しい者が多かった。なかでも利子を徴収する金銭の貸付けは、教会法で禁止された生業だったがゆえにユダヤ人が携わったのだが、それだけにキリスト教住民の間で悪評や嫌悪の対象となった。ユダヤ人の生活は、宗教指導者ラビの厳しい監督下に置かれ、独自の法体系と徴税システムが機能していた。したがって、キリスト教徒の社会とは隔絶した生活圏を築いていた。

南部のユダヤ人は、アシュケナジ系と言語・文化・慣習を異にするスファラディ系である。彼らはイベリア半島に定着していたが、すでに一二世紀には、迫害を逃れてラングドックやプロヴァンス地方といった地中海沿岸部へ避難する者もあった。その後、一五世紀末～一六世紀にかけて、スペインで再び大きな迫害が起こると、少なくない者が、キリスト教に改宗してポルトガルへ逃れたのだが、そのなかの一部が今度は大西洋岸に移住してきた。

一五五〇年に、国王アンリ二世はこのポルトガル系の新キリスト教徒（ユダヤ人）に対して、カトリックだからという理由で王国内の居住を承認し、往来と商業の自由、不動産取得の自由を与えた。それでも大西洋岸の港町のなかには、住民が彼らに強い反感をもつこともあり、彼らを定住、「同化」させるのは困難だった。

大西洋岸の港町のなかでバイヨンヌ、ボルドーとその周辺では新キリスト教徒の受け入れが進んだ。革命前夜で、バイヨンヌに二五〇〇名、ボルドーには二四〇〇名を数えた。この背景には、一六五六年にルイ一四世が、この二都市を含むギュイエンヌ地方に限定して、彼らの居住権と就業の保護を行ったことがある。一八世紀後半には「ボルドーの王」との綽名をもったグラディス家のように、富裕な貿易商人へと成長し、王国政府の中枢と人脈を築いて国際貿易と植民地貿易で活躍した一族も現れた。

プロヴァンス地方にあったアヴィニョンを中心とする教皇領は「外国」であり、フランス王国の法律が適用されなかった。そのため一四世紀以降、迫害を逃れたユダヤ人の避難場所ともなった。「教皇のユダヤ人」と呼ばれた彼らは、中世末〜一六世紀にかけて集住を進め、一七世紀末以降、カルパントラを拠点に、自立した共同体をつくった。彼らはキリスト教徒と同じ法の下で暮らし、宝飾業や家畜の取引に従事した。一八世紀末の人口は二〇〇〇名を超えている。

本章第4節で述べたように、一八世紀後半から他宗教への「寛容」な姿勢が生まれてくることで、ユダヤ人を排除する動きは緩んだ。その結果、パリ、リヨン、マルセイユといった大都市にも追放以来、再びユダヤ人家族が居住しはじめる。ユダヤ人が固有の慣習を放棄するならば、他のフランス人との「同化」が進み、彼らの社会的条件は改善されるとする考えも登場した。こうした思想を前提に、フランス革命期にユダヤ人への市民権が賦与されるのである。

参考文献

市川裕『ユダヤ教の歴史』山川出版社、二〇〇九年。
Benbassa, E. *Histoire des Juifs de France*, Paris: Seuil, 2000.

参考文献

天野知恵子『子どもと学校の世紀——18世紀フランスの社会文化史』岩波書店、二〇〇七年。
隠岐さや香『科学アカデミーと「有用な科学」——フォントネルの夢からコンドルセのユートピアへ』名古屋大学出版会、二〇一一年。
河原温・池上俊一編『ヨーロッパ中近世の兄弟会』東京大学出版会、二〇一四年。
二宮宏之『フランス　アンシアン・レジーム論——社会的結合・権力秩序・叛乱』岩波書店、二〇〇七年。

長谷川まゆ帆『女と男と子どもの近代』山川出版社、二〇〇七年。
深沢克己・高山博編『信仰と他者——寛容と不寛容のヨーロッパ宗教社会史』東京大学出版会、二〇〇六年。
福井憲彦編『アソシアシオンで読み解くフランス史』山川出版社、二〇〇六年。
ルブラン、フランソワ（藤田苑子訳）『アンシアン・レジーム期の結婚生活』慶應義塾大学出版会、二〇〇一年。
Beaurepaire, P.-Y., *La France des Lumières, 1715-1789*, Paris: Belin, 2011.
Chaline, O., *Le règne de Louis XIV*, Paris: Flammarion, 2005.
Hildesheimer, F., *Le Jansénisme en France aux XVIIe et XVIIIe siècles*, Paris: Publisud, 1992.
Le Roux, N., *Les guerres de Religion*, Paris: Belin, 2009.
Lilti, A., *Le monde des salons, Sociabilité et mondialité à Paris au XVIIIe siècle*, Paris: Fayard, 2005.
Taveneaux, R., *Le catholicisme dans La France classique, 1610-1715*, 2vols. Paris: SEDES, 1994.

第4章　フランス革命からナポレオンへ

高橋暁生

この章で学ぶこと

現在のフランスは第五共和政下にあるが、共和政の起源は一七九二年九月の共和国宣言にある。「七月一四日」は国民の祝日であるし、国歌「ラ・マルセイエーズ」は一七九二年四月に生まれた。一七八九年に勃発したフランス革命という事件が近現代フランスをさまざまな点で規定していることは否定しようがない。本章では革命期からナポレオン治世にかけての時期を対象に、〈宗教〉〈女性〉〈植民地〉という三つのテーマについて考察するが、これらは、現在の共和国フランスの特質を理解する上で欠かすことのできない視座であると同時に、これらの問題群にフランスが本格的に向き合うようになる契機は、革命に、とりわけこの革命が生み出した「人間と市民の権利の宣言」にあった。

1　フランス革命を概観する

「人間と市民の権利の宣言」

フランス革命という事件が今日に至ってなお人類史において重要な出来事として記憶されている理由の一つは、革命がその冒頭で生み出した「人間と市民の権利の宣言」（以下「人権宣言」と略記）にあるだろう。一七八九年六月一七日、自ら「国民議会」を名乗った人びとが最大の課題として掲げたのは、国の新しいかたちを決める基本法たる憲法の制定であった。この憲法を支える理念をうたったのが「人権宣言」である。

まず第一条において、人間の生来の「自由」と「権利における平等」を宣言し、第二条においては、あらゆる政治的結合の目的は「人の譲り渡すことのできない神聖な自然的諸権利」の保全にあるとし、その諸権利を「自由」「所有」「安全」そして「圧政に対する抵抗」とし、これら諸権利が具体的にどのように保障されるべきか、続く諸条項で示している。第一〇条や第一一条で思想および意見表明の自由を保障する。「所有」については第一七条で「神聖不可侵な権利」とし、人身の「安全」については、とりわけ国家権力による恣意的な刑罰の適用を禁じている（第七条、第八条、第九条）。そしてこのような諸権利の保障のために公的な武力の保持や市民の税負担の必要が言及される（第一二条、第一三条）。第四条で「自由とは他人を害しないすべてのことをなし得ることにある」と述べる。自然状態にある〈人間〉が〈市民〉として社会を構成するとき自由に限界が生じるが、この限界を定めるものが法律であり、これに市民は服従しなければならず「抵抗」も禁じられる（第六条、第七条）。そして、これらの法律を定める立法権を含む「主権」を行使できる主体は、唯一「国民」であると明言する（第三条）。以上は近現代の世界史でおよそ共通して重視されてきた諸原理であり、「人権宣言」に普遍的な価値を認める所以である。

ただ同時に、「人権宣言」は一八世紀末のフランスという時代的・地域的に特殊なコンテクストから生み出された文書であり、その歴史性や限界も指摘しなければならない。そもそも「人権宣言」は未完の文書であった。「人権宣言」をめぐる本格的な議論は、その最初の草案が議員ラファイエットによって提出されたのを皮切りに七月なかばにはじまる。およそ一カ月の議論を経て八月二六日に成立したことになっているが、実際には緊急性を有する憲法制定作業にとりかかるため、「人権宣言」に関する議論は「一時中断」されたまま二度と再開されない。したがって「人権宣言」は、人の基本的諸権利に関する過不足のない文書ではない。

たとえば行政権や司法権、とりわけ国王の位置づけは明示されない。社会権や集会の自由、労働（職業選択）の自由、居住や移動の自由なども言及されない。三〇点に及ぶ「人権宣言」草案を検討すれば、これらの諸点が当時の人びとに意識されていなかったとは到底いえない。また、「人権宣言」の抽象性、掲げられた理想と現実との乖離を批判する声が当時からみられた。第六条は「すべての市民」の立法行為への参加を保障するが、実際には、納税額によって選挙権のある「能動市民」と、これを行使できない「受動市民」という区別がつくられたのであり、社会の現実は理想を退けているともいえる。「人権宣言」の掲げる理想と現実の相克。以下ではこの点を念頭に、フランス革命からナポレオン治世までを、〈宗教〉〈女性〉〈植民地〉という三つのテーマを通して検討する。まずはこの時期を概観しておこう。

フランス革命の展開

一七八九年五月五日、パリの南西二〇キロに位置するヴェルサイユで全国三部会が開催された。王国財政の破綻を回避するために、財務総監カロンヌが提案した新税創設の是非を、王国の伝統に則って聖職者、貴族、平民という三身分の代表者たちによって議論するためである。六月一七日、第三身分の代表を中心とした人びとが「国民議会」を名乗る（図4-1）。王の命令を逸脱した議会の動きを王権は危険視するが、七月一四日にパリで民衆蜂起が起き、バスチーユ城塞が陥落すると、王権は議会の解散を思いとどまる。国民議会は、全国三部会招集のきっかけとなった税制改革にとどまらず、封建的諸特権の廃止、教会財産の国有化による財政再建、全国を八三の県に再編し、それに基づいた行政・

図4-1　「国民議会」を宣言した6月17日の様子
　その名乗りは，身分制を否定し，自らを均質な国民共同体の代表と宣言することであり，それ自体革命的な力をもっていた。
（出典）　Hould, C., *L'image de la Révolution française*, Québec, 1989, p. 42.

司法機構の中央集権化、経済活動の自由化、度量衡統一、中間団体（社団）の廃止と禁止などの諸改革を次々と実施する。新憲法も一七九一年九月に完成、一〇月には新たに立法議会が成立するが、それに先だって六月に起きた国王一家の逃亡未遂事件は、すでにこの憲法の基盤となる立憲君主政の正当性を致命的に傷つけていた。一七九二年四月に開始された対外戦争で当初敗戦を続けたことによる不安や恐れ、この敗北を誘引していると噂された国王や王妃への激しい憎悪を背景として、八月一〇日にはパリの民衆が王宮に侵入するという事件が起きた。議会はこれを受けて王権停止を宣言する。カペー朝を起点とすれば八〇〇年続いた王政の実質的な終焉であった。

新たに招集された国民公会によって、一七九二年九月二二日、現在も続くフランス共和国の起源となる第一共和政が開始する。しかし、その後の共和政の一二年間は混乱の連続であった。対外的な戦況は一時的に好転するものの、一七九三年一月の元国王ルイの処刑によって周辺君主国の態度はいっそう硬化し、イギリスとの開戦を経て戦況は再び悪化する。また国内では食糧不足による民衆蜂起の圧力は弱まらず、反革命の動きも無視できなかった。三月には西部ヴァンデで大規模な農民蜂起が勃発する。こうした国内外の危機への対処のため、議会急進派のモンターニュ派は、政治的な監視・抑圧体制と経済統制を主眼とした強権的な戦時体制を作り上げる。しばしば「恐怖政治」と呼ばれるのは、この体制が独裁と反対派の弾圧・処刑を伴ったためだが、同時にこの複合的な危機を一時的に乗り切ることに成功する。

この強権体制は、これを主導したロベスピエールらが一七九四年七月二七日に失脚したことで終了するが、その後の政情も混乱をきわめる。一七九五年一〇月に発足した総裁政府は左右両派の突出を抑える中道路線をとるが、国政選挙の結果を無視するなど自ら憲法を蹂躙し、共和政の安定を導くことができなかった。この間隙を縫って影響力を伸張したのが軍隊である。なかでもナポレオン・ボナパルトは政情の安定を優先したシエースらと組み、一七九九年一一月九日、議会の抵抗を軍隊の力で抑えこみ、統領政府を設立、事実上独裁的な権力を手にする。この「ブリュメール一八日のクーデタ」をもって、革命は終焉を迎えた。

ナポレオンの時代

仮にフランス革命が起きていなければ、今日ナポレオンという名前を私たちが耳にすることはなかったかもしれない。革命の勃発により、軍上層部を独占していた貴族将校が次々と亡命し、ナポレオンら若い世代の軍人に出世の道が開かれた。また革命期の混乱、さらにヨーロッパ全域を舞台に戦争が拡大するなか、秩序を再興しフランスに栄光をもたらす人物としてナポレオンは自身の権威を高めていったのであり、彼はたしかに革命の落とし子であった。

ナポレオンが創り上げた国家システムは、政府への権限集中、司法・行政機構と徴税システムの効率化、官僚システムの合理化と階層化をその主要な特徴とし、一面革命がめざした方向性に合致する。革命当初から課題であり続けた財政状況もこの時期の諸改革により改善の兆しを見せる。他方で、革命が打ち立てた民主制はほとんど形式にのみ名残をとどめるだけとなった。立法府は存在するものの、実質的な法律の発議や決定はナポレオンの意のままであった。

一八〇四年五月、ナポレオンは皇帝となり、第一帝政がはじまる。ナポレオンはその権威を維持、強化するために、自身を革命の継承者として演出した。同年一二月の皇帝としての戴冠式はパリのノートル＝ダム大聖堂で挙行され、教皇ピウス七世も臨席している。カトリック的伝統を重視したことは明らかだが、他方で皇帝即位においては国民投票を実施し、また就任の際は「権利における平等」「政治的自由」「法治主義」とともに「フランス人民の利益、幸福、栄光のためにのみ統治すること」を誓っている。これにとどまらず、フランス史上初の「民法典」起草や、後に述べる「公認宗教体制」構築など、ナポレオンは実質上も革命の成果を一部引き継いだ。

その後ナポレオンは、西欧世界の新たな「シャルルマーニュ」になるという野望に駆られるように戦線を拡大していく。一八一二年の時点でフランス帝国の版図はオランダや北部イタリアを含み、ワルシャワ公国、ヴェストファーレン王国、ナポリ王国などの衛星国家を従え、ドイツはもちろん東方はロシア、南方はスペイン方面にまで影響力を行使した。革命の自由主義的理念を周辺君主国に「輸出」し、ヨーロッパ各地の人民を「解放する」という「文明化の使命」は、すでに革命期の指導者たちに共有されていたが、ナポレオンもこれを引き継ぎ、戦線拡大の旗印とした。当初一部では「解放軍」として歓迎されるものの、やがて各地でナショナルな性格をもった抵抗運動を引き起こした。ロシア遠征で大敗北を喫し、一八一三年の対仏大同盟の結成によってヨーロッパ諸国に包囲されたナポレオンは、最終的に一八一五年六月に退位、帝政は崩壊した。

2　フランス革命と宗教

聖職者市民化基本法

ここでは革命を宗教の面から読み解いていこう。「人権宣言」第一〇条は「何人も、その意見の表明が法律によって定められた公の秩序を乱さない限り、たとえ宗教上のものであっても、その意見について不安にさせられることがあってはならない」と定めている。「公の秩序を乱さない限り」という条件には注意が必要だが、ひとまず基本的な権利として「信仰の自由」が保障された。実はこの条文の審議過程では、「宗教の無制限の自由」「礼拝の自由な実践」「宗教の多様性」、また社会の平安を維持するための方法として、宗教に関する国家の「中立性」にまで言及されていた。いずれも条文には採用されなかったが、これらのテーマは革命期以降現代まで通貫するフランスの宗教上の重要な争点であり続ける。

一七九〇年七月、フランスのカトリック教会と聖職者について定めた「聖職者市民化基本法」が制定された。教会と聖職者をローマ教皇の権威、従来の超越的な宗教秩序から切り離し、世俗国家の市民的秩序に基づいて再編成するもので、きわめて重大な意味をもつ変革であった。基本法は、まず教会組織を改め、全国八三の県をそのまま司教区とし、市町村レベルの小教区も人口規模を基準に再編した。また司教も司祭も、今後は有権者による選挙で選ばれ、国家によって給与を支払われる公務員となった。重要なのは、この基本法によってカトリックの神と教会を唯一の権威としてきた聖職者が、国民の信任によってはじめてその職務遂行を正当化され、世俗国家の権威に従属したことにある。国民による選挙で選ばれた司教や司祭は、もはやローマ教皇の叙任を必要としない。就任にあたっては「国民と法と国王」への宣誓（公民宣誓）が求められ、やがて成立する憲法への忠実義務を課された。

とくにフィリップ四世以来、フランスはガリカニスムの伝統をもつ（第1章参照）。その意味では、聖職者市民化基本法をその完成とみることもできるだろう。ただしこの基本法による再編について、フランス宗教会議に諮問すべきという意見が聖職者出身の議員から出されたが、国民議会は断固として認めなかった。ここに革命の革命たる所以がある。国民の信任によって成り立つ議会の発する法のみが、唯一の権威の源泉なのである。また国家が教会を取り込み、一見カトリックが改めて「国教化」したようにも見えるが、同時に「人権宣言」第一〇条とそこに至る議論にみられた「礼拝の自由」や「宗教の多様性承認」という精神が潰えたわけではない。基本法制定に至る過程で、カトリックを「国民の宗教」「国家の宗教」とする要求も議会は拒否している。基本法の制定は、国家が特定の宗教を保護したというよりも、現実に圧倒的多数派の宗教であるカトリックを世俗権力のコントロール下に入れるという意味をもっていた。

聖職者の分裂と「非キリスト教化運動」

基本法は聖職者に公民宣誓を求めたが、全国で一三〇名あまりの司教のうち、宣誓に応じたのはわずか七名、主任司祭も半数が宣誓を拒否した。一七九一年三月に教皇が基本法を非難する教書を発したことで、聖職者の分裂は決定的になる。パリとその周辺地域や南東部においては宣誓をした聖職者の割合が高く、西部、南西部、中央山塊、東部などの諸地域ではほとんどの聖職者が宣誓を拒否した。伝統的に中央への政治的・文化的統合が進んだ地域では宣誓の割合が高く、トレント公会議以降のカトリック改革が浸透した地域では宣誓拒否聖職者が多いといった指摘もあるが、実際の聖職者と小教区の住民との日常的な人間関係をはじめ、複数のファクターが作用した結果である。いずれにせよ基本法と聖職者の分裂は、その後の革命の混乱を導く無視できない要因の一つとなった。

一七九二年なかば以降、国内外の情勢が緊迫度を増すにつれて、とりわけ宣誓拒否聖職者への視線は厳しくなった。八月二六日、議会は彼らに国外退去を命じる。さらに共和政への移行と国内外の危機的状況を背景に、宣誓した聖職者に対しても圧力が強まった。キリスト教そのものが古い社会の象徴とされ、人間の再生を妨げる「迷信」をふりまく邪な教えとして攻撃対象になる。これが「非キリスト教化」である。教会施設や聖像、十字架などの破壊、それに伴う瀆神的な火刑や反キリスト教的な仮装行列などが、地域によっては一七九三年前半からみられ、秋以降全国に拡大する。聖職者が聖職放棄や、カトリックが禁じる妻帯を強制されたりもした。一七九四年春までに約二万人が聖職を放棄し、六〇〇〇人が結婚している。また一七九三年一〇月にはグレゴリウス暦が廃止、新たに「共和暦」が導入され、さらに広場、道路、教会の名前などが、革命の諸価値を表す名称に変更された。時間と空間の非キリスト教化である。同年一一月一〇日、パリのノートル＝ダム大聖堂、続いて地方でも「理性の祭典」が挙行される。キリスト教信仰を「狂信」とし理性を崇拝対象としたが、しばしば無秩序で無神論的な民衆のカーニヴァルと化した。一方、こうした動きを問題視し、人民を有徳な市民とするために宗教自体は不可欠と考えたロベスピエールは、一七九四年六月に「最高存在の祭典」を挙行する（図４－２）。

図４－２　ピエール＝アントワーヌ・ドマシ「最高存在の祭典、シャン・ド・マルスからの眺め」（1794年）
（出典）Public Domain（https://commons.wikimedia.org/wiki/File:F%C3%AAte_de_l%27Etre_supr%C3%AAme_2.jpg）.

一七九四年九月一八日、国民公会は礼拝費用や聖職者の給与を国家が支払わないことを定めている。提案したのは議会内の財務委員会であって、逼迫する国庫の負担軽減の意図があることは明らかだが、ここで聖職者市民化基本法の体制が終了し、財政上「教会と国家の分離」体制が生まれた。その後一七九五年二月二一日の政令がこれを追認し、さらに「礼拝の自由」を認めた上で、「公共空間における礼拝の制限」を規定した。現フランス共和国の国是の一つである「ライシテ」、すなわち「公の場における非宗教性の原理」の確立にいたる、重要な歴史的プロセスといえるだろう。

革命のなかの宗教的少数者

ところで、カトリックと比した時、プロテスタントやユダヤ教徒といった宗教的少数者が、革命期にどのように扱われたのかという問題は、「人権宣言」の理念がいかに実現したかを考える上で軽視できない。一七八九年当時のフランスでは、九九％がカトリックであり、プロテスタントは一〇～二〇万人、ユダヤ教徒に至っては四万人に過ぎない。しかし、「人権宣言」が「信仰の自由」を保障した時、宗教的少数者のことが議員たちの念頭にあったのは疑いない。早くも一七八九年一二月二四日、「非カトリックの人びと」の市民権、被選挙権を含む政治的権利、軍隊を含む公職への就任権が認められている。ただしここで対象となったのはプロテスタントで、この時点では、ユダヤ教徒は権利承認の対象から外されている。ユダヤ教徒のうち、ボルドーなど南仏の、主に都市居住のユダヤ教徒（スファラディ系と呼ばれる）については、翌年一月二八日に政治的権利が認められた。ところが、アルザスをはじめとする東部、とりわけ農村部におもに居住するユダヤ教徒（アシュケナジ系）が権利を認められるのは、一七九一年九月二八日である。この時間差の理由はどこにあるのか。

一七八九年一二月、非カトリック教徒の政治的権利についての議論のなかで、議員クレルモン＝トネールが次のように述べている。「ネイションとしてのユダヤにはすべて拒絶せよ。しかし個人としてのユダヤにはすべてを与えねばならない。」ユダヤ教徒も、国家のなかの特殊な共同体としてではなく、一人の市民としてフランスに含まれるべきで、そうである以上、彼らの権利は完全に平等でなければならない。続いて登壇した聖職者議員ジャン＝シフラン・モリは、これに反論する。モリによれば、ユダヤとは独自の法をもつ一つのネイションなのだ。古来彼らは金融業にのみ従事し、手を使った労働をしたためしはない。安息日や多すぎる祭日のせいで、兵士にも職人にもなれない。こう述べたモリは、「人権宣言」にしたがって彼らの信仰の自由は認めるべきだが、彼らを市民とし、フランス人とみなすことはできないと強調する。実は、ユダヤ教徒の「同化」への懸念が、南仏と東部で対応に時間差が生じた背景である。

南仏のユダヤ教徒は、近世を迎えると王権との取引を通じて居住権や商業を営む特権を認められ、キリスト教社会への同化がすでに進んでいた。居住地域の言語を習得し、ユダヤ教の律法をもとにした伝統儀礼や生活規範を、現地社会の実情に合わせて柔軟に変更することも厭わなかった。他方で東部アシュケナジ系ユダヤ教徒は厳格な規律を守って生活し、民族語ともいえるイディシュ起源の言語を使用し、現地社会との融合は進んでいなかった。彼らの市民権承認が遅れたのは、その「フランス化」への強い疑いがもたらした結果である。

いずれにせよ革命は、「人権宣言」で内面の信仰の自由を保障した上で、聖職者市民化基本法をもって宗教を国家に従属させ、国民を超越する権威を否定した。そして国民共同体に包摂される限りにおいて、信仰によって差別されることのない社会を創り出そうとしたのである。

ナポレオンによる「公認宗教体制」

一八〇一年、ナポレオンが主導する統領政府とローマ教皇庁の間でコンコルダート（政教協約）が結ばれた。政府の目的は、革命開始以来フランスのカトリック教会が陥っていた宗教的混乱を教皇の権威によって解消し、社会に秩序を再興することであった。

コンコルダートの骨子はおもに次の四点にまとめられよう。第一に、教皇がフランス共和国を承認すると同時に、フランス政府はカトリックが「フランス市民の大多数の宗教」であることを承認した。交渉の過程で、教皇側はカトリックを「国民の宗教」と宣言することを求めたが、統領政府はこれを拒否している。第二に、教皇は革命期の教会財産国有化とその売却を追認した。第三に、統領政府は教皇が司教の叙任権をもつことを認めた。最後に、司教をはじめとする聖職者の俸給をフランス国家が支給することが定められた。

コンコルダートは、カトリック、プロテスタントそれぞれに関する付属条項を加えて、一八〇二年四月八日、国内法としてはじめて発効する。カトリックに関する付属条項の特徴は大きく二点に集約できる。第一に国家外の権威である教皇権がフランスの公共空間に影響を与えることを制限、政府が宗教を必要に応じて統制する体制を確保している。第二に国内の宗教的多元性を保障する。後に緩和策が講じられるものの、カトリックの礼拝を教会堂のなかに限定したり、カトリック以外の宗教への攻撃を禁じたのは、国内における宗教対立の抑止が目的だった。プロテスタントに関する付属条項は、プロテスタントをカトリックと同じ「公認宗教」とし、革命以来の「礼拝の自由」も保障した。プロテスタントの牧師の俸給も国家が支給する。これらに加えて、一八〇八年三月の一連の法整備を通じて、ユダヤ教にも「礼拝の自由」を法的に保障したのである（図4－3）。

図4－3　「1806年5月30日，偉大なるナポレオン，ユダヤ教徒の礼拝を再興す」と題する版画
（出典）Public Domain（https://commons.wikimedia.org/wiki/File:Napoleon_stellt_den_israelitischen_Kult_wieder._her._30._Mai_1806.jpg）.

この「公認宗教体制」は、一九〇五年のいわゆる教会と国家の分離法まで存続する（第7章参照）。ナポレオンは国内の政治的、社会的秩序安定のためにこの体制を構築したが、結果として、大多数のフランス住民に対し、内面の信仰と礼拝の自由を国家が保障するという革命の理念を継承したのである。

3　フランス革命のなかの女性

政治と女性

次に角度を変えて、「女性」をテーマに革命を検討しよう。「人権宣言」は人間の権利における「平等」を保障している。ところが実際には、革命期の諸法制は女性を政治的諸権利から徹底して排除する。革命以前は、たとえば国王の幼少期に王母などが摂政として政治に関与することはしばしば確認されるが、一七九一年憲法は、王位継承者はもちろん、摂政職からも女性を完全に排除している。一七九二年八月から九月の国民公会選挙では、能動市民と受動市民の区別が撤廃されるものの、あくまで成年男子による「普通選挙」であった。一七九三年六月の第一共和政初の憲法は結局実施されないが、その民主的性格の先進性を指摘されている。しかしそこでも、女性は選挙権から排除された。ただし、高らかに宣言された普遍的価値としての人権が、性差を前にどのような問題を孕むかについて、意識されていなかったわけではない。全国三部会に際して寄せられた「陳情書」のなかには、女性の権利、両性平等を求める主張がみられたし、ニコラ・ド・コンドルセはすでに一七九〇年、女性の市民権を要求している。にもかかわらず、「人権宣言」あるいは憲法をめぐる多種多様な議論のなかで、職業差別や宗教差別などが問題になるなかでもなお、性差別を問題にし、女性の政治的権利を承認しようとする動きは、国民議会においてはほとんどみられない。

一方、議会外においては、とくに革命前半、女性が政治に関与しようとする動きを確認することはむずかしくない。女性新聞やパンフレットなどを通じて女性の声が公的な空間で伝えられたし、パリをはじめとする都市部においては、革命当初から「両性の友愛協会」など女性が参加する政治クラブが生まれ、「人権宣言」を読み上げたり、国民議会での議題について討論したり、政府に経済統制を求めたり、祖国防衛のために軍隊に参加できるよう要求したりした。

とりわけ先鋭的な事例が、「人権宣言」公布直後に作成、一七九一年九月に公刊された女性劇作家オランプ・ド・グージュによるパンフレット「女性と女性市民の権利の宣言」（以下「女権宣言」）である。タイトルからも明らかだが、「人間と市民の権利の宣言」の「人間」（homme）を「男性」、「市民」（citoyen）を「男性市民」と読み替え、この二つの語を「女性」（femme）と「女性市民」（citoyenne）に置換して作成した、いわば「人権宣言」の翻案である。第一条で「女性は自由かつ男性と権利において平等なものとして生まれ、生存する」と宣言し、第三条では「あらゆる主権の淵源は本質的に国民にあり、国民とは女性と男性の結合に他ならない」とする。第六条や第一六条では、法律や憲法作成に参加する政治的主体として、女性を男性と平等な存在とする。他に、思想信条の自由、意見表明の自由、所有権も男女平等に認めるべきだと主張する。主権の行使をはじめ、男性と完全に同等の政治的権利を明確に求める点で、「女権宣言」が特殊だったことは明らかだが、いずれにせよ、革命の放った理念の輝きが、女性たちに政治参加への自覚を生み出したことは疑いない（図4－4）。しかし革命はこの流れを強く抑圧する。なぜだろうか。

図4－4　自由になったフランス人女性（1792年なかば）

足もとには砕けた鎖が散らばり，革命派の象徴である槍を手にしている。

（出典）　Fayolle, C., *La Femme nouvelle Genre, éducation et Révolution (1789-1830)*, cths, 2017, image de couverture.

家の「内」と「外」

公的領域、政治からの女性の排除は、私的領域すなわち「家内」における女性の役割の強調と表裏の関係にある。一七九三年一〇月末、国民公会では議員アマールが演説する。彼によれば、女性は「自己犠牲の精神」「議論する能力」「国家利益に関する決定に関わる能力」などをもたない。「高度な概念操作」「真剣な熟慮」ができない代わりに、「自然」が定めた絶対的な役割、つまり「家事仕事」「子どもの養育」に適性があるという。家内の仕事をこなし、子どもを有徳な共和国民として育てる役割をはたすべきで、政治的権利を行使し、政治組織を構成できないとする（図4－5）。

図４−５　クロード・ニケ作（1789年）の版画「人権宣言」
画面左手には封建制を表す木と旧体制下の特権を表す人物が雷に打たれている。その暗色の世界とは裏腹に，画面右手では天からの光に照らされ，自由の帽子を囲んで人びとが踊っている。その中央では１人の母親が我が子に1789年の「人権宣言」を指し示している。革命の諸原則をよく理解した新しいフランス国民を育てるのは女性の役割なのである。
（出典）　Hould, C., *L'image de la Révolution française*, Québec, 1989, p. 351.

こうした主張は、当時にあってはごく一般的なものだった。一八世紀のエリートは、「家族」を重視し、これを基盤として社会・国家を再生しようという発想を共有していたように思われる。ルソーは『社会契約論』のなかで家族を「政治社会のモデル」であると述べ、広範な影響力をもった『エミール』では「子ども」への配慮、「母性」を強調し、母親による子育てが、人びとの「自然の感情」を再生し、国家の再興につながるとしている。革命前夜には、医師たちの著作が、女性は肉体的、精神的に子どもを産み育てることを定められているとする「科学的言説」をふりかざした。議員アマールの主張はこうした知的土壌から生じたのである。そしてこのような立場は、実は政治的権利を主張した女性たちにも共有されていた。

女性活動家クレール・ラコンブは「母親たちよ、子どもを置き去りにするようなことがあれば、私はあなた方を非難する」と述べるし、同じくポリーヌ・レオンは「私たちにとっていつも大切なことは家族や家の世話」と歩調を合わせる。彼女たちは、積極的な政治的言動を見せる一方で、性別役割を念頭に、女性が一義的に属する場所は公的領域＝政治ではなく、私的領域＝家内であるという発想を、男性たちと共有してもいたのである。

アマールの演説で直接の批判対象となったパリの「革命共和主義女性協会」をはじめ、女性の政治結社が禁止され、一七九五年五月の法律では、「秩序の回復まですべての女性は各自の住まいに帰ること」が命じられ、戸外で五名以上の女性が集まることすら禁止された（家庭復帰・集会禁止法）。意図は明らかだろう。先に取り上げたグージュは、一七九三年一一月初頭に処刑されている。公式の理由はその王党派的言動であったが、処刑後、パリ市議会のあるメンバーは「女権宣言」を取り上げ、「共和国のことにかかわろうとして、家族の世話をなおざりにした」と述べている。また、政府のある報告書は「彼女は政治家になることを欲し、女性にふさわしい徳を忘れたので、法がこの陰謀家を罰した」と指摘する。革命は、公的な政治空間から女性を徹底して排除すると同時に、「家内」において「自然」が命じる「女性本来」の役割、家事と子育てに従事させようとしたのである。

ただし革命は、女性を政治的主体としては認めない代わりに、女性に帰還を促した「家内」においては男女平等をはかる。その象徴が、一七九二年九月二〇日の離婚に関する政令である。一七九一年憲法においてすでに婚姻は市民契約でしかないと規定され、カトリック的価値観のなかで秘蹟とされていた婚姻は、法的には世俗化していた。婚姻を市民間の契約とすることで、論理的には当事者の意志による法的な解除、「離婚」が可能になる。九月二〇日の政令で画期的だったのは、夫婦の一方が「気質または性格の不一致の単なる主張」をしても婚姻を解消できるとした点にある。婚姻は個人としての両性の自由意志による対等な結びつきによって成立するとされ、破綻した夫婦関係は解消し、自然な感情、愛情によって結びついた社会の再生をはたすべきと考えられたのである。結果、配偶者による虐待や暴行、侮辱や不当な遺棄から実質的には女性を救済することにつながった。一七九三年からの十年間、離婚件数はパリだけで一万二〇〇〇件に上り、そのうち三分の二が妻からの申し立てだった。

これ以外にも、「家内」での男女平等は革命期にさまざまなかたちで実現する。男女ともに、成人年齢は二一歳と定められ、成年を過ぎれば父母の同意なく結婚できるようになった。財産管理権における夫婦平等、親権における父母同権、相続における男女平等も一定程度達成された。あくまで「家内」においては、革命前と比較するなら両性の平等が格段に進んだ。公的領域である政治空間における女性の排除と、私的領域である「家内」への包含、その限りでの「平等」の実現。革命期の女性が置かれた状況を端的に表すならこのようにいえよう。

ナポレオン法典のなかの女性

ナポレオンの残した遺産のうち後世への影響という観点でみるなら、フランス初の民法典はその最たるものだろう。成立した一八〇四年以降、基本的には第五共和政の成立まで、フランス民法の基礎であり続けると同時に、日本を含む世界各国の近代的民法体系にも影響を及ぼしている。

革命期法制は家内における男女平等を実現したが、ナポレオン法典はこの流れを逆行させる。民法典の起草者ポルタリスが「人は、家族という小さい祖国を通じて大きな祖国につながる。良き国民を形作るものは、良き父、良き夫、良き息子である」と述べるように、ナポレオン法典のうち家族法の精神を支えるのは、一言でいえば、「父権・夫権の強化」である。父、夫としての権威再興と、それを通じた家族秩序の再生こそが、革命の混乱で乱れた社会秩序の回復につながると考えられた。こうした視座でつくられた家族法は、女性に大きな影響を与える。

まず、婚姻を市民間の契約とする立場は維持され、法定離婚と協議離婚は残されたが、性格不一致を理由とした離婚は廃止された。また女性は、結婚前は父の権威に、結婚後は夫の権威に服従しなければならない。妻となった女性は、夫の同意がなければ裁判への出頭、固有財産の譲渡、債務の負担等の行為をなしえず、夫婦の共有財産の管理権も否認された。ポルタリスに再び耳を傾けよう。「男女の性の運命を決めるのは法ではなく、むしろ自然それ自体である。女性はより弱者であるために保護を必要とする。男性はより強いがゆえに自由なのだ」。

社会秩序再生のための家族秩序の再建、そのための父権・夫権の強化は、必然的に女性を従属的地位にとどめることになったが、ポルタリスの言葉は、革命期あるいはそれ以前から聞かれた男女観の繰り返しである。ナポレオン法典のうち少なくとも家族法制については、一八世紀を通じてみられる家族観、男女観を引き受けたともいえるだろう。その意味では、一七九二年九月の離婚に関する政令がいかに例外的で唐突な、それゆえに画期的な法であったかが浮き彫りになる。なお、離婚はのちの一八一六年、復古王政期に再び全面的に禁じられることを付け加えておく。

4　植民地と奴隷制

革命のなかの植民地

本章の最後は、植民地に目を向けよう。革命前夜、フランスはカリブ海周辺（サン＝ドマング、マルティニック島、グァドループ島、南米ギアナなど）とインド洋（ブルボン島、フランス島など）に主な植民地を領有していた。フランス最大の植民地サン＝ドマングでは、一七八九年当時、プランテーションを経営する富裕な〈大白人〉を含む三万人あまりの白人入植者を頂点とし、その下に黒人と白人などの間に生まれた「混血」や黒人のうち何らかの理由で自由の身となった〈自由有色人〉二万七〇〇〇人あまりが続き、アフリカ出身あるいは現地で生まれた四三万人あまりの〈黒人奴隷〉が社会の最下層を形成していた。この時期、奴隷の数は奴隷貿易により毎年三～四万人というペースで増加しており、一八世紀フランスの繁栄を生んだ植民地経済は過酷な環境で酷使される奴隷たちによって支えられていたのである。こうした歪な人口構造を特質とする植民地社会を「肌の色」という社会的・文化的要因が強く規定していた。白人は、黒人奴隷はもちろん、時に経済的利害を共有する自由有色人をも、「肌の色」によって露骨に差別したのである。

図4-6　「黒人友の会」が使用したロゴ。「私はあなたの兄弟ではないのですか。」
（出典）　Dorigny, M., et Gainot, B., *La Société des Amis des Noirs 1788-1799 Contribution à l'histoire de l'abolition de l'esclavage*, Editions UNESCO, 1998, p. 99.

黒人奴隷の境遇、「肌の色」による差別への批判は、すでに革命前から本国フランスの世論に現れていた。一七八八年二月一九日、パリに設立された「黒人友の会」の当初の目的は黒人奴隷貿易の即時廃止、その後の奴隷制自体の廃止であった（図4-6）。このクラブには、後の革命で主要な役割をはたすことになるシエース、ミラボーあるいはコンドルセらが所属していた。一方、白人入植者のロビー団体「マシヤック・クラブ」も、革命開始直後にパリで設立された。彼らは革命の理念や人権思想の植民地への普及を警戒する。黒人奴隷制を基盤とした自らの利権を危うくするからである。この意味で、彼らは植民地独自の制度の承認を本国議会に求め、時にはフランスからの離脱すらいとわない姿勢をみせる。

一七九〇年三月、国民議会は各植民地に「植民地議会」の設置と法案提出の権限を認め、納税する二五歳以上の植民地に住む「すべての人」に対して、この植民地議会を構成する権利を承認している。条文中の「入植者とその財産を特別の保護のもとに置く」という文言は、植民地に本国とは異なる制度の適用を認め、同時に「財産」である黒人奴隷の維持を暗に承認したともいえる。事実、この政令採択の背後にはマシヤック・クラブの働きかけがあった。前年秋からこの年の一月なかばまでの間に、「植民地は本国から離反しつつある」という報告が複数なされており、入植者たちとの妥協を重視する空気が議会を覆っていたからである。

ただし、ここでいう「すべての人」に自由有色人を含むかどうかという議論も起きた。彼らは「肌の色」ゆえにあらゆる政治的権利を剝奪されていた。黒人友の会所属の議員たちは、「肌の色の寡頭制の放棄」を迫って、自由有色人の政治的権利の承認を求めた。一七九一年五月、政令が新たに採択される。奴隷、または父母のどちらかが奴隷である有色人の扱いは放置される一方、奴隷ではない自由人の父母から生まれた自由有色人の政治的権利がここで承認された。

議員モロ・ド・サン＝メリはこの時、「諸君は、諸君がフランスに与えた憲法を植民地にも適用できるとでも考えるのか」と議会に問いかけ、フランスが経済的に植民地に多く依存しており、その植民地経済を支える制度が黒人奴隷制である以上、植民地に「人権宣言」に代表される革命の理念は適用されないと明言する。ロベスピエールはこれに反論し、自由有色人にも能動市民としての資格を平等に承認すべきだと主張する。「人権宣言」の植民地への適用を主張する点でモロ・ド・サン＝メリとは反対の立場に見えるが、彼は「自由有色人を白人と同じく扱い、両者の利害を等しくすることこそ、懸念される奴隷蜂起から植民地を守る方途だ」とも述べる。少なくとも表面上は、彼もまた「人権宣言」の適用対象から黒人奴隷を除外しており、「平等」の実現も植民地維持のためであった。

結局この五月の政令すら破棄される。一七九一年憲法もその第二〇七条において「アジア、アフリカ、アメリカのフランス領植民地はフランスの一部であるが、本憲法は適用されない」と明言する。植民地は、本国の人権保障の理念や法制度からは隔絶したかたちで放置された。ただし、次の事実にも注意しよう。一七九一年九月末にある政令が可決されている。「いかなる肌の色であろうと、いかなる出自、いかなる国の出身であろうと、フランス国内においてはすべての人間が自由となり、憲法が要求する諸条件を満たす限り能動市民の権利を享受する」。植民地の維持こそが国家経済にとって致命的に重要であり、そのために植民地は特別扱いされ、当地の奴隷や有色人は「人権宣言」の適用外に置かれた。しかし、肌の色や出自をこえた権利の保障がなされなければならないという志向が、議員たちの多くに共有されていたという事実も、ここに強調しておきたい。

サン＝ドマングの蜂起と奴隷制廃止

一七九一年八月二二日夜、サン＝ドマングの北部を中心に少なくとも五万人、記録によっては一五万人ともされる黒人奴隷が蜂起した。蜂起は計画的かつ組織的だった。プランテーション労働がもつ協同性、フランス語をもとに労働現場で共通言語として生成したクレオール語、そして共有されるアイデンティティの核ともなったヴードゥーという宗教的精神文化が、もとは多様なルーツをもつ黒人奴隷が集団として組織されるのを助けた。わずか数週間の間に二〇〇あまりの砂糖プランテーション、一二〇〇カ所に及ぶコーヒープランテーションが放火、破壊され、また一〇〇〇人ともされる白人が殺害された。革命の影響はたしかにあった。ただそれは、奴隷が人権に目覚めたというよりは、革命によって白人と自由有色人の争いが激化し、植民地支配層としての抑止力が相対的に弱まったことを近年の研究は指摘している。もちろん、黒人を「生ける動産」「もの言う道具」とみなして日常的になされた暴力と苛酷な強制労働に対する怒

図4－7　1794年2月4日の奴隷制廃止決議のアレゴリー。「人間はみな平等だ。違いは生まれによってではなく，その徳によってのみもたらされる」のキャプションが見える。

（出典）Public Domain（https://commons.wikimedia.org/wiki/File:Les_Mortels_sont_%C3%A9gaux.png).

りが奔流となったのであり、自由を求めた闘争だった。

蜂起は北部から南部、西部へと拡大した。やがて白人プランターたちは、巨富を生むプランテーションを守るために、スペインやイギリス、アメリカ合衆国の軍隊を引き入れようとする。本国の議会は、経済的に重要なこの植民地を外国軍に奪われる可能性を憂慮し、これを「白人の反乱」と指弾し、植民地防衛への協力を得るために、一七九二年三月二八日、ようやく自由有色人の政治的権利を承認している。そして、黒人奴隷を最終的に解放したのも、直接には革命の理念ではなく、植民地喪失への危機感であった。上記政令実施のために、現地に派遣された議員ソントナクスとポルヴレルは、圧倒的多数を占める黒人たちの支持を得るため、一七九三年八月末、「奴隷制廃止」を宣言する。その後、各方面からサン＝ドマングに上陸したイギリス軍やスペイン軍と戦い、フランスの植民地を守るのは、奴隷身分から解放された黒人たちだったのである。

九月二三日、ソントナクスは比較的平穏を取り戻していた北部で、国民公会へのサン＝ドマング代表を選ぶ選挙を実施する。選ばれた六名のうち二名は自由有色人、二名は黒人であった。彼らは国民公会へ出席するため大西洋を渡る。そして一七九四年二月四日、白人のルイ＝ピエール・デュフェ、自由有色人ジャン＝バティスト・ミル、そして解放奴隷の黒人ジャン＝バティスト・ベレの三名が国民公会の会議に出席し、「黒人奴隷制廃止決議」の可決を目撃するのである（図4－7）。続く一七九五年憲法は、その第六条で「植民地は共和国の不可欠な一部であり、憲法に基づいてつくられる同一の法に従う」と定め、本土と同じ県制度を敷く。奴隷身分から解放された黒人たちも、共和国民として政治的権利をあらためて保障された。

植民地を有した欧米列強のなかで、黒人奴隷制を最初に廃止したのがフランス共和国であったことは記憶されてよい。友愛的な雰囲気すら感じる議事録、また「決議」それ自体からも、差別を乗り越えようとする理想がたしかに議員たちのなかにあったことがわかる。同時に、植民地喪失への危機感が奴隷解放の直接の背景であったことも忘れてはならない。加えて、この決議直後の議員ダントンの発言には、「自由を与える寛大なフランス」という露骨な自意識が現れており、一九世紀以降の大植民地帝国形成のきざしをここにみることもできるだろう。

ナポレオン体制下の植民地政策とハイチ共和国の独立

ナポレオン体制の成立は植民地政策が大きく転換する画期であり、後のハイチ独立の要因の一つである。まず一七九九年憲法第九一条は、「フランス植民地の体制は特別法によって定められる」と明示し、法の面での平等を再び否定している。その上でナポレオンは、一八〇二年五月二〇日の法により、イギリスの占領から復帰したレユニオン島とフランス島、マルティニック島における奴隷貿易と奴隷制の維持を宣言している。また同年七月、グァドループ島では奴隷制の復活とともに、自由有色人からは市民権が剝奪され、「肌の色」による差別政策が再導入された。

図4-8　トゥサン＝ルヴェルチュールの肖像とされる。
（出典）Bélénus, R., et al., *Histoire Géographie Antilles Françaises*, Hatier international, 2003, p. 29.

サン＝ドマングでは、奴隷解放後に軍事的・政治的実権を手にした自由有色人トゥサン＝ルヴェルチュールが、一八〇一年七月八日に独自の憲法を制定する（図4-8）。サン＝ドマングをフランス領とする一方、憲法制定を含む立法、行政、司法の三権を植民地に帰属させるなど実質的には独立宣言に近い内容であった。激怒したナポレオンは数万人の軍隊をサン＝ドマングに派遣する。一八〇三年三月、国務院での演説で「文明を持たず、植民地とは何か、フランスとは何かを知らないアフリカの黒人にどうして自由を与えられようか」と述べる彼の意図は、当然サン＝ドマングにおいても奴隷制を復活することにあった。ところが、軍は現地で黄熱病の蔓延と食糧不足に苦しむことになる。またマルティニック、グァドループなど周辺地域での奴隷制復活を目にした黒人たちの反抗も、一八〇二年一〇月以降激化し、結局派遣軍は一八〇三年一一月に降伏する。一八〇四年一月一日、サン＝ドマングは「ハイチ共和国」として独立を宣言した。歴史上最初の「黒人共和国」の誕生である。

フランス革命からナポレオン治世にかけての時期を、本章では、とくに「人権宣言」の理想と、当時の社会の現実との相克を軸に、主に〈宗教〉〈女性〉〈植民地〉を取り上げて概観した。「人権宣言」は一七八九年当時そもそも「未完」の文書だった。さまざまな条項を付加した「完成版」が一七九三年憲法の前文に掲げられるものの、憲法自体が施行されない。一七九五年には「権利」に加えて「義務」を明記した「人権宣言」が作成され、一七九九年憲法の前文からは「人権宣言」そのものが削除される。しかし、現在の第五共和政憲法前文で誇らしげに言及される「人権宣言」は、一七八九年当初のそれである。革命期には、不完全あるいは短命ではあっても、信仰、礼拝の自由や家内での男女平等、奴隷解放が実現する。採択当時、女性や黒人の入る余地が考慮されていなかったとしても、普遍性を帯びた「人権宣言」の言葉は、その抽象性ゆえに、現実と直面しつつ、「人間と市民」が包摂する範囲を少しずつ拡大してきたといえるのではないだろうか。

コラム4　啓蒙主義

高橋暁生

ギリシア、ローマの古典時代を参照しつつ人間の主体性回復を志向したルネサンス、聖書で言及されていない大陸や住民、文化、宗教との出会いをもたらした「地理上の発見」、カトリックの相対化と宗教的権威自体の失墜を招いた宗教改革と宗教戦争。時代を画すこれらの出来事を通して、神の存在を前提に聖書とその解釈の枠組みのなかで世界を認識しようとする態度から、人間が主体となり自然、社会、人間自身を観察、分析し、理解しようとする態度への知の大転換が、一七世紀後半から一八世紀にかけてみられた。これが啓蒙主義である。

一八世紀なかばに刊行された『百科全書』は、図版一一巻、『補遺』四巻を除いても全一七巻、収録された項目数は実に七万を超え、扱われた主題は政治、経済、歴史、地理、哲学や文学、芸術の各分野、同時代の工芸、諸産業、また数学や力学、化学、天文学、医学など自然科学の諸分野、さらに世界各地の文化や習俗に及び、教会に独占されてきた知の「世俗化」、その全面的な更新という意味で、啓蒙主義を象徴する著作といえる。このような啓蒙主義は必然、既存の権威や伝統への批判を生み、これらからの人間一般の「解放」、自由で平等な社会の実現を志向する。

ただし、この啓蒙主義のなかで、後の帝国主義に通じる思想的基盤が形成されたことも軽視できない。ヨーロッパによる「地理上の発見」は一八世紀も進行し、ルイ＝アントワーヌ・ド・ブガンヴィルやジェイムズ・クックらの航海によって太平洋地域が新たに知られるところとなり、南北アメリカやアフリカ、アジアなど既知の諸地域についての知見も入植者、商人、軍人、宣教師らがもたらした情報によって次々に更新された。博物学者ジョルジュ＝ルイ・ビュフォンは自身で航海したことはないが、これらの情報をもとに『自然誌』四四巻を刊行する。人間は本質的に単一であると主張しつつ、「人種」間の形質の違いを生む要因として気候風土をあげ、白人をもっとも美しく姿も整った「人間の身体の規範」と位置づける。ここに一九世紀人種論の一つの契機を見出すことはたやすい。

また、奴隷制に反対したことで知られるギヨム＝トマ・レナルは、一八世紀のベストセラーの一つ『両インド史』の第三版第一巻において、マダガスカルがその資源や人口の点でフランスにとってきわめて有用な土地であることを述べた上で、従来のヨーロッパ諸国による暴力の支配を悪手と批判し、今後の植民地化は現地の住民にさまざまな有用性を感じさせる支配でなければならないと説く。そして「野蛮の恐怖から多くの民を引き離すこと。彼らに正しい習俗、確かな治安、賢明なる諸法、慈悲深い宗教、有用で快適な技術を与えること。教養があり文明化された諸民族の地位に彼らを引き上げること。これができたら、それはフランスにとってどれほどの栄光だろうか」と書く。

数学者ニコラ・ド・コンドルセは、ヴォルテールやダランベールといった啓蒙期の巨人たちと交流し、商業の自由、出版の自由、宗教的寛容を支持し、行財政、司法、経済の各分野での改革を求め、共和主義者として革命期の議会でも活躍、「最後の啓蒙思想家」と称されるに相応しい人物である。やはり奴隷制には批判的な立場で、絶筆とされる『人間精神の進歩の歴史素描』でも、「諸民族の間にある不平等の破壊」を主張している。ただしそれは、ヨーロッパ人による文明化を通して実現されるはずであった。「ヨーロッパ人は、広大な地域をなお占拠している未開の諸民族を文明化すべきではないか。さもなくば、征服ではなく、これを消滅させるべきではないか」と書く。レナルと同様、ヨーロッパ人によるアフリカやアジアの植民地での蛮行を非難した上で、「商業の利益」「啓蒙の優越性」を自覚し、「未開人」にとっての「有益な道具」「寛大な解放者」になるべきと主張し、彼らの「文明化」を促すのである。

一九世紀末、第三共和政下の議会でジュール・フェリーがフランスの植民地拡張の必要性を述べるなかで強調した「文明化の使命」をここで想起するのは見当違いだろうか。ヨーロッパの人文知への信頼を基礎に、ヨーロッパ外の世界の人間を観察し、必然的に自己と比較しつつ、他者である彼らを自らの知的枠組みのなかに回収する啓蒙の人間理解と、そこから生まれた人種観、文明観、植民地への眼差しは、一世紀後の帝国形成を促した理屈と共鳴しているのである。

参考文献

トドロフ、ツヴェタン『啓蒙の精神　明日への遺産』（石川光一訳）法政大学出版局、二〇〇八年。
ポーター、ロイ『啓蒙主義』（見市雅俊訳）岩波書店、二〇〇四年。
弓削尚子『啓蒙の世紀と文明観』（世界史リブレット）山川出版社、二〇〇四年。

参考文献

天野知恵子「一七九三年パリの革命婦人協会——民衆運動の一側面」『史学雑誌』九〇巻六号、三五～五七頁、一九八一年。

有田英也『ふたつのナショナリズム——ユダヤ系フランス人の「近代」』みすず書房、二〇〇〇年。

ヴォヴェル、ミシェル『フランス革命と教会』（谷川稔他訳）人文書院、一九九二年。

エリス、ジェフリー『ナポレオン帝国』（杉本淑彦・中山俊訳）岩波書店、二〇〇八年。

辻村みよ子『人権の普遍性と歴史性』創文社、一九九二年。

富永茂樹編『資料　権利の宣言——一七八九』京都大学人文科学研究所、二〇〇一年。

浜忠雄『ハイチ革命とフランス革命』北海道大学図書刊行会、一九九八年。

平野千果子『フランス植民地主義の歴史——奴隷制廃止から植民地帝国の崩壊まで』人文書院、二〇〇二年。

ブラン、オリヴィエ『女の人権宣言——フランス革命とオランプ・ドゥ・グージュの生涯』（辻村みよ子訳）岩波書店、一九九五年。

松嶌明男『礼拝の自由とナポレオン——公認宗教体制の成立』山川出版社、二〇一〇年。

Chappey, J. L., Gainot, B., Mazeau, G., Régent, F., et Serna, P. *Pour quoi faire la Révolution*, Marseille: Agone, 2012.

Gauthier, F., *Triomphe et mort de la Révolution des droits de l'homme et du citoyen (1789-1795-1802)*. Paris: Editions Syllepse, 2014.

Martin, J. C., *La Révolte brisée Femmes dans la Révolution française et l'Empire*. Paris: Armand Colin, 2008.

Martin, J. C., *Nouvelle histoire de la Révolution française*. Paris: Perrin, 2012.

Régent, F., *Esclavage, métissage, liberté: La Révolution française en Guadeloupe 1789-1802*. Paris: Grasset, 2004.

第5章　改新と変動の半世紀——復古王政から第二帝政まで

長井伸仁

この章で学ぶこと

フランスは、一八一五年から一八七〇年までの半世紀あまりの間に、二つの王政、ついで共和政と帝政を経験した。一八七〇年以降、第二次世界大戦中をのぞいて現在まで共和政が続くこととは対照的である。そのため、この時期のフランス史は「政治体制をめぐる争いの時代」や「共和政確立の前史」とのイメージが強い。

しかし現実には、王政も帝政も、過去の体制の単なる復活をめざしたわけではなく、それぞれに時代を切り開こうとし、後世にむけて少なからぬ成果や影響を残した。また、工業化や都市化が進むなかで、社会や文化も大きな変容を遂げ、そこから新たな運動が生まれもした。巨視的にみれば、フランスの政治や社会は、ヨーロッパ諸国さらには他地域の動向とのつながりを確実に強めていた。そのような、大きな変化と新たな試みに富んだこの時期のフランスを、政治、文化・社会、さらには国際関係などの視点から概観することが本章の目的である。

1　政治体制の走馬燈

占領からの再出発

一七九二年四月にオーストリアとの開戦を宣言してから二〇年以上、フランスはほぼつねに戦争状態にあった。この間、フランスの国土は幾度となく戦場になり、絶え間ない政変に戦争は深くかかわっていた。一八一五年にナポレオン・ボナパルトが最終的な敗北を喫すると、状態は一変する。以後、一八七〇年にプロイセンとの戦争が勃発するまでの五五年間、フランス本土が戦火に見舞われることはなく、繰り返される体制交代も戦争を直接の原因とすることはなかった。本章が対象とする時期は、フランスにとって「平和の時代」だったといえる。

ただし、そのような見方にはいくつかの留保も必要である。まず、平和はフランスが希求して実現したというよりは、多分に状況の、さらには偶然の産物であった。ウィーン体制は各地で自由主義運動や革命を弾圧したことで悪名高いが、大規模な戦争の勃発を防いだことは事実であり、フランスもその恩恵にあずかった。その証拠に、ウィーン体制が崩壊するとヨーロッパ全体が再編局面に入り、そのなかでフランスも軍事力を行使する。たまたまその舞台がフランスではなく、イタリアやクリミア半島だったにすぎない。また、フランスはヨーロッパ以外での勢力拡大には積極的で、とりわけ地中海の対岸にあるアルジェリアに対しては、フランスの体制が交代しても一貫して支配を強化し続け、その際には武力に頼ることをいとわなかった。

そもそも、この時期のフランスはナショナリズムの高揚と無縁ではなかった。国内の一体化と均質化が進み、公教育の整備がはじまり、活字メディアが普及するなかで、国家への帰属意識は緩やかにではあっても着実に醸成されていた。そのような土壌の上に、時として生じる周辺国との摩擦が愛国心をかき立て、好戦的な言辞を噴出させる。後の第三共和政期にはナショナリズムが国内政治の動因の一つになるが、そこに至る流れは、すでに一九世紀前半に明瞭になっていた。もっとも、世紀前半に高揚するのは国際関係に結びつくナショナリズムであって、外国人との日常的な共生をめぐる排外主義は、近世から一部でみられたものの、いまだ散発的なものにとどまっていたことに注意したい。

ともあれ、「平和の時代」のはじまりには占領期があった。ナポレオンの敗北によって、今度はフランスが外国軍により占領される番になり、その経験はフランス社会に大きな痕跡を残すことになる。

一八一四年春、崩壊をはじめていたフランス軍には、オーストリア、ロシア、プロイセン、イギリスなどの同盟軍が国内になだれ込むのを押しとどめる力はなかった。その数は合計五〇万、首都パリも占領され、ナポレオンは退位して地中海のエルバ島に退き、ブルボン家が王位に返り咲いた。フランスは、一八一四年五月の講和条約（第一次パリ条約）で同盟軍の撤退と賠償金の免除をとりつけたが、翌年三月にナポレオンが政権を奪い返すと（いわゆる百日天下）列強の態度は一気に硬化した。ワーテルローの戦いでナポレオンが最終的に敗れたのち、一二〇万もの兵士がブルターニュ地方とフランス南西部を除く各地を占領し、至る所で掠奪や破壊を行った。被害は、プロイセン、バーデン、ザクセンなどドイツ諸邦の軍が占領したフランス東部でとくに深刻で、この地域で反ドイツ感情と、それを核にした愛国意識を芽生えさせることになる。一方、フランス南部の都市を中心に王党派による復讐行為（フランス王権の象徴が百合の花であったことから、「白色テロル」と呼ばれた）が発生し、多数の犠牲者を出した他、女性が公衆の面前で鞭打たれるなどの「見せしめ」も横行した。マルセイユでは、ワーテルロー敗北の報が届くと、ナポレオンがエジプト遠征後に設立していたマムルーク騎馬近衛兵が襲撃の対象になり、一〇〇人近くが殺されている。このような混乱を前に同盟軍兵士は静観を決め込んだため、彼らに対するフランス住民の反感はさらに高まった。

事態は、一八一五年一一月の講和条約（第二次パリ条約）により、フランスが一七九〇年時点の国境に戻ること、五年間に七億フランの賠償金を支払うことが定められて、ようやく沈静化に向かう。しかし、その賠償金支払いを確実に履行させる名目で、引き続き最大で一五万人の兵士が五年間駐屯すること、フランスはその費用を負担することとされた。こうして、帝政崩壊後の占領は深い傷を残し、人びとの政治意識にも長期的に影響を及ぼすのである。

フランスを取り戻す

ところで、ウィーン会議が最終的に合意した議定書が、フランス革命以前の王朝を各国の正統な支配者とみなす正統主義を原則としていたため、実際にフランスの新体制が王政になり王位がブルボン家に戻ったのは自然なことであったかのように思える。しかし、一八一四年春の時点でブルボン家による王政復古を推していたのはイギリスだけであった。ロシア皇帝アレクサンドル一世は、共和政になる可能性も含めフランスの判断にゆだねようと考えていた。一方オーストリアのメッテルニヒにとって共和政は受け入れられない選択肢であり、革命の混乱を収束させたナポレオンへの評価もあって、ハプスブルク家から嫁いでいた皇后マリ＝ルイーズによる摂政を検討していた。

国内でも、王政復古を求める声が大きかったわけではない。そもそも、ブルボン家の当主であるプロヴァンス伯（のちのルイ一八世）は二〇年以上も亡命生活を送っており、多くの国民にとっては意識に上らない人物であった。ただ、うち続く対外戦争で疲弊していた国民の間には、ボナパルト家の統治が続くことだけは拒むという空気が強かった。

そのようななか、ブルボン家は王位復帰に向けて積極的な行動に打って出た。一八一四年初頭、プロヴァンス伯は弟のアルトワ伯（のちのシャルル一〇世）や甥たちに対し、フランス占領に向かう同盟軍と行動をともにし、王家の存在を国内外に誇示するよう呼びかけた。行動が注目されたのはほぼフランス南西部に限られていたが、大陸封鎖令による貿易不振から反ナポレオン感情が強かったボルドーでは、王政支持者が近衛部隊を編成し、三月のイギリス軍入城に際しては、市長が三色旗を白旗に付け替えて出迎えた。この光景は王政支持者による宣伝にも大いに利用され、以後、白旗がフランス王政の象徴として広く認知される。ナポレオンがエルバ島に去った後の一八一四年五月、プロヴァンス伯はパリに入城し、フランスに王政を再開する。

こうしてはじまった体制は、一般に復古王政と呼ばれる。ただし、名前が想起させるような、革命前の原理をそのまま復活させた体制ではなかった。

新国王ルイ一八世は、「（革命による分断で生み出された）二つの人民の王になることはできない」と明言して、異なる理念や対立する利害を包摂する方向で統治を行おうとした。そのことを明瞭に示すのが、一八一四年六月に公布された、一般の憲法に相当する憲章である。憲章は、その第一条で法の下の平等を認め、身分制が廃止されたことを確認した。また、カトリックに国教の地位を与えたものの、信教の自由を認め（第五条、第六条）、条件つきではあったが言論の自由も認めた（第八条）。

議会としては貴族院と代議院が設置され、この二院と国王が共同で立法権を行使することと定められた（第一五条）。代議院の議員は、納税額に基づく制限選挙で選出されることになった（第四〇条）。これ以後、一八四八年に普通選挙が導入されるまで、選挙権は納税額を基準にして付与される。証券市場が未発達で、動産よりも不動産がはるかに重視されていた当時、高額納税者はたいてい不動産の所有者であった。彼らは参政権を有するだけでなく、家主や地主として社会的に大きな影響力を行使していた。制限選挙の時代は、「もてる者」と「もたざる者」の力関係が誰の目にも明らかな時代だったのである。

代議院議員の選挙権を得たのは当初は一一万人にすぎず、フランスの人口三〇〇〇万のごく一部でしかなかった。なにより、選挙権は男性にしか付与されなかった。フランスで女性が参政権を得るのは、後述する普通選挙導入に遅れること一〇〇年、第二次世界大戦末のことである。

そのような大きな限界があったとはいえ、選挙に基づく議会が国権の主要機関として明確に位置づけられ、恒常的に機能してゆくことの意味は、決して小さくない。王は議員を前に勅語を述べ、議会は王に上奏文を出すことによって、互いの意見を表明する機会を得た。議会には異なる思想や政治潮流が代表され、税や法案をめぐって政策論争が交わされるようになった。選挙権をきびしく制限されていた国民も、議会に陳情書を提出する権利を与えられ（憲章第五三条）、それによって男性だけでなく女性の声も議場に届けられるようになった。復古王政期の議会陳情書のうち、およそ四％は女性の手になるものであった。

復古王政は立憲君主制とはいえ、王は「不可侵にして神聖」（憲章第一三条）であり、議会が統治を主導することは想定されていなかった。しかし実際には、王と議会の間には時に対立が生じ、それが最終的に体制崩壊を引き起こすことになる。このような国家元首と議会（もしくは議会内勢力）との緊張関係は、本章が対象とする時期、すなわち復古王政、七月王政、第二共和政、第二帝政を通じてみられ、それが政治の動因にもなっていた。この点では、その後に来る第三共和政が国家元首や行政府の力を弱め、議会主導で推移することとは、対照的である。

王と議会との緊張は、一八二四年に即位したシャルル一〇世の下で高まる。彼は、憲章の理念を否定する過激王党派（ユルトラ）への親近感を隠さなかったばかりか、歴代フランス国王にならってシャンパーニュ地方のランス大聖堂で即位式を行い、その際には瘰癧（るいれき）の患者に手を触れる儀式さえ行っていた。また、彼の治世の下、革命期の亡命貴族の財産に対する補償が定められ、教会堂での犯罪には過酷な身体刑が科され、言論統制も厳しくなった。これに対して、貴族院は過激王党派が成立を狙っていた長子相続法案を否決し、代議院でも自由主義者が勢力を伸ばしたが、王はかたくなで議会との対決姿勢を鮮明にした。

一八三〇年三月、議会は内閣不信任を王に明言し、これを受けた王は議会の解散に打って出るが、選挙では自由主義者や反政府派が勝利した。七月、王は出版の自由の停止と再度の議会解散を命じて応酬した。ここに至りパリで蜂起が発生し、わずか三日間で体制は崩壊、シャルル一〇世はイギリスに亡命した。いわゆる七月革命である。

歴史の集大成

七月革命はフランス革命を想起した革命でもあった。バリケードで戦った人びとは、至る所で三色旗を掲げ、自分たちが革命を継承していることを誇示した。ドラクロワが描いた「民衆を導く自由の女神」は、三色旗を掲げるという点では史実に即していたといえる（図5-1）。

一方、新体制がどのようなものになるのかは、自明ではなかった。共和政を求める声もあれば、オーストリアに落ち延びていた、ナポレオンの息子ライヒシュタット公爵を皇帝に据え、帝政の再興を模索する動きもあった。しかし、ウィーン体制を揺るがす事態を前に周辺諸国が警戒を高め、軍事介入が現実味を帯びて語られるなか、自由主義者たちは王政を選び、ブルボン家から分家していたオルレアン家のルイ＝フィリップに白羽の矢を立てた。

同じ王政ではあっても、七月王政は復古王政とは相当に異なっており、全体としてより民主的な体制であったといえる。ただ、それは法制度の違いよりも、その実際の運用や、王や政府の姿勢に起因していた。一八一四年の憲章は改正され、カトリックを国教と規定していた条文が削除され、それまで国王のみが有していた法案提出権は上下両院にも付与された。一方で、法の下の平等や信教の自由に関しては一八一四年の条文がそのまま引き継がれ、言論の自由についても検閲の廃止が明記された以外、ほぼ同様であった。代議院の議員も引き続き制限選挙で選ばれた。一八三一年に制定された選挙法は基準となる納税額を下げ、それにより有権者数は増えたものの、約二〇万人にとどまり、人口のごく一部であることに変わりはなかった。ただし、七月王政は市町村議会にも選挙制を導入し、そこでは実質的に納税額を緩和する措置がとられた結果、二八〇万もの人が選挙権を得ている。

図5－1　ドラクロワ画「民衆を導く自由の女神」（1830年）
（出典）Public Domain（https://commons.wikimedia.org/wiki/File:Eug%C3%A8ne_Delacroix_-_La_libert%C3%A9_guidant_le_peuple.jpg?uselang=fr）.

前体制との違いは、シンボルの活用や文化政策において顕著であった。ルイ＝フィリップは、即位式をランス大聖堂ではなく国会議事堂で行い、憲章を遵守するとの誓いを立てている。七月のバリケードに翻った三色旗は正式に国旗に定められた。七月革命のために命を落とした市民はバスティーユ要塞の跡地に埋葬され、そこに「七月の円柱」なるモニュメントが建立された。七月王政はまた、革命だけでなくナポレオンの継承者をも自任し、ナポレオンが造営を命じながら工事が中断されていたパリの凱旋門を完成させた他、イギリスと交渉してナポレオンの遺骸をセント＝ヘレナ島からフランスに戻してパリのアンヴァリッドに安置している。さらに、かつてのヴェルサイユ宮殿

図5－2　コンコルド広場のオベリスク

（出典）Public Domain（https://commons.wikimedia.org/wiki/File:Ob%C3%A9lisque_de_la_Concorde,_30_October2013.jpg）.

には「フランス史博物館」が開設され、フランク王クロヴィスからナポレオンを経て七月王政に至るまでの軍事的栄光の軌跡が絵画でたどれるようになった。七月王政は、いわばフランス史の集大成をめざしたのである。

ただ、集大成とはいっても、分断を呼び起こしかねない出来事は慎重に除外されていた。エジプトのパシャ、ムハンマド＝アリからシャルル一〇世に贈呈された、ルクソール神殿のオベリスクは、七月王政によってパリのコンコルド広場の中央に据えられたが、それは革命の血塗られた記憶（コンコルド広場は、ルイ一六世が処刑された場所でもあった）を異国趣味により覆い隠すためでもあったといわれる（図5－2）。

ともかくも融和を掲げた七月王政であるが、体制は盤石というにはほど遠かった。一八三二年にはパリで、一八三四年にはパリとリヨンで、反体制蜂起が起こっており、国王自身も体制を通じて繰り返し暗殺の標的になった。

体制は国際関係においても危機を経験した。シリア領有をめぐりオスマン帝国とエジプトが対立すると（東方問題）、ロシア、イギリス、プロイセン、オーストリアの四国は、親エジプトの立場をとるフランスを蚊帳の外に置き、オスマン帝国に有利なかたちで決着させた。これに対しフランスの世論は反発し、新聞各紙も強硬手段を求める論調をとった。政府は軍に対し戦闘の準備を命じ、議会からは軍備増強の特別予算を取りつけた。幸い、イギリスをはじめ相手国政府が冷静だったことと、国王ルイ＝フィリップが政府の姿勢を支持しなかったことで、戦争の勃発は避けられた。七月王政期には全体として、世論は強気で好戦的であったのに対し国王は平和路線を堅持するという構図であった。ルイ＝フィリップは、イギリスのヴィクトリア女王と相互に訪問を重ねることで友好ムードの演出に努めていた。

体制は、最終的には国内で発生した動きによって覆された。成立当初は革命の徹底と諸外国の自由主義勢力との連携を掲げる勢力（「運動派」）が政権を掌握していたが、ほどなく、革命の急進化を防ごうとする勢力（「抵抗派」、ないしその流れをくむ潮流）にとって代わられ、体制は次第に保守化し、選挙権の拡大など民主化を拒むようになっていた。一八四〇年代なかばには、ヨーロッパ各地を襲った凶作と、それに深く関連する経済不況や失業増大があいまって、体制に対する人びとの不満が高まった。それが頂点に達したのが、一八四八年二月のことである。

普通選挙のはじまり

革命はこの時も三日間で成し遂げられた。政治改革を求める運動は、集会の規制を逃れるために宴会の名目で行われていた。二月下旬、パリで予定されていた「改革宴会」を政府が禁止したことが発端になって市民と兵士の間に小競り合いが発生、これが瞬く間に拡大して市内の至る所にバリケードが出現し、王宮は占拠された。パリ市庁舎では臨時政府が組まれ、共和政をとることが宣言された。革命時から数えて二番目にあたる、第二共和政の成立である。

フランスに再び共和政が出現したことに、ヨーロッパ諸国は警戒心を強めた。ロシア皇帝ニコライ一世の次男は、ルイ＝フィリップ退位の報が届いた時の宮廷の様子を、日記に次のように記している。「誰もが雷に打たれたかのようになり、外相ネセルローデは〔二月革命勃発を伝える〕特報を手から落とした。これから何が起こるのかは、神のみが知る。ただ私たちにとって、地平線には血だけが見える」。

しかしフランス政府には、実際に戦争をはじめる意図も用意もなかった。軍が混乱状態にあったことに加え、革命に恐れを抱いた人びとが預金の取り付け騒ぎを起こし、資本家が資産を国外に逃れさせるなど、経済もパニックに陥っていたからである。

政体そのものが代わったため憲法は議会により制定されることになり、その選挙が同年四月、普通選挙で実施されることが決まった。この普通選挙こそ、二月革命が後世に残した最大の遺産であった。それまで、一七九二年の国民公会が普通選挙で選ばれていたが、間接選挙で投票率も一〇％ほどであった。ナポレオンが幾度か実施した人民投票は、特

図5－3　女性による政治集会
（作者不詳，1848年）
（出典）　Aprile, S., *La Révolution inachevée, 1815-1870*, Paris: Belin, 2010, p. 281.

定の事柄について賛否を問うにすぎなかった。一八四八年の普通選挙は、直接選挙によって国会議員を選ぶという試みであり、その導入によって、七月王政期に二〇万ほどであった有権者の数は一気に九〇〇万へと膨れあがったのである。

だが、この制度には一つの大きな限界があった。選挙権が男性に限定され、女性が完全に排除されていたのである。二月革命には、当然ながら男性だけでなく女性も参加していた。王宮を襲撃した群衆のなかに、まるで絵画「民衆を導く自由の女神」のように「共和国」に扮していた女性の姿が複数、目撃されている。革命後に叢生（そうせい）した政治集会や新聞には、女性が中心になったものも少なくなかった（図5－3）。新政府が労働権について方針を定める際には、女性労働者の意見も聴取されていた。にもかかわらず、選挙制度は「普通」といいつつ女性を除外して制定され、そのことを疑問視する意見は男性の政治家や活動家からはほとんど上がらなかった。女性裁縫工であったジャンヌ・ドロワンが、女子教育や保育所の拡充などの主張を掲げて翌一八四九年の国政選挙に「立候補」し、その名に一五票――もちろんすべて男性による票であった――を集めたのは、いまだ孤独な戦いであった。

ともあれ、当時の人びとは普通選挙が歴史的な出来事になるという予感をもっていた。二月革命を祝うべく各地で行われた祭典でも、また選挙直前の四月二〇日にパリで一〇〇万もの人びとを集めて開かれた「友愛祭」でも、普通選挙は新しい時代を切り開く儀式として高らかに謳い上げられた。

選挙の結果、八八〇議席のうち穏健共和派が約五〇〇、王党派が約二八〇、急進共和派と社会主義者が約一〇〇を獲得した。共和政は圧倒的な民意により承認されたかたちになった。もっとも、学校教育がまだ義務化されておらず、男性でも四割近くの人が読み書きができなかった当時、そもそも共和政がどのような制度なのかを理解できていた人は多くなかったと考えられる。しかも、穏健共和派のなかには王党派から鞍替えしたばかりの者もかなり含まれていた。

成立まもない体制を大きく揺るがせたのが、一八四八年六月下旬にパリで起こった蜂起（六月蜂起）と、その鎮圧であった。おりからの不況で失業者が増大するなか、臨時政府は公共事業でこれを吸収しようと考え、「国立作業場」なる登録制度を設けたが、十分な雇用を確保できなかった上に、仕事を割り当てられなくても定額を支給すると規定していた。一方で国内経済は二月から混乱の度を深め、証券市場は暴落し、国庫の収支バランスが完全に崩れ、政府は大幅な増税を余儀なくされていた。これに苦しむ納税者の不満は、国立作業場に向けられた。

政府が国立作業場の事実上の廃止を決定すると、労働者たちの抵抗がパリ市内の随所で発生した。蜂起を前にした政府は武力弾圧の道を選ぶ。人口一〇〇万のパリに実に五万人の兵士が投入され、容赦ない掃討戦の末、蜂起は二日で鎮圧された。蜂起側の犠牲は甚大で、死者は四〇〇〇とも五〇〇〇ともいわれる。七月革命や二月革命では反体制派が一丸となって体制に立ち向かったのに対し、この六月蜂起は、ブルジョワと労働者という二つの社会集団が正面から衝突したかのように映った。蜂起とその鎮圧は、衝撃をもって受け止められた。これをきっかけに、穏健共和派の一部は保守化して王党派と合流し「秩序党」という名の集まりを形成したが、この名称は六月蜂起がもたらした衝撃を雄弁に物語っている。

民意と元首

一八四八年一一月に公布された憲法は、一院制の議会と大統領という二つの柱を据え、いずれも男性普通選挙による選出を規定した。これに基づき実施された大統領選挙を制したのが、ルイ＝ナポレオン・ボナパルトであった。ナポレオン・ボナパルトの甥というだけで経歴も功績も皆無であったが、名前の威光は絶大で、居並ぶ有力候補を尻目に七四％の得票で地滑り的な勝利を収めたのである。

彼は議会内に支持勢力をもたなかったが、そのことを逆手に取って自らの地位を固めようとした。議会は、言論や集会の規制を強化し出稼ぎ労働者から選挙権を奪うなど、反動的な姿勢を強めつつあったことから、彼はあえて議会との対立を演出し、世論を味方に付けようとしたのである。

一八五一年一二月二日（一二月二日とは、伯父ナポレオンが皇帝として戴冠した日でもあった）未明、大統領は警察と軍の一部の協力を得てパリでクーデタを起こした。街頭に貼り出されたポスターには「議会は解散される」「普通選挙は復活する」などの文言が踊り、民主主義を守るための実力行使が印象づけられた。直後に実施された人民投票では、投票者の九割以上がクーデタを追認した。翌一八五二年一二月二日、ルイ＝ナポレオン・ボナパルトは帝政を宣言し、皇帝ナポレオン三世を名乗った。

こうして成立した第二帝政は、皇帝が権力を一手にもちながら、その権力の源泉が人民にあるという形式をとっていた。議会の権限はきびしく狭められた上に、体制の初期には共和派など反体制派が陰謀罪などで検挙され、新聞報道に対しても当局の目が光った。その反面、帝政への移行についてもクーデタ直後と同様に人民投票が実施され、やはり九割を超える賛成を得ていた（図5-4）。議会下院である代議院は引き続き普通選挙で選出された。

見方を変えれば、皇帝はつねに民意に気を遣わねばならなかったということでもある。そのため、帝政の政策は特定の思想に基づいた単一の方向に沿ったものではなく、状況に応じて変わらざるを得なかった。実際、当初は警察国家的な様相を呈していた帝政は、一八六〇年代に入ると次第に自由化にむかい、議会の権限が拡大された他、言論や集会への規制も緩められる。パリをはじめ主要都市で実施された都市改造には、帝政の下での繁栄と近代化を可視化する事業

図5-4　ナポレオン3世
（作者不詳，1852年）
下部には「ナポレオン3世　フランス人の皇帝 7,824,189票により選出される」との文言がみられる。
（出典）　BnF, Gallica（https://gallica.bnf.fr/ark:/12148/btv1b53019938v）.

という性格もあった。

対外進出もまた、民意を惹きつける重要な手段であり、ナポレオン・ボナパルトの威光にあやかる限り、そこに力を注ぐ必要があった。その詳細は後述するとして、そこでの失敗が命取りになった点では、伯父の轍を踏んだことになる。隣国スペインでプロイセン王家の人物が王位に即く話がもち上がり、これを嫌ったフランスは強硬に反対して話を白紙に戻させた。この経緯をプロイセン宰相ビスマルクがゆがめて報じさせたため、フランスとプロイセン双方の世論は一気に憎悪を高めた。プロイセン軍が周到に準備をしていたにもかかわらず、フランスは戦争に突き進んでしまう。普仏戦争（プロイセン＝フランス戦争）の勃発である。

フランスでは、体制の自由化とともに共和派が勢力を拡大していたが、彼らもまもなく戦争協力にまわり、祖国の危機の前に政治の対立は棚上げにされた。共和派の一大拠点でもあったパリでは、路上に繰り出した民衆が口々に「いざベルリンへ」「プロイセンをやっつけろ」などと叫び、帝政により禁止されていた「ラ・マルセイエーズ」を大声で唱和した。地方はパリほど熱狂的ではなかったものの、開戦を受け入れる世論が大勢を占めていた。

しかしながら、プロイセンは緒戦からフランスを圧倒し、一八一五年以来戦火をみなかったフランスに雪崩を打って侵入した。病を押して戦場に立った皇帝は、フランス北東部のスダンで将兵八万余名とともに降伏し、捕虜となった。国家元首が戦闘で敵国に捕えられるという、近代国家にあっては異例の事態をもって、第二帝政は幕を下ろしたのである。

2　霊性の時代

世俗化の緩急

一般に近代は、宗教が衰退し教会の影響力が弱まる時代であると理解されている。フランスの歴史は、革命期に激しい非キリスト教化運動が展開され、以後、復古王政も含めて信教の自由が保障されるなど、この理解を裏づけているよ

表5-1　復活祭に際して聖体拝領をおこなった信徒の割合

司教区	割合の変化
ナント	86%（1839年）→ 83%（1863年）
リュソン	79%（1845～1854年）→ 79%（1876～1878年）
ル・マン	54%（1830年）→ 55%（1848～1854年）
ヌヴェール	38%（1844年）→ 39%（1886年）
ランス	36%（1838年）→ 33%（1881年）
オルレアン	19%（1852年）→ 21%（1883年）
ヴェルサイユ	9%（1834年）→ 10%（1880年）
トゥール	69%（1805年）→ 54%（1858年）
ムーラン	94%（1805～1816年）→ 63%（1876年）

（注）　トゥールとムーランは19世紀初頭の数値が判明している事例。
（出典）　Le Goff, J., Rémond, R. (dir.), *Histoire de la France religieuse*, tome 3, Paris : Seuil, 1991, p. 241.

うに思える。しかし歴史を詳しくたどると、事態は単純かつ一方向的に進んだわけではなく、複雑な様相を呈していたことがわかる。これこそ、宗教に関する一九世紀フランスの特徴であった。

一八七二年に実施された国勢調査は、宗教についての質問を含む最後の国勢調査であったが、その集計結果によれば人口の九八%がカトリックであった。したがって、本章が対象とする時期を通じて、フランス社会は少なくとも表面上はカトリックであり続けたといえる。

組織としてのカトリック教会は、その人員と体制をおおむね維持することに成功した。革命により分裂を経験し、威信を大きく損なったカトリック教会は、一九世紀前半を通じて立て直しを進めた。教区聖職者の人数は一八七〇年頃には革命前夜の水準を回復した。活力を得た教会は、宗教実践の退潮が目立つ地方を中心に布教活動を展開し、路傍に十字架像を建てる、宗教行列を組織するなど、存在の誇示に力を注いだ。

しかし、このような外形的な隆盛の陰で、カトリシズムは大きな変容を経験しつつあった。それは、教会が示す教義と信徒が抱く心性の双方に及んでいた。

まず、実践率（ミサないし礼拝への出席や、復活祭での聖体拝領など、キリスト教信仰の外形的行為を実践する者の割合）は、二〇世紀に向けて長期的な低下傾向にあった。「帰属」と「実践」の間に隔たりが生じつつあったのである。ただし、その傾向には相当な地域差がみられた上に、変化も一方向的ではなく、とくに一九世紀のなかばにかけて、安定ないし上昇がみられた地域もある（表5-1）。これは、後述する巡礼熱と軌を一にした現象であった。

変容と覚醒

一方で、信仰のあり方も転換期を迎えていた。

信徒の間では、中世以来の聖人崇敬・聖遺物崇敬が重要な意味をもち続けていたのに加えて、一九世紀になると聖母マリアへの崇敬が高まりをみせる。この現象はフランスに限らずヨーロッパのカトリシズム全体にみられたことであり、一八五四年に教皇庁が「聖母無原罪の宿り」を教義に認定したことは、その一つの帰結であった。

フランスで聖母崇敬の高まりと密接に結びついていたのが、「聖母出現」であった。一八三〇年のパリを皮切りに、アルプスの小村ラ・サレット（一八四六）、ピレネー地方のルルド（一八五八）、西部地方のポンマン（一八七一）などで聖母目撃が報じられた。パリでの「聖母出現」を記念するメダル（「奇跡のメダル（メダイ）」の名で知られる）は、一八三二年のコレラ流行の際にご利益があるとして一気に広まり、四年間で八〇〇万枚、一〇年間で一億枚が世界中で売られた（図5-5）。また、ルルドでは「聖母出現」の舞台となった泉が病気治癒の霊験あらたかとされ、おりからの鉄道網の整備にも後押しされて数多くの巡礼者が押し寄せた（第7章参照）。これらの出来事は、以前から存在した巡礼地にあらためて多くの人びとを向かわせることにもなった。このような民俗的信仰の発露を、教会はためらいつつもしだいに寛大に受け止めるようになり、失地回復の手段として用いた。

図5-5　「奇跡のメダル」の両面
（出典）　Public Domain（https://commons.wikimedia.org/wiki/File:Miraculous_medal.jpg）.

一方、教会が信徒に提示する教えでも、従来とは異なる側面が強調されるようになった。それまで支配的であった、恐怖心や罪悪感に基づく信仰は、愛や赦しを核とするものに次第に取って代わられるようになった。説教における厳格さは和らぎ、教会堂を飾る絵画や彫像も、明るい雰囲気で、メッセージが読みとりやすいものが主流になった。このような慈愛の強調は、当時のプロテスタンティズムにも同様にみられた現象であった。

信仰における重心の変化の傍らで、典礼や制度の刷新をめざす動きもみられた。シャテル師が率いる「フランス・カトリック教会」は、七月革命直後の一八三一年にマニフェストを公表し、原始キリスト教会を再評価すること、正義と愛の価値を広めること、宗教と肉体、教会と民衆を和解させることなどを唱えた。彼らは、ラテン語ではなくフランス語でミサを行い、聖職者の妻帯も認めるなど、従来のカトリック教会とは明らかに異質な存在であったが、当初はある程度容認されて、パリ盆地の他、リムザン地方やピレネー地方の一部に広がった。

外部社会との関係に目を転じても、カトリック教会には新たな動きがみられた。

その一つが自由カトリシズムと呼ばれる潮流である。制限選挙とはいえ議会に選挙制度が導入されたことを承け、カトリックの一部が自由カトリシズムを唱え、キリスト教世界再興のためには教会が国家から独立して議会政治に参加するべきだと主張したのである。一八三〇年一〇月に創刊され、ラムネー師らが主導した新聞『未来』は、「神と自由」のスローガンの下、普通選挙の実施、政教分離、カトリック党の設立、言論の自由などを提唱していた。

これとは別に、社会カトリシズムと呼ばれる動きも顕在化してくる。これは、工業化社会における貧困が社会構造に起因するものとみなされるなかで、従来の慈善とは異なる対応を模索したものであった。一信徒オザナムは、労働者には自身の生活と子どもの教育を確保するため「当然の賃金」を保障すべきと主張した他、ブルジョワの子弟や学生を集めて困窮者のもとを訪れるなどの活動を展開した。社会カトリシズムは、一九世紀から二〇世紀への転換期に教皇庁の支持を得て隆盛をみることになる。

多様な信仰

以上にみたようなカトリシズムの動向の陰で、他の宗派・宗教もそれぞれに活動を展開していた。

プロテスタントは、一九世紀初頭の時点でフランス人口のおよそ二%を占め、地理的にはアルザス地方と中央山塊の南側に集住していた。七月王政期に台頭した金融ブルジョワジーのなかにプロテスタントの家門が目立っていたことから、プロテスタントは都市部の財界と結びつけてイメージされがちであるが、実際には大半が農村部に住み、農業に従事していた。

プロテスタンティズムは、カトリシズムとは異なり組織として統一されておらず、むしろ多元性をその本質とする。一九世紀フランスの場合、アルザス地方などフランス東部ではルター派が多く、それ以外の地域では大半が改革派（カルヴァン派）であった。このような地理的な「棲み分け」の他に、伝統に忠実であろうとする潮流と、近代化への適応に積極的な潮流との対立も存在し、拡散傾向をもっていた。政治的には、一八一五年の「白色テロル」の標的の一つになり、南フランスのガール県では一〇〇人以上の犠牲者を出すなどしたものの、憲章が信教の自由を承認していたこともあり、復古王政から目立った迫害を受けることはなかった。以後も、諸体制とおおむね良好な関係を築き、とりわけ七月王政期には、プロテスタントであったギゾーが長く内閣を率いた。

なお、カトリック教会と同じようにプロテスタント諸教会でも、フランス国内で積極的に布教を行う動きがみられ（彼ら自身はこの動きを「覚醒」と呼んだ）、とくに一八三〇年代から四〇年代にかけて、ブレス地方、ブルゴーニュ地方などで一定の成果を収めた。

ユダヤ教徒は、ナポレオンによりユダヤ教が公認宗教体制に組み込まれた一八〇八年の時点では、およそ四万六〇〇〇人であったが、一八七〇年には八万九〇〇〇人へと倍近くに増加していた。この背景には、この時期のユダヤ教徒をとりまく状況が比較的安定していたことがある。反ユダヤ主義的な言説は散発的にみられたものの、全体としてはユダヤ人に対するあからさまな敵対行為は多くなかった。

フランス革命以後も、ユダヤ教徒に関していくつかの法的な特例が残存していたが、ユダヤ教徒による金融や商業を統制する措置は一八一八年に撤廃され、裁判に出廷する際に義務づけられていた特殊な宣誓も、一八四六年に廃止された。なお、この宣誓の廃止を粘り強く訴えてきたユダヤ系弁護士アドルフ・クレミューは、第二帝政が瓦解した直後の臨時政府に法務大臣として入閣し、フランスの植民地であったアルジェリアに居住するユダヤ教徒に市民権を付与する政令（いわゆるクレミュー政令）を発していた。

図5-6　交霊術の様子（フェリクス・ルボー『テーブルの踊り』（1853年）の挿絵）
（出典）Cuchet, G., *Les Voix d'outre-tombe. Tables tournantes, spiritisme et société au XIX*[e] *siècle*, Paris : Seuil, 2012, p. 67.

以上の他に、既存の宗教とは異なる観点や枠組みから精神世界に迫ろうとする人びとがいたことにも触れておきたい。一九世紀中葉のアメリカ合衆国で一大ブームになった交霊術（降霊術）は、フランスにも飛び火し、国民的作家ヴィクトル・ユゴーも、第二帝政期、亡命中のジャージー島で交霊会に参加し、亡き娘の霊に出会ったことになっている（図5-6）。同じ頃、アラン・カルデックは「心霊主義（スピリティスム）」なる語を造り、霊が人間を教え導くと説いて、官吏や法曹など教養エリートに信奉者を得た。彼の考えはまもなく海を越えてブラジルにも伝わり、そこで膨大な数の信奉者を獲得している。

3　覇権への布石

ウィーン体制の軛

現在の歴史研究では、フランス革命もナポレオン体制も、環大西洋世界全体の変動のなかで生じ、それと密接に関連しつつ推移したと考えるのが一般的である。本章が扱う時期についても、広い文脈に位置づけて理解する必要がある。ここでは対外政策に焦点を絞り、それが、短期間に激変するこの時期の国内外の情勢とどのように関連していたのかを概観したい。

ウィーン体制は、国際関係においては勢力均衡を原則としていた。イギリス、プロイセン、オーストリア、ロシアが形成していた同盟（四国同盟）に、少し遅れて参加を認められたフランスは、ヨーロッパ国際秩序の上ではそれら列強と対等の存在のはずであった。しかし実際には、革命・ナポレオン戦争の「敗戦国」であったフランスは、領土的野心を封印し、列強に警戒心を抱かれないよう努める必要があった。

フランスが国際舞台のプレイヤーとして本格的に復帰したのは、スペイン内政への介入の際であった。国王と自由主義政府との対立が激化して混乱に陥っていたスペイン情勢をめぐり、一八二二年、列強はフランスが事態の解決のために介入することを決定した。フランス国内では、スペイン国王の暴政を追認することになるとして反対意見も上がったが、翌年、「聖ルイ（ルイ九世）の十万の息子たち」と呼ばれたフランス軍はスペインに進入して自由主義政府を圧迫し、囚われていた国王フェルナンド七世を解放させた。この時のフランス軍は、ナポレオン軍の失敗を繰り返さぬよう、住民の負担や損害を避けようと努めていた。

七月革命が波及してベルギーがオランダから独立を遂げた際にも、フランスは慎重かつ巧みな行動をとった。フランスの議会では、ライン川までをフランス領であるべきとみなす「自然国境説」を根拠にベルギー併合を求める声が上がったが、国王ルイ＝フィリップはこれを退けた一方、自身の息子ヌムール公をベルギー王に推挙するとのベルギー議会の提案も固辞した。結果的に、イギリスが推すザクセン＝コーブルク＝ゴータ家のレオポルドがベルギー王位に即いたが、フランスはルイ＝フィリップの娘ルイーズ＝マリを彼に嫁がせて王妃とし、影響力を確保した。

同じく七月革命の影響でポーランドがロシアから独立を試みた際には、ポーランドの愛国派はフランスが「専制に対する自由の戦い」を支援することを期待し、フランス国内でも共和派やボナパルティストが軍事介入を求めたが、国王は動かず、政府はロシアに対し問題を平和裏に解決するよう求めるにとどまった。

このようにヨーロッパでは勢力拡大を自重していたフランスも、ヨーロッパ外では明らかに異なる方針をとっていた。それがもっとも顕著に表れたのが、北アフリカ、とくにアルジェリアをめぐる政策であった。

フランスが地中海の「対岸」アルジェリアに足がかりを得たのは、一八三〇年はじめのことであった。フランス国内で自由主義者が勢力を拡大し王権との対立を深めるなか、打開策を模索していた国王シャルル一〇世は、一八二三年のスペイン派兵が愛国心の高まりを引き起こし、続く選挙で自らの支持基盤である過激王党派の勝利をもたらした経験を想起していた。かくして一八三〇年六月、数年前にフランス領事がアルジェ太守から扇で叩かれていた出来事（「扇の一打事件」）を口実にもち出し、五万人の兵を結集してアルジェ占領に乗り出した。派兵の成功もむなしくフランス復古王政は倒れるが、代わった七月王政も、まもなく進出の継続を決めた。それでも、一八三〇年代は占領を最小限の地域にとどめることがフランス政府の基本方針であったが、一八四〇年代になると、ヨーロッパ列強にかかわる限り慎重な外交を旨としていた国王ルイ＝フィリップが、アルジェリアでの占領地拡大が国威発揚につながると考えるようになり、アルジェリア現地住民による反乱を鎮圧するというかたちをとりつつ、全面的な占領を進めた。反乱は一八四七年にはほぼ抑え込まれ、カビリ地方の山岳地帯や南部のオアシス地帯なども一八五七年までには占領された。非フランス人も含めた入植者の総数は、一八四八年時点では約一〇万人、六〇年頃には二〇万人に達した。

フランスは、七月王政下、とくに一八四〇年代になると海外での勢力拡大に本格的に乗り出す。インド洋ではマダガスカル西側のマイヨット島、太平洋ではタヒチ、ガンビエ、ワリス・エ・フツナなどを支配下に収め、アフリカのガボンやコートディボワールでも交易を活発化させた。このような遠隔地での勢力拡大にはカトリック教会が重要な役割をはたしていた。教皇グレゴリウス一六世が宣教活動に積極的であったことに加えて、七月王政が海外布教を自国の勢力拡大の手段とみていたことにも後押しされるかたちで、カナダ、セネガル、レユニオン、ギアナなど旧来の植民地の他、インド洋や太平洋でフランスが新たに支配するようになった地域にもさまざまな修道会が進出した。これらカトリック修道会は、しばしばイギリスのプロテスタント宣教師たちと競合関係に陥った。フランスが保護領としたタヒチでは、住民に蜂起を促したイギリス人牧師をフランスが追放し、この措置にイギリス政府が強く抗議したことで外交問題に発展した。フランス外相ギゾーが遺憾の意を表明し、補償金を支払うことで外交問題としては解決したが、フランスでは反イギリス感情が高まる結果となった。

以上の事例からも分かるように、復古王政から七月王政にかけてのフランスの対外政策は、それがヨーロッパの内か外かで明らかに異なっていた。そして、勢力拡大が基調であったヨーロッパ外についても、列強との摩擦が生じるようであれば、ヨーロッパ内での外交方針が適用されたのである。

解放と共存の夢

二月革命が起こった一八四八年は、ヨーロッパさらには世界のなかでのフランスの位置に関して、いくつか重要な変化が生じた年でもある。

その一つは、二月革命により成立した臨時政府が、フランス植民地における奴隷制を廃止したことである。ウィーン会議で奴隷貿易の廃止が決定されてから、奴隷制そのものを廃止する動きも活発になっていた。イギリスは一八三三年に奴隷制廃止に踏み切ったが、フランスでも翌年に、政界や宗教界の著名人が名を連ねた「フランス奴隷制廃止協会」が設立された。一八四〇年代なかばには政界でも廃止の気運が高まり、世論の大半も廃止に賛同していたとみられる。しかし、議会ではプランターの請願を受けた一部議員が廃止に強硬に反対した。また、奴隷制廃止にはイギリスが先行していたが、東方問題やタヒチ問題などをめぐりフランス国内で反イギリス感情が強まったことは、廃止に向けた議論に水を差すかたちになった。それらとは別に、カトリック教会のなかにも、重要な布教先でもある植民地を維持する観点から、奴隷制廃止に消極的な向きもあった。

それでも、長年にわたる議論や運動は二月革命のなかで実を結んだ。臨時政府は成立当初から奴隷制廃止にむけた手続きを進め、革命から二カ月後の一八四八年四月末、廃止の政令を発した。その直後、カリブ海のグァドループで実施された憲法制定議会選挙では、それまで奴隷であったルイジ・マチュー が当選をはたしている（図5－7）。このように解放奴隷がまもなく国政に進出したのは、同時代の他の帝国にはみられないことで

図5－7　ルイジ・マチュー
（1817～1874年）

憲法制定議会選挙は，グァドループとマルチニックでは本土より遅れて1848年８月に実施された。その際，奴隷の身分から解放された「有色人」男性にも選挙権が与えられた。グァドループで当選したマチューは，植字工であり，奴隷のなかでは高い識字能力を有していたとみられる。しかし翌1849年の改選では当選することができず，国政から退いた。

（出典）　Public Domain（https://commons.wikimedia.org/wiki/File:Louisy_Mathieu.jpg）.

あった。

ただ、奴隷制の廃止は植民地の放棄を意味していたわけではない。解放された奴隷の多くは、身分が自由人になっただけで、従来と同じ労働に従事した。アルジェリアでは、むしろ二月革命が植民地化を推し進める契機になった。一八四八年六月蜂起の後、逮捕された人びとの一部がアルジェリアに送られた他、政府は失業者などにアルジェリアの土地を無償で与える政策を打ち出し、およそ二万人が移住した。

一八四八年に生じたもう一つの変化は、ウィーン体制が崩壊したことでヨーロッパ国際秩序が流動化しはじめ、それに伴ってフランスの対外政策が転換することである。

フランスの二月革命は、ドイツ、オーストリア、ハンガリー、ボヘミア、ポーランド、イタリアなどでナショナリズムや民主化の動きを誘発した。フランス第二共和政の臨時政府は、自国での共和政の宣言が「世界のいかなる政府を攻撃するものでもない」と沈静化に努める一方で、必要であればスイスやイタリアに介入する可能性をほのめかしてもいた。このうちイタリアへの介入は、共和政という政治体制とは無関係に実行に移されることになる。一八四八年末から一八四九年にかけて、ローマで革命が発生して共和政が宣言された際、同じ共和政とはいえ「秩序党」の下で保守化していたフランスは、三万五〇〇〇の兵からなる軍隊をローマに派遣してこの動きを制圧し、教皇の世俗支配権を復活させた。

このときのフランス大統領であったルイ＝ナポレオン・ボナパルトは、ナポレオン三世として皇帝に即位した後、ウィーン体制の勢力均衡を完全に崩してヨーロッパを再編し、そのなかでフランスの地位を押し上げようとした。第二帝政下、フランスがクリミア戦争でイギリスと手を結んでロシアと戦ったことも、オーストリアと対峙してイタリア統一を助けたことも、その方針に沿った策といえる。ナポレオン三世はまた、ヨーロッパ再編に際し、個々の民族ないし国民共同体（ネイション）が自立して国家を形成するべきとの考えをもっていた。フランスがイタリア統一を支持したことも、またニースとサヴォワを併合するにあたり住民投票で賛同を取り付けたことも、この考えに基づくものとみなせる。

ただし、フランスにとってこの考えはヨーロッパに限り適用されるものであった。第二帝政は、復古王政・七月王政期に引き続いて積極的な植民地獲得政策を展開した。北アフリカでは、後述するようにアルジェリアの支配を強化し、チュニジアやモロッコにも借款などを通じて影響力の浸透をはかった。一七世紀から商館建設により拠点を保持していた西アフリカのセネガルでは、第二帝政下に支配域を拡大し、西アフリカ全体への進出の足場としてゆく。後の第一次世界大戦で重要な役割を演じる「セネガル歩兵」の部隊が編成されるのは、第二帝政の下であった。インド洋では、マダガスカルと通商条約を締結し、紅海の出口にも拠点を獲得して、イギリスに対抗しようとした。アジアでは、コーチシナ（ベトナム南部）を領有し、カンボジアを保護国にした他、アロー号事件に乗じて中国へ派兵した。太平洋のニューカレドニアを併合するのも、第二帝政期のことである。

このようにフランスが触手を伸ばす地域のなかで、以後のフランスにとって際だった重要性をもつことになるアルジェリアは、ナポレオン三世自身が強い思いを抱く地でもあった。一八五八年には「アルジェリア・植民地省」が設置され、行政・司法組織が整備され、入植者による土地購入も進められた。この政策は、権限を奪われるかたちになる軍と、土地を収奪される現地住民の双方から反発を受け、省はまもなく廃止される。しかし、一八六〇年に現地での結婚式に招かれてアルジェを訪問したナポレオン三世は、アルジェリアに対して彼なりの親近感と共感を抱き、「アラブ人を自由人の高みにまで引き上げ、彼らの宗教を尊重しつつ教育を施し、彼らの生活を改善する」ことを明言した。しかし実際には、鉄道建設をはじめとした公共事業が推進されたものの、現地住民はイスラーム信仰を捨てない限り本土のフランス人と同様の権利を享受できなかった。ナポレオン三世は、ムスリムである指導者が統治する「アラブ王国」構想をもっていたが、フランスによる支配とその価値観を前提としたものにすぎなかった。続く第三共和政期を含めて、先に述べたクレミュー政令のような措置がムスリムに対してとられることはなかった。

ナポレオン三世は、北アフリカと同じく中米に対しても、文明の観点から関心を寄せていた。彼にとって、中米は諸大陸間の交通や貿易の結節点として地政学上重要な位置を占めており、そのような地域にカトリックでラテン系の帝国を築いて、それをフランスの影響下に収めようと夢想していたのである。

この構想に淵源をもつ策が、一八六一年にはじまるメキシコ出兵であった。自由主義者が中心となっていたメキシコ政府が借款返済の停止を宣言すると、フランスはイギリスとスペインを誘って派兵した。メキシコが返済を約束しイギリスとスペインが兵を引き揚げた後も、フランスはメキシコと戦闘を続け、オーストリア皇帝フランツ＝ヨーゼフの弟マクシミリアンをメキシコ皇帝とする傀儡政権を樹立するに至った。しかし、南北戦争を終結させたアメリカ合衆国からの圧力や、普墺戦争に勝利したプロイセンの脅威を前に、フランスはメキシコからの撤兵を選択する。取り残されたマクシミリアンはメキシコ軍に捕らえられて銃殺された（図5-8）。このメキシコ遠征でフランスは六〇〇〇人を超える兵を失い、皇帝ナポレオン三世の威信はフランスの内外で大きく損なわれた。なお、このメキシコ出兵に際しては、カリブ海のフランス植民地であったマルティニックやグァドループから、現地住民の志願兵を含む部隊が派遣されていた。帝国の一部が帝国の拡大に寄与していたのである。

このような世界各地への進出は、第二帝政が崩壊して成立した第三共和政の下でも、根本的に見直されることはなく、結果的としてより拡大されるのは、第6章で述べられる通りである。その観点からみても、本章が対象とする時期は後世に至る流れをつくり出す、重要な時期であったというべきである。

図5-8　マネ画「皇帝マクシミリアンの処刑」（1869年）

左側中央でソンブレロを被っているのがマクシミリアン。銃を持つ兵士がフランス軍の服装で描かれており、帝政がマクシミリアンを見捨てたことが暗示されている。

（出典）　Public Domain（https://commons.wikimedia.org/wiki/File:Edouard_Manet_022.jpg）.

コラム5　社会問題と近代文明

長井伸仁

一九世紀の西ヨーロッパでは、工業化や都市化の進展に伴い人びとの生活が大きく変化した。この変化は、長期的にみれば生活水準の向上をもたらすが、短期的にはそれを悪化させる方向に作用することが少なくなかった。その最たる例が「大衆的貧困」である。

工業化によって、膨大な数の人びとが農村部から都市部や工業地帯へと向かい、劣悪な環境のなか折り重なるようにして暮らしはじめたが、労働は過酷で不安定であったにもかかわらず、新規住民の多い移住先では扶助や互助の網が脆弱であった。このようにして生じた貧困状態は、同時代人から「大衆的貧困」と呼ばれ、とくに一八三〇年代から一八四〇年代にかけて詳細な調査の対象になった。若き日のエンゲルスが著した『イギリスにおける労働者階級の状態』（一八四五年）はそのもっとも有名なものであるが、フランスでも医師や公衆衛生学者などが関心を寄せ、数多くの記録を残している。それらは、大衆的貧困を個人の責任に帰することができない、近代社会の構造的な問題であると警鐘を鳴らしたが、その一方で、そうして困窮した人びとは精神的にも退廃し、「危険な階級」として文明を脅かす存在になっているという言説も生み出した。

このような問題に対する政策や立法が本格的に講じられるのは、フランスでは一九世紀も末になってからのことである。しかし、本章が対象とする時期には、新しい原理を軸にして社会を構成し直すことで、近代化の弊害を取り除き、文明を新たな段階に引き上げられると考える人びとが現れた。実業家から労働者までを含めた「生産者」が社会のなかで主導的な役割をはたすべきだとする「産業主義」を論じたサン＝シモン、情念の解放が労働の動因になる独創的な社会を構想したフーリエ、産業の発展が富の平等をもたらすとの考えから共産主義社会を構想したカベなどが例である。こうした思想は、後にエンゲルスから空想社会主義とのレッテルを貼られるが、少なくともサン＝シモンに関する限り、社会主義という形容で語り尽くせないほど広範であり、また空想にとどまるものでもなかった。

サン＝シモンは産業革命が本格化する前の一八二五年に世を去るが、その思想に感化された一群の人びとは、サン＝シモン派と呼ばれ、師が唱えた産業主義を発展させた。彼らは、困窮者の境遇の改善や私有財産制度の改革などを主張した点では社会主義的であったといえるが、根幹にあった産業主義が資本主義と親和的であったことは否定できない。彼らはまた、グローバルな展望をも有し、産業や科学の組織化を突き詰めれば、いずれは地球上のすべての人びとを包括する「普遍的なアソシエーション（協同）」が実現できると考えていた。

サン＝シモン派のなかには、これとは異なるグローバルな視角、すなわち異質な文明の接触や交流という視角から世界を認識する向きもあった。その代表格が、一八三〇年前後にサン＝シモン派を率いたアンファンタンである。彼は、西洋と東洋という二つの対照的な世界を想定し、前者は後者を支配するべく運命づけられていると考えた。そして、この二つの世界がエジプトにおいて接していると信じ、仲間を連れてそこに旅立ったあげく、両世界を架橋する方策としてスエズ運河掘削の可能性を検討したのである。

これほどの思考や行動はたしかに空想的という他ないが、もう少し現実的に、産業を発展させることで近代化が生み出す諸問題を力強く乗り越え、その動きを地球規模に拡大しようとする思想は、世紀中葉フランスの政界や財界にかなり浸透していた。そのような意味でのサン＝シモン派を代表する人物の一人が、ルイ＝ナポレオン・ボナパルトである。七月王政下、獄中で大衆的貧困についての調査記録を読み、それに触発されて『貧困の絶滅』（一八四四年）を著した彼は、のちに皇帝として、産業振興の旗を振った一方で、労働者向け住宅の建設にも力を注いだ。また、文明論的な意図を携えてアルジェリアやメキシコに進出したのは本論でも述べる通りである他、かつてアンファンタンが夢想したスエズ運河掘削をレセップス——彼もまたサン＝シモン派であった——が具体的な事業として進めた時、それを後援したのもルイ＝ナポレオン・ボナパルトであった。「馬上のサン＝シモン」なる彼の異名は、実に的確であったというべきである。

参考文献

Coilly, N., Régnier, P. (dir.), *Le Siècle des saint-simoniens: du nouveau christianisme au canal de Suez*, Paris: Bibliothèque nationale de France, 2006.

参考文献

稲垣直樹『フランス〈心霊科学〉考』人文書院、二〇〇七年。

指昭博・塚本栄美子編『キリスト教会の社会史——時代と地域による変奏』彩流社、二〇一七年。
谷川稔『十字架と三色旗——もうひとつの近代フランス』山川出版社、一九九七年。
トクヴィル、アレクシ・ド『フランス二月革命の日々——トクヴィル回想録』（喜安朗訳）岩波書店、一九八八年。
西川長夫『フランスの近代とボナパルティズム』岩波書店、一九八四年。
野村啓介『フランス第二帝制の構造』九州大学出版会、二〇〇二年。
ノラ、ピエール編『記憶の場——フランス国民意識の文化＝社会史』（谷川稔監訳）全3巻、岩波書店、二〇〇二～二〇〇三年。
平野千果子『フランス植民地主義の歴史——奴隷制廃止から植民地帝国の崩壊まで』人文書院、二〇〇二年。
Aprile, S., *La Révolution inachevée, 1815-1870*, Paris: Belin, 2010.
Démier, F., *La France du XIXe siècle, 1814-1914*, Paris: Seuil, 2000.
Fureix, F., *Le Siècle des possibles, 1814-1914*, Paris: PUF, 2014.
Goujon, B., *Monarchies postrévolutionnaires, 1814-1848*, Paris: Seuil, 2012.
Robert, H., *La Monarchie de Juillet*, Paris: CNRS Editions, 2017.
Tombs, R., *France, 1814-1914*, London: Routledge, 1996.

第6章　近代国家の形成と海外進出——多様性の共和国

平野千果子

この章で学ぶこと

本章では、一八七〇年代から第一次世界大戦に至る期間をとり上げる。この時期は、いわゆる帝国主義の時代にあたっている。フランスもまた列強の一員として海外への進出をはかり、近代植民地帝国の領域を掌握していく。同じ時期、国内では第三共和政が成立した。革命の系譜を引くこの体制は、新たに共和主義の下、近代国家の形成に邁進する。めざしたのは、個人の平等を基礎とする制度の下で、「フランス人意識」を育むことだった。後に、史上初の総力戦となる第一次世界大戦に際して総動員が可能だったのは、国民意識が共有され、国民統合が成し遂げられていたからだとされる。ただし現実には、社会的格差や性差など、社会にはさまざまな要素が不均質に残されていた。また人口が伸び悩んでいたフランスは、すでに外国人労働者の受け入れ国となり、外来の人びとが絶え間なく流入するようになる。この時期は「均質な」国民が形成される時期として描かれることが多いが、本章では「異なる」要素がつねに織り交ぜられていた側面に注意しながら、全体像を見通してみたい。

1 新しい体制に向けて

第三共和政のはじまり

一八七〇年七月、プロイセンが主導する北ドイツ連邦とフランスとの間に戦争（普仏戦争）が起きた。プロイセンには南ドイツ諸邦も合流したので、実質的には独仏戦争である。開戦から二カ月足らずの九月二日、ドイツ軍はナポレオン三世を国境の街スダンで下した。これを受けてフランスでは、共和派の議員が帝政に反対する市民たちの声を背景に九月四日、共和政を宣言し、臨時国防政府を組織した。新しい体制、第三共和政の発足である。九月四日という日付は、今日、パリの地下鉄の駅名にも刻まれている。本章では、この体制がどのような進展をみせるのか、第一次世界大戦の開戦までをたどっていこう。

新体制は、波乱の幕開けとなった。ドイツ軍は侵攻を続け、まもなく首都パリを包囲したからである。パリ市民の間には、ドイツと最後まで戦おうという声が強かった。志願兵が集まって国民衛兵を組織するとデモを繰り返し、フランス革命を髣髴（ほうふつ）させる光景が展開された。市民のこうした動きを警戒した国防政府は、ドイツとの和平交渉を水面下で進め、翌年二月に仮講和条約を結んだ。それによってフランスは、五〇億金フランという多額の賠償金支払いの他、アルザスおよびロレーヌの一部の割譲などを余儀なくされた。とりわけ領土の割譲は大きな痕跡を残した。アルザス、ロレーヌの奪還は第三共和政の大きな目標となり、「対独復讐」はこれを達成する第一次世界大戦まで、時代の通奏低音となっていく。ちなみにドイツはこの戦争を機に、そもそもの目的であった国家統一を成し遂げ、強力な近代国家への歩みをはじめるのである。

和平がなると政府は一転して、人びとの武装解除に軍を向ける。ところが逆に国民衛兵が政府軍を圧倒する事態となり、政府はヴェルサイユに移転すべく、パリを離れるのである。権力の空白となったパリでは、市民が独自に市議会選挙を実施し、コミューン、すなわち自治機構の設置をめざした。中央集権のフランスでは、首都のパリには自治権がなかったので、これは画期的な挑戦だった。新しく選ばれた議会は三月二八日にパリ・コミューンを宣言し、労働者の尊重、徴兵制および常備軍の廃止と国民衛兵の設置、女子も対象とする教育の組織化と普及などが目標に掲げられた。社会主義者やジャコバン派が多く選出されたのも、革命的な状況を表現しているだろう。

しかし政府は五月、武力鎮圧に乗り出した。第二帝政期のパリ改造で道路も整備されていたため、コミューン側はそれまでのバリケード戦に頼ることもできず、武力の前に崩壊した。一九世紀最後の「革命」、パリ・コミューンは、戦闘での死者に加えて即決裁判や軍事法廷での処刑者など、多くの犠牲を生んで幕を閉じた。

革命の制度化

コミューン壊滅後は、反動的な政治が続いた。国民議会はまだ、カトリックを基盤とする王党派が多数を占める状況だった。それでも一八七五年、憲法をめぐる議論のなかで、穏健共和派のアンリ・ヴァロン（図6－1）による修正案が議会を通過し、結果として新しい体制は共和政となった。わずか一票差での可決である。王党派の内部には、正統王朝派と穏健なオルレアン派の分裂があった。片や共和派内部には、過激な改革を避けたいとする穏健派がいた。さらにボナパルト派も伸長していた。そうしたなかでオルレアン派は穏健共和派と結び、立憲体制の成立へと舵を切ったのである。そのような経緯をみ

図6－1　共和国憲法に見立てた人形を振りかざすアンリ・ヴァロン
1875年3月7日付『エクリプス』に掲載された風刺画（アンドレ・ジル画）。人形がかぶっているのは自由と共和政を表すフリジア帽。握手をしている手は左側が労働者，右側がブルジョワのもので，新しい憲法を軸にすべてのフランス人がまとまったことを示している。
（出典）Duclert, V., *La République imaginée,* Paris: Belin, 2015, p. 119.

るならば、逆説的にも第三共和政は、王党派によって生み出されたといってよい。

この憲法では、王政復古をにらむ王党派の意向もあって、大統領任期は七年と長く、その権限は議会に対して優越していた。王党派の大統領マクマオン元帥は勢力を盛り返そうと、強引な手法でことを進めていく。他方で、新しい時代をめざす社会層の台頭もめざましく、一八七七年には大統領権限で解散された議会でも共和派が勝利するなどして、共和主義者が政治の中枢につくようになった。こうした事態の展開を前にマクマオンは、自ら議会解散権の放棄を明言し、大統領権限は形骸化した。かくして第三共和政は、議会主導の体制として確立されたのである。強力な権限をもつ大統領職が再現するのには、第五共和政を待つことになる。

一八七九年一月に穏健共和派のジュール・グレヴィが新大統領に選出されると、共和主義者による共和国の制度固めが本格化した。翌月にはすでに革命期に生まれた「ラ・マルセイエーズ」が国歌に、一八八〇年になると革命記念日の七月一四日が「国民の祝祭日」に制定された。これらの措置は、この体制がフランス革命の継承者であることを直接示すものである。しかも、最初の七月一四日を迎えるに先立って、コミューンに関係した受刑者への大赦が行われた。コミューンに敵対的だった共和派のレオン・ガンベッタが議会で大赦についての演説を行ったことは、国民の和解を象徴する出来事だった。

共和主義的な改革は、一八八〇年代に矢継ぎ早に打ち出された。集会や言論の自由の保障、司法改革、市町村権限の拡大、職業組合の結成の承認などは、まずあげられる。フランス革命に端を発する非キリスト教化も、再び推進されていく。教育においては、公教育大臣を務めたジュール・フェリーによる「フェリー法」で、初等教育の無償化や義務化だけでなく、世俗化までをも定めた。また復古王政期以降に再び禁止されてきた離婚を認める法も整えられた（最終的な政教分離については第7章参照）。以上は今日のフランス社会の基礎ともなる法制度であるが、革命期にめざされた理念が実体化していったという意味で、「革命の制度化」が進められたといえる。一八八六年に、ソルボンヌ大学にフランス革命史講座が開設されたのも、革命の制度化の一面を表すものである。

しかし穏健共和派の政府によるさまざまな取り組みは、体制の安定化を優先し、社会格差の是正など、合意に至るのが困難な課題は先送りしたため、ジョルジュ・クレマンソーら、より急進的な立場からは日和見主義（オポルチュニスム）との批判を受けた。それに対して首相としても重要な改革を担った中心人物フェリーは、同じ言葉を使いながら、「時宜を得た（オポルチュニスト）」政策を遂行する姿勢を強調している。加えて政府批判を繰り返した急進派自身が、基本的には政府の諸改革の多くを支持したことも、忘れてはならないだろう。

共和主義体制の定着へ

一八八〇年代に共和主義体制は急速に整えられたものの、大きな事件も起きた。この時期の「危機」として必ず言及されるブーランジェ事件に、ここでも触れておこう。一八八六年に陸軍大臣に就任したブーランジェ将軍が急速に民衆への支持を広げ、あわやクーデタ、そしてドイツへの復讐へ、という筋書きに人びとが熱狂した事件である。ジョルジュ・ブーランジェは、高級将校には珍しく共和主義者だった（図6-2）。軍の内部から民衆に配慮した改革を実現した上、ドイツとの国境紛争では強硬な姿勢をとる。折からの経済不況に、適切な措置を講じられない政府に対する民衆の不満は、ブーランジェ人気となって加熱した。それに政府を批判する政治潮流が左右を問わず相乗りして、政権を揺るがす大きな運動へと発展したのである。

図6-2　ブーランジェ将軍
（出典）Duclert, V., *La République imaginée*, Paris: Belin, 2015, p. 223.

結局はブーランジェ自身の優柔不断もあって、この件は頓挫し、人びとの熱狂は急速に冷めていった。とはいえブーランジェ事件は単に共和政の「危機」だったのではなく、いくつか新しい点があった。すなわち、都市の大衆が明確な政治思想をもたないまま政治にかかわったこと。彼らが具体的な中身のないスローガンにあおられ、対独復讐というナショナリズムに沸いたこと。さらにはブーランジェの周囲に集った陣営が、さまざまな手法を駆使して、イメージ・キャンペーンと呼べるものを展開したことなどである。こうした大衆動員の手法や人びとの行動は、この後のいわゆる「大衆社会」で、しばしば目にすることになる。ナショナリズムに排外主義的性格が色濃く表れるのも、この件を契機とする。こうした点においてもブーランジェ事件は、フランスの政治史で注目されてきたのである。

この事件はさらに政界に影響を与えた。一八九〇年代に入ると、フランス共和政はもう一つの転換点を迎える。保守・王党派の間に、共和主義体制の受容が不可避だとの認識が芽生えるのである。この頃には社会主義など急進的な潮流が伸長してきていた。他方で、共和政はブーランジェ事件を生き延び、しかも一八八九年の選挙では共和派が勝利している。つまり共和政は、すでにしっかりと根を張っているとみえたのである。それゆえ社会秩序を守るためにも共和主義陣営と連携すべきだとの考えが、保守派の一部に広まった。

それを後押ししたのがカトリックによる、いわゆる「ラリマン（共和政加担）」である。一八九〇年一一月にはまず、アルジェの大司教ラヴィジュリが加担を呼びかけた。しかし保守派の大きな支持母体であるカトリック教会内では、これに応える動きは小さかった。そこで一八九二年二月、今度は教皇レオ一三世が回勅を出して、直接世論に訴える事態となった。台頭する社会主義勢力を前に、共和主義体制の下でとりあえず政治に参画しなければ、教会の立場が危うくなるという危機感の表れであった。教皇の回勅を前にしても、カトリック教会は沈黙した。こうした動きを前に政界では、加担を拒絶して戦闘的な反共和主義に向かったケースもあった。保守派の間にはこれを受け入れる素地は、十分にはなかったのである。

それでもフランスの政治において、加担への呼びかけが大きな意味をもった側面を忘れてはならない。正統王朝派の間からも、共和政を受け入れて議会政治に参画し、そのなかで野党勢力として共和主義者に対抗する道を選ぶ者たちが出てきたし、共和政の枠のなかで、宗教を擁護するキリスト教民主主義の道をめざそうとした者も現れた。ところで一八九〇年代は、パナマ運河会社の破産とそれにまつわる贈収賄事件が起こり、議会政治の腐敗も目立っていった時期である。議会制が批判にさらされる時に、共和政加担という現実的な対応をした保守派は、彼らを受け入れた穏健共和派とともに、第三共和政という体制をさらに強固なものとしたといえる。

「フランス人意識」の形成

こうして第三共和政は徐々に定着し、一九四〇年まで七〇年にわたって続くこととなる。長期の体制となった背景としてさらに、先にも記した初等教育の整備や、必ずしも平等ではなかった徴兵制がすべての若者を対象とするようになったこと（一九〇五）をあげておこう。次代を担う若者たちが、国防のための準備をする仕組みのなかで同じ体験を共有し、教育の場で国家の成り立ちやそのあり方について共通の知識を与えられ、共通の道徳観念などを教授されたことは、同胞意識を育む重要な下地となる。しかも徴兵は男子に限られたし、教育は男女別学が基本であった。つまり男女の役割分担も含めて、合意する国民をつくり上げる制度が、整えられていったわけである。

とりわけこの時期、これらの制度を通して、「フランス語」が全国に広まったのは重要である。一般に「フランス語」とは、パリ地方で話されるものだが、統一的な王国が早期に成立したフランスでも、それが王国全域にわたって通用していたわけではない。革命期に行われた調査では、フランス語が地方には浸透していない現実が明らかにされていた。それぞれの地方はそれぞれ固有の歴史に根差した言語を話していたのであり、中央のフランス語からすれば、それは外国語のようなものだった。そのような状況は、第三共和政になった時点でも、さして変わっていなかった。国家言語の統一は、初等教育が本格的に普及したこの第三共和政期に、達成されていくことがらである（第1、7章参照）。

これに加えて、物質的な面でもフランス全体が一体となるような事業が進んだ。鉄道網の整備は、まずあげられる。一九世紀の新しい技術を発展させて誕生した「鉄道」は、第二帝政期にパリを中心に主要都市を結んでいたが、第三共和政期には、さらに地方にまで線路が敷かれていった。並行して、道路の建設も進んだ。一九世紀末に実用化された自動車は、まだ一部の富裕層の専有物だったものの、二〇世紀に入ると急速に需要が広がっていく。

交通網で国土が結ばれつながることは、地方ごとの独自性の喪失を意味しない。むしろ、地方ごとの「お国自慢」の物産が明確化してくる。多様な異なる物産が各地に運ばれて、いわば分業がかたちをとっていくことは、資本主義の発展と手を携えるものでもある。しかも互いに違うものを競い合えるのは、フランスという大きなまとまりがあるからこそであろう。換言すれば、フランスという国土のなかにいる人びとの間に同じ「フランス人」だという意識、つまり「国民意識」が共有されているからこそ、多様性が讃えられる状況も生まれてくる。同胞意識は、明確な敵がいるときに、より強烈に認識される。話を先取りすれば、一九一四年にはじまる第一次世界大戦に際し、全国民に対して戦時動員が可能だったのは、こうした国民意識が全国レベルで共有され、いわゆる国民国家がほぼ完成していたからでもある。

振り返るならフランスは、まず一八世紀の王政→フランス革命を経て共和政→帝政、次いで再び王政（復古王政、七月王政）→二月革命を経て共和政→帝政という、いわば「革命のサイクル」（西川 2001：125）を二度繰り返し、激しい政治変動を経験してきた。そうして成立した第三共和政が長期の体制となったのは、フランス革命でめざされた国家のありようが、この第三共和政で実体化したこと、つまり革命が制度化されたことにもよるだろう。ただし、民衆蜂起や革命の要因がなくなったわけではない。共和政は、一部の保守派の賛同も得て、自身のなかに異なる要素を含み込んだのであり、いわば革命の顕在化を妨げる体制をつくり上げたと考えられる。それはフランス人意識が共有されていく過程と並行して行われ、第三共和政の安定に大きく寄与したのである。

したがって、共和主義の下での国民の一体性が唱えられたからといって、実際に均質な社会ができあがったわけでは、もちろんない。性による格差はあったし、称揚された地域の独自性にしても、見方を変えれば地方ごとの格差でもある。そうした側面に踏み込む前に、ひとまず視線を外に向けておこう。

2　外への飛躍

植民地帝国の形成へ

フランスは、一八三〇年にアルジェリアに派兵したのに続き、奴隷貿易の終焉を迎える前後から新たな植民地の開拓に向かうようになっていた（第5章参照）。普仏戦争敗北後には、しばらくは海外に関心は向かず、本格的な海外進出は一八八〇年代以降だと一般にいわれている。しかし一八七〇年代にも第三帝政期の流れを受け継いで、インドシナや太平洋の支配を継続・深化しようとしていた点は、見落としてはなるまい。

普仏戦争の後は第一次世界大戦まで、ヨーロッパ内部での戦争は起きていないことにも注意しよう。各列強の対立は、海外の領土をめぐってヨーロッパの外で多く起きている。それも、武力をもって奪いあったわけではない。列強はその時々の情勢で、相互に調整をはかり譲歩もし、時には協力さえしながら、それぞれの領域の確保をめざしたのである。

国家統一が一八七一年と遅かったドイツも、さっそく海外領土の獲得へと乗り出している。むしろ後進のドイツは海外領土をめぐって仕切る立場をとることで、自国の利害を追求した側面がある。宰相ビスマルクが一八七八年に開催したベルリン会議は、その一例である。これは露土戦争後の列強間の調停のために、開かれたものである。この会議でフランスは、北アフリカのチュニジアに対する優先権を手にした。チュニジアには、他の列強も財政や交易の面からすでに介入していたが、最後はフランスに譲った。ドイツはフランスの関心を自身への敵対意識から外に向けさせるために、またイギリスはスエズ運河株の取得やキプロスの占領など、この会議で十分な成果を得ていたからである。イタリアはこのような決定に抵抗するには、力不足であった。かくしてフランスは一八八一年、チュニジアを保護領とした。フランスにとっては、アルジェリアに隣接する重要地域である。

こうした調整、ある意味では譲り合いが行われた事実は、ヨーロッパの外の地域を支配することに関して、少なくと

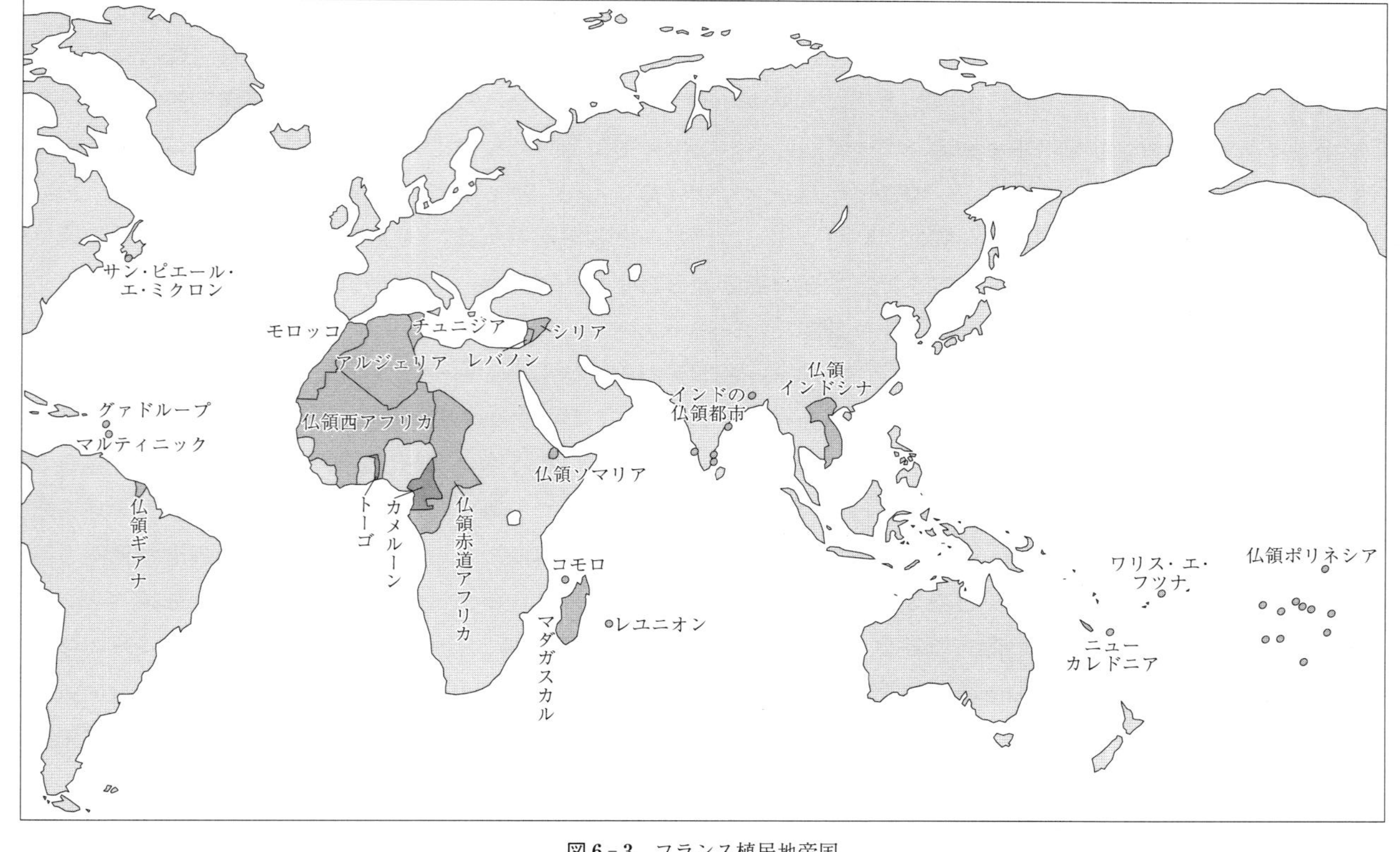

図 6-3　フランス植民地帝国

この地図はフランス植民地帝国が最大規模だった戦間期（1931年）のもの。中東の二地域とアフリカのトーゴとカメルーンは，第一次世界大戦後に獲得した領域である。

（出典）　Laure, B. et al. (dir.), *1931: les étrangers au temps de l'Exposition coloniale*, Paris, Gallimard/CNHI, 2008, p. 28.

も列強の間に合意があったことを意味していよう。世界地図がほぼ完成し、交通手段の発達したこの時期、列強は「帝国主義の時代」と後に呼ばれる時代に入っていくが、それは流布している「植民地の獲得競争」という表現が放つイメージとは、やや異なるかたちで展開したといえる。

一八八四〜一八八五年にかけて開かれたもう一つのベルリン会議も、まさに調整の場であった。対象はサハラ以南アフリカだが、ここでもイギリスやフランスの後塵を拝したドイツが、再び仕切り役を買って出たものである。一四カ国が集ったこの会議では、西アフリカにおける自由交易の地域を定め、領土を占領した場合は互いに通告し実効支配をするなどの、七項目が議論された。アフリカ大陸の沿岸部をめぐっては、ヨーロッパ諸国はすでに奴隷貿易の拠点としてきた歴史があるが、内陸部に入り込み、面的支配がはじまるのは、この時期のことである。アフリカ大陸は一部を除き、世紀末までにヨーロッパ諸国に分割されつくした。

フランスもこの間に、奴隷交易の拠点だった西アフリカのセネガルから内陸へ、また中央アフリカ方面へ領土を広げた。統治の体制も徐々に整え、一八九五年には今日の八カ国に相当する地域を「仏領西アフリカ」（ＡＯＦ）に、一九一〇年には四カ国にあたる部分を「仏領赤道アフリカ」（ＡＥＦ）としてまとめた。

世紀末でフランス植民地帝国の面積は九五〇万平方キロ、人口は五〇〇〇万人を数えるまでになっていた。アフリカに関しては、第一次世界大戦前夜の一九一三年には、人口はＡＯＦで九四〇万、ＡＥＦで四八〇万にまで増えている。大戦を経た後はさらに領土を得て、植民地帝国の版図は最大規模になる（図6-3）（第9章参照）。

植民地の状況

海外の植民地開拓にあたり、列強は武力で争うことを避けた場合もあったと述べたが、現地の人びとに対しては、武力は容赦なく用いられた。一九世紀を代表する作家ヴィクトル・ユゴーは、平和を重んじる立場に立ち、ヨーロッパ統合の思想的源流に位置づけられる一人でもある。ユゴーは一八四九年に開かれた第二回国際平和会議の開会の辞で、自

図6－4　大衆紙『ル・プチ・ジュルナル』に掲載されたサモリ・トゥーレ捕縛の図
（出典）African Heritage（https://africanlegends.files.wordpress.com/2011/04/samori_capture2.jpg）.

分たちの間で分裂することなく「平和的に外に拡張しましょう。革命をするのではなく、植民地を創りましょう。文明に野蛮をもたらすのではなく、野蛮に文明をもたらしましょう」（Hugo 2002：303）と呼びかけた。自らを「文明」、植民地化する対象を「野蛮」と位置づける視線は、植民地化の当初から根深くヨーロッパにあるものである。その「文明」を広めるには武力制圧がつきもので、それは「野蛮」なものだったが、表立っては語られなかった。

侵略に対して現地では、大きな反発とともに反乱が起きた。たとえばインドシナでは清仏戦争（一八八四～一八八五）を経てフランスが地歩を固めていくが、ヨーロッパとは異なる文化環境の当地では、まずは中国流の教育を受けた人びとの反抗があった。明治維新を成し遂げたアジアの日本に学びに行こうとする若者たちもあったが、日本はフランスの要請を受けて彼らの日本滞在を不可能にしている。こうした運動もまた、列強間の連携で阻まれていくのである。

アフリカ大陸も、随所で抵抗が起きた。ただし、侵略に対して被抑圧者が抵抗するという、二項対立の構図で戦いが展開されたとは限らない。一例として、サモリ帝国をみておこう。その領域は、指導者サモリ・トゥーレの下、今日のギニアからブルキナファソにわたる地域にまで広がったものである。アフリカには複数の政治勢力が並存しており、それぞれが牽制しあうなかで、フランスという外来の力を得て優位に立とうとする者もあった。フランス側はそうした状況を利用して、彼らの分断をはかった。サモリ帝国についても、サモリの敵対者たちの勢力が強くなりすぎないよう配慮しつつ、その力を利用した。植民地化される側が、必ずしも一枚岩だったわけでない点は、植民地征服の歴史を考える際に重要である。サモリは十数年に及ぶ戦いの末、一九〇〇年にフランスに屈した（図6－4）。

それではこのような植民地征服戦争は、誰が戦ったのだろうか。フランス側の戦闘員はヨーロッパから来たのではなく、現地調達だった。とりわけサハラ以南アフリカの場合、奴隷状態に置かれた者たちがまだ数多くいた。フランスは一八四八年に奴隷制を廃止したものの、それはアフリカ大陸で新たに広げられる領土には適用されていなかった。フランスは奴隷が志願をするというかたちで兵士を集め、一八五七年には「セネガル歩兵」と総称される部隊を創設した。アフリカの征服は、これら現地の人びとによって担われたのであり、彼らによって植民地帝国は形成されたとすらいってよい。一九〇〇年の時点で八〇〇万だったＡＯＦの人口のうち、二〇〇万が奴隷だったという数字もある。サモリも農業などに従事する労働力を得るために、また戦費の調達のために、奴隷売買を盛んに行っていた。アフリカの奴隷制自体は二〇世紀に入ると廃止されるが、奴隷的状況に置かれた者たちはすぐには一掃されず、後に第一次世界大戦に際しては、再び彼らのような者たちが駆り集められ、ヨーロッパの戦場へと送り出されるのである（第５・９章参照）。

国際舞台の変化と国内世論

ここで国際情勢を整理しておこう。第三共和政発足当初は、ドイツの宰相ビスマルクの外交がものをいった。ビスマルクはオーストリアやロシアと結び、フランスを孤立させて復讐を避ける方策をとる。しかし一八九〇年代に彼がその地位を離れると、今度はドイツに対抗する動きが徐々に現れてくる。フランスはドイツの側にあったロシアと同盟関係を結ぶに至り、加えて一九〇四年には、長年の競合関係にあったイギリスとの間に英仏協商を締結した。イギリスは、南アフリカ戦争などの展開を経て、一九〇二年の日英同盟によって孤立政策を放棄したところだった。まもなく英仏にロシアが加わった三国の協力関係が築かれ、ドイツの陣営と対立する構図ができていくのである。

この時期のフランスの拡張政策を語るにあたり、まず言及されるのは穏健共和派のフェリーである。海外進出に積極的だったガンベッタが早逝するとその路線を継ぎ、一八八〇年代にチュニジアやインドシナへの派兵を主導した。フェリーは「優れた民族」には「劣った民族を文明化する義務がある」（*Journal officiel*）という議会発言を歴史に残している。一般の意識に沿うものとはいえ、露骨な物言いに議会では批判も出された。

実はフランス国内では、海外領土の拡張に慎重な立場が優勢だった。ドイツへの復讐という大きな課題を成し遂げるには、経費がかかる海外進出などは控え、国内産業の育成で国力を蓄えて備えるべきだとの考えである。それを代表する急進共和派のクレマンソーは、厳しくフェリーを批判した。ヨーロッパ列強がエジプトに利害を見出しそこに食い込もうとするのなら、エジプト人にもエジプトに何らかの利害はあるのではないか（Duclert 2014：182）、といった議会発言は、当否はともかく、彼が反植民地主義者と位置づけられる一面を表している。それでもクレマンソーが、当時の差別的な人種観を免れていたわけではない。後の第一次世界大戦で、フランス兵が死ぬよりはと、アフリカ兵の戦線への投入を積極的に進めたのは彼である。クレマンソーのような例は、反植民地主義者とは何かという問いも、同時に投げかけているのではないか。

フェリーは海外派兵に際して予算を認められず、二度も倒閣された。先に記した議会発言は、倒閣後の憤懣をこめたものである。それでも結果として、植民地帝国は建設された。遠方の地での流血に、フェリー批判を叫んでいた大衆も、ひとたび征服がなると一転して、拡張を賞讃したのである。この時期、急速に成長した大衆新聞でもそうした論調は顕著だった。植民地に利害をもつ政財界の者を核として種々の圧力団体が作られる一方、子どもたちに向けては初等教育においても、植民地帝国が偉大なものとして讃えられるようになった。そこではフェリーは、帝国の建設者として高く評価された。列強の帝国主義的行動は、国内のさまざまなレベルで支えられるようになったのであり、当時の「時代精神」がいかなるものだったのか、認識しておく必要があるだろう。

ところで一九〇四年の英仏協商は、フランスにとって一つの転機となる。イギリスとの長年の対立に終止符が打たれただけではない。フランスは、アルジェリアの西側のモロッコへの優先権を得たのだが、これにドイツが反発し、翌年にモロッコに派兵する事態となったからである（モロッコ事件）。モロッコ現地では、進出を本格化させたフランスへの抵抗が起きており、そうした動きに乗じたものである。一九〇五年と一九一一年、二度にわたった宿敵ドイツの挑発は、直接的な戦争にこそ至らなかったが、フランスの権益に土足で踏み込むような行為と受け止められた。対独復讐のナショナリズムが植民地問題をめぐって、大きく高揚したのである。フランスは交渉の結果、中央アフリカの領土の一部をドイツに割譲するのだが、話を先取りすれば、第一次世界大戦の後にはアルザス・ロレーヌだけでなく、失われたアフリカの領土も回復することになる。

3　歴史を動かすマイノリティ

女　性

拡大された植民地帝国の住民は従属民であり、フランス人扱いをされなかったが、国内でも十分な権利をもたないフランス人や、差別の対象となった人びとがいた。本節では、数の上では必ずしも「少数者（マイノリティ）」ではない場合でも、弱者の立場に置かれた者たちを取り上げよう。まずは女性である。女性はナポレオン法典で男性に従属する存在と位置づけられていたし、一八四八年に成立した第二共和政期にも、参政権を得ることはなかった。そうした状況に抗議の声を上げた女性は、実は少なかった。男性主体の価値観を女性自身が内面化し、男性優位の社会のあり方を是認する傾向が強かったのである。意識の覚醒はまだ起きていなかった。

そのため、いわゆる女権運動はさして盛り上がっていなかったのだが、それでも第三共和政期には、積極的に活動を展開した女性も登場する。ユベルティィーヌ・オクレールは、女性参政権運動を代表する一人である。当時の女性の地位を規定していたナポレオン法典の改編は、一九世紀の女権運動のめざすところであった。ユベルティィーヌには、ナポレオン法典成立一〇〇周年を記念して行われた女性のデモ行進で、これを破ったという逸話がある。フランスで「フェミニズム」という言葉を最初に使ったのは、彼女だとされる。

夫とともにアルジェリアに在住した彼女には、『アルジェリアのアラブ女性』（一九〇〇年）という著作もある。一夫多妻制など、現地社会における女性の地位の低さを批判的に描く一方、フランス支配の過酷さも同時に批判している。

アルジェリアに、フランス人とアラブ人とを同等に扱う単一の法ができれば、「二つの民族の融合」が可能だと書いている（Auclert 2012：39）のは、当時の一つの考えとして興味深い。

彼女に先立って活躍した女性として、ルイーズ・ミシェルもあげておこう。私生児だったルイーズは、時代の価値規範に縛られない少女時代を送った。第二帝政期には、公務員である公立学校の教師にはならず、自ら自由学校を開いて教育に携わった。帝政が義務づけていたキリスト教の祈りの時間はとらず、むしろ当時

図6－5　コミューン派の人びとに語るルイーズ・ミシェル　ジュール・ジラルデ画（サン＝ドニ美術館蔵）

（出典）Thomas, E., *Louise Michel*, Paris: Gallimard, 1971.

は禁じられていたラ・マルセイエーズを歌わせたともいう（図6－5）。

一八七一年にはパリ・コミューンに参加したのだが、そのときには、新しい社会への希望に燃えていた。「みながすべてを同時に手に入れたいと思った。芸術、科学、文学、さまざまな発見。命が燃えていた。誰もが古い世界から急いで逃れようとしていた」（Lejeune 1981：18）とルイーズは記している。古い世界を逃れた新しい社会は、女性にも開かれたものであるはずだった。しかしコミューンは潰え、ルイーズも含めて四五〇〇人ほどが、地球の裏側に当たる植民地ニューカレドニアに流刑になった。これはルイーズにとって別の意味での新しい社会、すなわち植民地との出会いでもあった。ルイーズは、流刑の間の一八七八年に起きた現地カナック人の蜂起に参加し、当地の民謡の収集も広く行った。恩赦でフランスに帰国して後は、帝国主義的侵略を進めるフェリー政権を批判してもいる。

以上の二人のように、植民地に滞在し、被抑圧者に寄り添った女性は例外的な存在である。とはいえいつの時代も、異なるかたちで抑圧される人びとの連携が必ずしも容易ではない現実を考えれば、彼女たちの姿を記しておく意味はあるのではないか。

ユダヤ人

一九世紀後半のヨーロッパでは、反ユダヤ主義が昂揚した。一八七三年五月、ウィーンの株式市場での大暴落を契機とするものである。経済・社会の大きな危機に際しては、マイノリティはその罪を着せられることが多い。革命でユダヤ人の解放をなしたフランスにも、反ユダヤ主義は根強く残っていた。加えて一八九二年に発覚したパナマ運河会社の贈収賄事件には、複数のユダヤ人が取りつぎ役としてかかわっており、反ユダヤ主義に拍車をかけた。

一八九四年秋に起きたドレフュス事件は、そうした時代を象徴するといえる。ドイツへの敵対意識が色濃い時代に、その宿敵ドイツに軍事機密を売り渡した廉（かど）で、ユダヤ人将校のアルフレッド・ドレフュスが冤罪で逮捕された事件である。ドレフュスは十分な取り調べもないまま軍法会議で有罪となり、終身流刑となった。流刑先は、植民地の南米ギアナにある悪魔島であった。

その後、真犯人と思われる人物が浮上すると、威信の失墜を恐れた軍部は隠蔽をはかるが、それは人びとの知るところとなり、世論はドレフュス派と反ドレフュス派とで分裂した。それが一八九八年一月、真犯人とされる人物が軍法会議で無罪判決となるや、作家エミール・ゾラは『曙（ローロール）』紙に「私は告発する」という記事を掲載した。ドレフュス擁護の立場から大統領宛てに、現状を厳しく批判したものだ。この結果ゾラ自身も告訴されて有罪となり、両陣営の対立も激しさを増した（図6－6）。ただこうした事態は政府や議会を動かして、それまで受け入れられなかったドレフュスの再審が決まった。翌年、ドレフュスは再び有罪となるも、大統領の特赦でようやく自由の身となった。無

家族の食事

「ドレフュス事件についてだけは話すのをやめよう！」

話してしまった……。

図6－6　カラン・ダシュによるドレフュス事件の風刺画（1898年2月14日付『ル・フィガロ』紙掲載）

（出典）　Colon, D. (dir.), *Histoire 1re L. ES. S*, Paris: Belin, 2011, p. 265.

罪判決は一九〇六年まで待つことになる。

ドレフュス派には、正義や人権の擁護を唱える急進共和主義者、社会主義者などを主軸に多くの知識人が加わった。ただし、ドレフュスは富裕な階層の出身で、彼を階級の敵とみなすマルクス主義者もおり、左派がこぞって支持に回ったわけでない点には注意したい。また反対陣営には、個人の権利よりも軍や国家の威信を重視し、国益に価値を置くナショナリストや王党派、カトリックが連なった。ドレフュス事件は結果として、政界模様を変えていく。というのはドレフュス派には、単に社会上層の知識人だけではなく、地方都市や農村の市民団体も加わった。教育や出版の普及などが、人びとの間に意識の高まりを生んでいたことが背景にある。政府の事件への対応を批判する急進共和主義者は、これら中間層を取り込むことで勢力を拡大し、二〇世紀への世紀転換期には、穏健共和主義から急進共和主義へと政治の主軸はすっかり移っていった。その主要な担い手として、一九〇一年には「急進社会党」（急進共和＝急進社会主義党）が成立したことも指摘しておこう。これはフランス初の全国規模での政党で、第三共和政で大きな役割をはたすことになる。

ドレフュス事件に際して、ドレフュス派の間には人権同盟が、反ドレフュス派の間にはアクション・フランセーズのような右翼団体が結成された。これらは時代の転変に応じて、大きな役割をはたす市民団体である。そうした点も含めて考えれば、マイノリティは単に差別の対象だったのではなく、彼らをめぐる状況は、フランスの政治社会のあり方に変革をもたらし得たことを、ドレフュス事件は示している。

「黒い」議員たち

フランスには異なる立場のマイノリティがいた。植民地出身の、肌の色の黒い人びとである。なかには本国の議会議員になった者もいた。一八四八年に奴隷制廃止がなった時、解放された奴隷たちに参政権が与えられたからである（カリブ海のマルティニックとグァドループ、南米ギアナ、インド洋レユニオン、セネガルの一部）。それ以外の権利はなかったし、植民地の彼らはいわば二流市民というべきだが、植民地の人びとが本国の国民議会や上院に席を占めることは、他の植民地帝国には例がない。第二帝政期に一時停止されていたこの権利は、第三共和政とともに復活した。一八九四年には、海軍省から植民地担当部局が独立して植民地省になっている。つまり植民地省が管轄する地域から、正規の議員が選出されていたわけである。

すでに革命期のフランスには「黒人」議員が誕生していた。革命の過程で、一度奴隷制が廃止されたためである。サン＝ドマング選出の解放奴隷、ジャン＝バティスト・ベレは、ジャコバン派に属して活躍した。第二共和政下では、グァドループのルイジ・マチューが選出されている。こうした議員はまだきわめてまれなケースだったが、第三共和政期には、さらに複数の有色の人びとが本国議会に名を連ねるようになる。第一号は、グァドループ出身で、一八九八年に国民議会議員となったエジェジップ・レジティミュス。後に本国で社会党（ＳＦＩＯ）が結成されると、その現地支部の設立に大きな役割をはたした。

有色の議員の数は、徐々に増えていく。グァドループのグラシヤン・カンダスやアシル・ルネ＝ボワヌフ、マルティニックのジョゼフ・ラグロジリエールなどの名を、まずはあげることができる。旧奴隷植民地はいずれも小さな領域で、独立という選択肢は現実的ではなかった。彼らの運動の中心は、本国と同等の権利を得ることにあった。すなわち植民地という位置づけから、本国同様の「県」への移行である。そのためには、率先して「国民」としての義務を担う姿勢を示そうと、議会活動のなかで、植民地には課されていなかった兵役の導入まで要請している。第一次世界大戦にも動員されたこれらの地の人びとに、本国と同じ政治制度が導入されるのはずっと後のことだが、本国へのいわば「同化」を望む植民地の存在には、植民地支配のあり方の複雑さが垣間見えるのではないか。

ここで、他にもこの時代に活躍した「黒人」をあげておこう。キューバ出身の混血セヴェリアノ・ド・エレディアは、一八七三年にパリ、テルヌ地区から市議会議員となったのを皮切りに、一八七九年にはパリ市議会議長に、その後国民議会議員に選出され一八八七年には公共事業大臣にまでなった。有色の外国出身者がこのような地位にまで上りつめた事実は、近年まで十分知られてこなかった。他の分野にも目を向けるなら、同じくキューバの奴隷だった少年がパリに

表6－1　出身国・地域別の外国人数（1851~1911年）

国・地域	1851年	1866年	1876年	1881年	1891年	1901年	1911年
ドイツ	57,061	106,606	59,028	81,986	83,333	89,772	102,271
オーストリア=ハンガリー			7,498	12,090	12,909	11,730	17,851
ベルギー	128,103	275,888	374,498	432,265	465,860	323,390	287,126
イギリス	20,357	29,856	30,077	37,006	39,687	36,948	40,378
スペイン	29,736	32,650	62,437	73,781	77,736	80,485	105,760
オランダ	—	16,158	18,099	21,232	9,078	6,615	6,418
ルクセンブルク					31,248	21,199	19,193
イタリア	63,307	99,624	165,313	240,733	286,082	330,465	419,234
ポルトガル	—	—	1,237	852	1,331	719	1,262
ロシアおよびロシア帝国	9,338	12,164	7,992	10,489	14,357	16,061	35,016
スイス	25,485	42,270	50,303	66,281	83,117	72,042	73,422
スカンジナビア	—	1,226	1,622	2,223	2,811	3,012	3,793
ギリシア	—	720	892	1,252	2,035	2,225	2,902
ルーマニア、セルビア、ブルガリア	—	369	702	857	1,677	—	8,080
トルコ	—	565	1,174	1,494	1,851	2,727	8,132
アフリカ	—	—	—	—	813	1,150	3,120
アジア	—	—	417	510	433		1,458
その他	45,902	36,940	20,465	18,039	15,943	39,238	24,419
計	379,289	655,036	801,754	1,001,090	1,130,301	1,037,778	1,159,835
全人口に占める割合（%）	1.05	1.7	2.1	2.6	2.8	2.6	2.86

（出典）　Dupâquier, J. (dir.) , *Histoire de la population française*, tome 3, Paris: PUF, 1988, p. 216 より筆者作成。

到来し、道化師として活躍している。肌の色から「ショコラ」と名づけられた彼の生涯も、近年掘り起こしがなされたところである。彼らはフランス領の出身ではないので、本来は次の項目で扱うべきだが、肌の色の黒い者たちの本国における活躍は、今後さらに明らかにされていくだろう。

流入する外国人

第三共和政期は、異なる人びとが恒常的に流入する時代でもあった。均質な国民を形成しようとする過程にあって、逆のヴェクトルが働いていたことになる。一九世紀のフランスは、人口増加率がイギリスやドイツに比して小さく、人口の実数でも両国に抜かれている。世紀後半の産業革命の進展に伴って労働力不足に見舞われたフランスは、結果としてヨーロッパで唯一、一九世紀なかばから外国人労働力に頼る国となったのである。在仏の外国人数は、一八八一年にすでに一〇〇万人を越えている（表6－1）。

目立って多かったのは、南部ではイタリア人、北東部ではベルギー人だった。彼らはそれぞれ、港湾や建設土木業、製塩業、あるいは炭鉱や製鉄業などの労働に従事した。とくにイタリア人は、第一次世界大戦前には四〇万人を数えるまでになった。アフリカ探検で名を残すピエール・サヴォルニヤン・ド・ブラザはイタリア出身で、フランスで勉学の後に帰化した人物である。仏領コンゴの首都ブラザヴィルは、彼にちなむ。むろん、こうして歴史に足跡を刻んだ者はわずかで、多くは末端の労働者だった。労働者が国籍を問わず団結した場合もあったものの、外国人労働者は本国労働者よりもさらなる低賃金を余儀なくされるなどして、双方の利害は一致せず、対立は頻発した。また、なかには無政府主義の立場から、実力行使を伴って体制批判を行う者も現れた。一八九四年には大統領のサディ・カルノが暗殺されるのだが、犯人はそうしたイタリア人の一人だった。

一八八九年には政策面で大きな転換がはかられる。国籍法が制定され、ナポレオン以来の血統主義ではなく出生地主義を基本とする制度が採用されたのである。戦争が国家の権利であった当時において人口が足りないことは、兵員不足に直結する。兵役が整えられつつあった時代に、政府は潜在的な兵士の数も考慮しつつ、フランス人を増やす方向に舵を切ったのである。それまでは条件の厳しさゆえに、帰化する外国人が少なかったのを受けて、その条件も緩和された。

実は国籍付与のルールの転換には、植民地の事情も関係していた。最重要植民地であるアルジェリアでは入植が進められていたのだが、入植者のおよそ半数はイタリアやスペインなど、外国からの移住者だった。植民地社会の支配者層である入植者の間に外国人が増えたのでは、フランス領植民地としての存続も脅かされかねない。アルジェリアで出生地主義が実現されれば、現地生まれのヨーロッパ系の人びとは「フランス人」となり、安定した社会が望めるようになる。出生地主義の導入は、植民地からの要請でもあったのである。

こうした政策転換の後も、外国人は流入し続けた。一九一一年、その数は一一六万人、全人口に占める割合は二・八六%である。定住する外国人、すなわち「移民」の増加にどう対処するかは、歴史的に古い課題だといえる。

格　差

ところで産業の進展も手伝って、一八七〇年代の不況を乗り越えると、首都パリでは華やかな消費文化も広がった。技術の進歩は電気や自動車などの実用化につながり、人びとの生活は活気づいた。第一次世界大戦までのこの時期は、後に懐古的に「ベル・エポック（良き時代）」と呼ばれるようになる。一八五五年に次いで、六七年、七八年、八九年、そして一九〇〇年と、ほぼ一〇年ごとにパリで開催された万博も、技術革新のみならず、植民地をも含むフランスの繁栄を、誇らかに展示するものだった。

しかしフランス全体でみれば、国民意識が浸透しつつあった一方で、中央と地方の格差は残っていたし、社会変化の恩恵にあずかれる上層の人びとと労働者の格差は、歴然としてあった。労働者の運動は、一八八四年に職業組合の結成が承認されたこともあり、一八九〇年代には弾みがついた。たとえば一八九五年には、労働総同盟（ＣＧＴ）が創設されている。ＣＧＴは、政党政治によるのではなく、ゼネストによる社会変革を目標とした。労働者の組織率は概して低かったし、ゼネストは弾圧もされるが、ＣＧＴは時代のなかで闘争の形態を変えながら、一定の役割をはたしていくのである。

他方、議会制を受け入れた上で、議会活動を通じて労働環境の改善をはかり、社会主義を実現しようとする者たちもいた。その代表として、フランス社会主義の父とされる、ジャン・ジョレスに言及しておこう。社会主義者は小党派に分裂していたのだが、ジョレス主導の下に、一九〇五年に社会党（ＳＦＩＯ）としてまとまった。これは、一八八九年に結成された第二インターナショナル（社会主義政党や労働組合の国際的連合組織）の、フランス支部としてつくられたものである。社会党内部には、ジョレスに対立する潮流もあったが、ジョレスは積極的に政治に関与する立場をとり、社会主義者の入閣もいとわなかった。結党以降は、急進共和派が中心となっていた体制を補完する役割を、議会でも担うようになるのである。ジョレス自身はドレフュスを支持していたことも、記しておこう。

ちなみに第一次世界大戦後の一九二〇年、この政党は分裂する。ロシア革命後の一九一九年、共産主義を世界に広める目的で、第三インターナショナル（コミンテルン）がモスクワに設立されたが、それに呼応して社会党の多数派が分離して、新たに共産党を結成したのである。しかしジョレスはその場に居合わせなかった。暗殺されるからである。二〇世紀に入ってモロッコ事件、あるいはバルカン半島情勢などから戦争の危険が高まると、第二インターナショナルは反戦の方針を確認する。ところが戦争が現実のものとして迫ってくると、各国の社会主義政党は、愛国主義の立場から参戦の支持に転じ、第二インターナショナルは事実上崩壊した。

フランス国内でも、それまで強力に反戦平和を唱えていた者たちが多く立場を変えた。労働者の反戦ストなども起きなかった。人びとが国を超える「インターナショナル」ではなく、祖国防衛へと主体的に動いた様は、本章の関心からいえば、格差や差異を含みつつも国民国家形成がほぼ完成し、フランス国民意識がおよそ全国に浸透していたことを示してもいる。

そうしたなかで、社会主義者、ドレフュス派、平和主義者であり、またモロッコ事件を契機としては植民地問題にも批判的なまなざしをもつようになったジョレスは、この時代の多様性を体現する存在だったと位置づけられよう。ジョレスが暗殺されたのは、第一次世界大戦の開戦を目前にした一九一四年七月三一日だった。愛国心を唱える声が高まるなかで、反戦の姿勢を曲げなかったジョレスの暗殺は、戦争に向かうこの時代を象徴するものとして、記憶されている（図6－7）。

図6－7　ジョレスの葬儀

ジョレスの葬儀は1914年8月4日に執り行われた。ドイツ軍がベルギーに侵攻し，イギリス，フランスが参戦した当日だった。

（出典）　ヴァンサン・デュクレール『ジャン・ジョレス，1859～1914――正義と平和を求めたフランスの社会主義者』（大嶋厚訳）吉田書店，2016年。

コラム6　コレットとカトリン
——ドイツ領ロレーヌの二人の少女

西山暁義

アルザス・ロレーヌといえば、ヨーロッパでもよく知られた国境地域である。それは単に国境地域というだけではなく、一七世紀（三十年戦争）以降、隣接する二国、すなわちフランスとドイツの間で繰り返し争奪の対象となったことによる。一八七一年、フランスに対する勝利は、ドイツにプロイセンを中心とする統一とともに、フランスからアルザスとロレーヌ北東部の併合をもたらした。そして二〇世紀の二つの世界大戦においても、この地方をめぐる両国の奪い合いは続くことになる。

こうしたアルザス・ロレーヌの国境地域としての性格は、ナショナリズムが高揚する一九世紀後半以降、文学作品においても格好の舞台を提供するものとなる。とりわけ普仏（独仏）戦争に敗れた第三共和政期のフランスにおいて、この「失われた地方（プロヴァンス・ペルデュ）」の人びとを主人公とする、「対独報復（ルヴァンシュ）」小説が数多く書かれている。その代表作となるのが、ロレーヌ出身の作家であり右翼政治家でもあった、モリス・バレス（一八六二〜一九二三）の作品である。

その一つである『コレット・ボードシュ』（一九〇九年）は、ドイツ領ロレーヌの中心都市メスの、名門ながら零落した家の若き女性コレットを主人公としている。この作品は、彼女と帝国の東端から西端にドイツ人教師として赴任してきた下宿人アスムスを軸として話が展開する。両者の間に次第に対話が行われるようになったものの、最終的にはコレットがアスムスの求婚を拒絶し、「フランスのロレーヌ人」として生きる道を選ぶ、というストーリーである。

ここから浮かび上がるのは、併合から四〇年を経てなおフランスへの愛国心を捨てない地元民というイメージである。しかし当時の状況に照らせば、それは現実の反映というより、むしろ危機感の表れと裏腹であった。実際「宿敵」フランスに対する最前線であり、世界有数の要塞都市であったメスには、ドイツ「本土」から政府、軍関係者のみならず、商人や労働者たちも数多く移入していた。そのため、「フランス語圏」であったこの都市は、二〇世紀初頭には一時「ドイツ語圏」と認定されるまでになった。それは地元民たちの間に防衛的心性を生み出す一方、この時期メスで結ばれた婚姻の四組に一組は、バレスが否定した「通婚」であった。そこには、ドイツ時代しか知らない地元民や、ロレーヌを郷土と考えるドイツ移民第二世代も育っていた。

第一次世界大戦後の一九三一年に刊行された『カトリン兵士となる』の作者、アドリエンヌ・トーマス（本名ヘルタ・シュトラウフ、一八九七〜一九八〇）もまた、そうした第二世代の一人であり、ユダヤ系の裕福な市民家庭に生まれた。この作品は、カトリン・レンツを主人公とする日記小説で、期間は一九一一年夏（一四歳）から一九一六年末（一九歳）に及び、第一次大戦の戦前、戦中に多感な時期を過ごしたヘルタ自身の経験が下敷きとなっている。「銃後」というにはあまりに前線に近く、空襲も少なくなかったメスの中央駅。大量の貨車に積み込まれた兵士たちの陽気な出征と言葉少ない帰還、さらに移送される敵軍捕虜たち。女性救護員という立場から彼らを日々迎え、見送るカトリンにとって、敵味方の区別は意味をもたなくなっていく。そして志願兵として出征した恋人リュシアンの身を案じつつ、大量殺戮戦争のなか、自立した女性として生の意味を問いながら、自らもまた野戦病院で病に倒れることになる。

メス中央駅,「アドリエンヌ・トーマス通路」のプレート（筆者撮影）。

ドイツでは、一九三三年にナチが政権を掌握すると『カトリン兵士となる』は当然のごとく禁書となった（一九八九年に西ドイツでテレビドラマ化）。地元ロレーヌでも、この第一次大戦末期に転出した、ドイツ系ユダヤ人の女性反戦作家とその作品は忘却された。再び注目を集めることになるのは二一世紀に入ってのことである。その象徴として二〇一二年九月、戦時中の彼女の活動の場であったメス中央駅の自由通路に、「アドリエンヌ・トーマス通路」というプレートが設置された。それは、独仏両国の影響の下に形成された地域文化の「混合性」を貴重な文化遺産とみなす、記憶のありかたの変化を反映している。

参考文献

トーマス、アドリーヌ『カトリン嬢兵隊となる』（原田正志訳）教材社、一九四〇年。
バレス、モリス『コレット・ボドッシュ』（本田喜代治訳）白水社、一九四〇年。
Pignon-Feller, C., *Metz 1848-1918: Métamorphoses d'une ville*, Paris: Centre des Monuments Nationaux. Editions du Patrimoine, 2013.

参考文献

上村祥二「『帝国』の形成と国民統合の進展」服部春彦・谷川稔編『フランス近代史――ブルボン王朝から第五共和政へ』ミネルヴァ書房、一九九三年。

小川了『第一次大戦と西アフリカ――フランスに命を捧げた黒人部隊「セネガル歩兵」』刀水書房、二〇一五年。

柴田三千雄『フランス史一〇講』岩波書店、二〇〇六年。

デュクレール、ヴァンサン『ジャン・ジョレス、一八五九～一九一四――正義と平和を求めたフランスの社会主義者』（大嶋厚訳）吉田書店、二〇一六年。

ドブレ、ジャン＝ルイ／ボシュネク、ヴァレリー『フランスを目覚めさせた女性たち』（西尾治子他訳）パド・ウィメンズ・オフィス、二〇一六年。

西川長夫「欧州統合と国民国家の行方――共和主義的反動について」三浦信孝編『普遍性か差異か――共和主義の臨界、フランス』藤原書店、二〇〇一年。

ノワリエル、ジェラール『ショコラ――歴史から消し去られたある黒人芸人の数奇な生涯』（舘葉月訳）集英社インターナショナル、二〇一七年。

平野千果子『フランス植民地主義の歴史――奴隷制廃止から植民地帝国の崩壊まで』人文書院、二〇〇二年。

Journal officiel, 29 juillet 1885.

Auclert, H., *Les femmes arabes en Algérie*, Rarebooksclub. com, 2012.

Duclert, V., *La République imaginée*, Paris: Belin, 2014.

Hugo, V., *Œuvres complètes: politique*, Paris: Robert Laffont, 2002.

Klein, J. F., Singaravélou, P., et Suremain, M. A. de *Atlas des empires coloniaux: XIX*^{e}*–XX*^{e} *siècle*, Paris: Points, 2013.

Lejeune, P., Préface pour *Louise Michel: matricule 2182, Souvenirs de ma vie*, édité par Paule Lejeune, Paris: Dauphin, 1981.

Thomas, E., *Louise Michel*, Paris: Gallimard, 1971.

第7章　学校と宗教

前田更子

この章で学ぶこと

政治体制が目まぐるしく変化した一九世紀に、学校教育の制度化はどのように進んだのか。かつて、文字を学び知識を得ることは、聖職者と社会のごく一部の富裕層にしか許されていなかった。すべての子どもが学校に通うという現象は新しく、フランスではここ一四〇年ほどのことにすぎない。教育制度が進展する背景には通常、国民一人ひとりが有権者として政治へ参加する民主的な社会の構築がある。ところで本章が扱う一九世紀において、男子と女子、富裕層と民衆層の子どもが同じ教育を受けることは想定されていなかった。これは何を意味するのだろうか。当時の社会構造、ジェンダー観を学んでほしい。

またフランスの教育史は、カトリック教会と世俗的な国家との間でのヘゲモニー闘争の歴史として読み解くこともできる。教育制度は、伝統的に教育を担当してきたカトリック教会と、新しい共和国を築こうとする政治家との間での駆け引き、対立、協力のなかから練り上げられてきた。本章ではその展開も通観していく。

1　教育制度から読み解く一九世紀フランス

階層別教育、男女別教育の一九世紀

ある共同体に属して生きる限り、人は、自然状態にある私的な人間としての部分と、共同体の一員である公的な市民（公民）としての部分をもち合わせている。理論上は、日本であってもフランスであってもこの点は同じはずなのだが、フランスで生活をしていると公私の区分はもとより、市民であることを、学校のなかだけでなく日常的にも常に意識して生きるように迫られている気がする。学校はまずもって子どもたちに「市民とは何か」を教える場であり、政治家や知識人たちは、議会やメディアで「市民の義務」や「市民の養成方法」に関して議論を繰り返す。市民教育に対して注がれるフランス人の熱意には揺るぎないものがある。

このように、学校を市民教育の場として利用しようという考えが生まれたのは最近のことではない。それはフランス革命期のことであり、市民教育のための制度的基盤が築かれるのは、本章で扱う一九世紀においてである。

はじめに、一九世紀の教育をめぐる状況を概観しておこう。一九世紀は、フランスで暮らすほとんどすべての子どもたちに教育の機会が与えられるようになった時代である。一八二〇年におよそ一〇〇万人であった小学校の生徒数は、一八四〇年には三〇〇万人に増え、初等教育が義務化される（一八八二年）前にすでに五〇〇万人に達していた。これは、すべての子どもに最低限の教育を与えるよう、学校建設を促し教育へ公費を投じていった政治指導者のイニシアティヴによるが、それと同時に、子どもの教育に関心を示す親が増えたことにもよる。人びとの識字能力も飛躍的に高まった。自分の氏名を書ける人の割合は、男性の場合、一七八〇年代に全体の四七％であったのが、一八七〇年代には七七％まで増えた。女性については同じ時期に、二七％から六七％まで上昇した。

それでは、子どもたちはどのような教育を受けていたのだろうか。まず、注意したいのは、一九世紀の公教育制度は、階層別、男女別に設計されていたという点である。階層別教育については、初等教育は民衆向け、中等・高等教育は富裕層向けに考案されていた。これは、複線型教育と呼ばれるシステムで、両教育課程は生徒の年齢に対応していたわけではなく、初等教育は中等教育の前段階の教育としては考えられていなかった。初等教育→中等教育→高等教育へと年齢に応じて進級するエスカレーター式の単線型教育システムがフランスで完成するのは二〇世紀後半にすぎない。一九世紀のフランスで、農民や労働者の子どもが小学校教育を終えた後、さらに進学を望むならば、上級小学校や初等師範学校へ向かうのが一般的であった。一方、富裕層の子どもたちは、小学校へは行かずに、幼少期から家庭教師につくか、あるいは中等学校に設置された低学年クラスで基礎教育を開始した。男子中等学校としては、後述する国立リセ、市町村立のコレージュの他、私立学校があり、そこではおおむね八歳から一八歳までの生徒が学んでいた。

図7－1　校庭が塀で区切られた女子校（左）と男子校（右）。中央の校舎は分割して使用され，校庭と校門はそれぞれに設けられた。男子校側に役場が併設されている。

（出典）　Luc, J. N., et Nicolas, G., *Le temps de l'école. De la maternelle au lycée, 1880–1960*, Paris: Éditions du Chêne-Hachette Livre, 2006, p. 18.

こうして制度上、初等教育と中等教育は別立てで整備されていたが、実際には初等教育から中等教育へ移動する生徒が皆無であったわけではない。何らかの給費を得ているか否かにかかわらず、初等学校から中等学校へ転校する生徒が少数ながら存在したことも記しておこう。とりわけ私立の小学校から中等学校への転校の場合がそうである。

また、男子と女子は基本的に、同じ教室で勉強をするものとは考えられていなかった。とりわけ富裕層の子どもが受けていた中等教育については、徹底して男女別学が求められた。男女が同じ空間にいることは風紀上よくないとされた上、学習内容も性によって異なるのが当然とみなされていた（図7－1）。ただし実際には、民衆の子どもが通う小学校の場合、学校を設置する市町村の予算の都合により、男女共学となることがしばしばあった。たとえば、一八四六年には公立小学校の四八％が共学校だったことがわかっている。一九世紀後半に入ると、後述するファルー法（一八五〇）の影響により全国各地で女子校の開設が進み、全体に占める共学校の割合は相対的に減ずるが、それでも一八八六年には依然として、公立小学校のおよそ三割は共学のままであった（図7－2）。

図7－2　ジュラ山岳地方の小学校の様子，1872年。共学であることがわかる。
（出典）　Paris, L. H. (dir.), *Histoire générale de l'enseignement et de l'éducation en France*, tome III: Françoise Mayeur, *De la Révolution à l'École Républicaine (1789–1930)*, Paris: Nouvelle Librairie de France, 1981, p. 366.

つまりまとめるならば、一九世紀には原則として、農民や労働者の子どもと弁護士や医者の子どもがともに学ぶことも、男女が同じ場所で同じ教育を受けることも想定されていなかった。当時の社会的規範や価値観がこの階層別、男女別の教育制度に表れているといえよう。しかし同時に、現実はつねに理想からはみ出していたことも確認できた。できあがった制度と実態とがずれるというのは教育に限らないことだろう。

ナポレオンによる公教育の制度化――民衆教育と女子教育は修道会へ

それでは革命期以降、一九世紀における教育制度の展開を、小学校を中心に時代順にみていくことにしよう。

フランス革命の最初の五年間においては、その後の一九世紀に展開していくような階層別教育が追求されていたわけではなかった。すべての国民を新しく生まれた社会に相応しい市民とするために、むしろ、国民全体を巻き込んだ公教育のプランが革命議会で提示され議論された。一七九二年に提出されたコンドルセの計画においては、教育の機会はすべての人に開かれるべきだという発想に基づき、社会階層に関係なく同年齢の子どもが同じ初等教育を受けて、その後、一部の者が中等教育に進学するという単線型の教育制度が構想されていた。また、公教育の場は、学校に限定されず、図書館や博物館の役割が注目された他、祭典や政治集会などの多様な催しも、市民を養成するための重要な場だと考えられていた。しかし、テルミドールのクーデタ（一七九四年七月二七日）以降、こうした考えは影をひそめてしまう。フランスの公教育政策は社会階層別の複線型教育へ、ある意味ではアンシャン・レジーム期の教育のあり方へ逆戻りするのである。

テルミドールのクーデタにより政権を握った議員たちは、国民の一部を形成するエリートのための教育に関心を向けた。彼らはより現実主義的で、国民全体の意識や習俗を一気に変えることの難しさを悟ったのだろうか。まずは国の将来を担うエリートを理想とする社会に見合うように育て、次いで、それらの啓蒙されたエリートを通じて、広く国民へその思想や態度を普及しようと、政策を切り替えたのである。こうして一七九四年の秋には、公共事業中央学校（一七九五年には理工科学校と改称）、国立工芸学院、高等師範学校といった専門高等教育機関が相次いで設立される。一七九九年に政権の座に就いたナポレオン・ボナパルトも、エリート教育重視の路線を継承し、一八〇二年には、官僚や軍人養成のための男子中等教育機関「リセ」を全国に設置することを決める。

統一的な国家の形成のためには、フランス全土を統括する中央集権的公教育システムが不可欠だと考えたナポレオンは、壮大な教育改革プランを練る。そして、一八〇八年に「帝国ユニヴェルシテ」と称する公教育制度をつくり上げた。帝国ユニヴェルシテとは、大学のような教育機関を指すのではなく、初等教育、中等教育、高等教育、さらには教育行政のすべてを含み込み、かつそこで働く人びとからなる「大きな世俗的同業組合」を意味する。すなわち、フランスの公教育制度全体に与えられた名称であり、この時期の公教育統治のあり方を「ユニヴェルシテ独占体制」と呼ぶこともある。私立学校は数多く存在したが、それらに教育の自由はなく、ユニヴェルシテの監督の下でリセの付属校の地位に位置づけられるなどさまざまな拘束を受けた。この独占体制の枠組みは、ナポレオン失墜後の復古王政期と七月王政期の間も、時の権力者らに有益なものとして維持されていった。

ナポレオンが創設した帝国ユニヴェルシテには、制度上、民衆のための初等教育も、女子教育も含まれるはずであった。しかし実際には、ナポレオンの関心はもっぱら男子エリート教育の「リセ」に注がれ、初等教育と女子教育に関する改革は手つかずのまま放置された。ナポレオンは、財政上これらには直接手が回らないと考えたのか、あるいは民衆教育と女子教育は宗教的であるべきだと考えたからなのか。おそらくその両方の理由からであろうが、男子初等教育はキリスト教学校教育修道会（ラサール会）に優先的にゆだねられ、他方の女子教育も各種修道会の自由に任された。ローマ教皇ピウス七世との間に締結したコンコルダート（政教協約）により、カトリック教会との関係修復をはたしていたナポレオンは、決して信心深い人間ではなかったが、宗教に社会秩序の回復・維持の力があり、それが公共道徳の源であるという点は疑っていなかったのである。

女子教育についてナポレオンは、「私は、若い娘の教育に〔国家が〕取り組むべきだとは思わない。娘をよりよく育てられるのは母親しかいない」と述べ、また、レジオン・ドヌール寄宿学校の校長に対して「信心深い女性を育ててください。理屈っぽい女性ではなく」と注文を付けた（Dermenjian 2010：162）。ナポレオン法典において、既婚女性は未成年、犯罪者、精神異常者と同様に法的に無能と規定され、妻は夫の許可なくして仕事に就くことも自らの労働の対価である給与を受け取ることもできず、夫の許可がなければ長距離の移動も禁止された。女性に与えられる教育が男性と同じであるはずはなかった。女性は慎ましく、信心深く、よき妻・母になるための教育を受けるのが理想であった。女性教師として、修道女に白羽の矢が立ったのは不思議ではなかろう。ナポレオン治世下の一八〇四～一八一三年に認可された女子修道会は、九五を数えた。

国家の事業としての初等教育

民衆の子どもを対象とする初等教育の領域に、国家が本格的に介入しはじめるのは、一八三三年のギゾー法以降のことである。公教育大臣フランソワ・ギゾーは、他の多くの政治家と同じく、各階層にはその地位に見合った教育があるという考えの持ち主であった。中等教育は「中産階級」のための教育であり、それをむやみやたらに民衆に与えれば「国家の安寧と持続」が脅かされると、彼は主張していた。ギゾー法は、一方で小学校は「きわめて貧しい社会状況に置かれている人にも必要」であり、他方で上級小学校は「都会で働く者」向けだとしながら、前者を人口五〇〇〇人以上の市町村に一校、後者を人口六〇〇〇人以上の市に一校、設置した。

また、県に一校の男子初等師範学校の設置も定められた。教師になるには一八一六年以来（女性教師は一八一九年以来）、教員免許状の取得が条件であったが、ギゾー法によって彼らは国家の公務員の地位を得ることになり、国家が定める固定給を受けるようになる。ギゾーにとって小学校教師は、社会の繁栄と秩序の安定に欠かせない存在であった。全国一律のプログラムによって師範学校で育成された小学校教師は、フランス全土の農村部の隅々まで確かな知識と道徳を広めるだろうと期待された。ただし、これらの規定はすべて男子教育を対象に作成されたものであり、女子教育についてギゾーに目立った施策はない。

第二共和政期の一八五〇年に発布されたファルー法は、カトリック教会に有利な反動的な法律として知られる。まず、ファルー法は中等教育の自由を制度化し、ユニヴェルシテ独占体制を名実ともに崩壊させた。リセの付属校の地位から解放された私立学校は、その後、独自の教育を展開し、とりわけ一八六〇年代以降イエズス会をはじめとするカトリック系の私立エリート校は著しく伸張する。また、教育行政の面でも、学校の監視を担当する委員会に聖職者が加わるなど、カトリック教会の影響力が強まった。

初等教育に関してファルー法がなしたことは、女子教育の推進である。人口八〇〇人以上の市町村に公立女子小学校の設置が義務づけられた。この結果、女子校の開設が全国各地で進み、先にみたとおり共学校の割合は相対的に減少していく。なお、人口五〇〇人以上の市町村に公立女子校の設置が決まるのは一八六七年のことであり、男子に向けて同じ内容が規定されたのがギゾー法であることを考えれば、女子に対する施策はそれより三四年遅れたことになる。

では、この時代の公立学校とはどのような性質のものか。それは、全額であれ部分的にであれ、国、県、市町村の費用で維持される学校という、財政上の定義でしかなかった。つまり、そこでは師範学校出身の世俗教師も聖職者も働くことができ、後に問題になるような教師の宗教的立場は問われなかった。実際、ファルー法によって女子校の開設を迫られた市町村の多くは、地元の女子教育を修道女に託すことを選んでいる。一八六八年において、公立校で学ぶ男子生徒のうち修道会が経営する学校に通う者は一七％程度であるが、女子に関しては、全体の六六％が修道女によって教育を受けていた。私立学校も含めると、その割合はさらに高まる。

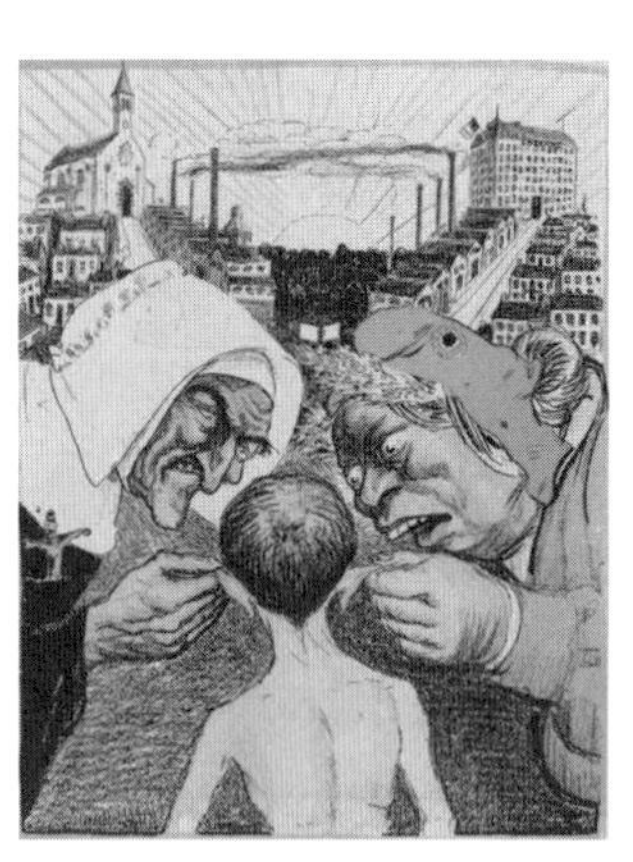

図7－3　「選んでごらん…。好きにしていいんだよ…。」共和国か教会か。それぞれを象徴する老婆が子どもを取りあう。

（出典）　BnF, Gallica (https://gallica.bnf.fr/ark:/12148/bpt6k1048022b/f15.item).

宗教教育と小学校教師

一九世紀のフランスは、子どもの教育の指導権をめぐってカトリック教会と国家の間でヘゲモニー争いが起こった時代である。時代をさかのぼって、フランス革命以前に子どもの教育に関して強い影響力をもっていたのはカトリック教会であった。非キリスト教化を推し進めたフランス革命により状況が変わったとはいえ、一九世紀には再び教会の威信の回復を望む勢力があり、信者を改めて獲得するため学校を利用しようとした。他方で、革命を継承しなければならないと考える人びとは、教会の影響力の拡大を警戒し、聖職者ではなく世俗の教師による公教育の普及に努めようとした。子どもの心の支配をめぐる司祭と小学校教師の対立は、一九世紀フランスを語る際のおなじみのテーマである（図7－3）。

しかし、こうした両者の対立を過度に強調することは控えよう。民衆の子どもが通う公立の小学校が非宗教的空間になるのは一八八〇年代のことであり、それまでの学校は公立校であっても宗教的雰囲気に満ちており、多かれ少なかれカトリック教会の影響下に置かれていた。司祭と世俗教師はたしかに日常の場面でリーダーシップをめぐって対立することもあったが、世俗教師が聖職者の優位性を嫌うことと、宗教教育を不要とみなすことは同義ではない。一八八〇年代までの政治指導者たちの間では、子ども、とくに民衆の子ども、さらにいえば女子には宗教に基づいた道徳教育が必要であるとの認識がごく一般的であった。ここには、男女差だけでなく（女子教育は男子より宗教的）、階層別教育の観念が反映されていることにも注意しておきたい。富裕層の子どもが通うリセ（中等教育）での教育は、小学校教育より一足早く、一八六〇年代から非宗教化の方向へ向かっていく。たとえば、一八六〇年代なかばにはバカロレア（中等教育修了資格であり、かつ高等教育の最初の学位）試験科目からキリスト教の聖史が消え、中等教育における歴史教育は聖史からフランス史へとシフトしていく、というように。

民衆教育に話を戻せば、一八三三年のギゾー法は、小学校で教えるべき筆頭科目に「道徳・宗教」を据えており、授業の開始時と終了時には祈りの時間が設けられた。すべての教師には旧約・新約聖書を中心に聖史とカテキズム（教理問答）を教えるだけの宗教的知識が求められた。ファルー法の適用に際しては、公教育大臣はさらにはっきりと、「教師の主な義務は、子どもたちに宗教教育を与えること、そして神に対する義務、両親に対する義務、他人に対する義務、そして自分自身に対する義務を子どもたちの魂に深く刻み込むことである」と述べている（Jacquet-Franchillon 2010 : 81）。ギゾー法制定直後に、ヴィクトール・クザンによって作成された道徳・宗教教育の教科書をみてみよう。キリスト教の教義と聖書（新約と旧約の双方）に関する内容の二部から成る彼の教科書は、次のような一問一答ではじまっている。カテキズムの例として掲げておこう。

問い　あなたはキリスト者ですか。
答え　はい、私はキリスト者です。神の恩寵によって。
問い　なぜ神の恩寵によって、と言うのですか。
答え　なぜならそれは神の恵み、キリスト者であることは、すべての恵みのなかでもっとも大きな恵みだからです。
問い　キリスト者とは何ですか。
答え　キリスト教教義を信じ、公言する人のことです。
問い　キリスト教教義とはどういう意味でしょうか。

表7－1　1861年、小学校教師ジョゼフ・ケレの日課

8時30分	登校、清潔さの点検、祈り、点呼 宗教教育（カテキズムなど）
8時40分	読み方
9時30分	休憩
9時40分	書き方
10時40分	算数（火・土：線画、水：農業）
11時～11時30分	各種作業、祈り、午前中の下校
13時	午後の登校、清潔さの点検、祈り、点呼 フランス語
14時	読み方・書き方
14時30分	休憩
14時40分	読み方・書き方
15時30分	各種作業（火・水・金：地理・歴史、土：宗教教育）
16時	祈り、下校

（出典）Jacquet-Francillon, F. (dir.), *Une histoire de l'école. Anthologie de l'éducation et de l'enseignement en France XVIIIe–XXe siècle*, Paris: RETS, 2010, p. 574–575 より作成。

答え　イエス・キリストが教えた教義です。
問い　キリスト教教義から私たちは何を学びますか。
答え　なぜ神が私たちを世に現したのかを学びます。
問い　なぜ神は私たちを世に現したのでしょうか。
答え　神を知り、神を愛し、神に仕えるためです。そしてそれによって永遠の生を得るためです。

（Cousin 1834：203）

また、フランス北部ソンム県で小学校教師を務めていたジョゼフ・ケレの一八六一年の日課（表7－1）をみると、学校内における宗教的慣習の重みが伝わってくる。祈りにはじまり、祈りに終わる日課である。なお、一九世紀のフランスにおいて、人口の圧倒的多数はカトリック教徒であり、プロテスタントは人口の約二％、ユダヤ教徒は〇・二％にも満たなかった。しかし制度上、一八〇八年から一九〇五年までのフランスは、カトリック、プロテスタント二派（ルター派とカルヴァン派）、ユダヤ教の四宗派を公認する「公認宗教体制」をとっていた。したがって、ギゾー法においてもその後の公教育関連諸法においても、道徳・宗教教育において教師と生徒の宗派は尊重されると規定されていたことも付け加えておきたい。それが実現していたかは別問題であるが。

ケレの日課が示すとおり、一九世紀なかばの小学校では、道徳・宗教教育に加えて、読み方、書き方、計算が必修科目であり（女子は裁縫も）、その他、生徒の能力に応じて上級学年では、地理・歴史、理科、歌、体育、線画の授業が行われていた。

この時代、地方によっては、フランス語はまるで外国語であった。フランス革命期に全人口の四分の一から三分の一がフランス語を自分の言葉としておらず、一八六三年に至っても全人口の五分の一がフランス語を話していなかったと、歴史家ユージン・ウェーバーは指摘する。フランス語の普及、それを基盤とした国民の一体性の創造は一九世紀なかばの小学校教師の重要な役割となり、その期待は世俗教師にも、修道士や修道女教師にも等しくかけられることになる。地中海の島コルシカについて書かれた、一八六一年の教育視学官の報告書がそれを裏付けている（史料7－1）。

史料7－1

コルシカは政治的にはフランスです。しかしここが物質的にも精神的にもフランスになるには、フランスの国民言語が土地の言葉に置きかわる必要があるでしょう。この島がフランスに属するようになってからまもなく一世紀が経つというのに、ここでは言語も風習もほとんどがいまだにイタリアのものです。……人びとはイタリア語を話し、イタリア語で書き、イタリア語で思考しているのです。……したがって、もし言語が、思考や風習に及ぼす影響力ゆえに文明化の一要素であるというのが確かならば、そしてもし二つの民族間の融合が言語的統一性の元でしか完遂しないというのが確かならば、われわれは国民言語を、もっとも人口の少ない集落にまで広げるよう最大限の努力をすべきでしょう。これは初等教育によってのみ実現可能です。したがって小学校の校長を養成する師範学校は、ここでは大陸以上に重要であり、また重視されねばなりません。この地において思想、風習、フランス語に関してなされたあらゆる進歩は、農村ではとくに世俗の教師に負っており、町では修道士と修道女に負っています。（Archives nationales, F17 9661. Rapport de l'inspecteur d'académie au conseil académique sur la situation de l'instruction primaire en Corse pendant l'année 1859-1860.）

2　学校と教会の分離——第三共和政前期における改革

新しい市民教育の場として

国民の統合、フランス人アイデンティティの形成という政治課題は、とりわけ普仏戦争の敗北後に、第三共和政の政治家たちにますます重くのしかかることになる。一八七九年一月に穏健共和派のジュール・グレヴィが大統領に選出され、共和派が議会で多数を占めるようになると、共和主義的教育改革が矢継ぎ早に実施される。いずれも教育を通して国民統合を目指すものであり、共和国の学校は、以後、「啓蒙の精神を広め、将来の市民の心のなかに共和国を根づかせる」使命を負うことになる（Duval 2011：22）。教育改革の方向性は、おもに次の三点に絞られていた。一つ目は、ギゾー法以来進展してきていた学校網をさらに拡大し、男女を問わず子ども全員に無償で教育をうける権利を与えること。とりわけ地域間格差の解消が求められた。二つ目は、公教育を、特定の宗教とりわけカトリック教会から分離させること。三つ目は、イエズス会など国民の統一を邪魔するような無認可修道会の活動を禁止すること、である。第一の点はそれまでの政策の延長線上にあるが、後者の二点は、一八八〇年代の政策に新しい。

まずは法制度レベルの展開を追ってみよう。改革は、それまでカトリックが勢力をふるっていた女子教育の領域からはじまった。一八七九年の法は、県に一校の女子師範学校の設置を義務づけた。これによって世俗の女性教師の養成が大幅に進むことになる。また一八八〇年には、男子に遅れること七八年が経過していたが、ようやく富裕層の娘向けに女子リセの設置が決まった。そして、一八八一～一八八二年には公教育大臣ジュール・フェリーにより、いわゆる「フェリー法」が制定され、初等教育に「無償、義務、非宗教性（ライシテ）」の三原則が導入される。ライシテとは、国教をもたず一切の既存の宗教から独立した国家が、あらゆる宗派に対して中立の立場をとり、すべての人の信仰の自由と信仰をもたない自由を認める政治原理のことである。市民を育成する使命を負う公立学校は、公的領域だと理解され、国家と同様にあらゆる宗派に中立で平等になるよう、教会から切り離されることになったのである。

無償教育に関しては、すでに一八六七年の段階で三分の二の生徒が無償で教育を受けていたが、フェリー法はそれを公立の小学校、初等師範学校、幼稚園の生徒全体に適用させた。義務教育については、一八八二年の法により六歳から一三歳までのすべての子どもが公立校、私立校あるいは家庭において教育を受けると定められた。帝国主義的拡張を推進したフェリーは、こうして公教育の面でも名を残したのである。

公教育のライシテを実現させる政策としてはまず、一八八二年三月二八日の法により公立初等教育のカリキュラムから「道徳・宗教」が消滅し、それに代わって「道徳・市民」科目が据えられた。一八八三年には、教員養成の師範学校のカリキュラムからも「宗教」がなくなった。次いで、一八八六年一〇月三〇日のゴブレ法により、初等教育においても中等教育においても、公立学校での教育はもっぱら世俗教師、つまり聖職にない者にゆだねられると規定された。修道士や修道女はこうして公立学校から排除されることになり、彼らが運営する多くの公立学校はこの時点で私立学校へ転換した。

図7-4　同じ建物内に設置された役所（右）と公立小学校（中央）
（出典）Gaulupeau, Y., *La France à l'école*, Paris: Gallimard, 1992, p. 88.

新たに設置された「道徳・市民」教育の目的は、第三共和政という新体制の価値と理想に賛同する、義務と献身の感覚を身につけた「市民」の育成に置かれた。そこでは人間の尊厳、社会的連帯が美徳として強く称揚され、特定の教義を排除し、子どもの信条（信仰をもつ自由と、もたない自由）を尊重することの重要性が説かれた。本章の冒頭で述べたような、いまに続く市民教育の伝統がここにつくられていくのである。

公立学校と教会の分離が引き起こした変化は少なくはなかった。それまで教会の運営をめぐって日常的に司祭を手伝ってきた小学校教師は、司祭から「独立」した。そして、各地で学校建設ラッシュがみられた。人口の少ない村では、学校はしばしば役場と隣接、もしくは役場と同じ建物内に設けられた（図7－4）。学校は、地域社会における共和国の殿堂として存在感を強く示していく。人びとはこうして視覚的にも、学校のポジションが教会の隣から共和国の役所の側へ移動したことを理解しただろう。当然のことながら、フランス各地において、信徒を中心に激しい反対・抵抗運動がみられた。教皇庁も一八八三年に新たな道徳・市民教育の教科書四冊を断罪し禁書とした。

しかし、しばしば指摘されるように、ジュール・フェリーは思想的にも行動においても穏健であった。女性教師に関しては、新たにリクルートする場合には世俗教師に限定されたが、現役の修道女を力づくに一掃する意図はここにはなく、教員の世俗化の期限は設けられていない（男子は五年以内）。一八八二年末に県知事宛に送付された通達は、新設の公立学校には宗教的象徴物を設置しないと規定したが、既存の学校の教室の壁に掛けられているキリストの磔刑像や女子校の校庭に置かれている聖母マリア像の撤去については、良識あるカトリックの住民たちの合意を得た時に実行されればよいというニュアンスのものであった。一八八二年の法によって、木曜日が公立校の休日となったことも同じ発想から出ている。木曜日は、家族が学外で子どもたちに宗教教育を自由に与える曜日とされたのである。私教育の自由（宗教系の私立学校や家庭教育）も認められている。さらにフェリーは、教皇庁とも連絡をとり、コンコルダート体制の尊重と植民地におけるカトリック布教の保護まで約束している。

そもそも、学校と教会の分離は、公立学校からの宗教的なものの完全な排除を意味したわけではない。新しく生み出された共和国の道徳は、特定の宗派の教義から切り放され、すべての宗派に対して中立なものになるが、それは反宗教的なものではなかった。新たな道徳の学習指導要領には、「自分自身に対する義務」「他者（家族、年長者、仲間）に対する義務」に次いで「神に対する義務」を学ぶことが明示されていたのである。「神に対する義務」という文言が消えるのは一九二三年のことである。歴史家ナタリー・デュヴァルは、フェリーらが築いたライシテの学校は、さまざまな思想や信条をもつ国民を一つにまとめ上げるためのものであり、したがって、彼らのいう「モラル・ライック（世俗道徳）」はキリスト教道徳と矛盾するものではなく、それを包み込むものだったと述べている（Duval, 2011 : 27）。

「小さな祖国」からフランスを学ぶ

こうして、カトリック教会の影響力から脱した公立学校は、共和国の市民を養成する場に相応しく、その教育内容を変えていく。市民の共通語、「単一にして不可分」な共和国の基礎として、フランス語教育の重要性がますます強く説かれたのはいうまでもない。また、聖史が省かれ非宗教化された歴史・地理の授業は、子どもたちにフランス共和国を時間的、空間的に把握させ、祖国の観念を養うことに役立つと考えられた。共和国の福音書と称された小学校の歴史教科書『プチ・ラヴィス』や、ベストセラーとなった小学校中級科の日常読本『二人の子どものフランス巡歴』が子どもに祖国の一体性を感じさせ、「フランス人」意識の形成に大きく寄与することになる。

では、どのように祖国フランスへの愛着を子どもに教え、フランス人アイデンティティの形成をめざしたのか。それには、子どもたちにとって身近な「小さな祖国」すなわち「郷土」が入り口として利用された。子どもたちは歴史教育においては、偉人や国家的大事件を学ぶだけでなく、地元の歴史遺産や出来事、地方の偉人を学ぶのである。地理の授業でも、フランスの地図を認識すると同時に、自分を取り巻く周囲の環境に関心を抱かせることの重要性が強調された。小さな祖国への愛着、すなわち郷土愛を通して、それら多様なすべての地方を包み込むフランスという祖国を感じ取るように導かれたのである。ラヴィスの『フランス史』の補遺のなかで、シャルル＝ヴィクトール・ラングロワは次のように記した。「私たちはフランス人です。しかし私たちはブルトン人でもあり、ノルマン人でもあり、ピカール人でもあり、フラマン人でもあり、ロレーヌ人でもあります……。私たちはみな、小さな祖国をもっています。私たちがその風景……、服装、風習、方言を愛する小さな祖国を。この小さな祖国を愛すること、それ以上に正統なものはないでしょう」（Luc 2006：117）。

また、理科や算数の学習は、迷信を払拭し、科学的世界観を教えるのに貢献すると考えられた。遠足、給食の時間は、公衆衛生、集団的規律などの生活規範の体得を子どもたちにもたらした。教師たちは、新しい科学的知識と世俗道徳の体現者として、農業指導、予防接種、反アルコールキャンペーンなどを通じて、地元の住民、農民への教育も行ったのである。男女で教育内容には違いがあった。女子は男子に比べるとフランス語の授業時間が少なく、裁縫などの手作業の時間が多かった。

反教権主義政策と修道会の追放

フェリーら穏健共和派の政策は、反宗教ではなかった。繰り返しになるが、彼らが敵視したのは宗教的なもの全般ではなく、まして穏健なカトリック教徒でもなかった。それは、共和国そのものを否定し、国のまとまりを崩しかねないイエズス会に代表される教権主義の思想、つまり教皇を至上の権力とする立場の人びとであった。フェリーは一八七九年に公教育大臣に就任するとただちに、無認可修道会の教育活動を停止させる法案の準備にとりかかる。そして一八八〇年三月、同内容を規定した政令の発布に成功する。実は、フランスで活動する多くの修道会が当時、無認可の状態にあったが、この時点までそうした事実は大きな問題を引き起こさずに現状優先で進んでいた。ところが、均質で統一性をもつ国民国家の建設を課題とする第三共和政期の共和派の眼には、共和国よりもローマ教皇に忠誠を誓うイエズス会は国民を分断しかねない脅威と映ったのである。一八八〇年六月末には予告どおり、イエズス会の修道士が施設から追放された。世論は騒然となり、信徒たちは抗議行動を起こし、これに対して警察と軍隊が修道会の施設の門を打ち破るなどの光景が各地でみられた。結果として、約二万人の修道士が活動の停止に追い込まれたといわれている。

ただし、この後、修道会に対する追放政策は一気には進まない。一八九〇年代には、教皇庁が、ライシテをめざす共和政政権との共存を模索する政策（「ラリマン」）へと舵を切りはじめた。一八七八年に教皇となったレオ一三世は、労働運動やアナーキストの活動が活発化するなかで、社会の安定のために、時代に対応しなければならないとの認識をもち、共和政との融和をはかろうとしていたのである。こうしたなかで、共和派とカトリック教会の間には一種の小康状態が生じ、共和派による修道会排斥への動きもいったんは弱まる。追放されていた修道士は国外から、もしくは「地下活動」から表舞台に戻り、学校の教壇に姿をみせはじめた。

フランスが再び「宗教戦争」と評されるような内乱状況に陥るのは、一九〇〇年代である。きっかけはドレフュス事件であった（第6章参照）。フランスの世論を二分するこの事件において、反ドレフュス陣営に位置したカトリック教会は、軍部、王党派と組んで、国家の転覆を謀ろうとする危険な存在とみなされた。この時代、富裕層の若者の約半数は修道会系の学校で教育を受けていた。ドレフュス派と反ドレフュス派の間でフランスが二分されている状況のなかで、修道会のせいでフランスのエリートが二分されてしまう、という危機感が共和派の間で強まったとしても不思議ではない。これが修道会の排斥へと向かう原動力になるのである。一九〇一年にヴァルデック＝ルソー内閣が制定した結社法は、市民が自由に団体を結成することを認める法であったが、そこで修道会は例外とみなされ、前述の一八八〇年の政令と同様に、改めて無認可修道会には厳しい規制が加えられた。ヴァルデック＝ルソーは法の厳格な適用を行わなかったが、次いで一九〇二年に首相になった急進派のエミール・コンブは、一九〇三年の新学期までに一万を超える学校を閉鎖するのである（図7－5）。

さらに決定的な転換点となったのは、一九〇四年の法である。同法は、それまで排斥の対象になってこなかった公認修道会までをも、教育の場から排除すると規定するものだった。一八八六年のゴブレ法により公立校の教員団は世俗教師のみから形成されるとすでに決められていたが、一九〇四年の法によって、私立学校の教師もすべて俗人でなければならなくなった。ナポレオンが特権的な地位を与えていたキリスト教学校教育修道会（ラサール会）も多様な女子修道会もすべてがこの時点で、フランスの学校を追われることになる。こうして法制度上、フランスの学校と修道会のかかわりは完全に絶たれ

図7－5　カトリック（左手前，教皇）と共和国（マリアンヌ）の絆を断ち切るエミール・コンブ。

斧を振るうコンブを光で照らすのはヴォルテール（右上）。右手前には酒瓶を抱えて酔っ払った聖職者。

（出典）　HPI（https://www.histoire-image.org/fr/etudes/separation-eglise-etat）.

たのである。この時期、フランス国外へ出た修道士・修道女は三万人にのぼった。教育現場が未曾有の大混乱に陥ったのは間違いない。

しかし一方で、多くの学校はただちに再開されたことも付け加えておこう。これらの学校は地元の熱心な信者、同窓会などによって支えられ、カトリック系私立学校として活動を再開した。教皇庁が、修道士・修道女の「還俗」を許容したことも作用した。つまり、再開した学校で、修道服を脱いだ「元」修道士、「元」修道女が俗人として教壇に立ったのである。ちなみに、その後、第一次世界大戦期に修道士・修道女の教育活動は黙認されるようになり、第二次世界大戦期のヴィシー政権下に再び合法化されている。戦時中の宗教のあり方については注意が必要であろう。

政教分離法

一九〇四年七月、ヴァチカン教皇庁とフランスは国交の断絶に至り、同年一一月、首相エミール・コンブは、教会を国家から分離させて国家の厳しい監視下に置く法案を議会に提出した。しかし、このコンブ流の強硬な政教分離案には共和派内部からも懸念の声があがり、結局一九〇五年一月にコンブ内閣は退陣する。最終的に成立した「政教分離法（諸教会と国家の分離に関する法）」（一九〇五年一二月九日）は、コンブ主義とは一線を画し、より自由主義的で宗教勢力との宥和を求めるアリスティッド・ブリアンによって練り上げられたものである。一八九九〜一九〇四年までの国家の反教権主義と、一九〇五年の政教分離法の間には転換が存在する。

では、政教分離法とはどのようなものなのか。第一条は、「共和国は良心の自由を保障する。共和国は自由な礼拝の実践を保護する」とある。第一条で、個人の信仰の自由を謳っていることの意味は大きい。続いて第二条は、「共和国はいかなる宗教も、これを公認することはなく、給与を支払うこともなく、補助金を支給することもない」と、国家と宗教の分離を規定する。公認の宗教という地位と資金援助という待遇が一世紀にわたり教会と国家をつないでいたのであるから、同法により、一八〇一年以来続いていたコンコルダート体制は終わりを告げたことになる。

ところで、第二条には、「施設付司祭の活動にかかわる支出はこの限りでない」という付帯条件がついていた。つまり、病院や刑務所などと並んで寄宿学校に配属される施設付司祭については、公的資金で彼らを雇用することも認められた。また、今後、教会は、財政上必要なものをそれぞれ自前で賄わなければならないが、国、県、市町村に属する聖堂（教会・寺院・シナゴーグ）は無料で使用することができるし、建造物の保全修復を公費によって行うこともできると定められた（第一二条、第一三条、さらに一九〇八年四月一八日法第五条で補足）。このようにカトリック教会にとっては必ずしも否定的なことばかりではなかったとはいえ、コンコルダートがフランス政府により一方的に破棄されたことに対する反発や、将来的な教会財産の扱いなどへの疑念もあり、同法の実施にはローマ教皇ピウス一〇世が非難の回勅を発した。右翼勢力や一般信徒の間にも反感が広がって、一部には従おうとしない動きも起きた。ヴァチカンとの和解が成立するには、第一次世界大戦後の一九二一年を待たねばならない。

学校教育に関していえば、政教分離法によって新しい時代に突入した。修道士や修道女を失ったことに加え、国家と教会の分離により国家の後ろ盾を完全に失ったカトリック系私立学校は、再組織化を余儀なくされ、司教座が監督し、一般信徒が運営する学校へと変質していくことになる。このようにフランスにおけるカトリックの活動の担い手は、二〇世紀に入り聖職者から一般信徒へと徐々に移行していくのである。

その他、政教分離法をめぐって付け加えなければならないのは、アルザス地方とロレーヌ地方の一部地域の例外についてであろう。数奇な運命をたどったこの地域は、普仏戦争におけるフランスの敗北によって一八七一年にフランス領からドイツ領へとその帰属を変えており、再びフランス領になるのは第一次世界大戦後の一九一九年である。つまり、政教分離法が制定された一九〇五年にドイツ領であったアルザス地方とロレーヌ地方の一部には同法が適応されなかった。その結果、現在でもこの地域の政教関係の基本はコンコルダート体制のままなのである。

修道会の国外への展開、植民地の状況

「反教権主義は輸出品目ではない」。レオン・ガンベッタが一八七六年に述べたとされる有名な台詞である。反教権主義は国内向けの政策であって外国には輸出されない、フランス人聖職者たちの外国における活動は妨げられない、という意味を含んだ発言である。フランス人宣教師たちが担った役割は複雑であった。彼らはキリスト教のみならずフランス語、フランス文明の伝播者の任を負っていた。事実、フランスを追われた聖職者は外国での布教に活路を見出し、世紀転換期にフランスの修道会は世界に向けて大きく飛躍する。修道士・修道女は、まずはフランスに隣接するベルギー、イタリア、スペイン、イギリスへ向かい、次いで、太平洋を超えて北アメリカ、ラテンアメリカへと大挙して渡っていった。こうして、「フランス本国が脱キリスト教化を遂げ、ライシテの国になりつつあった頃、逆説的にも、外国人の目には、フランスはカトリックの国として映るような構図になっていたのである」（伊達 2010：314）。

　では、本国で展開した反教権主義政策は植民地にどのような影響を及ぼしたのか。一九〇一～一九〇四年の一連の法は、植民地で活動するフランス系修道会にも少なからぬ影響を与えた。無認可修道会はフランス本国からの補助金が削除され、公的性格も失うことになった。実際、一九〇一年の結社法を受けて、アルジェリアとチュニジアでは修道会が運営する多くの学校が閉鎖されている。とはいえ、共和派陣営とカトリック陣営の対立は本国でのように激化することはなかったといえるだろう。アルジェリアのカトリック教会は一八三七年以来フランスのコンコルダート体制下にあり、現地に赴いていた聖職者にとってフランス政府は自分たちを支えてくれる存在であったし、また植民地政府にとっても、カトリック教会は植民地統治の支柱の一つであった。つまり互いになくてはならない存在だったのである。

　一九〇五年の政教分離法に関しては第四三条で、アルジェリアおよび植民地における法の適用は「法律特別施行令」によって決められると明記された。実際にその後、場所に応じてさまざまな政令が出され、政教関係は個別に規定されていった。現地住民の多くが信仰している宗教は、イスラーム教、仏教、ヒンズー教など場所によって多様であり、さらに植民地と保護領とでは本国との法的関係も異なっていた。そのため政教分離の適用も個別化せざるを得ず、アルジェ

リア（一九〇七）、カリブ海のアンティル諸島およびレユニオン（一九一一）、マダガスカル（一九一三）と、それぞれ政令が発布されている。

アルジェリアを例にとれば、一九〇七年の政令において、政教分離法第一条・第二条と同じ文言で、良心の自由と礼拝の自由を保障すること、さらに国家がいかなる宗派も公認せず、俸給も補助金も交付しないことが謳われている。ところが、第一一条は、「総督府は公益および国益に鑑み、総督府によって指定された宗教者に対して、官費による一時的な手当金を与えることができる」とある。つまり、形式的には政教分離をアルジェリアにも適用するとしながらも、実際にはフランス国家がそれまでの公認宗教であるイスラーム教の聖職者に俸給を支払い続けたのである。それはイスラームを監視することに直結した。フランスによるアルジェリアのイスラーム教の管理は、アルジェリア独立まで続くことになる。この間に総督府から給与を受けとったムフティ（法学者）やイマーム（宗教指導者）はおよそ四〇〇名といわれている。

図7－6　ベルナデット・スビルー（1844-1879）
（出典）Public Domain（https://fr.wikipedia.org/wiki/Bernadette_Soubirous）.

ジェンダー合意

一九世紀を通じて、民衆の生活におけるカトリック教会の存在感は強いままだったが、とりわけ女性と教会の結びつきは強まったようにも見える。一九世紀なかばにフランス南西部ピレネー山脈近くのルルドで起こった「聖母出現」は、カトリック教会の生命力の強さを示す出来事である。一八五八年、少女ベルナデット・スビルーの前に聖母マリアが一八回にわたって現れた。この出現を、一八六二年に教皇庁が正式に認定すると、ルルドはまたたく間にカトリックの聖地として有名になり、フランス中から多くの人、とりわけ傷病者を集める巡礼地となっていくのである（図7-6）。

学校教育は、女性と教会の絆を深める要因となったともいえるし、また反対に女性の宗教熱の高まりの結果、娘を修道女に託す母親が増えたともいえる。一九世紀なかば、女性の理想は聖母マリアであるとされ、家庭生活の宗教的意義が重視されていた。女子教育の最大の目的は、家庭を管理し、夫を支える妻、子どもに適切な教育を与えられる母に、娘たちを仕立て上げることに置かれていた。修道女は、規律正しい生活習慣を身につけ、忍耐強く、華美でなく、そして何よりも自己犠牲の精神を備えているという点で、子どもの教育を担当するにはうってつけだと考えられたのである。一九世紀のフランスは、ある歴史家によって「修道女の偉大な世紀」とも呼ばれるほどで、一八〇八年に一万二三〇〇名であった修道女の数は、一八七八年には一三万五〇〇名へと激増した。信仰心の厚い女性の増加はそれ自体としては、社会になんらかの脅威をもたらすような懸念する現象にはなり得ないだろう。しかし、ひとたび彼女たちが分別や判断力をもたずに司祭のいいなりになるならば、これはカトリック教会の政治的影響力の増大を恐れる共和派にとっては憂慮すべき事態となって立ち現れる。とりわけ国民統合を緊急の政治課題と認識していた第三共和政の共和派にとってはそうであった。

ジュール・フェリーは家庭内における夫婦の精神的離婚状態を解消すべきだと警鐘をならす。つまり、いまのフランスでは、夫は近代社会である共和国の側におり、妻はアンシャン・レジームの教会の側にいる。妻も共和国の側へ呼び寄せて、両者の和解をはからねばならない、というのである。そのための女子教育の改革の必要性が主張された。「女性は社会をつかみ、教会は女性をつかんでいる。教会から社会を解放したいのなら、教会から女子教育をとり上げねばならない」（Delumeau 1992 : 327）と。こうして、先に述べたとおり、一八七九年に政権の座についた共和派がまず着手したのは、女子教育の改革だった。

注意したいのは、女子公教育の制度化に熱心だった共和派においても、女子教育の目的は市民として、個人としての女性の自立・解放ではなく、あくまでも「未来のよき妻、よき母」の育成にあると考えていたことである。共和派とカトリック教会が激しく対立を繰り返したのは、女子教育の非宗教化の問題をめぐってであり、両陣営は一致して、女性の政治参加を否定していた。女性の役割や社会的地位についてのゆるやかな合意が、両者の間には存在していたのである。とはいえ、実際に学校で教える道徳教育の内容が非宗教的なものになり、旧来のキリスト教的規範の社会への影響力が弱まると、それらの変化はその後の女性の生き方に少なからず影響を与え、女性の社会進出を促す要因になっていった。こうして現実の要請に押されて、一九〇二年には女子が男子のバカロレア試験を受験できるようになり、一九一九年には女子向けバカロレアが創設され、一九二四年には男女の中等教育プログラムは同一になるなど、女子教育は一定の前進を遂げる。それでも、ナポレオン法典以来市民権のない状態に置かれてきた女性が、市民権を獲得するのは一九三八年であり（男性が「家長」のままではあったが）、参政権を手にするのは一九四四年でしかない。フランスにおいて教育が男女共学制となり、男女平等がある程度、実現するのは一九七〇年代のことである。

参考文献

上垣豊『規律と教養のフランス近代――教育史から読み直す』ミネルヴァ書房、二〇一六年。

工藤庸子『宗教 vs. 国家――フランス〈政教分離〉と市民の誕生』講談社、二〇〇七年。

工藤庸子『近代ヨーロッパ宗教文化論――姦通小説・ナポレオン法典・政教分離』東京大学出版会、二〇一三年。

栖原彌生「女子リセの創設と『女性の権利』」谷川稔他著『規範としての文化――文化統合の近代史』ミネルヴァ書房、二〇〇三年。

伊達聖伸『ライシテ、道徳、宗教学――もうひとつの一九世紀フランス宗教史』勁草書房、二〇一〇年。

伊達聖伸「イスラームはいつ、いかにしてフランスの宗教になったのか」『宗教研究』八九巻二輯、二〇一五年。

伊達聖伸『ライシテから読む現代フランス――政治と宗教のいま』岩波書店、二〇一八年。

谷川稔『十字架と三色旗――近代フランスにおける政教分離』岩波書店、二〇一五年。

谷川稔他『規範としての文化――文化統合の近代史』ミネルヴァ書房、二〇〇三年。

寺戸淳子『ルルド傷病者巡礼の世界』知泉書館、二〇〇六年。

中野智世・前田更子・渡邊千秋・尾崎修治編『近代ヨーロッパとキリスト教——カトリシズムの社会史』勁草書房、二〇一六年。
ボベロ、ジャン『フランスにおける脱宗教性の歴史』（三浦信孝・伊達聖伸訳）白水社、二〇〇九年。
前田更子『私立学校からみる近代フランス——一九世紀リヨンのエリート教育』昭和堂、二〇〇七年。
前田更子「十九世紀フランスにおける寄宿舎学校の娘たち」水井万里子・杉浦未樹・伏見岳志・松井洋子編『世界史のなかの女性たち』（アジア遊学一八六）勉誠出版、二〇一五年。
レモン、ルネ『政教分離を問いなおす——EUとムスリムのはざまで』（工藤庸子・伊達聖伸訳・解説）青土社、二〇一〇年。
Cabanel, P., et Durand, J. D., (dir.), *Le grand exil des congrégations religieuses françaises 1901-1904*, Paris: Cerf, 2005.
Cousin, V., *Livre d'instruction morale et religieuse, à l'usage des écoles primaires catholiques, élémentaires et supérieures, des écoles normales et des commissions d'examen: autorisé par le Conseil royal de l'Instruction publique*, 2e édition, Paris: F. G. Levrault, 1834.
Delumeau, J. (dir.), *La religion de ma mère: le rôle des femmes dans la transmission de la foi*, Paris: Cerf, 1992.
Dermenjian, G. (dir.), *La place des femmes dans l'histoire: une histoire mixte*, Paris: Belin, 2010.
Duval, N., *Enseignement et éducation en France du XVIIIe siècle à nos jours*, Paris: Armand Colin, 2011.
Jacquet-Francillon, F. (dir.), *Une histoire de l'école: anthologie de l'éducation et de l'enseignement en France XVIIIe-XXe siècle*, Paris: RETS, 2010.
Luc, J. N, et Nicolas, G., *Le temps de l'école: de la maternelle au lycée 1880-1960*, Paris: Éditions du Chêne-Hachette Livre, 2006.
Rochefort, F. (dir.), *Le pouvoir du genre: laïcité et religions 1905-2005*, Toulouse: PUM, 2007.

第8章　フランス経済の二世紀

小田中直樹

この章で学ぶこと

近年の日本とフランスを、経済協力開発機構（ＯＥＣＤ）が公表しているデータ（日本は二〇一七年、フランスは二〇一五年）に基づいて、経済を中心に比較してみよう。

一人あたり国内総生産（ＧＤＰ）は約四万ドル、平均収入は約四万ドル、平均寿命はほぼ八〇歳など、国の「豊かさ」を表す指標はほぼ同じ値であり、また高い水準を達成している。これは、両国が、いわゆる「先進国」に属していることを意味している。

ただし、両国に違いがないわけではない。ＧＤＰに占める政府支出・社会支出は、日本がおのおの約四〇％・約二三％であるのに対して、フランスは約五七％・約三一％である。また、国土に占める農業用地の割合は、フランスは日本の三倍近くに達する。さらに、失業率は、日本が約三％であるのに対して、フランスは一〇％を超えている。

これら特徴の原因は、多くは、産業革命の特質と、それがその後のフランス経済の発展に与えた影響に求めることができる。ここでいうフランス産業革命の特質とは、ひとことでいえば「遅れてきた産業革命」である。

1 キャッチアップ型工業化

遅れてきた産業革命

一七三〇年代から、イギリスでは、綿織物工業部門で紡績機（ジェニー、水力、ミュール）や織機（力織機）など各種の機械が発明されたことを契機として、工業の諸部門で連鎖的な技術革新が生じた。いわゆる産業革命である。この産業革命は、生産性の劇的な上昇をもたらすのみならず、社会のさまざまな領域において、人びとの日常生活に大きなインパクトを与えることになる。

それでは、この時期のフランス経済は、いかなる特徴をもっていたのだろうか。

まず着目するべきは、当時のフランスが、つよく農村的・農業的な性格を帯びていたことである。一七八〇年代についてではあるが、総人口二七〇〇万人強のうち約六割は農業に従事していた。いうまでもなく、労働人口に占める農業労働人口の比率は、それをはるかに上回っていた。国内総生産物についても、これまた約六割は農業生産物であった。工業についても、生産物の中心は麻・毛・絹などの織物であったが、このうち麻織物工業はおもにブルターニュ・ノルマンディ両地方など西部の農村地帯に、毛織物工業はラングドック地方など南部の農村地帯に、ともに散在しており、農村工業と呼ぶに相応しかった。都市工業と呼びうるのは、リヨン周辺で発展した絹織物工業のみである。これら地域で生産された各種織物は、国内で消費されるのみならず、砂糖やコーヒーの生産で繁栄するカリブ海植民地など世界各地に輸出された。

このような状況の下、イギリスにおける技術革新のニュースはただちにフランスに伝わり、発明された各種機械は数年以内にフランスに輸入されて実用に供された。しかしながら、これら機械が急速に普及することはなかった。各種織維製品の生産者は農村部各地に散在しており、新しい技術の伝播には時間がかからざるを得なかったからである。

さらにまた、タイミングも悪かった。一七八九年、フランス革命が勃発する。革命はフランス経済の成長を妨げ、さらには産業革命すなわち技術革新の実現や新技術の導入の開始を遅らせることになった。国内の政治的・社会的な混乱は、人びとの経済活動を大きく妨げた。それだけではない。イギリスなどヨーロッパ諸列強との戦争によって諸製品の輸出は困難になり、また、フランスにとって最重要な輸出入先であったカリブ海植民地サン＝ドマングで黒人奴隷の反乱が生じ、ハイチ共和国として独立する（一八〇四年、独立宣言）という事態が生じた。これらの結果として、フランス産業は海外市場の相当部分を失うことになる。

事態が改善の方向に向かうには、一八〇四年の第一帝政の成立を待たなければならなかった。産業革命の開始による経済成長の重要性を十分に認識していた帝政政府は、一八〇四年には民法典を制定して所有権を保障することにより、人びとが技術革新を試みるインセンティヴを高めた。また、一八〇六年に大陸封鎖令を発し、ヨーロッパ大陸を自国製品の独占的な市場とすることをめざした。政治や社会が安定したこともあり、この時期以降、ノルマンディ・アルザス両地方を中心として、織物工業とりわけ綿織物工業が急速に成長し、また、各種機械の導入や機械制工場の設立が進みはじめた。そのなかで、ノルマンディのルアンやアルザスのミュルーズなど、機械制工場生産の拠点となる都市、すなわち工業都市が誕生する。

イギリスに遅れること半世紀。ようやくここに「遅れてきた産業革命」としてのフランス産業革命がはじまったのである。

公的介入の諸形態

イギリス産業革命は、職人やエンジニアによる自発的な技術革新の集積としてはじまったが、「遅れてきた産業革命」の国フランスには、そのような事態を待つ余裕はなかった。産業革命の開始や進展が遅れれば遅れるほど、工業部門におけるイギリスとの生産性格差は広まり、同国に追いつく（キャッチアップする）ことは難しくなるだろう。工業部門は衰退し、国内産業の中心は農業となり、農業国の性格を強め、イギリスとの農工分業体制が成立するだろう。当時、農業製品と工業製品の交易条件は後者に有利だったから、このことは、フランスの経済的、さらには政治的・軍事的なプレゼンスが低下することを意味していた。

自発的な技術革新の登場を待っていられないのであれば、政府や国家など公的な権力が介入し、人為的に技術革新を誘発し、あるいは新技術を輸入するしかない。公的介入の手段としては、国内工業を保護するために外国製工業製品の輸入を制限する保護貿易政策、官営工場・公企業の設立や政府系金融機関による資金供給といった産業政策、公共土木事業の実施、エンジニアを養成する公立技術学校の設立などがある。これら公的介入によって急速な技術革新をめざす形態の産業革命は、通常、キャッチアップ型工業化と呼ばれている。フランスもその一例をなすといってよい。

図8-1　ドルフュス＝ミーグ社（アルザス地方、オ＝ラン県ミュルーズ）綿紡績工場（1812年）
（出典）Public Domain（https://upload.wikimedia.org/wikipedia/commons/6/66/DMC_filture_XIXe.jpg）.

第一帝政の後を継いだ復古王政（一八一四～一八三〇）は、綿織物工業を中心としてはじまった産業革命の重要性を理解し、綿糸・綿布の輸入を禁止した。これにより、綿織物工業、とくに機械化が進むアルザス地方の同工業は急速な成長を遂げた（図8－1）。

ただし、本格的な機械化を進めるには、機械の材料となる鉄を供給する製鉄業における技術革新が不可欠である。フランスでは、中央山塊（マシフ＝サントラル）を中心として、各地に製鉄所が存在していたが、それらの多くは熱源として地元産の木炭を利用し、伝統的な技術を採用する、小規模なものであった。このような状況において技術革新を誘発するには、製品である鉄鋼の市場を発見・創出することと、原材料（鉄鉱石、熱源である石炭）と製品（鉄鋼）を輸送する交通手段を整備することが必要である。この二つの課題を一挙に解決する方策として見出されたのが、鉄道建設であった。七月王政（一八三〇～一八四八）期の一八四二年、幹線鉄道建設法が制定され、鉄道建設に必要な土地の収用や基礎的な工事は政府が公費を用いて担当することになった。これ以後、フランスは鉄道建設ブームに沸くことになり、製鉄業、さらには機関車製造を担う機械工業の技術革新が促された。

かくのごとく一九世紀前半から中葉に至るフランスで展開されたキャッチアップ型工業化に思想的な基盤を提供したのは、サン＝シモン主義と呼ばれる社会思想である。アンリ・ド・サン＝シモンを始祖とする同主義は、「社会」を一種の「会社」として組織化するべきことを唱え、社会運動家・実業家・政治家の一部に大きな影響を与えた。その代表的な人物が、第二帝政（一八五二～一八七〇）をひらいたルイ＝ナポレオン・ボナパルト、後のナポレオン三世である。彼は、ミシェル・シュヴァリエやペレール兄弟といったサン＝シモン主義者を登用・支援し、パリ都市改造など公共土木事業をはじめとする公的介入を積極的に進めた（図8－2）。これにより、フランス産業革命は第二帝政期末までに完了する。

一八六〇年、ナポレオン三世は、秘密交渉の末、輸入禁止措置を撤廃するとともに、各種関税を大幅に引き下げる通商条約をイギリスと結んだ。保護貿易政策の放棄を意味する同条約は、フランス産業革命が順調に進み、まもなく完了することを、内外に宣言するものであった。

ただし、産業革命が「遅れてきた」ものだったため、フランスの産業とりわけ工業は、生産性の点でイギリスに大きく差を付けられていた。そのため、生産性格差がさほど重要でない部門、すなわち服飾関連など消費財生産部門の比重が大きくなった。また、このことを反映して、従業員数など経営規模は、平均するときわめて小さいものとなった。

図8－2　パリ都市改造の一環であるリヴォリ通り建設の風景（1854年）

（出典）Public Domain（https://fr.wikipedia.org/wiki/Transformations_de_Paris_sous_le_Second_Empire#/media/File:Travaux_nocturnes_des_constructions_de_la_rue_de_Rivoli,_%C3%A9clair%C3%A9s_par_la_lumi%C3%A8re_%C3%A9lectrique.jpg）.

人びとの経済生活

産業革命によって、フランスの産業、とりわけ工業には機械が導入され、生産性が向上することによって生産量の増加と製品価格の低下がもたらされた。このことは、人びとの日常的な経済生活をどのように変化させたのだろうか。

まず工業からみてみよう。フランスの総人口は、一八一〇年代から一八七〇年代までの間に、約三〇〇〇万人から約三六〇〇万人へと、六〇〇万人ほど増加する。ほぼ同じ期間において労働人口は三〇〇万人以上増加するが、そのかなりの部分は工業に吸収され、労働者となった。

労働者の生活は、一般に厳しいものであった。機械化の進展によって熟練（いわゆる「手に職」）が意味をもたなくなったため、労働は女性でも児童でも担いうるものとなった。これは、労働賃金の低下と、失業率の上昇と、労働時間をはじめとする労働環境の悪化をもたらすだろう。機械化が進む繊維工業部門をみると、一日あたり労働時間は一二時間以上が当たり前であり、失業率は一八二八年には四〇％を超え、世紀前半には実質賃金のみならず名目賃金までが低下傾向にあった。そして、フランス革命期に制定された諸法が労働者の労働三権（団結権、団体交渉権、団体行動権）を禁止していたため、労働者は事態を改善させる手段を奪われていた。

労働者の窮状に対して、大部分の政治家・経営者は無関心であり、労働条件を改善する労働保護法制が実現されることは稀であった。その数少ない例外が、一八四一年に制定された児童労働法である。同法は、八歳未満の子どもの労働の禁止と、八歳から一六歳までの児童の労働時間の制限を定めたが、その背景には、労働条件の合理化による生産性の向上と労使関係の改善をめざす一部経営者の意向があった。経営者は一種の「親」として「子ども」たる労働者にあたたかく接するべきであると主張する彼らの思想は、パターナリズム（フランス語でパテルナリスム）と呼ばれている。

次に農業であるが、農村部の各地では共同体規制が撤廃され、自由な農業経営が可能となった。北部を中心として土地所有の集積が進み、労働者を雇用して農業労働を担わせる大規模な経営が広まった。一部の地域では、リン酸塩・石灰・人口肥料・農業機械を利用することによって農業生産性を向上させようとする試みがはじまった。

このように農工業ではさまざまな変化がみられたが、産業革命が完了した後の一八七〇年代になっても、フランスは依然として農業国であったといってよい。たしかに、一八一〇年代から一八七〇年代にかけて、農業労働人口はほとんど増加しなかった。それでも、農業労働人口は、労働人口全体の約六割にのぼった。

農業部門の重要性を反映して、一九世紀のフランスでは、天候不順などに起因する不作はただちに工業部門を含む国内経済全体に波及し、激しい不況すなわち恐慌を引き起こした。不作は、農業労働者など農業に従事する人びとの可処分所得を低下させ、工業製品の需要を減少させ、工場の閉鎖・工場労働者の賃金低下などを引き起こす。そして、このことがまた、農工業製品に対する需要の減少を引き起こし、景気はらせん状に悪化し、恐慌に至る。経済史学者シャル ル＝エルネスト・ラブルースは、このような経緯をたどる恐慌を「旧体制型」と形容しているが、旧体制型恐慌が姿を消すには一八六〇年代、すなわち産業革命の完了を待たなければならなかった。

2　第三共和政期経済の光と影

大不況

産業革命の完了から第二次世界大戦の開始までの時期は、政治史上では、ほぼ第三共和政（一八七〇～一九四〇）に相当する。この時期は、好況と不況の波すなわち景気変動が、きわめてはげしいかたちで現れた。そのなかで組織化という、今日に至るまでフランスを特徴づける経済政策が構想され、具体化してゆく。

一八七三年、フランスを含むヨーロッパ諸国は、農業と工業ともに深刻な景気後退に見舞われた。この不況は、その後、実に約四半世紀にわたって続き、諸国に大きな影響を与えることになる。いわゆる大不況である。大不況の実態は供給過剰による価格暴落であり、産業革命が世界各地で進展したことの帰結であった。実際、農業では、産業革命の一環として交通手段の技術革新が進んで輸送費が低下し、アメリカ合衆国やロシアの農作物とりわけ穀物が大量かつ安価

図８－３　シュネーデル社（ブルゴーニュ地方，ソーヌ＝エ＝ロワール県ル＝クルーゾ）が1877年に設置した鍛造用ドロップハンマー

（出典）　Public Domain（https://upload.wikimedia.org/wikipedia/commons/4/45/Marteau-pilon_du_Creusot_1.jpg）．

に輸入され、市場価格をおしさげた。工業では、フランスの他、ドイツやアメリカ合衆国でも産業革命が進展し、繊維や金属など各種工業製品がこれまた大量かつ安価に市場に供給されるようになった。

フランスにとって、大不況は最悪に近いタイミングで発生した。一八七三年といえば、ほぼ産業革命が完了したばかりの時期であり、しかも、普仏戦争に大敗してアルザス・ロレーヌ両地方という工業地帯を失った直後である。それだけに、フランス経済に対する大不況のインパクトは大きかった。

農業をみると、農業製品価格は、一八八〇年代前半に約二五％下落し、しばらく回復しなかった。とりわけ打撃を受けたのは、輸入の圧力によって価格が三分の一にまで下がった小麦の生産者と、偶然にも時を同じくして虫害（フィロクセラ）に見舞われ、生産量が半減したブドウを原料とするワインの生産者であった。政府は保護関税政策（メリーヌ関税）を採用して農業・農業従事者の保護を図ったが、これは農業生産性の改善をもたらさず、その意味では弥縫策にとどまるものであった。農業生産者の一部は、農業を放棄して離村し、都市部に流入した。一八八〇年代だけで、農村部人口は約二五万人減少した。また別の一部生産者は、比較的打撃が小さい農業製品の生産に転換した。たとえば、ノルマンディやブルターニュといった地方では、酪農・牧畜すなわち乳牛の飼育によるチーズやバターの生産が広まった。北部地方では、甜菜の栽培と砂糖の生産への転換が進んだ。甜菜糖は有力な輸出品だったからである。こうして、フランス農業は、大不況に苦しみつつも、商品作物栽培という性格を強めていった。

工業をみると、政府はいち早く一八七八年に鉄道建設を中心とする大規模な公共土木事業（フレシネ・プラン）を開始したが、その効果は限定的なものにとどまった。産業革命の中核的な産業だった綿織物工業は、もっとも機械化が進んでいたアルザス地方がドイツに割譲されてしまい、また、不況の進行によって国内市場が縮小したため、大きな打撃を受けた。製鉄業については、主要製品の転換や産地の移動がみられた。すなわち、生産の中心地だった中央山塊地帯の主要製品は銑鉄や粗鋼だったが、これらの価格が低下するなかで、一部企業は生き残りをかけて特殊鋼およびそれを材料とする各種機械の生産に移行した（図8－3）。また、ギルクリスト・トーマス法の発明（一八七八）により含リン鉱石を用いた製鉄が可能になると、同鉱石を大量に埋蔵するロレーヌ地方（のうち、ドイツに割譲されずにフランス領にとどまった一部地域）に製鉄所が次々に設立された。

大不況は、フランス経済に大きな打撃と変化をもたらした後、一九世紀末になって、ようやく終了した。

ベル・エポック

大不況は、きわめて大規模な不景気だったが、それにとどまるものではなかった。人びとが大不況に対応するべく苦闘するなかで、主要産業のあり方が大きく変わったのである。その意味で、大不況は経済さらには社会の構造転換を画する事象であった。

まず指摘されるべきは、この時期に重要な発明が、とりわけ前述した製鉄業の他、輸送機器業・発電業・非鉄金属工業といった部門で実用化されたことである。輸送機器業では、一八七〇年代から一八八〇年代にかけてドイツで電車と自動車が実用化されたが、両者はただちにフランスに導入された。はやくも一九〇〇年には、パリで地下鉄が開通した。発電業では、一八八〇年代には水力発電が、一八九〇年代には高圧送電が、おのおのフランスで実用化の水準に達した。非鉄金属工業では、すでに一八五〇年代にアルミニウム電解法がフランスで発明されていたが、その利用が広まり、フランスはアルミニウム生産をほぼ独占するに至った。これら技術革新が進んだのは、消費財ではなく資本財を生産し、また軽工業ではなく重化学工業に属するという点で、一九世紀前半の産業革命とは異なる部門であった。大不況とともに、いわゆる第二次産業革命がはじまったのである。

第二次産業革命の主要な舞台となった重化学工業は、ほとんどがプロセス産業であり、大規模な工場プラントで生産がなされた。その建設には巨額の初期投資が必要であるが、この時期のフランスの特徴は、初期投資の大部分が企業の自己資金でなされる自己金融というかたちをとり、そのため、産業金融と、それを担う投資銀行が発達しなかったことにある。自己金融の優位の理由について諸説があるが、銀行など外部者が企業経営に介入することを嫌うというフランスの経営者に独自の心性に求められることが多い。

これに対して、人びとの貯金を預かる預金銀行は、大きく四つ（四大銀行）に集約されるとともに、全国に支店網をはりめぐらせて事業を拡大した。

それでは、国内の経営者が自己金融に固執するなかで、預金銀行が集めた貯金はどこに向かったのか。それは、外債購入や対外直接投資など、外国投資である。二〇世紀がはじまってから第一次世界大戦に至るまで、フランスの投資額の過半はつねに外国投資によって占められた。主要な投資先となったのは、南アメリカ各国の鉄道建設と港湾設備、バルカン半島諸国の鉄道建設、そしてなによりもロシアの国債と鉄道建設であった。ロシア金融市場におけるフランスのプレゼンスは圧倒的であり、巨額のロシア国債を購入するという行動様式は、のちに「高利貸し的帝国主義」と称された。これに対して、第三共和政に入って拡張政策が本格化した植民地は、この時点では、まだ重要な投資先とは位置づけられていなかった。

第二次産業革命を担う経営主体は大規模な企業であり、大量の労働者を雇用する工場という生産形態をとった。そのため、工場労働者を適切なかたちで社会に統合することが必要となった。一八八四年、団結権を認める法律が制定され、（職業組合結成の承認）一八九五年には労働組合の全国組織である労働総同盟（ＣＧＴ）が結成された。また、労働時間の短縮（一八九二）や週休（一九〇六）の法制化、労働災害補償法の改定（一八九八）など、労働・社会立法によって工場労働者の待遇を改善しようとする試みが進められた。

大不況が終了した後のフランス経済は、第二次産業革命の成果たる好況を享受し、のちにベル・エポック（良き時代）

と呼ばれる時期に入る。

コーポラティズム型の経済組織化

ベル・エポックは、第一次世界大戦（一九一四〜一九一八）の勃発とともに終了した。

大戦は、国土の北部・東部が主戦場となったこともあり、フランスに膨大な被害をもたらした。すなわち、男子労働人口の一割以上が失われ、生産設備については、石炭業の九割、毛織物工業の九割、そして製鉄業の六割から八割が破壊された。これら産業部門の中心が、戦地だった北部・東部だったからである（図8-4）。

大戦が総力戦となったため、政府は経済活動の全領域に対する規制・統制など介入を強化することによって事態に対応しようと試みた。産業部門ごとに、政府の指導・監督の下、原材料の輸入・配分・輸出などを担う企業連合機関であるコンソーシアム（フランス語でコンソルシヨム）が設置され、また経営者団体が組織された。その一方で、労使関係の協調化をめざして、労使紛争が禁止され、あるいは団体協約によって最低賃金制度などを導入するべきことが定められた。

図8-4　第一次世界大戦終戦直後の激戦地モルイユ町の光景（ピカルディ地方，ソンム県，1918年）

（出典）Public Domain（https://upload.wikimedia.org/wikipedia/commons/3/36/Caron_13_-_Moreuil_-_Vue_g%C3%A9n%C3%A9rale.JPG）.

職業団体（労働組合、経営者団体）が政府の指導下に、ただし自主的に交渉して生産の諸条件を定めるかたちをとる組織化は、コーポラティズム（フランス語でコルポラティスム）と呼ばれている。経済を組織化して新しい技術を計画的に導入し、生産性を向上させ、良好な労使関係に基づいて賃金を引き上げることによって国内市場を拡大するとともに、製品価格の引き下げによって海外市場を拡大することがめざされたのである。

大戦はフランスの勝利に終わったが、戦後すなわち両大戦間期になって、コーポラティズム型の経済組織化をめざす動きが消滅したわけではない。大戦中に、フランスは対戦国ドイツが重化学工業部門で圧倒的な優位にあることと、そしてアメリカ合衆国が着々と国力を増強していることを認識させられたからである。

たしかに戦後復興は順調に進み、一九二〇年代なかばには、工業生産高は戦前の水準を超えた。アルザス・ロレーヌ両地方が返還されたため、鉄鋼業は飛躍的に成長して世界第三位となった。自動車生産業はヨーロッパ第一位となり、発電業では、電力供給量は実に年率八%強の速さで増加した。

しかし、化学工業の分野をみると、フランスはドイツに圧倒的なリードを許していた。各種繊維など消費財生産部門は、国際競争のなかで、衰退をはじめた。農業から工業への転換の速度は緩やかであり、農業労働人口の比率は依然として四割近かった。しかも、大不況を乗り切るために保護関税政策を採用したことを反映して、農業生産性の向上は遅れていた。そして、何よりも、農工業を通じて、平均経営規模は一部の例外を除いて拡大せず、そのことが技術水準と生産性の低さをもたらしていた。

これらの問題を解決するには、コーポラティズム型の経済組織化によって経済構造を改革しなければならない――政府・経営者・労働者の一部は、そのような認識を、戦後ももち続けた。政府部内では、一部の閣僚が経済組織化の具体的な方策の検討に乗り出した。また、団体協約や八時間労働が法制化され(一九一八)、社会保険制度構築の検討がはじまった(一九二〇)。CGTは、一九一八年大会で、重要な産業を国有化し、国家・労働者・消費者の三者の代表が管理することをうたう「最小限綱領」を策定した。基本的には自由主義的な市場経済を志向する経営者の間でも、急速に発展する合衆国経済に対する関心が高まり、賃金の引上げや生産の規格化が一部部門で模索された。

ここで留意するべきは、これらの変化は、働く女性にまで届くものではなかったということである。実際、労働人口に占める女性の割合は、二〇世紀はじめから第二次世界大戦終了まで、三〇パーセント代半ばで安定していた。もちろん、この数は低いものではなく、フランス経済とりわけ農業は(おもに家族経営における)女性労働なしではたちゆかなかった。ただし、同割合が増えはじめ、女性の社会進出の加速を語りうるようになるのは、一九六〇年代のことである。その後、働く女性は順調に増え、二一世紀に入ると労働人口のほぼ半数を占めるに至る。

大恐慌から二度目の世界大戦へ

一九二九年に合衆国で発生した不況は、かつての大不況を超える深さで世界各地に広まった。いわゆる大恐慌である。大恐慌がフランスに到達したのは一九三一年であるが、失業者数は翌年からの四年間で倍増し、また一九二九年から一〇年間の年平均成長率は建設業や金属工業でマイナス五％、機械・電気工業に至ってはマイナス九％を記録するなど、フランス経済は大きな打撃を受けた。

この事態に対して、フランスの政府および労使は、二つの方策で対応しようと試みた。

第一は、製品市場の防衛と拡大である。小麦をはじめとして各種輸入品の関税率が引き上げられるとともに、農工業製品について輸入数量の制限がかけられた。また、第一次世界大戦後には植民地が製品市場として注目されはじめていたが、植民地の不況対策として、公債発行による大規模な産業基盤整備が進められた。さらに、本国と植民地の相互輸出入を促進するべく、関税率・輸入割当・資材利用などにおいて相互を優遇する措置がとられた。これら政策を総称して帝国政策と呼ぶが、これにより、本国と植民地は単一の経済圏という性格を強めてゆく。実際、一九三〇年代には、植民地貿易は輸出入額の三割程度を占めるに至る。

第二は、経済組織化の促進である。一九三五年、ＣＧＴは「経済社会刷新計画」を採択し、重要な産業を国有化して国家・生産者・消費者の代表が管理する、中央銀行であるフランス銀行を国有化する、フランス経済全体の計画化と管理運営を担う「経済高等評議会」を設置する、といった内容からなる経済組織化構想を提示した。そして、翌年の総選挙では、社会党・急進社会党・共産党からなる左翼連合「人民戦線」が圧勝し、レオン・ブルムを首相とする内閣が発足した。ブルム内閣は、共産党は閣外協力にとどまったものの、ＣＧＴなどの支持の下に、経済の組織化を進めてゆく。ブルムは、首相就任後ただちに大恐慌の克服をめざして労使の仲介に乗り出し、労働者側はストライキの中止、経営者側は賃金の引き上げ・有給休暇制度や週四〇時間労働の導入・団体協約の容認などを、おのおの約束した。これは首相官邸の名をとってマティニヨン協定と呼ばれるが、同協定はまさにコーポラティズム型の経済組織化の典型であった。

その後、フランス経済は、どうにか大不況を脱する方向にむかうが、しかし、これもまたタイミングが悪かった。一九三九年には第二次世界大戦（一九三九〜一九四五）が勃発し、翌年にはフランスはドイツに敗北して休戦協定を結ばざるを得なかったからである。

協定の結果、フランス北部は、ドイツの占領下に置かれた。これに対して、南部は、ヴィシーを首都とし、対独協力を唱える政府、通称ヴィシー政権が治めることとなった。ここで興味深いのは、ヴィシー政権が、CGTや人民戦線政府と同じく、コーポラティズムを社会や経済の編成原理としたことである。商工業では、全企業は部門ごとに組織委員会に編成され、同委員会が、政府の監督の下に、生産技術・製品価格・原材料配分を決定した。農業では、農業従事者は農民組合に加入し、法的拘束力をもつ農業計画に基づいて生産することを義務づけられた。

しかし、ドイツが諸資源の供出を強制したことと、大戦期後半にはフランスが戦場になったことを反映して、フランス経済は大戦で壊滅的な打撃を受けた。一九四四年にフランスは解放されるが、解放時の消費水準は開戦時の約四割、工業生産高も約四割、農業生産高ですら約七割にまで低下していたのである。

3　栄光の三〇年と、その後

ディリジスム型の経済組織化

フランスが解放されると、共和国臨時政府が成立して政権を担うことになった（図8-5）。政府の中核をなしたのは、国外で対独抵抗運動を進めたシャルル・ドゴールと、国内で同運動を担った全国抵抗評議会（CNR）である。このうちCNRは、一九四四年、CGTの思想的な影響の下、戦後復興の基本政策を定める「CNR綱領」を定めた。ドゴールが率いることになった臨時政府は、同綱領を大枠で採用して経済復興をめざすとされた。臨時政府の経済政策は「国有化と計画化に基づく経済組織化」と要約できる。すなわち、一九四四年から一九四六年にかけて、電気・ガス・石炭などエネルギー部門、航空や海運など輸送部門、自動車や航空機など輸送手段生産部門、フランス銀行や四大銀行など金融部門、さらには保険部門などにおける大企業の相当部分が国有化された。また、エネルギー部門では、フランス石炭公社やガス電力高等評議会が設置されて経営政策を決定し、金融部門では、国家信用評議会と銀行監督委員会が設置されて民間銀行も含めた同部門全体の監督と管理を担うなど、各部門において、政府の主導の下に計画化を進める体制が構築された。このような国有化と計画化によってフランス経済の総体を組織化し、合理的で生産性の高い技術を導入することにより、少しでも早い復興を実現することがめざされたのである。

ここで留意するべきは、CGTやCNRが唱えた経済組織化構想と、臨時政府が実現に移した構想の間には、実際には違いが存在することである。前述したとおり、前者は政府の仲介の下に労使が交渉するというコーポラティズム型の組織化を志向していた。これに対して、ドゴールと彼を支持する通称ドゴール派は、意思決定過程に対する労使の参加を極力廃し、政府の強力な指導の下、組織化による復興を進めるという政策路線「ディリジスム（国家統制経済）」を選択した。この路線は、産業革命が「遅れてきた」ものだったことの結果として公的介入による急速な技術革新を経験したフランスにとっては、馴染み深いものであった。そして、臨時政府内部の主導権争いに勝利したのは、最終的には後者であった。意思決定過程から排除されたCGTなど労働組合は、コーポラティズム型の経済組織化の時期に培われた組織力を背景として、ストライキによる賃金の引き上げや最低賃金制度の

図8－5　解放直後のパリ（先頭を歩くのはフランス共和国臨時政府主席シャルル・ドゴール）

（出典）Public Domain（https://upload.wikimedia.org/wikipedia/commons/d/d7/General_Charles_de_Gaulle_and_his_entourage_set_off_from_the_Arc_de_Triumphe_down_the_Champs_Elysees.jpg）.

確立などを求めてゆくことになる。
　一九四七年、ディリジスム型の経済組織化という政策思想に基づく第一次経済五カ年計画、通称モネ・プランが策定された。そこでは、エネルギーや鉄鋼など重要と判断された部門に対して優先的に資源と資金を供給することにより、急速な復興を実現するべきことが唱えられた。計画は順調に進み、一九四八年には工業において、一九五〇年には農業において、おのおのの生産高が戦前の水準を回復した。これ以後、経済政策の主要課題は「復興」から「成長」に移行する。

図8－6　1969年にフランスがイギリスと共同開発に成功した超音速旅客機コンコルド
（出典）Public Domain（https://upload.wikimedia.org/wikipedia/commons/6/69/Concorde.planview.arp.jpg）.

栄光の三〇年

　ドイツの支配から解放された一九四四年から石油危機がフランスを含む世界各地を襲った一九七三年までの約三〇年間、とりわけほぼ戦後復興が完了した一九五〇年前後から石油危機までの間、フランスは高度経済成長を実現し、世界有数の経済力を誇るに至った。この期間は、今日では、栄光の三〇年と呼ばれている。この間、国民一人あたり年平均経済成長率は五％以上にのぼり、国内総生産は四倍となった。
　経済成長の主力となったのは、工業では、積極的な技術革新にとり組んだ国営企業である。国営企業の収益率は、一九五〇年代が約一九％、一九六〇年代前半でも約一五％と、圧倒的であった。国営企業は、もともとは重化学工業部門を中心とする大企業だったから、これにより、消費財生産部門・軽工業・中小企業から資本財生産部門・重化学工業・大企業への移行が進んだ。政府もまた、投資資金の供給、公共土木事業の拡延、戦略的に重要であると判断された産業の育成をつうじて、これら企業の育成を支援した。その成果は、のちに、超音速旅客機コンコルド（イギリスとの共同開発、実用化は一九六九）、高速旅客列車ＴＧＶ（同一九八一）、電話回線利用データ通信ミニテル（同一九七九）など、先端的な製品の独自開発に結晶する（図8-6）。ここには、典型的なディリジスム型の経済組織化に基づく成長がみてとれる。

農業をみると、栄光の三〇年における農業生産高の年平均成長率は三％と、ここでもまた高水準の成長がみられた。ただし留意するべきは、この成長が、離村の増加すなわち農村人口の減少と、平均経営規模の拡大と、そして国内総生産における農業製品比率の低下すなわち工業化を伴っていたことである。一九五〇年代には約六〇万人が離村するが、その大部分は経営規模一〇ヘクタール以下の小規模農民と農業労働者であった。彼らは都市部に転居し、都市化を進展させるとともに、農工業にとって重要な製品市場をなした。農村部に残ったのは、経営規模を拡大し、新技術を積極的に導入して生産性を向上させ、場合によっては企業化を志向する農業経営者が担う農業であった。

実際、一九五〇年代末まで、フランス国内総生産に占める輸出の割合は一割程度であり、フランス製品の大部分は（植民地を含む）国内市場にむけて生産されていた。

事態を変えたのは、マグレブ地域やインドシナ半島で進む脱植民地化と、欧州経済統合の動きである。とりわけ一九五八年の欧州経済共同体（ＥＥＣ）成立は、フランスにとっては、アクセス可能性の点で有利な巨大市場が国外（ただし欧州域内）に生まれたことを意味した。フランスのＥＥＣ域内貿易は、農業製品と資本財を輸出し、消費財を輸入するという構造をとったが、これは、当時のフランスが農業国にして工業先進国という独特な産業構造を実現し得たことを意味している。

新しい経済構造の模索

石油危機の後、フランス経済はさまざまな問題に直面することになった。経済成長については、国民一人あたり年平均経済成長率は二％強に鈍化したが、それでも成長そのものは続いた。問題は、工業とりわけ先端技術製品生産諸部門の国際競争力の低下と、そしてなによりも失業率の急上昇にあった。工業製品の輸出については、貿易収支をみると一九八五年から黒字が減少しはじめ、また世界市場に占める占有率も低下した。先端技術製品生産諸部門の世界市場占有率は、米日独に大きく引き離された。失業率については、一九七四年には三％弱だったのが、一九八〇年には六％強に倍増し、一九九三年には一〇％を超えてしまった。とりわけ若年層の雇用状況はひどく、一五歳から二四歳までの世代の失業率は、一九八〇年からは二〇％以上を維持している。

この事態は、資本財生産とりわけ重化学工業部門における製品供給を担う巨大な国有企業を中心として経済を組織化するというディリジスムと、そこから排除されているが依然として相当程度の力をもち、ストライキなどの手段によって雇用の維持と賃金の引き上げを実現する労働組合の存在で特徴づけられるフランス経済が制度疲労を起こしていることを意味する。政府が管理する産業構造も、労働組合が強い労働市場も、ともに硬直的になりやすいからである。これでは、技術革新を誘発して国際競争力をもつ新産業を創出し、雇用機会を供給して失業者を吸収することは困難だろう。

それでは、いかなる経済政策をもちいて事態に対応するべきか。石油危機から今日に至る時期のフランスを特徴づけるのは、この問題に対する処方箋をめぐる試行錯誤と、これら処方箋に対する国民の期待・満足と不安・不満の歴史である。

一九七四年に成立した中道右派政権（ヴァレリ・ジスカール＝デスタン大統領）は、経済の硬直性を打破するべく、市場原理・小さな政府・規制緩和の導入による経済的自由主義を選択した。しかし、これだけでは、技術革新の実現による新産業の創出を実現することはできないし、その一方で失業者は確実に増えてゆくだろう。かくして国民の不満は高まり、一九八一年には政権交代がなされ、社会党を中心とする左翼連合が政権の座に就いた（フランソワ・ミッテラン大統領）。同政権は経済政策を一八〇度転換させ、国有化・大きな政府・ディリジスムという石油危機以前の政策路線に回帰したが、事態は一向に改善せず、これまた国民の不満を招いた。

その後、一九九五年には右派が政権の座に就き、二〇〇七年には社会党が政権をとりかえすが、今日に至るまで、国際競争力の回復と失業率の低下を実現するには至っていない。数十年来鬱積する国民の不満は、フランス経済の困難は欧州経済統合や移民のせいだと主張し、反ヨーロッパ主義・排外主義・ポピュリズムを特徴とする左右両極の政党の進出と躍進に結晶しつつある。
経済構造のあり方をめぐって試行錯誤するフランスは、今後、いかなる方向に向かうのだろうか。

コラム7　フランス農村史
――マイナーな「多数派」の歴史

槇原　茂

マルク・ブロックの名著『フランス農村史の基本性格』が一九三一年に出版されて以降も、「農村史」を書名に含む文献は意外なほどすくない。とはいえ、農業、農民、村落共同体、そして民俗(フォルクロール)などの文化面をも広く包括する領域として「農村史」を捉え、さらに博士論文の対象とされた精緻な地域史(モノグラフィ)の蓄積まで視野に入れれば、フランスの歴史研究において決して軽視されてきたわけではないことは明言できる。以下では、フランス革命以後の大まかな流れをたどってみよう。

フランス革命の展開において、農民の果たした役割はよく知られている。たとえば一七八九年八月に国民議会がいち早く封建制廃止に踏み切った背景には、「大恐怖」と呼ばれる農民一揆の拡がりがあった。カトリック教会や亡命貴族の財産が没収、国有化された後で売却されたが、これを農民がどの程度手に入れたかについては今日なおも議論が続く。しかしその後、小地片を所有するいわゆる小農層(小規模経営という点では、定期借地農、分益小作農の多くも含む)が少なくとも数の上ではフランス農村の主要なアクターとなったことは間違いない。

一九世紀、イギリス流の資本主義的農業を称揚する自由主義者が大経営の優位性を説く一方で、農民の無産労働者(プロレタリア)化を必然とするマルクスをはじめ社会主義者によって、小農民はいずれ消えゆく存在とみなされた。ところが現実には、革命と民法典(一八〇四)が設定した均分相続の影響もあり、むしろ大土地所有は減少し、小土地所有・零細土地所有の農民の数は増加していった。この傾向にブレーキがかかるのはようやく一九世紀最後の四半世紀の大不況(第8章第2節参照)を待ってのことだった。しかし後述のように、小農はその後数を減らしながらも、消え去ることはなかった。同時代人のエミール・ゾラは、作品『大地』

のなかで農民のエゴイズムと土地欲求をグロテスクに描いている。

さらに一九世紀には、政治的な面でも農村の存在感は強まってきていた。とくに第二共和政下で男子普通選挙権が成立して以降、人口の大多数を占める農民票の行方は為政者の関心の的になった。はたして農民の側では、自らの票の重みをどのように認識していたのだろうか。歴史家たちは、フランス農民がいかに「政治化」したのかという問いを通して、政治と農村社会の関係について多様なアプローチを試みてきた。たとえば、公教育や徴兵制など国民統合にかかわる領域のみならず、共同放牧の権利や共有地分割の問題など村人の生活に直結する問題についても、県知事や町村長・議会を介して、国の政治と村の政治が幾度もぶつかり合い、接合されたことがわかっている。村のローカルな争いごとが国の政治に取って代わられたというよりも、さまざまな媒介者によって両者が関係づけられたのである。

二〇世紀に入って、二度の大戦のほか、一九二九年にはじまった農業不況、戦後の「栄光の三〇年」下の農業・農村の相対的な地位低下を経てもなお、土地所有の規模を次第に拡大しながら、農民的家族経営が存続してきた。その背景には、一九世紀末の職業組合法以降急増した農業組合や協同組合による農業近代化の取り組みに加え、農相ジュール・メリーヌによる保護関税や農業信用の創設から、EC／EUの共通農業政策（CAP）の下、一九六〇年代より幾度も補完された農業経営強化策にいたる国家の手厚い保護政策の働きもあった。

以上に概観した二世紀あまり、農民を粗野で遅れた人びととみなす言説（ゾラの前にはバルザックも）とならんで、「フランス農民という偉大な人びと」（ジュール・フェリー）、「大地は偽らない。……祖国そのもの」（ペタン元帥）といった言説も後を絶たなかった。「農村史」もまた、牧歌的ではありえなかったといえようか。

参考文献

小田中直樹『一九世紀フランス社会政治史』山川出版社、二〇一三年。
工藤光一『近代フランス農村世界の政治文化——噂・蜂起・祝祭』岩波書店、二〇一五年。
是永東彦『フランス農業構造の展開と特質』日本経済評論社、一九九三年。

参考文献

遠藤輝明編『国家と経済』東京大学出版会、一九八二年。

大森弘喜『フランス鉄鋼業史』ミネルヴァ書房、一九九六年。

キャロン、フランソワ『フランス現代経済史』（原輝史監訳）早稲田大学出版部、一九八三＝一九八一年。

権上康男『フランス帝国主義とアジア』東京大学出版会、一九八五年。

権上康男『フランス資本主義と中央銀行』東京大学出版会、一九九九年。

権上康男『通貨統合の歴史的起源』日本経済評論社、二〇一三年。

服部春彦『フランス近代貿易の生成と展開』ミネルヴァ書房、一九九二年。

服部春彦『経済史上のフランス革命・ナポレオン時代』多賀出版、二〇〇九年。

廣田功『現代フランスの史的形成』東京大学出版会、一九九四年。

レヴィ＝ルボワイエ、モーリス『市場の創出』（中山裕史訳）日本経済評論社、二〇〇三＝一九五一／五二年。

第9章　大戦から大戦へ——変動する世界とフランス社会

舘　葉月・南　祐三

この章で学ぶこと

本章は、一九一四年の第一次世界大戦勃発から一九四五年の第二次世界大戦終結までの時期を扱う。二〇世紀を特徴づける二つの大戦は、その帰結として、一九四〇年代後半以降の米ソを中心とする冷戦構造を生じさせた。それは、ヨーロッパが覇権を喪失していく過程でもあり、「帝国」や「文明」など従来の価値観に揺さぶりがかけられた。内に向けた共和国と外に向けた帝国というフランスの二つの顔は、三〇年間でどのように変化したのだろうか。まずは、フランスにとっての第一次世界大戦と、戦争が多方面に及ぼした影響を見ていく。大戦終結後も不安定で刻々と変わってゆく世界情勢と連動して、一九二〇・一九三〇年代のフランス社会も複雑に変化していった。しかし、一九三九年に勃発した第二次世界大戦は、共和国がそうした変化に対応しきれなかったことを暴くことになる。とりわけそれは、国民統合における共和国理念の限界を露呈させ、ヴィシー体制という、フランスのもう一つの内なる顔を剝(む)き出しにさせた。そうした点に注目しつつ、二つの大戦を通じて深まったフランスの苦悩について考えてみよう。

1　第一次世界大戦の衝撃

世界史的視座からの大戦見取り図

第一次世界大戦は一般に、「現代」の出発点になったとされている。その「現代」性を、戦争がもたらした二つの変化から考えてみよう。第一に、国際情勢にみられた変化である。世界の繋がりがますます複雑に絡みあうようになり、相互依存と一体化が進んだ。第二に、フランス国内に出現した、政治・社会・文化における変容である。それは、本格的な大衆化と民主化の時代の到来とも理解できる。この二つの流れは、少しずつ形を変えつつも現在まで連綿と続いている。第一次世界大戦がこうした時代への契機となったのは、その名の通り戦争が、あらゆるレベルの人員・資源を動員した「大戦」であり、しかもそれが「世界」規模だったからである。

開戦の直接のきっかけは、一九一四年六月二八日にサライェヴォで起こったオーストリア＝ハンガリー帝国の皇位継承者夫妻の暗殺事件である。バルカン半島では一九一二年から二度にわたって戦争が勃発しており、緊張を抱えていたなかでの事件だった。しかし、一九世紀後半以降、同盟関係および外交上の譲歩と調整に基づいた大国間の勢力均衡がめざされ、火種はありつつもヨーロッパ全体としての平和は保たれていた。実際このときも、イギリスが英仏独伊による外交的調停の場を設けることを提案している。ところが、それにドイツが賛同しなかった。結局、七月二八日に、オーストリア＝ハンガリー帝国が、背後にロシアがいるセルビアに対して宣戦布告し、それを機に同盟関係で結びついていた国々が次々に参戦を表明する展開となった。露仏同盟を結んでいたフランスは八月一日に総動員令を出して開戦に備え、同三日にドイツがフランスに宣戦布告した。

戦火を交えたのはヨーロッパ列強だけではない。日本やオスマン帝国は一九一四年のうちに参戦した。交戦国の多くが世界各地に自治領や植民地をもち、アジア、アフリカ、オセアニアからも人員や資源が投入された点も重要である。

戦域はヨーロッパ大陸を越え、アフリカや中東での陸戦、インド洋やアジア太平洋での海戦にまで拡大した。戦争は長期化し、一九一七年にはアメリカ合衆国や中国も加わった。動機は複合的だが、戦後の国際社会で自らの地位を高めるために、参戦に利害を見出したことは間違いないだろう。他方、スイスやスカンジナビア諸国など中立を貫いた国も、経済封鎖の影響や国境警備に伴う国民の負担増など、戦争と無関係ではいられなかった。

各国・地域の立場は異なるにしろ、世界中がこの戦争に巻き込まれ、その推移を注視した。第一次世界大戦のグローバル性は、いくつかの共通してみられた現象によっても説明される。第一に、近代兵器と総力戦による甚大な犠牲と被害である。世界中で六五〇〇万人の兵士が動員され、九〇〇万人以上が戦死、二〇〇〇万人が負傷した。それだけでも驚くべき数字であるが、民間人の避難や強制移動の苦難、飢餓や疫病の広がり、休戦以降も続いた局地的な紛争による被害まで考慮すると、大戦勃発に起因した災厄の大きさはさらに膨らむ。第二に、国民意識の進展である。異なる地方や社会階層出身の成人男子が兵士としてともに戦い、国家への帰属意識を強めた。植民地臣民や銃後の女性も愛国的プロパガンダの対象となった（図9－1）。その一方で、既存の共同体や国家の枠組みを超える繋がりや思想が生まれたことが、第三点目として指摘できる。たとえば、今まで自分の村や町しか知らなかった兵士が、従軍、そして人によっては遠征や捕虜経験を通して、否応なしに新しい世界を目にし、その体験はその後の人生に影響を与えた。また、戦争遂行のために用いられた種々のプロパガンダは、国をもたない民族のナショナリズムやさまざまなマイノリティの政治意識を刺激する

図9－1　絵葉書「フランス賛歌，私たちはフランス兵。私たちに頼りにして」
女性と植民地を動員するためのプロパガンダの一例。
（出典）　フランス現代国際問題図書館（BDIC，フランス・ナンテール大学）所蔵。Winter, J., *The Cambridge History of the First World War: Volume 1, Global War*, Cambridge: Cambridge University Press, 2014 より。

ことにもなった。それは、戦中から戦後にかけて、平和運動、共産主義革命、植民地の民族運動、といった諸々の運動へと繋がっていく。

近代戦――兵士たちの日常

それでは、フランスにとっての第一次世界大戦を、上述の三点がどのように表れたのかにも目を配りつつ見ていこう。フランスでは、戦時を通して八七〇万人が動員された。そのうち六〇万人ほどは植民地出身者で、サハラ以南のアフリカ兵の総称である「セネガル歩兵」たちも前線に送られた。動員された兵士のうち負傷者は四二〇万人、戦死者は一四〇万人を数え、フランスは戦闘員のもっとも甚大な犠牲があった国の一つであった。

フランス軍のほとんどは、ドイツ軍との戦闘のために、北海からスイスまで七五〇キロにわたった西部戦線に配備された。他には、対オスマン帝国戦線に五〇万人が投入された程度である。それゆえ、多くの犠牲を出したマルヌの戦い（一九一四年九月～一〇月）やヴェルダンの戦い（一九一六年二月～一二月）といった激戦の名とともに、西部戦線がフランス人の集合的記憶のなかに深く刻まれている。この戦線は、戦争の近代化を如実に反映していた。一九世紀後半以降の技術革新と国民軍の整備により、各軍が攻撃よりも防御を強固にしていた結果、一九一四年秋に戦局は塹壕戦に突入する。後方からの物資や兵員の補給を絶えず受けることができたため、両軍のにらみ合いは長期化し、日常的な砲撃と定期的な大作戦が繰り返される消耗戦となった。

兵士たちはこの新しい現実にどう向き合ったのだろうか。一九一四年の夏から秋にかけて大勢の若者が前線に向かったが、その中に二九歳になるロラン・ドルジュレスもいた。彼は戦争をリアリズムをもって描いた『木の十字架』（初版一九一九年）で作家として名を成すことになるのだが、開戦時、強い義務感と愛国心から志願して入隊している。実際、この時期の動員は比較的円滑に進んでいた。それは第三共和政下の「フランス人意識」の醸成（第6章参照）が十分に成功していたからだともいえるだろう。ドルジュレスによれば、集まった若者たちは、「ちょっとした刺激を期待し」、戦争を「予想外のバカンス」とでも考えているようだった（Dorgelès 1929：7）。社会階層の垣根を越えた仲間意識も生まれた。しかし、単調で過酷な塹壕戦がはじまると、兵士たちは死への不安や恐怖に強くとらわれていく。さらに、ドルジュレスは、「ガスマスクの醜さが戦争の真の姿を象徴的に示していた」（同：27）とも回想する（図9－2）。この戦争では戦車、機関銃、毒ガス、手榴弾など、遠距離使用が可能で殺傷力が高い兵器が、実用化された。相手の顔をみることなしに攻撃できる近代兵器の登場は、二〇世紀の戦争における暴力性の加速を予兆させるものである。

近代戦を戦い抜く上で、兵士の士気と規律を維持することは、政府と軍部にとって重要な問題だった。開戦当初、服務規程違反者には厳しい処分が下された。もち場の放棄や不服従を理由に、戦時を通して二五〇〇人が軍事法廷で死刑宣告を受け、うち六五〇人が銃殺刑に処されたが、三分の二が開戦一年以内の措置である。戦線が膠着すると、こうした厳罰がかえって兵士の士気を挫くことが懸念され、緩和された。それでも、開戦から二年が経過する頃には、兵士たちの間にはペシミズムが広く蔓延していた。そうしたなか、一九一七年四月のシュマンデダムの戦いで、フランス軍に二週間で一五万人の死者が出る。この大敗が契機となり、兵士たちの不満は暴動や集団的不服従のかたちで一気に噴出することになった。

図9－2　前線でガスマスクを装着するフランス兵

（出典）　カン・ノルマンディ大学ラフォン・コレクション（https://www.flickr.com/photos/universite_aen/15100131460/）。

兵士の戦争体験は、前線にのみ集約されるものではない。四年間で五〇万人のフランス兵がドイツの捕虜となり、収容所に送られた。後の第二次世界大戦時には英雄となるシャルル・ドゴールも、一九一六年に捕虜となり、休戦までを収容所で過ごしている。将校として優遇された収容生活を送ることができたドゴールは、戦線復帰しようと五回の逃亡を試みるほどの気力を保っていた。しかし、一般兵の捕虜は、より厳しい収容生活を強いられた上に、労働力としてドイツ経済に組み込まれ、無気力、疎外感、罪悪感などに苦しんだ。

銃後の社会――それぞれの戦争体験

西部戦線の塹壕戦が第一次世界大戦の代名詞ともなっている一方で、同じ地方で起こったにもかかわらず、あまり語られてこなかった歴史がある。北フランスにおける民間人の戦争体験である。開戦から二カ月間のドイツ軍の怒涛の進軍のなかで、一〇以上の都市と六二〇の村が徹底的に破壊され、この地方に残された二五〇万人は一九一八年に連合軍が巻き返すまでドイツの占領下に置かれた。第二次世界大戦期の占領は広く知られているが、フランスは第一次世界大戦においても占領を経験していたのである。一部住民は人質あるいは労働者としてドイツへ強制移送され、残る人びとはドイツ軍の統制下で日常生活を続けた。経済的にも搾取され、困窮や飢えが蔓延した。

この分断され孤立した北フランスの状況は、新聞や噂を通して残りのフランスに伝えられた。とくに開戦当初のドイツ軍による残虐行為は盛んに報じられ、「野蛮な敵」ドイツに対抗する「文明国」フランスの戦いというイメージを定着させた。こうした構図はフランスの正当性を国民に納得させ、指導層が国を一つにまとめるのに貢献したといえる。

国家権力が国民の生活に徐々に介入し、戦時体制が整えられていった。戦前の党派対立は一旦棚上げされ、挙国一致内閣「神聖同盟(ユニオン・サクレ)」が結成される。なかでも、弱冠三六歳の社会主義者アルベール・トマが軍需大臣に任命されたことは、象徴的である。トマは、社会問題の専門家たちの助けを得、自動車製造会社ルノーなどの産業界と官界との緊密な関係を築きながら、武器・弾薬をはじめとする生産の効率化をはかった。労働者階級が国民として統合されることを望んでいたトマは、労働条件の改善や労使関係の調停にも腐心している。

一方で、労働力不足を補うために一時雇用された人びとの待遇には、国家による管理や監視の側面が強く表れた。女性が、過酷な労働条件の下、軍需工場などで働くようになった。しかも、戦時においては女性の身体は「国に帰属する」との考えが強まり、前線で戦う男性を支える女性像が求められた。かえって性差は強調されたのである。女性看護師がその象徴となる一方で、そこから逸脱する女性、たとえば、敵国出身者と関係をもった女性や平和運動に参加する女性への反発は強まった。

フランスの「外」から来た労働力も、フランスの戦争経済を支えた。半強制的に連れてこられた植民地出身者や中国人、近隣の同盟国・中立国からやってきた労働者、収容中のドイツ人捕虜らである。多くの場合、集団で労働に従事し、地域社会からは隔離された。一九一七年に、外国人労働者に対して職種や国籍が記された身分証明書の携帯が義務づけられたことは、特筆に値するだろう。この措置は戦時の労働力管理の枠を超えて戦後も存続し、これ以降の「移民」管理の柱となっていくのである。

こうして広範囲で進められた戦争への社会的動員は、それを阻害するとみなされた者の隔離や排除と表裏一体だった。敵国出身の外国人や「疑わしき者」、つまりドイツと通じていると判断された者、売春婦、浮浪者などは、戦線から離れた西部地方に設置された六〇もの収容所に送られた。その数は、随時六〜七万人を数えた。

戦争が長引くにつれ、祖国防衛のために一致団結したかに見えた社会に、亀裂が生じはじめる。報道写真や従軍作家の作品をとおして戦争の実態が銃後まで伝わると、厭戦気分が醸成され、愛国的プロパガンダに対して懐疑的な視線が向けられるようになった。一九一七年頃には、戦争をいかに勝つかではなく、いかに終わらせるかを考える人びとが増えた。しかし、社会主義者や教皇庁がそれぞれの立場から試みた和平工作は失敗に終わってしまった。出口の見えない戦争のなかで、物価高に対する労働ストライキが頻発し、次第に反戦色を帯びていく。避難民への風当たりが強まったことも指摘しておこう。開戦当初、前線地域から逃れてきた二〇〇万人もの避難民への救援は、連帯意識と戦時の義務感に支えられ、社会のさまざまな層によって自発的かつ積極的に組織された。ところが、時間の経過に伴い、彼らは地域住民との摩擦の原因や敵意の対象にすらなったのである。

2　戦後国際秩序のなかのフランス

戦勝国としての再出発——新しい国際関係のヴィジョン

一九一七年末、前線でも銃後でも閉塞していた状況を打開することを期待されて首相に任命されたのが、七六歳になるジョルジュ・クレマンソーであった。一八七〇年の普仏戦争さなかに政治家のキャリアを開始したクレマンソーは、まさに第三共和政とともに生きてきた人物だ。ジャーナリストとしてドレフュスを擁護する記事を書き、政治家としては共和政の確立のために闘ってきた。老いてもそのエネルギーは衰えず、戦中を通し政府の軟弱さや妥協的平和への方向転換を糾弾し続けた。世論の重要性を熟知していたクレマンソーは、首相就任後も、反対派を抑え込んで徹底抗戦を訴え、前線を廻って兵士を鼓舞し、国内の一体感を再び高めることに努めた。戦局は一九一八年春までドイツ軍優勢だったが、アメリカ軍の参戦もあり夏以降は連合国軍が反撃に転じ、一一月一一日に休戦協定が締結された。その日、クレマンソーは国民に宣言した。「我々は戦争に勝利した。しかし、今度は平和を勝ち得なければならない。それは、おそらくより難しいことだろう」（Guieu 2015：7）。

クレマンソーは正しかった。実際に平和は二〇年しか続かなかったからだ。しかし、この間、平和を維持するための努力は懸命になされたのであり、それがどのようなものだったかを知ることは、二〇世紀の歴史を理解する一助となるだろう。一九一九年一月一八日に講和会議がはじまり、国際関係を安定させるためのルール作りが進められる。けれども、それが必ずしも国・地域間の平等な関係性に立脚したものではなかった点は重要である。そもそもパリ講和会議は、準備会議としてはじまったにもかかわらず、そのまま本会議となり、敗戦国に発言の機会がほとんど与えられないまま講和条約が作成された。六カ月の間に五二の専門委員会が作られ、一六四六回の会議が開かれ、慌ただしく戦勝国主体の国際秩序が構想されたのである。重要案件については、一四カ条で有名なアメリカ大統領ウッドロー・ウィルソン、イ

図9－3　ヴェルサイユ宮殿の鏡の間で条約調印を交わす各国首脳。肖像画家ウィリアム・オーペンの手による1919年の作品。中央がクレマンソー、左手にウィルソン、右手にロイド＝ジョージ、その向かい側で書類に目を落とし調印しているのがドイツ代表団。
（出典）帝国戦争博物館（ロンドン）所蔵（https://commons.wikimedia.org/wiki/File:William_Orpen__The_Signing_of_Peace_in_the_Hall_of_Mirrors,_Versailles_1919._Ausschnitt.jpg）。

ギリス首相ロイド＝ジョージ、そしてクレマンソーの間で決定が下された。クレマンソーはウィルソンの理想主義に対して懐疑的ではあったが、連合国間の協調の重要性は認識していた。終戦直後のヨーロッパは経済的にアメリカ合衆国に支えられていたし、国際政治の面でもアメリカの発言力の増大は疑いようがなかった。一九一九年六月二八日にヴェルサイユ条約は調印された（図9－3）。

一九二〇年に国際連盟が創設されたのはウィルソンの提唱によるものだが、平和と安定のための国際機関をつくるという考えは戦前から存在した。矛盾するようだが、一九世紀後半から大戦前夜にかけては、平和思想が発展した時代でもあった。なかでも国際法の整備を通して国際関係を安定させることがめざされ、一八九九年と一九〇七年にはハーグ平和会議が開催されている。この時フランス代表団を率いていた急進党の政治家レオン・ブルジョワも、戦前から国際連盟の構想をもっていた。戦中には、この「法による平和」という考えが、ドイツの「野蛮さ」と対置される「文明」の証として、連合国の政治家たちに広く受け入れられるようになり、国際連盟の誕生に繋がった。ただし、当時想定された国際関係とは、西洋文明、あるいはその価値観を受け入れた「文明国」に限られたもので、後で詳述する委任統治制度にみられるように、帝国主義的意識を強く残していた。この点からいえば、世界大戦はすべてを転換させたわけではなく、戦前からの連続性も根強くあったのである。くわえて、レオン・ブルジョワがめざしていた軍事機構の国際化は実現されず、安全保障面での実効性は弱かった。つまり、国際連盟は、思想的な面でも実質的な面でも、戦後の国際秩序を牽引するには限界があった。

戦後の国際体制が包括的でなかった要因として、ロシアと連合国の間の緊張関係や、民族自決原則の適用の難しさにも目を配る必要がある。一九一七年の革命以降、ロシアは内戦状態にあり、英仏日米は反ボリシェヴィズム陣営を軍事的に支援していた。とはいえ、パリ講和会議には、ロシアのいかなる代表も招かれていない。情報が不足するなか、ボリシェヴィズムの脅威への怖れは多少誇張されたかたちで連合国間で共有され、中東欧を対象とした民族自決原則は、そうした安全保障上の思惑に沿って適用された。フランスがもっとも警戒したのは、将来的にドイツが再び力をもち、ロシアの共産主義政権と同盟を結ぶことだった。そのため、緩衝地帯となりうるポーランドとチェコスロヴァキアの独立を支持した。一方で、ウクライナの独立問題はおざなりにされ、ドイツとオーストリアの合併は阻止された。そもそも中東欧における民族分布は、新しく引かれた国境線よりもずっと複雑だった。民族自決原則は、アメリカ国務長官ロバート・ランシングが危惧したように、「実現しない希望をかきたてる」（マクミラン 2007：29）側面をもち、新興国内に少数者問題と民族運動の火種を残すことになる。

ドイツとの関係――緊張緩和への道

敗戦国ドイツに何を求めるか、講和会議の議論は紛糾した。ドイツの野心が潰えるよう、賠償と軍縮が必要だという点で連合国は一致していたが、具体的要求については意見がまとまらなかった。フランスは、悲願であったアルザス・ロレーヌ地方の「回復」を休戦協定時にすでに実現していた。賠償に関しては、戦災被害地の復興と戦争犠牲者への年金のための補償が最低条件だった。それ以外の点では、フランスの議会でも見解は分かれた。右派がザール地方とライン左岸の併合を求めたのに対し、左派は、併合や懲罰的賠償に反対した。世論は、賠償、復興、安全が国民の犠牲に報いるかたちで保障されるよう、政府に対して過度ともいえる期待を寄せていた。成立した条約の内容は、仏独双方にとって不満の残るものとなった。賠償額はフランスには不十分で、ドイツには多すぎた。フランスが要求していたドイツ皇帝の訴追は実現されなかったが、ドイツおよびその同盟国が戦争を引き起こしたと明記し、連合国側の全被害の責任をドイツとその同盟国に帰す戦争責任条項はドイツにとって屈辱的だった。歴史的には戦争が違法化する流れに先鞭をつけたと解釈できる条項であるが、交戦国の一方に対して戦争責任を法的に明言することは当時の慣習では前例がなかったのである。

講和条約をドイツに遵守させるにあたっても、フランス政府内では、徹底を求める立場と協調を重視する立場が対立した。協調路線を進めたのが、一九二一年に首相の座に着いたアリスティッド・ブリアンである。しかし、ブリアンは、ドイツに対して弱腰との非難を浴びて辞職に追い込まれ、対独強硬派のレモン・ポワンカレが後を継いだ。一九二三年、政府は賠償を確保する目的で、ベルギーとともにルール地方に軍隊を送るが、力でドイツを屈服させようとしたこのルール占領は失敗に終わる。この経験を経て、ドイツを孤立させておくのは得策ではないという考えが徐々に支持を集めるようになった。同時期、さまざまな面で、仏独間の強い緊張関係や相互憎悪は少しずつではあるが減じつつあった。平和主義者や宗教関係者の和解に向けた粘り強い運動が継続していただけでなく、産業界や教育界でも両国の交流が復活した。あるいは、傷痍軍人であった国際法学者ルネ・カサンが主導した、退役軍人の権利要求運動も指摘できよう。かつて敵同士だった退役軍人の各国組織が国を超えて団結して、戦争犠牲者の権利がどの国でも十分に保障されるよう国際的に働きかけた。一九二〇年代なかばには、広範囲で「精神の武装解除」が進行していたのである。

一九二五年、ブリアンは外相兼任の首相に返り咲く。ドイツでも仏独和解に積極的なギュスタフ・シュトレーゼマンが外相の座にあった。追い風を受けたブリアンは、同年中に、仏独関係を中心とした地域圏の安全保障条約であるロカルノ条約を締結させる。これによりドイツは国際連盟に加入して国際社会に復帰し、和解を牽引した仏独両外相はノーベル平和賞を受賞した。さらに、ブリアンは、フランスの安全を十分に確保するには現状の体制ではいまだ脆弱であると考えた。国際連盟の活動は、世界全体を視野に入れなければならないためさまざまな制約を伴う。より柔軟で迅速な周辺国との政治的・経済的協力体制を可能にするために、一九二九年、ブリアンは限定した地域圏、すなわちヨーロッパのみを活動領域とする下部組織を、連盟のなかに置くことを提案した。ヨーロッパで連合をつくるという構想である。しかし、世界恐慌の深刻な影響が出はじめた一九三二年にブリアンが死去し、翌年ドイツでナチ政権が誕生して両国間の緊張が再び高まるなか、この構想は頓挫した。ヨーロッパ連合構想は、第二次世界大戦後の仏独和解の過程で息を吹き返し、実現していくこととなる（第11章参照）。

最大版図のフランス植民地帝国

植民地をもつことの正当性は、大戦を経て揺らぐどころか、「文明化の使命」を根拠に強化された。フランスなど植民地を保有する国々は、植民地は十分に「文明化」されていないとして、民族自決原則を適用するのは無理だと結論した。しかし、露骨な併合は避けられ、敗戦国ドイツとオスマン帝国が保有していた領土に対しては、国際連盟下の委任統治という新しい制度がつくられた。各地域を「文明」の程度に応じて三段階に区分し、将来的に自治が可能になるまで受任国がその統治を請け負うことにしたのである。この制度に則り、フランスはアフリカ大陸のトーゴとカメルーン、中東のシリアとレバノンを獲得する。実際のところ、支配する側にとってもされる側にとっても、従来の植民地と大きな違いはなかった。それでも、少なくとも表向きには、受任国の植民地統治が適正かどうかを国際的な議論の俎上に載せる場を創り出した点は、国際政治上の変化ということができるだろう。

ともあれ、フランス植民地帝国はこの時期に最大版図に達した。折しも人びとは、大戦中にはフランスのために闘う植民地兵の姿を目にし、「狂爛の時代（レ・ザネ・フォル）」と呼ばれた一九二〇年代には、異文化、とりわけアフリカ文化・黒人文化に熱狂していた。植民地の存在はかつてに比べて身近なものとなっていった。政府や産業界は、大戦を機に低下した国際社会でのフランスの影響力を植民地開発で補おうとするかのように、支配下に置いたアフリカ等の資源開発や観光事業などに力を入れていた。同時に、「偉大なる」フランス植民地帝国を内に対して確認し、外に対して喧伝することに努めた。

その最たる場となったのが、一九三一年の国際植民地博覧会であろう（図9－4）。異国趣味を刺激するパヴィリオンが並び、植民地の集落や人間が「展示」された会場を、八〇〇万人が来訪した。白人の優位を当然とする人種観や植民地政策に異議を唱える者も少数ながら存在したが、その声は植民地にフランスの繁栄を見出す人びとの前にかき消された。

他方、植民地社会のフランス本国への眼差しにも変化があった。少なくとも、それは多様化したといえるだろう。軍事力と技術力を誇示しながら支配を進めたフランスの優越性を、これまで被支配者側はなかば信じ込まされてきた。ところが、大戦という過酷な状況に巻き込まれたことで、フランスのさまざまな側面を目にするようになり、賞賛をいっそう強めた者もいれば、支配─従属の一方的な関係を打破すべく抗議行動に出る者もいた。

各植民地で程度の差はあれ一様にみられたのが、フランス流教育を収めた現地エリートによる本国とのより対等な関係をめざす動きである。本国政府も、円滑な支配を続けるために、こうした権利拡大要求に妥協的な対応をし、植民地臣民への市民権の付与や刑法改革の可能性を検討しはじめた。インドシナでは、支配への反乱が起こる一方で、フランス行政府に登用される新しい現地エリート層も生まれた。とはいえ、実際に進められた改革は現地社会に利するものとはならず、一般民衆の生活は苦しいままで、全体としての不満は蓄積されていった。北アフリカでも現地エリートが育ち、現地人の権利拡大を求めた青年アルジェリアの運動などが起こったが、ヨーロッパ系入植者たちがそれに強く反発する。植民地統治が長期にわたるなかで、それにかかわる人びとは単純に支配者と被支配者に分けられるのではなく、複雑に分裂し、多様な集団を形成していたのである。

図9－4　1931年の国際植民地博覧会のメイン会場として建設されたドレ宮（現・移民史博物館）に飾られたピエール＝アンリ・ドゥコ・ドゥ・ラアイユによるフレスコ画

中央の女性がフランスであり、後景の船は植民地拡張を示す。アジア（左上）、オセアニア（左下）、アフリカ（右上）、アメリカ（右下）の4つの大陸へフランスがもたらした「貢献」を称揚する寓意画である。

（出典）　フランス国立移民史博物館所蔵（https://www.flickr.com/photos/dalbera/26559821891）。

最後に、少数ではあるが、植民地支配を支える思想や枠組みに対して、より批判的な視座をもっていた者たちにも触れておこう。植民地の一部の若い知識人層は、共産主義に惹きつけられ、それを民族運動へ繋げた。インドシナのホー・チ・ミンやアルジェリアのメサーリー・ハーッジュなどが挙げられる。あるいは、領域や民族を越えたアイデンティティに基づき連帯する傾向もみられた。イスラーム改革派の思想や、汎アフリカ主義である。一九三〇年代になると、マルティニックのエメ・セゼールやセネガルのレオポール・セダール・サンゴールが、自らの「黒人性」を賞揚し、文学運動ネグリチュードを通じて、植民地主義を黒人を抑圧し搾取するものと批判した。

3 戦間期の政治・社会・文化

政治潮流の多様化

世界を巻き込んだ最初の大戦後、ヨーロッパはイデオロギー闘争の時代に突入していく。大戦を通じて醸成された共産主義とファシズムという新たな政治潮流が、二つの大戦をつなぐこの時代に存在感を増した。それらは多かれ少なかれ各国で既存の政治秩序をかき乱し、国際情勢を揺るがせた。第二次世界大戦勃発の要因を究明するためには、そうした巨視的な捉え方が不可欠であるが、ここではまず、フランス国内の政治状況に注目しよう。そこには、国際的な要因とは別の次元でフランスの分裂を引き起こした、より根の深い問題が存在している。

戦間期フランスの政治舞台には左右両極に急進的な勢力が出現し、それらを含めた複数党派による激しい政治闘争が繰り広げられた。このことは、ドレフュス事件を通じて顕在化した二つの政治潮流、すなわち、理性や普遍主義に基づき、人権や正義といった革命が勝ち取った近代的諸価値を守ろうとする共和派陣営と、自然や本能を大切にし、個人の権利よりも全体の秩序や国家の権威を重んじる反共和派陣営の、それぞれの選択肢が拡大および多様化したと言い換えることもできる。ただし戦間期から第二次大戦期におけるあらゆる政治闘争が、共和主義理念をめぐるこの「二つのフランス」の対立に収斂されるわけではない。そもそも、共和政という体制そのものは、その根幹である議会制民主主義とともに、いまや動かしがたい制度としてすっかり根を下ろしている。甚大な被害を出しながらも総力戦を戦い抜き、フランスを勝利に導いたことで、共和政の是非を問う議論は自然と鎮静化したのである。一方では、戦前における反共和派陣営の代表格であったカトリックが体制内右翼として定着し、他方では、フランス共産党が体制内最左翼のオプションとして登場した。ロシア革命に共感する者たちによって結成された同党は、原則としてはモスクワに本部を置く第三インターナショナル（コミンテルン）に従属する組織である。しかし同時に、大戦を通じて「国民」として国家に統合された労働者大衆の受け皿となり、共和国の理念を受け継ぐ国民政党としての相貌を次第に強めていく。

このように多党制というかたちで国内政治は複雑・多様化したが、いずれの政党も単独で政権を維持する力はない。その結果、左右の諸党派がその時々の係争点に関する利害調整を行いながら中道に結集することで、連合政権が形成されるという展開が繰り返された。そのかなめとなったのは、社会党と共産党の定着によっていまや相対的に中央寄りに位置づけられる急進社会党である。フランスの多数派である中間層の利害を代弁する同党が、保守勢力と手を組めば中道右派連合が形成され（一九一九、一九二六、一九三四、一九三八）、労働者層を基盤とする社会主義政党との協力が重視されれば、中道左派連合が姿を現す（一九二四、一九三二、一九三六）。たとえば、前述の仏独和解路線を基軸としたブリアン外交は、急進社会党と社会党との連携によって一九二四年春に成立した左派連合内閣の時に現出したものである。

国内政治のこうした実態は、一方では共和政が安定していたことを示している。議会主義政治がきちんと機能していたとみなせるからだ。しかし他方で、内閣の不安定や指導力の欠如という実状を露呈している。世界恐慌の影響がフランスにも到来する一九三〇年代になると、そうした議会制民主主義の負の側面に業を煮やし、議会共和政そのものに疑問を呈する勢力が台頭する。ナショナリストを自任する彼らは議会戦術に頼らず、街頭行動や言論によるプロパガンダというブーランジスム以来の手法を用いて、フランスの「退廃」を導いた第三共和政政府を激しく非難した。「二つのフランス」のうち反共和派陣営の一部は、いまや極右といえる位置に陣取り、体制への異議申し立て勢力として存在感を発揮しはじめたのである。しばしば排外主義の傾向を示す彼らの主張を理解するためには、大戦が残した傷跡の修復をはかるなかで生じた、戦間期フランスの社会経済状況の変化に目を配る必要があろう。

変わりゆく社会

大戦によってフランスが被った損害のなかで、とりわけ深刻だったのは人口＝労働力問題である。戦死者一四〇万人という人的損失は、それ以前からの慢性的な人口増加率の停滞とあいまって、労働力不足を悪化させた。戦後、おもにアメリカに対する負債を抱える債務国へと成り下がったフランスにとって経済復興は喫緊の課題であった。しかし、それを担う働き手となるべき若者世代が多く失われた上に、こうした大きな戦争の後にみられる傾向が強い、急激な人口増加現象が第一次大戦後のフランスでは起こらなかったのだ。一九〇〇～一九四〇年における人口増加率をみると、ドイツでは三七％、イギリスでは二三％であるが、フランスの場合はわずか三％と極端に低い。こうしたゆゆしき事態に直面して、政府が採用したのは外国人労働者の受け入れという、一九世紀以来の伝統的な対応策であった。

ただし、その規模はそれ以前と大きく異なる。一九二〇～一九三五年の間にフランスは少なくとも二〇〇万人以上もの外国人労働者を受け入れており、一九三一年の時点で、在留外国人は二七〇万人（全人口の六・六％）を数えるまでに増加している。大戦が共和国への「異なる」人びとの流入を加速させたのである。この時期に迎え入れられた外国人はイタリアなどの近隣諸国だけでなく、ポーランドやチェコスロヴァキアなど中東欧諸国出身の者が多い。同じヨーロッパであるとはいえ、より遠く離れた地域からやってきたスラヴ系の人びとの増大がフランス社会の民族的な多様性を強めたことはたしかである。

政府は外国人労働者に給与や社会保障の面でフランス人と同等の労働条件を保証し、その甲斐あって、彼らの労働力は戦後の経済復興を支えた（表9-1）。産業の要所である北部工業地帯が戦争で荒廃したことは大きな痛手だったが、天然資源の豊富なアルザス・ロレーヌが返還されたこともあり、重化学工業を中心として一九二〇年代のフランス経済は著しい成長をみせた。それを支えた部門の一つが鉄鋼生産であるが、炭鉱で働く労働者の四二%が外国人であったというデータもある。

第二次産業の繁栄が離農現象を加速させたことも、この時代を特徴づける社会変化である。人手不足の工場で働くべく、農村を離れて都市へ移り住むフランス人労働者が増大した。しかしながらその背後で、衰退の危機にあった農村を支えた外国人労働者の姿があったことはあまり知られていない。たとえば北部ではベルギー人が、南西部ではイタリア人が過疎化の進む農村に定住し、その土地の農業を再活性化させた。現在でもフランスはヨーロッパを代表する農業国であるが、外国人がフランス農業の存続に貢献していたことは記憶されていいだろう。

共和国政府は、在留外国人のフランス社会への定着を促すべく、一九二七年に国籍法を改定し、帰化要件を緩和させた。むろんその背景には一八八九年の時と同様に、国籍保持者を増やし、潜在的な兵員を確保したいという国防上の要請があった。これによって一九四〇年までに、約六〇万人が新たにフランス国籍を取得した。しかし、このような措置を採れば、「フランス人」のなかの「異質な」要素はいきおい増大し、「国民」としての共通意識を形成することはますます困難になる。この点を憂慮する極右やナショナリストたちが排外主義を唱えた。彼らにとって、「フランス人」における民族や出自の多様化は、フランスの「弱体化」や「退廃」と同義であった。

こうした「国民」としてのアイデンティティの危機意識に加え、一九三〇年代に訪れた経済危機が外国人嫌悪の風潮をいっそう高めた。一九二九年一〇月の

表9-1　1931年における外国人労働者人口

業　種	男　性	女　性	計	割合（%）
漁業・農業	181,097	69,145	250,242	15.6
工　業	834,104	115,110	949,214	59.4
管理・輸送業	69,345	6,866	76,211	4.8
商　人	115,206	40,795	156,001	9.8
自由業・サービス業	76,926	21,603	98,529	6.2
家事使用人	15,615	53,412	69,027	4.3
計	1,292,293	306,931	1,599,224	100.0

（出典）　Schor, R., *Histoire de l'immigration en France de la fin du XIXe siècle à nos jours*, Paris: Armand Colin, 1996, p. 103.

ニューヨーク市場における株価暴落に端を発する世界恐慌の影響が、一九三一年にはフランスにも波及したのである。これによって失業者が増大すると、職を奪いあう競争相手として外国人が敵視された。事実、一九三一〜一九三六年にかけて、フランス人就業人口に占める失業手当受給者の割合が二％から四％へと上昇する一方で、外国人就業人口も二・六％から七・八％へと増加している。ナショナリストは威勢よく、そうした現状をもたらした共和国の理念に基づく政策を攻撃した。

しかしより注意すべきは、共和国政府自身が外国人への差別的な政策に着手したことである。外国人身分証に関する法制度がより綿密に整えられ、業種によっては外国人や帰化人への就労制限が設けられた。複合的な危機から体制の安定が脅かされると、政府は手のひらを返したかのように、自らが受け入れた異質な人びとへの取締りを強化した。それによって「合意する国民」の同胞意識をつなぎ止め、共和国を維持しようと努めたのである。

文化の大衆化

都市人口の増大は住居や治安、教育、医療など新たな都市問題を惹起し、それらを解消すべくサービス業の伸長を促した。そこには国家による公共事業が含まれるが、これは総力戦の帰結でもあった。動員され、国家のために働くという経験を通じて、人びとは国民としての「義務は平等」に課されるのに「権利は不平等」であることへ不満を抱くようになった。それ以前ならば、失業や疾病という労働者の不安材料に対しては仲間同士の相互扶助組織を通じて救済措置が施されていたが、いまやその役割は国家が担うべきと考えられたのである。

「権利の不平等」の是正を求めたのは女性たちも同じである。もっとも女性をめぐる戦間期の状況は、フランスの保守的な社会観念が根強く、解放よりも抑圧のベクトルの方が強く働いていたことを示している。大きな目標であった参政権の獲得は、一九一八年にそれを実現したイギリスの場合とは違って、フランスでは先送りにされた。上院においてカトリックが反対したためである。成果としてあげられるのは、ナポレオン法典以来「法的無能力者」と規定されていた女性の地位がようやく一九三八年に見直され、既婚女性に法的能力が与えられたことであろう。また一九三六年六月に成立した人民戦線政府に、三人の女性が政務次官としてはじめて入閣したことも指摘しておこう。

人民戦線とは、ファシズムの脅威に対抗すべく広範な左翼諸勢力によって結成された共同戦線のことである。フランスでは社会・共産・急進社会の主要三党の歩み寄りを通じて成立した左翼連合内閣として結実する。その背景には、一九三二年頃から露呈しはじめた政治制度の機能不全や金融スキャンダルによって不安定化した社会情勢があった。そうした現状を糾弾する反体制派によるデモが相次いだ。とりわけ極右を中心に広範な団体が参加した一九三四年の二月六日事件は、大きな転換点となった。一五名の死者まで出したこの騒乱を前に、危機感を高めた左翼諸派は、「反ファシズム」を旗印に結集していくからである。コミンテルンの方針もこれを後押しした。ヨーロッパ各地にファシズムが広がるなかで、一九三三年にナチ政権が成立したことにコミンテルンは甚大な危機意識をもち、各国共産党に他党との共闘を促したのである。こうして内外の情勢が絡み合うなか、フランスでは社共の共同行動が実現し、これに急進社会党が歩み寄る形で人民連合（人民戦線の正式名称）が実現した。

一九三六年六月に人民戦線政府を組閣したのは、社会党のレオン・ブルムである。同政府にはファシズムの脅威から共和国を防衛するという主要な目的の他に、他国に比べて長引いていた経済不況がもたらした社会問題を解消するというもう一つの目標があった。解雇や賃下げに反対する工場占拠ストライキが一九三五年から全国で発生し、ブルム内閣発足時にその参加者は一〇〇万人を超えていた。発足と同時に、ブルム内閣はスト終息のために労使協調の場を設け、調停に乗り出した。交渉の末に団体協約・週四〇時間労働・有給休暇を柱とするマティニヨン協定が調印され、それはいずれも議決を経て、数日以内に法律として制定された。

とりわけ有給休暇制度は、労働者が勝ち取った重要な成果である。これにより労働者は、余暇（ヴァカンス）を楽しむ権利を得たのだ。その背景には、労働の近代化に伴う人間性の喪失という問題があった。技術革新による生産システムの合理化や機械化が急速に進められるなかで、労働者はまるで自らもその生産工程に組み込まれた機械のような存在になってしまったと感じていた。こうした労働者の疎外感や不安感に共鳴した人民戦線の政治家たちは、彼らに娯楽や気晴らしのための時間を与え、それを通じて人間性を回復させることをめざしたのである。

具体的には、読書や演劇・映画・芸術といった、それまで民衆層には縁の遠かった文化を彼らに近づけるための政策が実施された。これにより、「ベル・エポック」からフランス社会に定着しはじめていた近代文明の恩恵や華やかなエリート文化が、より広く下層にまで到達し、それがやがて均質化することで、いわゆる大衆文化が形成されていった。それとともに、余暇の民主化ともいうべき現象がもたらされた。たとえば観光産業がテコ入れされ、ユースホステルの設置数が激増するなど、一般家庭や若者が遠距離旅行に出かけやすい環境が整えられた。スポーツが大衆のものとなり、自転車競技やサッカーの試合を観客として楽しむ時間が増えた。それだけでなく、競技場や体育館を全国に建設するために巨額の予算が投じられ、大衆自らが運動を実践する場が拡大した（図9-5）。

図9-5　有給休暇を楽しむ一家
（出典）　Bodin, L., Touchard, J., *Front populaire 1936*, Paris: Armand Colin, 1985, p. 125.

大衆と国家を、あるいは市民と政治とをつなぐ回路であるメディアの拡大にも触れておこう。すでに大戦前からその役割を果たしていた新聞・雑誌によるジャーナリズムに加え、大戦後にはラジオが一挙に普及した。フランスでは一九二一年に、エッフェル塔から発信される電波を使用して、一般向けの定期放送が開始されている。一九二七年の時点で八五万台存在していた受信機の数は、第二次大戦前夜には五二〇万台にまで激増した。人びとはこのラジオという小さな器械を通じて、有権者として政治家たちの政治信条を推し量り、観客としてツール・ド・フランスなどのスポーツ中継に熱狂し、やがて国民として祖国の敗戦を知ることになる。

4　対独敗戦とヴィシー時代

ナチ・ドイツとの開戦まで

第一次世界大戦の終結から二〇年を経て、一九三九年九月にヨーロッパは再び戦争に突入する。フランスの敵国となったのはまたもドイツだった。ただしドイツはいまや、優生思想に基づいて自民族の至上性を謳い、自らの民族共同体を確立するためには他国への侵略も辞さないという明確な意志をもつ独裁国家へと変貌していた。第二次世界大戦は、このナチ・ドイツやそれと同盟を組んだイタリア・日本といったファシズム諸国が、世界の再分割および新秩序の構築をめざした侵略行為によって引き起こされた戦争であった。フランスはそこにどうかかわったのだろうか。

仏独戦争の結末からいえば、フランスはあっけなく敗北した。一九四〇年六月のことである。敗戦の根本的な要因は、一九三〇年代において、ドイツが総統ヒトラーの指導下で団結する一方で、フランスが複雑に引き裂かれた状態に置かれていたことであろう。ナチの積極的な領土拡張政策を前にして、フランスは受動的な対応策を採ることしかできず、前大戦の時のように国を挙げて一致することは難しかった。そうした経緯を振り返っていこう。

先に動いたのは、ドイツである。一九三三年一月にヒトラーが政権を掌握した後、ドイツは国際連盟から脱退した。一九三五年には徴兵制を復活させ、その一年後には非武装地帯に指定されていたラインラントへ国防軍を進駐させた。いずれもヴェルサイユ条約違反であり、後者はロカルノ条約違反でもある。それまで積み重ねられてきた仏独緊張緩和の努力は、こうして水泡に帰した。

にわかに高まったナチの脅威に対して、当初フランスは英伊との連携による集団安全保障を画策した。だがこの構想は、ヒトラーとムッソリーニが接近したことで破綻する。そこで今度はソ連との提携を強めた。ドイツを挟撃するという、いわば伝統的なフランスの外交政策である。他方で仏ソ同盟こそが、むしろフランスの安全を脅かすのではないかという懸念も同時に存在した。独ソのイデオロギー対立が明白であるなかで、ソ連との友好関係が深まれば、必ずしもかかわる必要のない両者の争いに、フランスが巻き込まれる可能性が高まるからだ。こうした主張を展開したのは、反共主義の強烈な右翼だけではない。一九三六年に勃発したスペインの内戦が国際的なファシズム陣営対反ファシズム陣営の代理戦争の様相を呈すると、共産党以外の左翼のなかにもそうした見方は広がった。世論全体としてみれば、ナチズムへの恐怖心のみならず、スターリン体制への嫌悪感がむしろ強かったのである。何より、フランスの経済や人口の面での衰退が明白であるうちは、可能な限り戦争は回避したいという心理状態が支配的だった。

そのためフランスは、対独宥和政策を採用した。それは東欧諸国を犠牲にすることを意味した。すなわちナチを防共の壁とみなし、ドイツの東方への領土拡大を認めることでナチとの直接的な衝突を避けるとともに、ソ連の強大化を抑止することが意図されていた。イギリスがこの外交路線を牽引し、共産党を抱き込んでいたフランス人民戦線内閣も、結局はイギリスとの共同歩調を重視した。首相ブルムを含め、閣僚の大半は対独譲歩になびいたのである。

英仏による対独宥和を象徴するのが、一九三八年九月のミュンヘン会談である。同年三月、ドイツはすでにオーストリアを併合して版図を拡大しており、これ以上のナチの強大化は英仏にとっても脅威であった。それにもかかわらず、両国首脳はこの会談において、チェコスロヴァキアのズデーテン地方のドイツへの割譲を容認した。会談に出席したフランスの首相エドゥアール・ダラディエは、この譲歩によってナチの対外膨張主義の欲求が鎮まることを願った。実際には、さらなる生存圏獲得をめざすヒトラーの野心に自信を与えただけであった。

一九三九年九月、ドイツは次なる標的であるポーランドへ侵攻した。これ以上の譲歩は許されない状況になって、ついに英仏はドイツに宣戦布告した。もっとも英仏両国が、すぐに積極的な軍事行動をとったわけではない。両国は、いわばポーランドが制圧されるのを座視していた。東方における当面の軍事目的を達成すると、ドイツ軍は突如として攻撃の矛先を西方へ転じた。中立国ベルギーを侵犯し、ドイツがフランスへの電撃戦を開始したのは一九四〇年五月のことである。虚を衝かれたフランス軍はあっという間に分断され、ドイツ軍のパリ入城を許してしまう。確たる戦争目的に基づき、綿密な計画を練っていたナチと、それに対して守勢に立つしかなかったフランスとの軍事衝突の結末は、それ以前にすでに決していたともいえるだろう。

ヴィシー・フランスの選択

一九四〇年六月一七日、ラジオ放送を通じて、首相フィリップ・ペタンの口からフランス政府がドイツに停戦を打診したことが国民に告げられた。これを耳にしたフランス人の心に浮かんだのは、悲しみや怒りよりも安堵の感情だったという。政府はパリからトゥール、次いでボルドーへ逃れ、最終的にヴィシーに据えられた。そこに集った上下両院議員によって第三共和政の終焉が決定され、それにより七〇年続いた共和政はいったん途切れることとなった。代わって、全権を付与されたペタン元帥を国家主席とする「フランス国（エタ・フランセ）」が樹立された。

フランスはまたも敗戦によって体制の転換を強いられた。しかし普仏戦争後と事情が大きく異なるのは、フランスを負かしたドイツが依然として戦争を継続しているという点である。それゆえこの時点で結ばれたのは講和ではなく、あくまでも休戦協定であった。いずれにせよ、それに基づいてアルザス・ロレーヌが再びドイツに併合され、パリを含む国土の半分以上がドイツ軍の占領下に置かれた。

敗戦と占領はそれまでの日常を破壊し、生活は日に日に苛酷さを増した。食糧物資は不足し、配給制が敷かれた。圧倒的多数のふつうの人びとは、強いられた現実をいかに耐え忍ぶかという問題に迫られた。たとえばヴィシー時代には意外にも、映画館の観客動員総数が戦前よりも増大している（一九三八年延べ二億五〇〇〇万人→一九四二年延べ三億一〇〇〇万人）。それが何らかのプロパガンダ作品であったとしても、人びとは限られた娯楽に足繁く通うことで、自分たちの日常を保とうと努めた。彼らはゆっくりと状況に適応したのである。その一方で、労働力不足に陥ったドイツの工場で働くべく、フランス人が駆り出されるなど、戦争の趨勢はフランスの状況にも直接的に影響を及ぼした。一九四二年一一月の連合軍による北アフリカ上陸以後は、占領がフランスの本土全体へと拡大されている。

図9－6　「国民革命」のプロパガンダポスター。「共産主義」「議会主義」「ユダヤ人」などが積み重なって崩壊したフランス（左）と、「労働・家族・祖国」が土台となり、「規律・秩序・倹約・勇気」に支えられることで再建されるフランス（右）との対比が描かれている。

（出典）　https://www.smithsonianmag.com/history/vichy-government-france-world-war-ii-willingly-collaborated-nazis-180967160/

ペタン政府の第一の目的は、国内改革を断行して祖国をつくり直すことであった。まず国家再建の前提として、敗戦の責任者たるブルムやダラディエなど、人民戦線の政治家たちが断罪された。共和国の制度やイデオロギーに対する不満がヴィシーに集った人びとの共通項である。そのことを象徴するかのように、新国家構想のプログラムとしてペタンが提唱した「国民革命」には、共和国的価値の否定、すなわち反革命思想が刻印されている。「自由・平等・友愛」という共和国の標語は、「労働・家族・祖国」に置き換えられた。宗教教育が復活し、カトリックを基盤とした道徳心と大地に根ざした連帯意識が称揚された。「二つのフランス」の争いという観点からみれば、敗戦は共和派陣営を自滅させ、反動勢力を国家の舵取り役に押し上げたのである（図9－6）。

さらに共和国の基準による「国民」概念が見直され、排外主義が横行した。第三共和政期に増えすぎた「異質なフランス人」から「国民」としての資格が奪われていく。新政府樹立後早々に、一九二七年以降の帰化関連書類四八万五〇〇〇件が再検討され、そのうち一万五〇〇〇件が無効と判断された。共和国に対する反動的な要素が、敗戦と占領という特異な状況のなかで暴力を伴って噴出し、民族的に「均質な国民」による共同体の構築が追求されたのである。

ヴィシー・フランスをもっとも特徴づける政策が、ナチへの協力であろう。これはある程度状況に強いられたものだった。植民地や海軍の保持、外交権の保有など、いくつかの面でヴィシー政府には主権が残されていたとはいえ、実際には、ベルギーやオランダと同様にフランスを経済的・軍事的に利用しようという思惑を有するナチからの要求に抗うことは困難だったからだ。

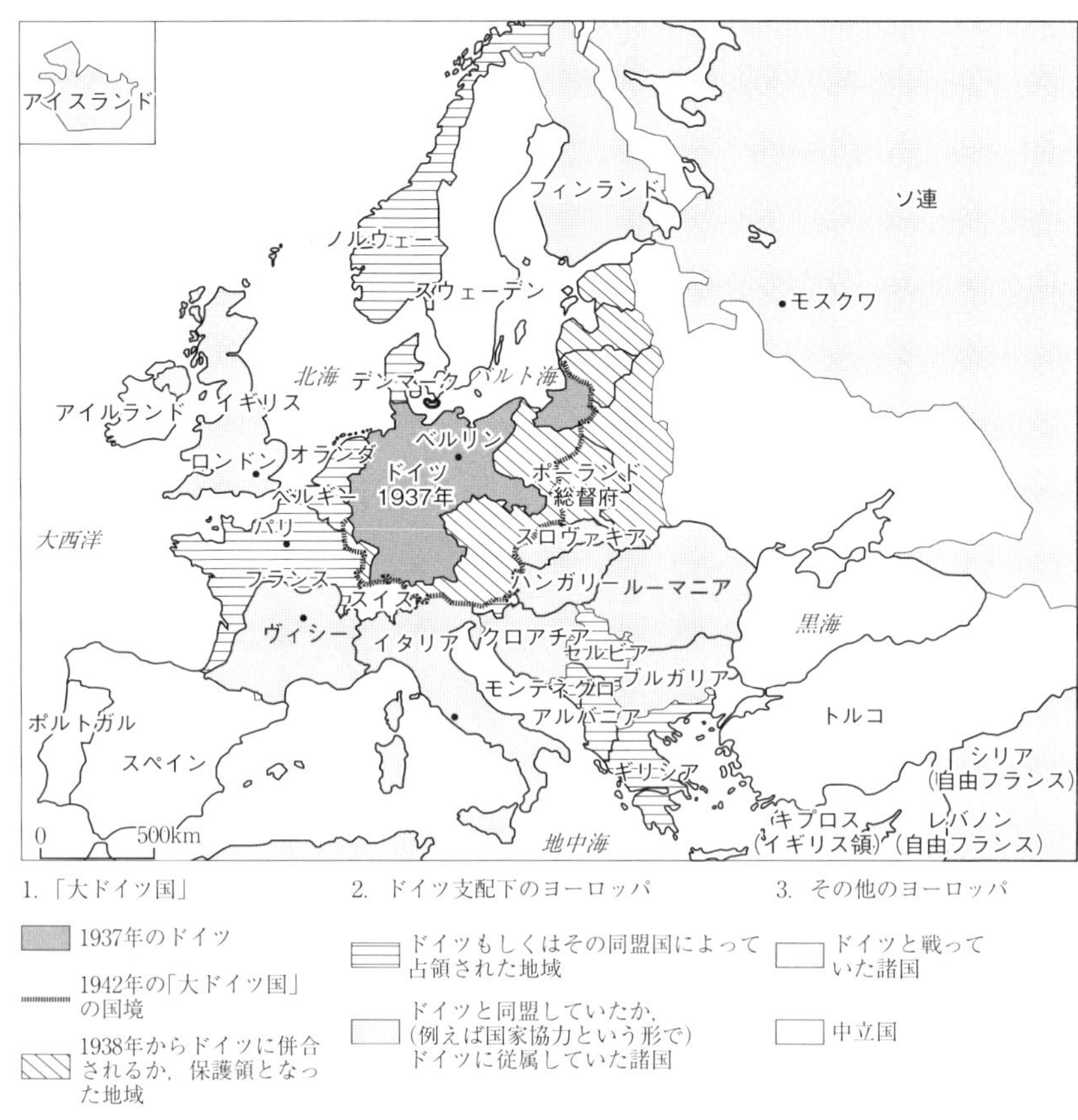

図9－7　第二次世界大戦下のヨーロッパ（1942年10月時点）

（出典）ガイス，ペーター／ル・カントレック，ギヨーム監修『ドイツ・フランス共通歴史教科書【近現代史】 ウィーン会議から1945年までのヨーロッパと世界』（福井憲彦、近藤孝弘監訳）明石書店，2008年，319頁。

ただし本質的には、対独協力はフランスの方から求めたものであったことを忘れてはならない。開戦後、破竹の勢いで近隣諸国を制圧したドイツがやがて欧州全土を支配下に置くだろうと、ヴィシー政府は見通していた。したがってナチと良好な関係を築いておけば、自国の苦境は緩和され、ドイツが勝利した後のヨーロッパにおいてフランスがそれ相応の地位を確保できると期待したのである。それに対して対独抵抗派（後述）は、ヴィシー体制への反逆者と認定されて弾圧の対象になった。戦前とは打って変わって、敗戦後のフランスはドイツに対して能動的に動いてみせたともいえる。敗戦を引き受けたヴィシー政府の下で、フランスはそれまでとは違ったかたちで戦争に関与し続けようとしたのである。対独協力とは、その具体的な関与の仕方を意味している。

その一方でまた、ヴィシーとは違ったやり方で、大戦に関与し続けようとした人びとがいた。戦後のフランスを牽引することになる、レジスタンス勢力である。

ヴィシー時代がつないだもの

ペタンが事実上の敗北を国民に告げた翌日の六月一八日、停戦を拒否した一人の人物が亡命先のイギリスから、やはりラジオを通じて国民に抵抗を呼びかけた。ドゴール将軍である。その後彼は植民地を足場として、国外レジスタンス組織「自由フランス」を率いた。ブラザヴィル声明(一九四〇年一〇月)では「権力簒奪(さんだつ)者」たるヴィシー政府の正統性を否定し、一九四四年八月、ついにパリが解放された時には、「共和国は一度として存在をやめていなかった」と明言した。国内では、共産主義者が独自の情報網を駆使して、組織的な抵抗運動を展開していた。国土解放に大きく貢献したことで、彼らもまた愛国者としての名声を獲得する。戦争直後、共産党は八〇万近い党員を誇る巨大な大衆政党へと成長していく。

このようにナチによる支配はそれへの抵抗運動を生み出し、その戦いに身を投じた者が戦後のフランスを率いる正統性を勝ちとった。対独抵抗派がヴィシー体制に反旗を翻し、共和国の存続を主張していたことを考慮すれば、「二つのフランス」の争いは、ヴィシー時代には協力派と抵抗派との対立へとかたちを変えて継続されていたと捉えることもできる。抵抗派を代表するドゴール派と共産主義者は、第三共和政の政界地図の上ではそれぞれ左右両端に位置していたが、共和国そのものの存亡が問題となれば、それを死守し、その復活を願うという点において両者は一致できた。だからこそ、彼らの戦いが報われた後の時代には、再び共和政が建設された。

しかしより重要なのは、「二つのフランス」が単なる敵対関係を意味するのではなく、それらは時として混ざりあい、共犯関係を築く側面があるということが、ヴィシーという経験を経て明らかになったことである。両者には共通する要素や共有する価値観があった。それらは、第三共和政とヴィシー・フランスとを、そしてヴィシーと第四・第五共和政とを架橋する役割をはたし、いわば「二面性を有する一つのフランス」をつくり上げていく。

第一に、「協力」と「抵抗」との境界線は必ずしも明確ではなかった。一九八〇年代に大統領に就任することになるフランソワ・ミッテランのように、国民革命支持者から積極的抵抗派へと転回した「ヴィシー派レジスタンス」ともいうべき立場も十分ありえた。ヴィシー時代に生きた人びとの行動はある種のあいまいさに特徴づけられるのであり、困難のなかで下した決断が、人びとの政治意識や主体性を育んだ。

第二に、反動勢力のみがヴィシー政権を担ったわけではない。ヴィシーには、新秩序の枠内でヨーロッパの和解をめざす「平和主義者」や労働組合運動家など、左翼系の人びとも参集した。たとえば占領期後半にペタンに代わって実権を握ったピエール・ラヴァルは、第三共和政下で穏健派の社会主義者の議員としてキャリアをスタートさせ、首相や外相まで務めた人物である。彼はペタン以上に対独協力に積極的な姿勢を示すと同時に、国民革命の支柱であるカトリック政策を軽んじるなど、反動右翼の価値観を蔑視してもいた。

占領体制が経済の合理化やシステムの近代化にとって好機であるとみなし、戦前に挫折したその任務を遂行しようとする技術官僚（テクノクラート）の存在もヴィシー体制を支えた。近代派といわれる彼らは、農業を重んじるペタン周辺の復古派と衝突しながらも国家の工業化をめざした。彼らによって着手された計画経済は、第四共和政のディリジスムへと引き継がれていく。

第三に、ヴィシーの法制度のいくつかは第三共和政にその淵源がある。代表例として、家族政策と外国人の取り締まりがあげられる。家族を基礎とする社会を理想としたペタンの国民革命は、出産や育児といった家庭における女性の役割を重視した。そうしたフランスの保守的な女性観は人権や平等の原則を掲げたフランス革命期にすらみられたものであるし、それが戦間期において覆い隠されていたわけでもない。人口学的危機を背景に、共和国政府は堕胎や避妊を取り締まり、出産奨励策と多子家族優遇策を実施していた。ヴィシーはその方向性を継承したのである。第三共和政とヴィシーの共謀による苦難の時期を乗り越えて、一九四四年にようやく女性は参政権を獲得する。

外国人や移民に対する差別的な措置についても、共和国とヴィシーの連続性を指摘できる。不況を理由に、外国人への冷遇措置はすでに共和国政府によって施されていた。ヴィシーはここに人種差別主義的な論理を付加することで、本格的にこの傾向を強めた。もちろん、異質な要素を取り込みながらも、共通の国民意識を涵養することで一つのフランスをつくろうとする共和国の原理と、はじめから異質な要素を排除することで、均質な国民から成る有機体的共同体を構築しようとするヴィシーの論理とは、真逆の方向性を有している。しかし共和国の原理にも、それを受け入れる以上、差異は許容されず、共和国が何らかの危機に瀕した時には、異質性の高い要素から抑圧されるという排除のメカニズムが隠されていた。ヴィシー政府は、いわばそのメカニズムの一端を敷衍し、国家主導による排外主義を完遂しようとしたのである。

最後に、「二つのフランス」はどちらも自らの正統性を顕示するために植民地を利用した。敗戦後もフランスの植民地がヴィシー政府の管理下に残されたことは、ヴィシーが主権国家であることをアピールする重要な証しとなった。他方、領土をもたない自由フランスが共和国の「正統政府」たることを主張するためには、植民地の確保が不可欠であった。それに成功したドゴールは、フランス解放の英雄にまで上り詰めた。彼ら抵抗派＝共和国の継承者たちは、ナチによるフランスの隷属化を激しく非難したが、自分たちが拠点を置いた植民地では、自らが支配者になっているという実状については目を瞑っていた。しかし、その矛盾から逃れることはできない。第二次世界大戦後、共和国フランスは脱植民地化の課題に直面することになるだろう。

コラム8　ホロコーストとフランス

南　祐三

一九七二年、アメリカ人研究者ロバート・パクストンによる『ヴィシー時代のフランス』が刊行された。アメリカにあった豊富な一次史料に基づいて、「国民革命」の独自性のみならず、ヴィシー政府が積極的にナチに協力した事実を実証したものである。「ナチに抵抗したフランス」の正当性を体現してきたドゴールが政界を引退したのは一九六九年。その後を追うように、パクストンの著作は、戦後フランス社会を席巻していた「レジスタンス神話」に終止符を打った。いわば、神話あるいは記憶の靄のなかから「暗黒の年月」をすくい出し、その実像を暴いた彼の書は、ヴィシー・フランスに対する認識の根本的な転換を迫るものであった。「パクストン革命」と呼ばれるこうした事態を経て、対独協力の実態解明を試みる研究が積み重ねられている。なかでも、とりわけ高い関心を集めてきたテーマが反ユダヤ政策である。

ナチによるユダヤ人大量殺戮、いわゆるホロコーストについては、戦後すぐに世界が知るところとなった。ヒトラーは血筋によってユダヤ「人種」なるものの存在を前提とし、この概念を新たな社会的序列の基準に据えた。そのなかでユダヤ人を最下層に位置づけたナチは、はじめは「追放」=強制移住によって、やがて「浄化」=殲滅することで、「ユダヤ問題」を「解決」しようとしたのである。当時ヨーロッパに存在していたおよそ九八〇万人のうち五〇〇～六〇〇万人のユダヤ人が犠牲になったといわれる。その多くは絶滅収容所に設置されたガス室に押し込められ、命を奪われた。この冷酷かつ残虐な犯罪行為に、ヴィシー・フランスが加担していた。敗戦時フランスにいた三〇万人のユダヤ人のうち七万五七二一人が、フランス警察の尽力でまずは国内の強制収容所へ送られ、最終的にはアウシュヴィッツなどの絶滅収容所に移送された。生還した者は、約二五〇〇名にすぎない。

注意すべきは、ナチの計画とはまったく別の文脈で、ヴィシー政府による独自の反ユダヤ政策が政権樹立直後から実行されていた点である。なぜなら、「神殺しの民」「国際金融市場の黒幕」「共和国的価値の受益者」などのレッテルを張られたユダヤ人は、ペタン派がめざすカトリックと農村的伝統を重んじる国民共同体に、もっともなじまない存在だったからだ。

そうしたユダヤ人排斥の動きは、ドレフュス事件後、とりわけ一九三〇年代に極右をおもな担い手として再活性化していた。首相に就任したブルムがユダヤ人だったことも大きな要因である。人民戦線期には政治的周縁から叫ばれていたその声が、ヴィシー時代には国家の中枢から発せられることになった。ナチの人種差別主義者に倣うまでもなく、フランスには反ユダヤ主義の伝統が息づいていたのである。

ヴィシー政府はユダヤ人身分法を制定し、宗教および血筋を基準に「ユダヤ人」を厳格に規定した上で、彼らを公職から追放し、主要な職業への就業を制限した。さらにユダヤ人資産が国家の管理下に置かれ、必要に応じて清算された。とりわけ厳しい立場に置かれたのが、外国籍ユダヤ人である。ヴィシー政府は一万五〇〇〇件の帰化申請を無効と判断したが、そのうち六三〇七件が東欧出身のユダヤ人のものであった。そのなかには戦間期にナチの抑圧策を逃れてやってきた者も、多く含まれている。さらに一九四〇年一〇月には、アルジェリアのユダヤ人からも国籍が剥奪された。こうして改めて「外国人」とされたユダヤ人が優先的に一斉検挙の対象となった。つまり、ヴィシーの国民革命によって排斥されたユダヤ人が、そのままナチによる反ユダヤ政策の犠牲者として差し出されたのである。

ナチに協力したからといって、ヴィシー政府がフランスのナチ化を目論んでいたわけではない。しかし国民革命の思想とナチズムとの間には、近代的諸価値に対する反動や民族的な排他性といった共通要素があったことも事実である。それぞれ異なる経緯によるとはいえ、当時フランスにいたユダヤ人はそれら二つの反近代的イデオロギーの標的となり、仏独両者が手を携えた人類史に汚点を残す蛮行の犠牲者となったのである。

参考文献

渡辺和行『ホロコーストのフランス――歴史と記憶』人文書院、一九九八年。
Marrus, M. R., et Paxton, R. O. *Vichy et les Juifs*, Paris: Calmann-Lévy, 1981.

参考文献

池田嘉郎編『第一次世界大戦と帝国の遺産』山川出版社、二〇一四年。
ガイス、ペーター／ル・カントレック、ギョーム監修『ドイツ・フランス共通歴史教科書【近現代史】――ウィーン会議から1945

年までのヨーロッパと世界』（福井憲彦・近藤孝弘監訳）明石書店、二〇〇八年。

パクストン、ロバート・O『ヴィシー時代のフランス――対独協力と国民革命　一九四〇－一九四四』（渡辺和行・剣持久木訳）柏書房、二〇〇四年。

平野千果子『アフリカを活用する――フランス植民地からみた第一次世界大戦』人文書院、二〇一四年。

福島都茂子『フランスにおける家族政策の起源と発展　第三共和政から戦後までの「連続性」』法律文化社、二〇一五年。

ブロック、マルク『奇妙な敗北――一九四〇年の証言』（平野千果子訳）岩波書店、二〇〇七年。

牧野雅彦『ヴェルサイユ条約――マックス・ウェーバーとドイツの講和』中央公論新社、二〇〇九年。

マクミラン、マーガレット『ピースメイカーズ――一九一九年パリ講和会議の群像』（稲村美貴子訳）芙蓉書房出版、二〇〇七年。

渡辺和行『フランス人民戦線　反ファシズム・反恐慌・文化革命』人文書院、二〇一三年。

Dorgelès, R., *Souvenir sur les croix de bois*, Paris: A la cité des livres, 1929.

Guieu, J. M., *Gagner la paix, 1914-1929*, Paris: Seuil, 2015.

Noiriel, G., *Les origines républicaines de Vichy*, Paris: Hachette Littératures, 1999.

Rousso, H., *Le Régime de Vichy*, Paris: PUF, 1999, 2007.

第10章　戦後フランスの政治と社会

中村　督

この章で学ぶこと

本章では主として戦後フランスの政治と社会がいかに変容してきたのかを概観する。終戦直後のフランスはかつてそうであったような大国ではない。まずは復興を遂げ、近代化をはたさなければならなかった。しかし、その過程で産業構造や政治体制は大きく変化した。政治制度が議会中心体制の第四共和政から大統領が強い権限をもつ第五共和政へと移行する一方で、農村社会は終焉をむかえ、消費社会の到来とともに多くの人がヴァカンスを享受する時代になった。一九八〇年代には社会党の大統領が誕生するが、保革共存政権が成立するなど、左右の対立軸が不分明な時代となっていく。また、広くマイノリティに向けた法の整備や法定労働時間の短縮といった先進的な側面をもちつつも、同時に硬直化した社会階層、高い失業率、移民の社会統合など多くの問題にも直面する。本章の目的は、戦後フランスが軋轢や矛盾を抱えながら今日あるような姿に変貌を遂げてきた過程を理解することである。

1　第四共和政の成立——政治と経済の再建

解放から今日へ

一九四四年八月二五日、パリが解放された。哲学者のシモーヌ・ド・ボヴォワールは次のように記す——「私たちは解放された。通りでは子どもたちが歌う。『もうやつらの顔も見おさめだ、すべて終わった、終わった』。そして私も心のなかで繰り返した。『終わった、終わった』〔……〕。昼となく夜となく、友だちと一緒に喋ったり、飲んだり、歩きまわったり、笑ったりしながら、私たちは解放の喜びにひたった」（『或る戦後（上）』朝吹登水子・二宮フサ訳、紀伊國屋書店、一九六五年、九頁〔訳は一部改変〕）。作家のアルフォンス・ブダールによれば以下である——「それからというもの、六年間にわたっていつもこうした終わることのない食料問題があり、〔……〕配給の問題があった。〔……〕占領から解放されても、腹を空かしたフランスでは、肉や牛乳がなく、フライパンに油をひくことができなかった」（Boudard, A., *La fermeture*, Paris: Robert Laffont, 1986 : 14）。二つは解放期のまったく異なる描写である。一方ではナチ・ドイツから解放された喜びが、他方では困窮から来る苦しみが示されている。しかし、両者ともに戦争の重々しさを描いているという点で変わりない。戦争の参加国で被害を免れた国などないのである。

まずは終戦直後のフランスの状況を確認しておこう。人口に関していうと一九四六年実施の国勢調査では四〇五一万七九三二人となっている。一九三六年の四一九〇万七〇五六人に比べて三・三％の減少である（一九四六年には約三〇万人が海外にいたので実質的な減少は約一％である）。第二次世界大戦では六〇万人が、さらに戦後、不衛生や栄養不足を原因として五三万人が亡くなった。その一方で出生率は戦時中から上昇傾向を示していた。ヴィシー政権の家族政策を背景に一九四二年から出生率は回復し、一九四六年には八四万人の出生数を記録した。とくに戦後の時代の高い出生率が続く現象をベビーブームという。ベビーブーム世代は後の社会経済的変化に大きな影響を及ぼすことになる。

戦争による被害は人的のみならず物理的側面にも及んだ。第一次世界大戦で被害を受けたのは一三県であったのに対して、第二次世界大戦では七四県にまで上った。ル・アーヴルやブレストなどほとんど全壊した都市もあった。フランス全体では一〇〇万世帯が家屋のない状況であった。交通手段の被害も大きかった。橋を例にとると七五〇〇が破壊され、物資の流通が停滞した。食料不足も深刻だった。耕地面積三〇〇万ヘクタールが破壊された上に、肥料や燃料が不足し、生産高が激減した。一九四四年九月にアメリカが三〇〇〇台の機械を投入したが、農業の機械化を促進するには不十分であった。一九四四年で一日九〇〇カロリー分、一九四五年には一五一五カロリー分の食料しか配給されなかった。

こうした状況下でフランスはいかに再建するかが喫緊の課題となった。とはいえ、再建は政治、経済、社会の諸側面に及ぶ上に、複雑な過程をたどらなければならなかった。本章では戦後フランスがいかにして復興を遂げ、近代化をはたし、今日のような姿に変わっていったのかを理解する。しかし、その前に「戦後」を構成する第四共和政（一九四六～一九五八）と第五共和政（一九五八～）について少し言及しておきたい。

図式的な把握として難しいのは第四共和政の方だろう。第五共和政は大統領に代表される強大な執行権に特徴づけられる。とくに一九六五年に大統領直接公選制が実施（制定は一九六二）されて以来、大統領の任期で時代を区切ることができる。他方、第四共和政は国民議会が強い権限をもつ政党主導の政治であった。一二年間に二五の内閣が誕生したが、そのほとんどが一年以内に交代し、第五共和政の大統領のような象徴的人物で区切るのが困難である。とはいえ、一二年という年数だけをとってみればジャック・シラク大統領の任期とほぼ同じであり、その間の重要な出来事を追うとより理解しやすいように思われる。

次に第五共和政である。その成立から今日まで五〇年以上の間に八名の大統領が誕生している。シャルル・ドゴール（一九五八～一九六九）、ジョルジュ・ポンピドゥ（一九六九～一九七四）、ヴァレリ・ジスカール＝デスタン（一九七四～一九八一）、フランソワ・ミッテラン（一九八一～一九九五）、シラク（一九九五～二〇〇七）、ニコラ・サルコジ（二〇〇七～二〇一二）、フランソワ・オランド（二〇一二～二〇一七）、エマニュエル・マクロン（二〇一七～）である。任期は第五共和政成立時には七年と定められていたが、二〇〇〇年の国民投票で五年となった。それゆえ各大統領の就任期間は五か七の倍数になるはずだが、ドゴールは二期目の途中で辞任、ポンピドゥは在任中に病死したので、そうなっていない。また、シラクが一二年なのは在任中に任期が変更したからである。

共和国臨時政府とドゴールの辞任

一九四四年にドゴール首班の下、アルジェで発足したフランス共和国臨時政府は、国内に限っていうと主に二つの課題を解決しなければならなかった。一つは政治の再建、もう一つは経済の再建である（外交の課題は第11章、植民地の課題は第12章をそれぞれ参照）。

これら二つの再建を前にして臨時政府は国内外のレジスタンス組織を統一しながら、九月九日に新内閣を組織した。この内閣はレジスタンスの運動家を中心に党派性を超えた人物たちで成る挙国一致内閣であった。注目すべきは共産党出身者の入閣である。大戦間期に支持基盤を拡大した共産党は、レジスタンス運動を通して大衆の支持を得ており、再建には無視できない政党であった。

経済に関していうと、臨時政府はまずは困窮状態とインフレを克服する必要があった。そこで臨時政府は一九四四年末から一九四六年春にかけて石炭・電力・ガス、フランス銀行・預金銀行・保険会社、航空会社エール・フランスや自動車会社ルノーといった大企業の国有化に乗り出した。国有化によって対独協力者を追放しつつ、国家主導による近代化の推進をはかったのである。一九四六年一月に準備され、翌年に実施された第一次近代化・設備計画では、後にヨーロッパ統合の父としても名を残すジャン・モネが重要な役割をはたした。モネは石炭・電力・鉄鋼・運輸・セメント・農業機械の六部門を重点的な復興の対象としながら、一九五〇年までの四年間に生産水準を一九二九年水準にまで引き上げることを目標とした。モネ・プランと呼ばれるこの計画は順調には進まず、むしろインフレの拡大を招き、頓挫しかけたが、一九四七年にアメリカ国務長官の名を冠したマーシャル・プランが発表され、アメリカの資金援助を受けるかたちで軌道に乗っていった。計画の期間は一九五二年まで延長され、その年までに合理化と機械化が進み、同時に労働生産性も向上した。後に「栄光の三〇年」と呼ばれることになるフランスの高度経済成長の開始である。

政治の再建については複雑な状況が続いた。とくにドゴールと三大政党の対立が問題であった。三大政党とは共産党、社会党（正確な党名はSFIO〔労働者インターナショナルフランス支部〕）、人民共和運動（MRP、キリスト民主主義政党）のことである。ドゴールと三党は、第三共和政の弱点が強力な政府の欠如にあるという点では見解が一致していた。しかし、ドゴールの主張する執行権の強化に対して、三大政党は激しく反対した。こうしたなか一九四五年一〇月二一日、国民投票と憲法制定議会選挙が行われた。これは女性参政権が認められてはじめての国政選挙であった（選挙自体では同年四月二九日の市町村議会選挙が最初）（図10－1）。この国民投票で第三共和政の廃止が決まり、憲法制定議会選挙では上記三大政党が八割以上の議席を占める結果となった。議会は全会一致でドゴールを首班指名したが、ドゴールはとくに第一党の共産党、さらには社会党とも折り合いをつけられず、一九四六年一月に辞任することになった。

図10－1　1945年4月の市町村議会選挙に関するポスターを見る女性たち
（出典）Zancarini-Fournel et Delacroix, 2014, p. 15.

その後、憲法制定議会は三党政治協力憲章を結び、フェリックス・グアンを首班とする三党政治を開始し、憲法草案の作成にとりかかった。第一次草案は議会の立場を強めたものであり、一九四六年五月五日の国民投票で否決された。それを受けて作成された第二次草案はジョルジュ・ビドー首班の下、同年一〇月一三日に賛成五四％を得てかろうじて可決に至った。しかし、議院内閣制を定めたこの憲法は第三共和政のそれと大きな違いはなく、不安定かつ短命な政権が続くことになった。ちなみにドゴールは六月一六日、つまり憲法制定をめぐる二回の国民投票の間にノルマンディ地方のバイユーで自らの憲法構想を発表している――「それゆえ、執行権は、政党を超越し、議員だけでなくもっと広い範囲の選挙人団によって選出される国家元首に由来するものでなければならない」。後から振り返ってみると、このバイユー演説は一九五八年に発表された第五共和政憲法の原型となるものだったのである。

第四共和政の成立――無力と不安定

一九四六年一一月一〇日、新憲法の下、国民議会選挙が行われ第四共和政が開始した。この選挙では共産党、MRP、社会党の順で票を獲得し、三党政治が継続することになる。一九四七年一月、大統領に選出されたヴァンサン・オリオールは首相に社会党のポール・ラマディエを指名した。ところが、社会党とMRPは第一党である共産党の勢力拡大を恐れており、関係は微妙なものとなっていた。とくに問題となったのは共産党の強力な支持基盤であるフランス最大の労働組合労働総同盟（CGT）が国有企業でも大きな力をもっていたことである。結局、四月にCGTがルノー工場で賃上げ要求のためにストライキを支持し、それに共産党出身の閣僚も賛同したことで、ラマディエと共産党の関係は決裂し、三党政治は終わった。他方、右派の方は四月にドゴールがフランス人民連合（RPF）を設立したことで、勢力を巻き返していた。こうしてラマディエ内閣は右派からも強い批判を受けることになり、辞職に追い込まれた。その後、共産党とドゴール派が抜けた陣営、すなわち社会党とMRPを中心に構成される「第三勢力」が政権を主導した。とはいえ、こうした中道政治路線の政府も不安定であることに変わりなかった。また、中道政治という点に関していうと、一九五〇年二月、ビドー内閣の時代に社会党が与党から離脱し、一九五一年の総選挙を経て政府は右傾化していった。

不安定な政治運営の要因には対外政策も関係していた。一つはヨーロッパ統合に関する政策である。一方でフランスは経済再建を背景として対米従属路線を選択せざるを得なかったが、しかし、他方では自国の経済力や威信などを取り戻すべくヨーロッパ統合を推進しようとしたのだった。一九五〇年にロベール・シューマンが欧州石炭鉄鋼共同体（ECSC）設立を、次いでルネ・プレヴァンが欧州防衛共同体（EDC）設立を提唱した。とくにEDC構想をめぐって議会は混乱した。西ドイツ再軍備を目的とするEDCを反ソと考える共産党と国家主権の脅威と考えるRPFが、理由を異にしながらも反対という立場で一致した。また、ＥＤＣ構想は庶民の反米感情を煽るものでもあった。フランスは一九四九年に北大西洋条約機構（ＮＡＴＯ）に加盟したが、ＥＤＣが設立されるとその関係でさらにアメリカへの従属が進むという考えが広がっていたのである。このようにして、結局、ＥＤＣ構想は頓挫した。

もう一つは植民地に関する政策である。第四共和政の成立時、植民地支配を維持するためにフランス連合が発足した。しかしフランス連合はすぐに動揺する。戦後にホー・チ・ミンがベトナムの独立を宣言したが、それに反対するフランスが攻撃を仕掛け、インドシナ戦争が勃発したからである。とくに一九四九年に中華人民共和国が成立すると、アジアの共産主義化を恐れたアメリカはフランスに軍事支援をし、戦争は国際紛争と化していった。一九五四年五月にフランスはディエンビエンフーで敗北するが、和平交渉は順調に進まなかった。

このように二つの対外政策が混乱するなか、一九五四年六月にマンデス＝フランス内閣が成立する。同年七月、マンデス＝フランスはジュネーヴ協定を締結し、インドシナ戦争は停戦した。しかし、これを機に北アフリカの植民地からもこれまで以上に独立要求の機運が高まった。チュニジアとモロッコは一九五六年までに独立が認められるが、アルジェリアは別であった。マンデス＝フランスといえば、植民地の対応を含めてその政治姿勢に多くの信奉者を集めた政治家であるが、アルジェリアの問題を解決するのは容易ではなかった。

また、国内でも重要な問題がもち上がってきた。近代化に対する旧中間層の抗議運動、すなわちプジャード運動である。この運動を主導したピエール・プジャードは、経済成長から取り残された地域の小商店主や手工業者の不満を吸い上げ、政府の税制に対する抗議を展開したのだった。プジャード運動は、植民地主義的主張や人種差別主義的発言を特徴とするポピュリズム的な方法で全国的な支持を集めていった。実際、一九五六年の総選挙では六〇議席を獲得したのである。

2　第五共和政の開始——脱植民地化と近代化

第四共和政の挫折と遺産——アルジェリア戦争とドゴールの復帰

一九五五年二月、マンデス＝フランスの後を受けてエドガール・フォールが首相に就いた。そして、翌年一月に総選挙が行われたが、一九五四年一月以来大統領の座にあるルネ・コティは、世論で支持を集めるマンデス＝フランスを避け、社会党のギ・モレを首相に指名した。モレ内閣は一九五七年五月まで存続し、第四共和政で最長の政権となる。その間、モレは欧州原子力共同体（EURATOM）や欧州経済共同体（EEC）の成立を可決させ（ローマ条約）、ヨーロッパ統合を大きく推進させた。しかし、アルジェリアをめぐっては失態を演じた。

そもそもアルジェリアは他の植民地とは異なって、フランス人にとっては特別な意味をもっていた。端的にいってアルジェリアはフランスの国土の一部という意識が強く、独立には強い抵抗があったのである。アルジェリアをフランスの県の地位にとどめるかどうかを問うた有名な世論調査がある。一九五六年二月の時点では四九％のフランス人がアルジェリアをフランスの県の地位にとどめること（「フランスのアルジェリア」）を支持し、二五％が「より緩やかな紐帯」を望んでいた（無回答は二六％）。しかし、フランスとアルジェリアの関係が悪化するなかで、その数字は一九五七年九月の調査ではそれぞれ三六％と四〇％に変化する（無回答は二四％）。こうしてみるとたしかに「フランスのアルジェリア」支持者は減少したのだが、だからといって、それ以外の人が独立に賛成であったわけでもない。依然として「フランスのアルジェリア」支持者は多かったという見方もできるのである。

一九五四年一一月一日、アルジェリア独立をめざす民族解放戦線（FLN）の蜂起によって戦争がはじまった。前述のように当時の首相マンデス＝フランスは、アルジェリアをめぐる政策を直接の契機として辞任し、その後、いずれの政府も有効な手立てを打ち出すことができなかった。モレについていうと、首相就任当初は停戦を訴え、脱植民地化を支持するジョルジュ・カトルーを総督に任命したが、現地のヨーロッパ人から猛烈な反対を受けることになる。さらにモレはアルジェリア訪問中にトマト（オレンジやりんごであったという説もある）を投げつけられるという屈辱を受け、結局、カトルーに代えてロベール・ラコストを任命して「フランスのアルジェリア」路線に転換した。一九五六年末にはＦＬＮのテロが活発化したことで、モレはより強硬な政策を打ち出し、秩序回復のために残忍な拷問を繰り返した。拷問が大規模に及んだことをアルジェリア戦争批判の急先鋒であった歴史家ピエール・ヴィタル＝ナケは書き残している――「この時期、拷問の実施はきわめて一般的になり、アルジェリアで招集されたフランスの若者全員に関わる問題となった」(Vidal-Naquet, P., *La torture dans la République*, Paris: Les éditions de Minuit, 1972 : 40)。

また、一九五六年一〇月、フランスはエジプトのスエズ運河国有化に反対してイギリスと攻撃をしかけ、スエズ危機（第二次中東戦争）を起こす。フランスにはエジプト首相のナセルがＦＬＮの活動に加担しているという考えがあった。しかし、米ソの圧力によってイギリスとフランスは撤退し、国際連合はフランスのアルジェリア政策を非難することになる。モレの政策は国内の社会主義者を幻滅させるものであり、社会党を離党する者も出た。

モレの辞任後、モリス・ブルジェス＝モヌリとフェリックス・ガイヤールが続いた。その間、アルジェリア独立の是非をめぐって議会は空転し、ドゴールのリーダーシップを待望する声が多くあがるようになった。他方、アルジェリアでは、一九五八年五月一三日、現地フランス人による「フランスのアルジェリア」を支持するデモが広がり、その一部がアルジェの総督府を占拠して軍人を含む「公安委員会」を結成した。公安委員会はドゴール派の教唆を受けてドゴールの復帰を要求し、政権交代が準備されることになった。六月一日、ドゴールは議会で首相の信任を受け、半年間の全権付与、議会の一時停止、憲法改正を認めさせた。

第五共和政の成立――ドゴールの課題

かくして危機時のリーダーとして政界復帰をはたしたドゴールは、実際、次々と重要な課題に取り組んでいった。第一は、議会中心体制を変えるための政治改革である。一九五八年六月から司法大臣のミシェル・ドブレを中心に憲法が起草され、憲法諮問委員会の審議を経て、九月二八日には国民投票が実施された。賛成七二・二六％で憲法草案は可決し、一〇月四日に審署され、第五共和政が開始する。第五共和政憲法の最大の特徴は大統領権限（執行権）の強化である。大統領に七年間の任期が保証され、国民議会の解散権（第一二条）、法律案の国民投票付託権（第一一条）、非常事態措置権（第一六条）などが付与された。同年一一月の総選挙ではドゴール派の新共和国連合（UNR）が躍進を遂げ、一二月の大統領選（地方議員等による間接選挙）でドゴールが大統領に選出された。そしてドゴールは第五共和政の初代首相にドブレを任命した。

第二は、アルジェリア戦争の解決である。ドゴールは政界復帰した際に解決策をもっていたわけではなく、立場もあいまいであった。ドゴールはアルジェリア独立反対の政治家を登用するなど「フランスのアルジェリア」支持者の期待を集めた一方で、FLNとの和解も考えていた。しかし、FLNの方はアルジェリア共和国臨時政府を組織し、過激なテロを起こして多くの死者を出した。すると今度はフランスが軍事作戦をとってまた新たに死者を出すという負の連鎖が続いたのだった。一九五九年九月、ドゴールはついにアルジェリアの自治権を認める発言をする。世論にも変化があった。同年二月の調査では五一％がアルジェリアの独立は止むなしという考えを示した。こうした世論の後押しもあって、一九六〇年一一月、ドゴールは「アルジェリア共和国」の言葉を使ってアルジェリア自決の可能性を示唆し、翌年一月に国民投票でこれが認められた。その後、「フランスのアルジェリア」に固執する者によるテロが頻発するが、最終的には一九六二年三月にエヴィアン協定（休戦協定）が締結され、アルジェリア独立に向けての地ならしがなされた。

また、この年の九月、アルジェリア戦争に終止符を打ったドゴールは、その勢いを利用するかたちで、憲法改正に着手する。その狙いは、大統領直接公選制を導入して執行権と国民主権の直接的な結びつきを強化することにあった。ドゴールはここで国民議会と衝突するが、議会を解散し、国民投票にもち込んだのだった。一〇月二八日、憲法改正に六一・七％が賛成した。さらに一一月の総選挙ではドゴール派が過半数に迫る議席を獲得した。ドゴールはジョルジュ・ポンピドゥを首相に任命し、ようやく安定した政権が成立することになった。

第三は、国際関係のなかでフランスを大国の地位につけることである。一言でいえばドゴールはフランスの「自立」と「偉大」を求めていた。そのためにヨーロッパを基盤としてフランスの国際的な影響力を強めようとした。超国家的統合を避けつつもEEC内で主導権を握り、西ドイツとの協力関係を構築する一方、イギリスに対しては一九六三年、一九六七年と二度も加盟を拒否した。また、冷戦のただなか、一九六六年にNATOの軍事機構からの脱退を表明し、軍事面でアメリカに依存するのを避け、独自に核開発を進めていった。さらにドゴールは旧植民地との関係強化や一九六四年の中華人民共和国承認など東西どちらにも与することない姿勢を打ち出した。

経済の再建──「栄光の三〇年」の展開

以上にくわえて経済運営もドゴールの重要な課題であった。少し時代を遡って確認すると、モネ・プランの後、一九五四年から一九五七年にかけて、第二次計画（イルシュ・プラン）の下、経済改革が行われた。第二次計画では対象部門が繊維や各種機械など一七部門に拡大され、国立統計経済研究所（INSEE）の設立や国民計算経済の整備を通じてマクロ経済の集計が可能となり、生産の量と質が重視されるようになった。この辺から実質的にフランスは急激な経済成長を遂げ、一九五〇年代の年間成長率でいうと平均四・五％に上った。経済政策の重点は復興から近代化へと徐々に移行していったのである。

表10-1　耐久消費財の所有率

	1954年	1964年	1972年
自動車	21	42.4	61.3
テレビ	1	35.3	77.5
冷蔵庫	7.5	48.3	85.3
洗濯機	8.4	35.4	63.8

（出典）Gérard, V., *Les Français 1945-1975*, Paris: Masson, 1977, p. 284.

こうした経済成長に応じて、第四共和政下では産業構造にも大きな変化が生じた。繊維や衣料の伝統産業が衰退し、重化学工業化が進んだ。農業についても急速な近代化を遂げることになった。農民は一九四五年以降、毎年減少していき、全労働力人口に対する比率は一九四五年に三五％であったのが一九五八年には二三％に低下した。その後も農業の抜本的な変化は続いた。一九五四年から一九七四年にかけて農業人口は五一〇万人から二三〇万に、国

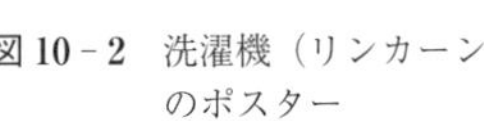

図10－2　洗濯機（リンカーン）のポスター
（出典）Goetschel, P., *Histoire culturelle de la France au XXe siècle*, Paris: La Documentation française, 2010, p. 55.

内総生産に占める農業の付加価値は一三・七％（一九五五）から五・七％に減少した。その一方、トラクターの台数は二五万台から一三三万台（一九七三）、一ヘクタール当たりの収穫高は二三〇〇キロから四二〇〇キロへと上昇した。

一九五〇年代には家庭電化製品の所有率も飛躍的に上昇した。一九五四年と一九六四年を比較すれば、自動車は二一％から四二・四％、テレビは一％から三五・三％、冷蔵庫は四八・三％、電気洗濯機（図10－2）は八・四％から三五・四％に増加した（表10－1）。とりわけ自動車に関していうと、一九五四年の自動車展示会で一〇〇万人の来客数を記録したことが当時の好調な経済成長を示す逸話となっている。また、一九五〇年代から一九七〇年代にかけては都市への人口流入が進み、低家賃住宅（HLM）の大量建設をはじめ建設ラッシュも続いたのだった。

こうした経済成長のなかでドゴールは、経済学者ジャック・リュエフの提案に基づいて、アルジェリア戦争やスエズ危機で直面していたインフレを抑制し、財政均衡を達成する（第三次計画（一九五八〜一九六一））。次いで第四次計画（一九六二〜一九六五）、第五次計画（一九六六〜一九七〇）では名称が「近代化・設備計画」から「経済・社会発展計画」へと修正され、コンピューター、エネルギー、航空などの産業に重点が置かれると同時に、従来からの重要産業部門の強化もはかられた。一九六〇年代は経済成長率も五〜六％の高い水準で安定し、フランスは好景気に恵まれることになった。

こうした戦後の高度経済成長を支えた要因は何だろうか。もちろん複数の要因が複雑に絡んでいるが、ここでは三点だけあげておきたい。第一はアメリカの影響である。フランスはアメリカからマーシャル・プランなどによる資金提供を受けたが、それだけでなく、一九五〇年代には生産性向上のために各界の代表者が渡米するとともに、アメリカ人の専門家をアドバイザーとしてむかえ入れた。さらに『エル』（一九四五年創刊）や『レクスプレス』（一九五三年創刊）のような有名週刊誌もアメリカ的ライフスタイルの普及を助け、いわば近代化推進の原動力となった。第二はテクノクラート（技術官僚）の存在である。戦後、理工科学校や国立行政学院（ＥＮＡ）出身の財務省官僚が大企業にも影響を及ぼしながら近代化を主導していった。とくに一九四五年に設立された国立行政学院はその名のとおり高級官僚の養成校であり、第五共和政の主要な政治家の多くの出身校となっている。大統領ではジスカール＝デスタン、シラク、オランド、マクロンが、首相ではロラン・ファビウス、ミシェル・ロカール、エドゥアール・バラデュール、アラン・ジュペらをあげることができる。第三は外国人労働者の存在である。戦後復興には非熟練労働力が不可欠であった。しかし大戦間期に導入されたヨーロッパ系の移民労働者や戦後の離農者だけで非熟練労働力を補うことができず、旧植民地から大量に労働者を呼び寄せた。アルジェリア出身者を例にとると、一九五四年に二〇万人であったのが一九六二年には三五万とも四四万ともいわれる数に増加している。経済成長はフランス人だけではとても実現できなかったのである。

3　安定と変容の一九六〇年代

社会変容と閉ざされた社会

一九六二年にアルジェリア戦争が一応の決着をみせたことは、フランスにとって歴史的画期を成した。一八七〇年の普仏戦争以降、一世紀近く続いた戦争状態が終わったからである。一般的にアルジェリア戦争終結から一九六八年の五月革命までを「一九六〇年代」と呼ぶが、この時代は政治的に安定した時代であり、社会問題にこれまで以上に多くの関心が向けられるようになった。

まずは、政治に関していうと、一九六五年に直接選挙による大統領選が行われ、ドゴールの続投が決まった。予想では第一回投票でドゴールが過半数を取ると考えられていたが、実際には四四・六五％にとどまり、第二回投票での当選となった（第一回投票で選出されるためには過半数が必要となる。そうでない場合は上位二人の間で第二回投票が行われる）。相手

表10－2　労働人口における社会職業別構成の変化

職　業	1954年	1962年	1968年	1975年
農　民	20.7（41.5）	15.8（69.2）	12.1（38.1）	7.6（34.3）
農業労働者	6.0（15.0）	4.3（11.5）	2.8（10.3）	1.7（11.6）
商工業経営者	12.0（37.2）	10.6（36.7）	9.6（35.2）	7.8（33.4）
自由業・上級管理職	2.9（13.8）	4.0（15.9）	4.9（19.1）	6.7（23.2）
中級管理職	5.8（36.7）	7.8（39.6）	9.8（40.6）	12.7（45.2）
職　員	10.8（52.8）	12.5（58.8）	14.7（61.0）	17.7（63.9）
労働者	33.8（22.7）	36.7（21.6）	37.8（20.4）	37.7（22.4）
サービス業従事者	5.3（80.7）	5.4（80.9）	5.7（79.1）	5.7（77.9）
その他	2.7（26.1）	2.9（23.4）	2.6（20.7）	2.4（19.1）
合　計	100　（34.8）	100　（34.6）	100　（34.9）	100　（37.3）
総労働人口（人）	19,184,764	19,251,195	20,397,976	21,774,860

（注）「自由業・上級管理職」には中等教育以上の教員やエンジニア，「中級管理職」には初等教育の教員などを含む。カッコ内は女性の割合。
（出典） Beitone et al., 1995: 431-432；中山 2006：220

は後に大統領となるミッテランであった。第一回投票の予想を覆す一因となったのはジャン・ルカニュエの健闘である。ルカニュエは初めてテレビ放映された候補者演説を巧みに利用したのである。この放映には半数のフランス人が立ち会った。先述のように当時、テレビの保有率は上昇中であった。

他方、社会は大きな変容を遂げていた。一九六〇年代にはベビーブーム世代が成人になり、それに応じて高等教育登録者数が急増した。一九五〇年に一三五万人であったのが、一九六八年には約四倍の五〇八万人となった。また、管理職（カードル）を含むホワイトカラー層も増大し、社会構造に変化を及ぼした（表10－2）。農村社会は終焉をむかえ、消費社会や余暇を享受する時代が到来したのである。しかし、こうしてたしかにフランスは「豊かな社会」となったものの、それで平等な社会が実現したわけではなかった。たとえば、社会学者のピエール・ブルデューとジャン＝クロード・パスロンは、『遺産相続者たち』（一九六四年）のなかで、高等教育登録者数の増大にもかかわらず、エリートにはエリートの養成校があり、多数派を占める社会階層が不平等を蒙っている状況を示した。また、社会学者のミシェル・クロジエは『官僚制の現象』（一九六三年）で官僚主義に着目しながら社会の硬直化を問題視し、後にフランスの閉塞した状況を「閉ざされた社会」と名づけた。それだけでなくジャーナリズムの世界でも教育、環境、フェミニズム、マイノリティの権利、地方分権などのテーマはすでにさまざまな領域での不平等の意識が広がっていたのである。一九六八年にフランス全土を揺るがす大規模な異議申し立て運動が起こる、その前の時代に頻繁に議論になっていた。

六八年五月

一九六八年五月三日、パリで学生の集会が警察の介入を受け、学生が逮捕された。学生逮捕の抗議運動が学生運動に変わり、それが労働運動と結びついてフランス全土を揺るがす異議申し立て運動へと発展した。五月一三日、パリでは一〇〇万人ともいわれる人びとがデモに参加する。労働運動という点では五月二四日に七〇〇〜八〇〇万人がストライキに参加し、多くの機能が完全に麻痺し、国は混乱に陥った。結局、政府は労働組合に交渉相手を定めた後、五月三〇日一六時半、ドゴールが議会解散と総選挙を呼びかけて事態は収束に向かった。

以上が「六八年五月」、日本では「五月革命」として知られる出来事である（コラム9参照）。こうした運動が生じた理由はいまでも謎である。しかし、抽象的ないいかたをすれば、路上で声を上げることで何かを変えたいという意志、あるいは何かが変わるかもしれないという期待はあった。実際、六八年五月をアルジェリア戦争、さらにはベトナム戦争に対する反戦運動との連続性のなかに位置づけることは可能である。若者の人口も関係している。一九六八年の時点で、一八歳から二四歳の人口は約八〇〇万人、すなわち全人口（約五〇〇〇万人）の約一六%を占めており、社会全体に若い力が横溢（おういつ）していたといってよい。

ところで多くの者たちは何に対して異議申し立てを行っていたのだろうか。それは教育制度、労働環境、マイノリティが置かれている状況など多岐にわたる。さらに六八年五月の多様性という意味では、壁に書かれた言葉が示すように漠然とした不満の発露もあったことも重要である――「なにかしらいいたいことはあるのだが、それがなにかは分からない」。すなわち、六八年五月を「五月革命」と呼ぶとしても、その革命は文化革命の意味合いが強く、政権批判としてのみ回収されるべきではない。たしかに長期政権を続けるドゴールへの批判もあったが、六八年五月の原因でもなければ、異議申し立ての主たる対象でもなかった。また、六八年五月を資本主義批判としてのみ捉えることもできない。なにしろ労働運動の主要なアクターの一つは、資本主義社会の先端部門で働く労働者であり、賃上げや組織の改善を訴えていたからである。

肝心の六月二三日と三〇日の総選挙であるが、ドゴールの共和国民主連合（UDR）が圧倒的多数の票を確保する結果となった。ドゴール与党が四九五議席中の三五九議席を占め、左派の二大政党である共産党と民主社会主義左翼連合（FGDS、非共産党系左派の政治組織）はそれぞれ三四議席と五七議席と、有していた議席を半分以下にまで落とした。この選挙は六八年五月の意義がどこにあったのかを問うものとして考えられた。その点ドゴールの圧勝という結果が出た以上、少なくとも短期的な視点からでは六八年五月の意義は分かりにくい。

しかし、六八年五月は、一九七〇代以降の多様な社会運動のなかで戦後の転換点として記憶されていくことになる。とりわけ女性の権利を例にとると、六八年五月は女性たちが自ら置かれた社会的状況に覚醒し、平等を訴える機会となった。そのことが一九七〇年の女性解放運動（MLF）の創設にも結びつき、後述の「女性の地位」省の設置や妊娠中絶の合法化につながる。さらに一九八〇年代以降も「女性」を超えて性的マイノリティの権利が見直され、市民連帯契約（PACS）やパリテ法などが制定されていく。つまり長期的な視点に立った時、こうした具体的な制度の構築は六八年五月の意志と希望が継承された結果であるという評価が出てくるのである。

4　中道主義に向かう一九七〇年代

ポンピドゥ政権——新しい社会と経済成長の停滞

六八年五月直後の総選挙でドゴールは圧勝したが、党内では首相のジョルジュ・ポンピドゥへの期待が高まっていた。ドゴールは大統領と首相の二頭政治を嫌がり、国民投票を通じて国民の支持を再確認しようとした。国民投票の内容は上院改革と地方制度改革に焦点を当てたものであったが、ドゴールは投票の実施自体に大統領の信任を問う意味があると考えた。しかし、一九六九年四月二七日、国民投票の結果は反対五二・四一％であり、翌日、ドゴールは辞任を発表した。

同年六月の大統領選ではＵＤＲのポンピドゥが選出された。第一回投票（六月一日）は四四・四七％、第二回投票（六月一五日）では五八・二一％の得票率で、ポンピドゥの圧勝で終わった。ポンピドゥはドゴール主義を継承しながらも、新しい方針を打ち出していった。継承という点では、首相にドゴール派のジャック・シャバン＝デルマスを起用するなど、閣僚人事に明らかであった。経済に関しても近代化推進の路線をとった。一九六九年から一九七三年まで工業生産の伸び率は五〜六％であり、先進国のなかでも屈指の成長率となった。他方、新しい方針に関しては、フラン切り下げや議会の尊重などに表れた。また、親ヨーロッパ統合政策をとり、一九七二年にはイギリスの欧州共同体（ＥＣ）加盟を承認した。

とくに首相のシャバン＝デルマスは六八年五月の余波を受け、官房長シモン・ノラや後に欧州委員会委員長を務めるジャック・ドロールの助言の下、「閉ざされた社会」から脱却し、「新しい社会」を建設することを提唱した――「現代の古い社会に揺さぶりをかける若さ、創造性、発明という新たなパン種によって、柔軟で分権化され、権威から解き放たれた国家と同様、あらゆる社会機構においても、民主主義と参加をより多く含んだ新しいタイプの生地が発酵しうるのです」。実際、シャバン＝デルマスは労使関係の対話を推進し、物価スライド制の法定最低賃金（ＳＭＩＣ）を導入するなど経済成長の再分配を考慮した政策を進めた。しかし、ポンピドゥはこうした政策は議会の多数派からすれば左派に寄ったものであるとして、一九七二年にシャバン＝デルマスに代えてピエール・メスメルを首相に指名し、より保守的な政策を行うようになった。このことは、右派と左派の両方を抱えようとしたドゴール主義の時代が終わったことを意味した。一九七三年三月の総選挙では与党が圧勝したが、左右の対立軸がより明確になった選挙であった。

こうした国内政治とは別の次元で一九七三年には重要な出来事が起こった。第四次中東戦争が勃発し、産油国が原油価格を引き上げたことで世界経済が混乱に陥った。このいわゆる（第一次）石油危機によってフランスの経済成長も停滞し、雇用市場が悪化したのである。かくして栄光の三〇年は終焉をむかえ、ポンピドゥが経済問題にいかに取り組むかが問題となった。しかし、一九七四年四月二日、ポンピドゥは白血病でこの世を去った。

ジスカール＝デスタン政権——社会改革の実現と限界

ポンピドゥが亡くなってすぐに大統領選が行われた。第一回投票（五月五日）では社会党のミッテランが四三・二％、独立共和派のジスカール＝デスタンが三二・六％の得票率を獲得し、第二回投票に進んだ。ドゴール派の分裂が原因でシャバン＝デルマスは早々に落選した。第二回投票（五月一九日）ではジスカール＝デスタンが五〇・八％の得票率を得て、ミッテランに僅差で勝利した。この選挙では第二回投票に進んだ候補者同士のテレビ討論がはじめて行われ、いままで以上にイメージ戦略が重要になっていた。当時四八歳のジスカール＝デスタンは有権者に若々しい印象を与えることに成功したのである。この選挙では他にも特筆すべき点がある。一九七二年に創設された国民戦線（ＦＮ）の党首、ジャン＝マリ・ルペンの登場である。ルペンの得票率はわずか〇・七五％であったが、その後、排外主義的な主張を唱えながら着実に支持を獲得していくことになる。

図 10－3　国民議会で演説するシモーヌ・ヴェイユ（1974年11月26日）
（出典）Bantigny et al., 2015, p. 11.

中道主義を唱えるジスカール＝デスタンは、選挙で協力を得たドゴール派のシラクを任命し、国家管理の緩和・自由化を進め、さまざまな領域で改革を行っていった。成人年齢の引き下げ、フランスラジオ・テレビ機構（ＯＲＴＦ）の再編、社会保障改革などがその例である。また、女性の地位向上を目的とした「女性の地位」省を設置し、閣外大臣にジャーナリストのフランソワーズ・ジルーを任命した。さらに厚生大臣に就任したシモーヌ・ヴェイユが妊娠中絶の合法化（ヴェイユ法）を可決させるなど、この時期、女性の権利が一挙に拡大していった（図10－3）。また、外交面でもジスカール＝デスタンは第一回先進国首脳会議の開催や欧州理事会の定例化など新しい提案を行った。

とはいえ、ジスカール＝デスタンの改革がすべて順調に運んだわけではなかった。その要因をいくつかあげることができる。第一はシラクの辞任である。社会党と共産党が選挙で勢力を伸ばすなか、ドゴール派はジスカール＝デスタンの左派に譲歩する姿勢に批判的であった。二人の対立は修復されず、シラクは一九七六年七月に辞表を出し、共和国連合（ＲＰＲ）を設立する。その後、シラクはジスカール＝デスタン政権下で約一〇〇年ぶりに設置されたパリ市長になった。第二は経済再建の失敗である。シラクの後にレモン・バールを首相に任命し、第一次石油危機後の不景気からの脱却を試みたが、一九七九年には第二次石油危機が起こり、失業者も増え、順調な成果をあげることができなかった。第三は国際情勢の変化である。一九七〇年代末にデタントの時代から再び東西の緊張が高まるなかで、ジスカール＝デスタンはソ連のブレジネフ書記長との会談やモスクワオリンピックの参加決定などを行い、国内外で批判を呼ぶことになった。

くわえてジスカール＝デスタン個人に帰される問題も出てきた。一九七九年にフランスの旧植民地である中央アフリカの大統領ボカサからダイヤモンドを贈賄されていたことが暴露され、多くのメディアの標的となって評判を落としたのだった。

左派の再編成――社会党の躍進、共産党の衰退

以上のポンピドゥ政権期とジスカール＝デスタン政権期、つまり大雑把にいうと一九七〇年代は社会党が勢力をつけた時代でもあった。

一九六〇年代にすでに左派の再編成が進んでいた。ミッテランが一九六五年に創設したＦＧＤＳに非共産主義系の左翼政党、すなわち社会党や急進社会党などが集結し、同年の大統領選に臨んだ。その選挙で共産党の協力もとりつけた

ミッテランは第二回投票に進んだのである。しかし、六八年五月ではほとんどの左派政党は学生運動にも労働運動に対しても対応が遅れ、直後の総選挙では惨敗を喫することになった。また、一九六九年の大統領選では候補者のガストン・ドフェールが五％ほどの得票率にとどまり、第二回投票に進めなかった。同年七月、社会党は一九四六年以来ようやく書記長をモレからアラン・サヴァリに代え、諸派を糾合し再出発した。

一九七一年にパリ郊外の北部に位置するエピネーで大会が開催される。ここにミッテラン、ドフェール、ジャン＝ピエール・シュヴェヌマン、ピエール・モロワらが合流し、マルクス主義から中道主義までを含む多様な潮流が集結した。ミッテランは共和制度会議（ＣＩＲ）という少数派の代表でしかなかったが、書記長に就任して新生社会党を率いることになった。

図10－4　社会主義合同会議（1974年10月13日）
この会議で統一社会党やCFDTの社会党合流が決まった。左からレジス・ドブレ（哲学者），ドフェール，ミッテラン，ロカール。
（出典）　Huchon, J. P., *C'était Rocard*, Paris: l'Archipel, 2017（付録のためページ数はない）.

この時期の社会党にはさしあたり二つの課題があった。一つは共産党との連携である。共産党は以前ほどの勢力はなかったが、一九七〇年代に入っても選挙での得票率は高かった。それゆえ社会党が与党に対抗するには共産党との協力が不可欠であった。一九七二年六月、社会党は共産党との社共共同綱領の締結に成功し、選挙ごとに躍進を遂げていく。もう一つは六八年五月の主題や支持者を取り込むことである。社共共同綱領の主題の一つ「よりよく生きる、生活を変える」は六八年五月の精神を継承したものであった。しかし、そのためには六八年五月を通じてフランス民主労働連合（ＣＦＤＴ、フランスの代表的労働組合）と良好な関係を築いていた統一社会党を取り込むことが必要であった。一九七四年末、統一社会党の代表ロカールが入党をはたすことで、社会党は六八年五月世代の支持を得ることが可能になった（図10－4）。

他方、一九七〇年代は共産党にとっては衰退の時代となった。そもそも共産党は六八年五月で学生の支持を失うばかかりか、同年のチェコ事件でも無力さを示すことになった。さらに、一九七〇年代なかばには、ソ連内部の悲惨な様子を暴いたソルジェニーツィンの『収容所群島』が翻訳された他、ポルポト政権の実態なども伝わり、共産主義そのものの信頼が失墜することになった。社共共同綱領の下、社会党が勢力を伸ばす一方、共産党はその逆であり、一九七七年に両者は決裂に至った。とはいえ、一九七〇年代を通じて社共の連携によって選挙における左右の軸が明確になったのは確かであった。

5　ミッテラン以降の政治と社会

ミッテラン政権と社会主義の実験

ジスカール＝デスタンの一期目の任期が終わり、一九八一年に大統領選の第一回投票（四月二六日）が行われた。七年前と同様の対決である。第二回投票（五月一〇日）でミッテランが五一・八％の得票率を得て、第五共和政で初めて社会党の大統領が誕生する。勝因は、保守政党の分裂やジスカール＝デスタンへの不信といった対抗馬の問題に加えて、ミッテラン陣営の集票の成功、さらには不景気での失業対策に対する社会党への期待があった。六月の総選挙でも社会党が過半数をとり、社会主義の実験が開始した。

ミッテランは首相にモロワを指名し、諸分野で改革に着手した。社会的な側面でいうと、労使関係の改革、死刑の廃止、外国人の滞在条件の緩和などが行われた。また、地方分権化を推進することで中央集権国家体制に変化をくわえ、それに伴い少数言語の権利が見直された。社会主義の実験という点では、とくに経済的な側面での改革は重要だった。ミッテランは、大企業や銀行の国有化や公共投資の増加を通して不況を脱しようとする「大きな政府」の路線をとった。しかし、失業、インフレ、貿易赤字といった問題を解決することはできず、緊縮財政に切り替え、産業の近代化をはかった。一九八四年に首相になったファビウスはこうした緊縮財政をさらに推し進め、市場原理や自由競争を重視する新自由主義的な政策をとった。結果的にインフレの抑制には成功したが、失業対策は失敗に終わった。失業者は一九八〇年代に増え続け、一九八五年には就業人口全体の一〇%以上に上ったのである。

経済政策の失敗は一九八六年三月の総選挙にも響いた。この選挙では一九七八年にジスカール＝デスタンが結成したフランス民主連合（UDF）とシラクのRPRによる保守連合が多数派となった。つまり、大統領の所属する政党が議会で多数派ではなくなったのである。首相にはシラクが指名され、かくして左派と右派、革新と保守とが大統領と首相を分け合うコアビタシオン（保革共存）政権が誕生することになった。コアビタシオン政権では大統領が国防・外交を、首相が内政をそれぞれ担当する分業体制が確立されていく。ミッテランとシラクの関係が良好であったわけではない。一九八八年の大統領選で両者は対決する。第二回投票（五月八日）でミッテランが五四%の得票率で再選をはたし、総選挙を経て再び社会党が多数派を形成した。首相のロカールは閣僚に中道派を五人も入閣させた。これは社会党政権といえども、旧来の明確なイデオロギー対立が失効しつつあったことを示すものでもあった。その後、初の女性首相エディット・クレソンに次いで、創設から社会党を支えてきたピエール・ベレゴヴォワが首相を務めた。そして一九九三年三月の総選挙で再び保守連合が勝利したことで第二次コアビタシオン政権が誕生した。首相にはバラデュールが就いたが、第一次コアビタシオン政権のシラクのような極端な改革を行わず、大きな混乱を伴うことはなかった。

ミッテランは第五共和政最長の二期一四年にわたって大統領の座にあり、その間にヨーロッパ統合も大きく前進させた。西ドイツのコール首相との協力関係の下、一九八六年の単一欧州議定書、一九九二年のマーストリヒト条約による欧州連合（EU）創設などを実現した。ミッテランとドゴールでは統合に対する考え方が異なるとはいえ、両者はフランスが大国であることを示そうとした点では共通していた。

シラク政権――政治文化の変容

ミッテランが任期を終えた一九九五年には大統領選が行われた。第一回投票（四月二三日）では社会党からはジョスパンが、ＲＰＲからはシラクとバラデュールの二人が出馬して票を分けあった。第二回投票（五月七日）にはジョスパンとシラクが進み（図10－5）、シラクが五二・六％の得票率で勝利した。三度目の大統領選でようやく勝利したシラクは、首相にＲＰＲの党首アラン・ジュペを指名した。

シラクはミッテラン時代に首相を務めた時、経済面では規制緩和や自由競争を軸とする新自由主義的な政策を打ち出し、国有企業の民営化を推進した。大統領になった今回もシラクは同様の路線をとった。すなわち、企業の負担を軽減し、雇用創出と景気回復を狙ったのである。これに関連して雇用創出についていうと、当初は失業対策に重点を置いていたが、欧州通貨統合に向けて財政赤字を削減するために、すぐに緊縮財政政策に転換し、社会保障費の削減を掲げるに至った。税の引き上げや公務員削除も含めてこうした政策は国民の不評を買うものであった。また、社会面でもミッテラン時代とよく似た政策をとった。とくに警察権力の行使に訴える権威主義的な治安対策や移民政策がそうであった。一九九六年八月、滞在許可を求めるアフリカ出身者の一部を強制送還させた出来事などは大きな政治問題となった。

図10－5　テレビ討論に挑むジョスパン（左）とシラク（右）（1995年５月２日）

（出典）　Larrère, M., *Voter en France de 1989 à nos jours*, Paris: La Documentation française, 2018, p. 45.

こうした背景の下、内閣の支持率は急落し、一九九七年五月シラクは議会を解散し、総選挙に打って出た。しかし、この総選挙ではシラクの思惑に反して社会党が躍進した。首相には社会党のジョスパンが就任し、第三次コアビタシオン政権が誕生する。ジョスパン内閣は共産党から緑の党まで幅広く左派を結集させ、多数の女性閣僚を登用したことに特徴があった。二〇〇二年までの間にジョスパンは先進的といいうる制度改革を実施していった。具体的にいうと、ジョスパンは首相に就いてすぐに前政権で規制の強められた外国人の入国や滞在に関する政策を見直し、一九九九年には性別に関係なく同棲するカップルに婚姻と同等の権利を付与する市民連帯契約（PACS）に関する法案を成立させた。また、二〇〇〇年には議員数を男女同数にするパリテ法を成立させ、女性の政界進出を促すことになった。そのほか同年には週三五時間労働法も制定された。こうした成果もあって次期大統領選ではシラクとジョスパンの対決が予想された。

しかし、二〇〇二年、大統領選の第一回投票（四月二一日）でジョスパンは一六・一八％の得票率でまさかの落選となった。一番手は一九・八八％のシラク、二番手が一六・八六％でFNのジャン＝マリ・ルペンとなった。ルペンの躍進は候補者の多さや棄権率の高さからも説明することができるが、FN自体、一九八〇年代から支持を集めており、選挙の結果は、フランス社会のうちに排外的なナショナリズムが伸長してきたことの証左であった。シラクは「不寛容と憎悪に対する理解も妥協もあり得ない」とルペンを批判し、第二回投票前の討論を拒否した。第二回投票（五月五日）ではシラクが八二・二％の得票率を獲得して二期目に入った。

同年六月の総選挙ではシラクを中心に形成された大統領多数派連合（UMP）（同年一一月に国民運動連合に改称したが、略称は変わらずUMPのまま）が圧勝し、まずはジャン＝ピエール・ラファランが、そして翌二〇〇五年五月からはドミニク・ドヴィルパンが首相を務めることになる。しかしラファランは社会保障政策や欧州憲法条約批准に関する国民投票で躓き、ドヴィルパンは労働契約の改正に失敗し、支持率を下げていった。その一方で、この時期、支持を集めたのはサルコジであった。二〇〇五年一〇月末、非ヨーロッパ系の住民の多いパリ郊外で若者が警察に追われて亡くなるという事件が起き、これをきっかけとしてフランス全土で大規模な異議申し立ての運動が広がった（第12章参照）。当時、内務大臣を務めていたのがサルコジは、移民を侮蔑する発言を行いながら、全般的に移民の規制を強める方向に動いた。こうしたサルコジの振舞いは批判を浴びる一方で、支持者の獲得にもつながったのである。

シラクの一二年間には、外交に関しても重要な出来事が多くあった。たとえばミッテランが中止を決めた核実験の一時的再開、通貨統合や安全保障共通政策などヨーロッパ統合の推進、アメリカによるイラク戦争の反対などを挙げることができる。他方、二〇〇五年五月に行われた先述の欧州憲法条約批准に関する国民投票では、拒否が五五％に上り、賛同を得られなかった。この国民投票はシラクに対する信任投票の意味が込められているだけに大きな失策となった。

大統領の不安定——サルコジ、オランド、マクロン

二〇〇七年の大統領選で、ＵＭＰのサルコジと社会党のセゴレーヌ・ロワイヤルで第二回投票（五月六日）が行われた。ロワイヤルが勝てば初の女性大統領が誕生するはずであったが、実際にはサルコジが五三・一％の得票率で当選した。サルコジはメディアを巧みに利用しながら、過去の政治や世代との決別を唱えて変化をアピールすることに成功した。サルコジはフランソワ・フィヨンを首相に任命し、新自由主義路線をとって三五時間労働法の緩和、公務員削減、年金改革などに取り組んだ。しかし、サルコジの任期中はサブプライムローン問題やリーマンショックによる世界的な金融危機のあおりを受けて路線変更を余儀なくされた。また、外交に関しても積極的で、二〇〇九年にフランスをＮＡＴＯ軍事機構に復帰させ、ドイツのメルケル首相との協力関係をもとにリスボン条約調印やユーロ危機後の緊縮財政を推進していった。

しかし、サルコジは政治献金疑惑や縁故人事ととられかねない登用などが目立ち、有権者の間には不信が広がっていった。二〇一二年、大統領選の第一回投票（四月二二日）でサルコジは現職にもかかわらず二番手に甘んじることになる。第二回投票（五月五日）では五一・六四％の得票率を獲得した社会党のオランドが勝利をおさめた。オランドは五年間でジャン＝マルク・エロー、マニュエル・ヴァルス、ベルナール・カズヌーヴと三人の首相を任命したが、大統領就任当初を除けば平均二五％という支持率の低さに苦しんだ。その結果、二〇一七年の大統領選に現職大統領としてはじめて不出馬を決めた。また、この時代、フランスは二〇一五年一月のシャルリ・エブド襲撃事件や同年一一月のパリ同時多発襲撃事件など相次ぐ襲撃事件を経験した。こうした事態の背景は複雑であるが、逮捕された者の多くが貧困や不平等を被った環境で育っており、その一因として社会統合の問題をあげることができる。

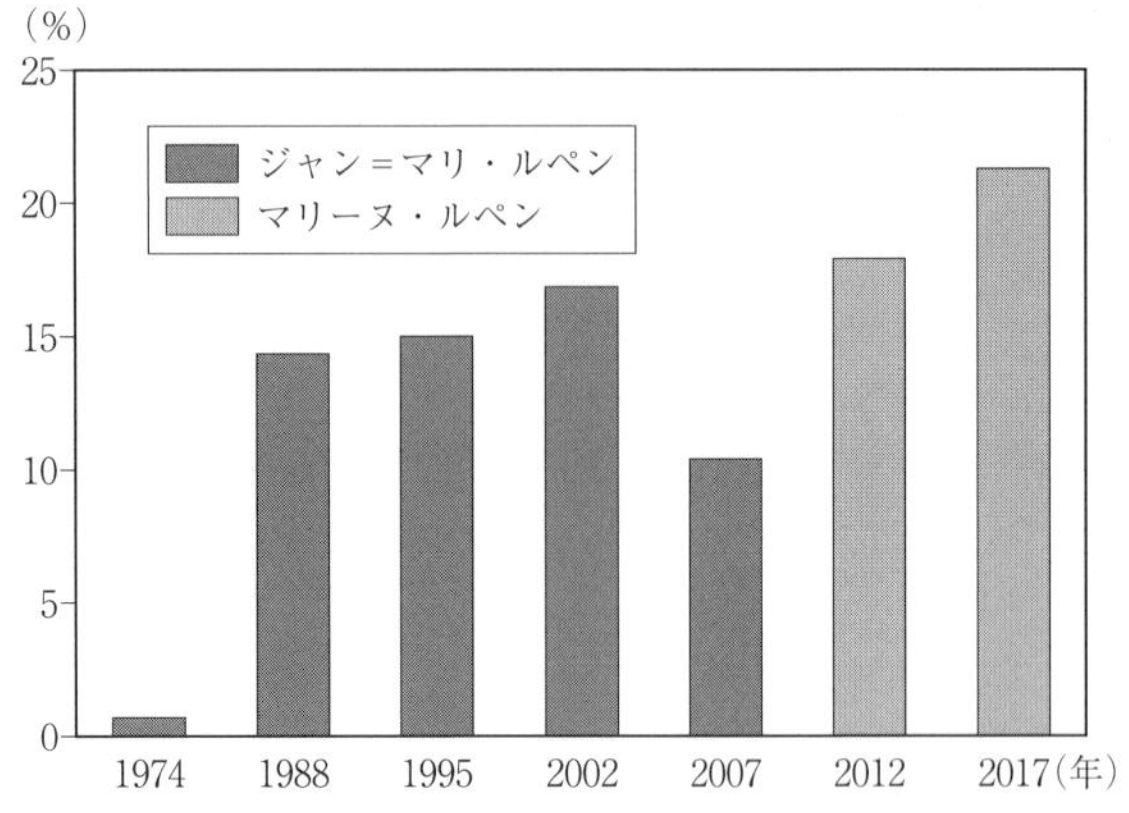

図10－6　大統領選・第１回投票における国民戦線の得票率（1974～2017年）

（注）　1981年は必要な500名の推薦人を集められず不出馬。

（出典）　http://www.france-politique.fr/

二〇一七年の大統領選では「前進！」（その後「共和国前進！」に変更）のマクロンが六六・一％の得票率で勝利した。第一回投票（四月二一日）を経て、第二回投票（五月七日）に進んだもう一人の候補者はＦＮのマリーヌ・ルペンである。ジャン＝マリの娘で二〇一二年に続いて二度目の出馬となったマリーヌは、父親に比べて穏健なイメージを与え、社会に不満をもつ者たちに着実に訴えかけてきたことが奏功した。ＦＮは二〇一四年の欧州議会選挙ですでに第一党になっており、この結果は二〇〇二年の大統領選のときほど驚くべきものではなかった。その一方で共和党（二〇一五年にＵＭＰから改称）と社会党という二大保革政党は勢力を落とす結果になった。大統領就任当初は三九歳という若さも手伝ってマクロンに大きな期待が寄せられたものの、二〇一八年一一月の時点で支持率は二五％にまで急落させることになった。以上、戦後のフランスがいかにして復興を遂げ、近代化をはたしてきたのかを確認してきた。当然ながら、その過程は単線的ではなく、さまざまな軋轢や矛盾を伴うものであった。今日もなおフランスは社会問題から外交問題まで多くの課題を抱えており、政治的にも社会的にも混沌とした状況が続いている。

コラム9　「五月革命」

鈴木道彦

「五月革命」と日本で呼ばれているのは一九六八年五月にフランス全土を揺るがした事件のことで、フランスでは「六八年五月」「五月危機」などと呼ばれることが多い。

事件の背景には、「第三世界」への関心の高まりとともに、当時のベトナム戦争へのアメリカの介入に反対してベトナム人民を支持する運動や、中国の文化大革命に影響された諸集団の活動があり、また大学のあり方やその管理強化案に対する学生たちの根強い反発もあった。さらに日本を含む世界の多くの国で、問題に敏感な若者中心の運動が激しく火を噴き始めていたのも重要な契機だった。そのような時期に勃発したこの事件は、既存の制度・組織や既成の文化に真っ向から挑戦する運動となり、「異議申し立て（コンテスタシオン）」という言葉がその特徴を端的に表現するものとなった。

発端は三月二二日、パリ大学ナンテール分校で起きた「三月二二日運動」と呼ばれる一四二人のグループの行動である。彼らはベトナム反戦運動を行った学生の逮捕に抗議してキャンパス内の階段教室で集会をはじめ、ついで管理棟を占拠して連日のように討論会を開いた。大胆な直接行動だったが、それに同調する学生の数はたちまち膨れあがり、五月になるとパリのソルボンヌ大学をはじめ、地方の大学にもこうした自然発生的な動きが急速に広がった。この状況に危機感を覚えた大学当局は、ソルボンヌに警察の出動を要請し、多数の学生が一時拘束されて、キャンパスは閉鎖された。これが結果として学生の大反乱を惹き起こしたのである。

閉め出された学生とその支持者たちは直ちに激しい街頭デモに訴え、パリの学生街（カルティエ・ラタン）に座り込み、しばしば鋪道の敷石を剝がしてバリケードを築き、襲ってくる警官隊には投石で抵抗した。とくに五月一〇日夜から翌朝にかけてのいわゆる「バリケードの夜」には、数多くのバリケードがつくられ、駐車中の車は次々と火で包まれた。そのような激しい行動にもかかわらず、近隣住民や若い労働者のなかにはむしろ学生に同情的で、彼らを助ける者さえいたのは、警察の度を越した弾圧が一つの原因だった。警官隊と共和国保安機動隊は、デモ参加者も野次馬も見境なく、その頭に警棒の雨を降らせたのである。

既成の労働組合も世論に動かされて、五月一三日に、弾圧に反対し学生に連帯する二四時間のゼネストを行い、各地で大規模なデモを繰り広げた。また警官隊の去った後のソルボンヌは、ただちに学生やそれに同調する若者に再占拠され、誰でも出入りできる解放区が出現した。そこでは絶えず祝祭的な自由の雰囲気が醸し出される一方、「行動委員会」と呼ばれる小人数の組織が無数につくられ、それぞれの目的に添って自発的な活動を展開した。

　また学生を中心とする若者の激しい直接行動に刺激された労働者たちは、さまざまな地方で組合の指令もなしにストライキと工場占拠に突入し、そのためフランス全土で幾日もの間、通常の生活が完全に麻痺するに至った。

　これに対して当時の大統領ドゴールは、五月三〇日に強硬な演説で応じ、議会を解散して総選挙を行い、事態を収拾すると言明した。デモはすべて禁止され、ソルボンヌ他あちこちにあった解放区には強制的に終止符が打たれ、活動的な小集団はことごとく解散を命じられた。総選挙は六月末に行われたが、結果はドゴール派の圧勝に終わり、「五月危機」はこれで一応収束されたように見えた。

　しかし既成秩序を正面から否認するというこの運動は一種の文化革命でもあって、フランスだけでなく世界的な規模で、従来の物の考え方や生活態度に根本的な反省をもたらした。その影響は人間関係から表現や服装にまで及び、六八年五月以前と以後とでは多くの分野で明らかな違いがみてとれる。その意味でもこの事件は二十世紀の歴史の重要な転換点となり、その余波は現在にまで及んでいるが、背景にあった「第三世界」への理解が深められたとは必ずしもいえず、「第三世界」はさまざまな形で今なお深刻な問題を投げかけている。

参考文献

鈴木道彦『私の１９６８年』閏月社、二〇一八年。
西田慎・梅崎透編『グローバルヒストリーと「１９６８年」――世界が揺れた転換点』ミネルヴァ書房、二〇一五年。
Capdevielle, J. et Rey, H. (dir), *Dictionnaire de Mai 68*, Paris: Larousse, 2008.

参考文献

大山礼子『フランスの政治制度』東信堂、二〇一三年。
長部重康『現代フランス経済論』有斐閣、一九八三年。

小田中直樹『フランス現代史』岩波書店、二〇一八年。

梶田道孝「戦後フランスの国家と社会変動」柴田三千雄・樺山紘一・福井憲彦編『フランス史』山川出版社、一九九六年。

川嶋周一「フランス」網谷龍介・伊藤武・成廣孝編『ヨーロッパのデモクラシー』ナカニシヤ出版、二〇一四年。

中木康夫『フランス政治史（中）』未來社、一九七五年。

中木康夫『フランス政治史（下）』未來社、一九七六年。

中山洋平「第二次世界大戦後の政治と社会」谷川稔・渡辺和行編著『近代フランスの歴史』ミネルヴァ書房、二〇〇六年。

中山洋平「第一次世界大戦から現在」佐藤彰一・中野隆生編『フランス史研究入門』山川出版社、二〇一一年。

服部春彦・谷川稔編著『フランス近代史』ミネルヴァ書房、一九九三年。

渡辺和行・南充彦・森本哲郎『現代フランス政治史』ナカニシヤ出版、一九九七年。

渡邊啓貴『フランス現代史』中央公論新社、一九九八年。

渡邊啓貴『現代フランス』岩波書店、二〇一五年。

Bantigny, L., Raflik, J., et Vigreux, J., *La société française de 1945 à nos jours*, Paris: La Documentation française, 2015.

Beitone, A., Parodi, M., et Simler, B., *L'économie et la société française au second XXe siècle*, tome I, Paris: Armand Colin, 1995.

Raflik, J., *La République moderne. La IVe République 1946–1958*, Paris: Seuil, 2018.

Vigreux, J., *Croissance et contestation 1958–1981*, Paris: Seuil, 2018.

Zancarini-Fournel, M., et Delacroix, C., *La France du temps présent 1945–2005*, Paris: Belin, 2014.

第11章　フランスにとっての「ヨーロッパ」

宮下雄一郎

この章で学ぶこと

本章でとり組むテーマは、フランスを軸とした戦後ヨーロッパ統合の歴史である。なぜフランスは地域統合を推進し、なぜ時にその流れに逆らうような行動に出たのであろうか。本章ではこの問題提起に沿って議論を展開する。フランスを含めた各国家は、統合に利益を見出したからこそ、それに乗ったのである。そして一つの国家の利益が別の国家の利益と合致するとは限らない。それゆえ、ヨーロッパ統合史は、権力政治と無縁ではない。さらに、統合史は、台頭するアメリカ、ソ連の脅威、脱植民地化の流れなどの外的要因などもふまえた上で論じなければならない。フランスを軸としたヨーロッパ統合史とは、フランスがいかなる「ヨーロッパ」を希求したのかを明らかにする国際関係史である。その「ヨーロッパ」が他国の描く「ヨーロッパ」と合致するとは限らないのだ。

1　西ヨーロッパを統合するという思想

国際秩序の一つのかたちとしての統合

ヨーロッパ統合の起源を具体的な年月日で明示するのは非常に難しい。それこそ構想の段階も含めれば、中世後期にまで遡ることが可能である。あるいは、一九世紀に遡ることも可能であり、作家のヴィクトル・ユゴーが「ヨーロッパの統一」を唱えたことがその一つの例である。さらに第二次世界大戦期には、反枢軸を掲げた抵抗運動に属する知識人や官僚などの政治エリートが、統合を軸とした戦後国際秩序構想を描いたことから、戦時期に起源を据えることもできよう。

むろん、以上のような未完の構想もヨーロッパ統合史の重要なテーマである。だが本章では第二次世界大戦の終焉以前の構想には触れず、構想が現実化した戦後の史的展開をみていく。そうした戦後の統合を各時代の国際政治状況をふまえながら論じていきたい。

戦後西ヨーロッパの政治エリートは、必ずしもヨーロッパ統合そのものを目標に据えていたわけではない。統合という手段によって何かを得ようとしていたのだ。それゆえ、統合を理解するためには、それを包摂する、より広い国際政治の動向を理解する必要がある。統合とは、該当する時代が抱える問題を克服するための手段である。いったいフランスは、なぜ統合を追求したのか。本章の目的は、フランスが統合によって「ヨーロッパ」を構築しようとした際の思惑を明らかにすることである。

歴史家のピエール・ルヌヴァンが唱えたように、大きな戦争の直後に、戦争を二度と起こさない仕組みを模索し、安定した国際秩序の構築に向けた動きが生じるのはある意味当然のことである（Renouvin 1949：4）。戦争は複数の国家によって行われる。それゆえ、それらの国家を一つの統合体にまとめれば、戦争勃発の抑止になるという考え方だ。ただ、実際に国家主権の壁を乗り越え、統合を実現するとなると話は別である。それゆえ、第二次世界大戦後、一九五一年四月一六日にパリ条約が調印され、翌年の七月二三日にそれが発効することによって、欧州石炭鉄鋼共同体（ＥＣＳＣ）が実際に誕生し、その後のヨーロッパ統合のきっかけとなったことは画期的な出来事であった。

「不戦の誓い」だけでヨーロッパ統合が活性化したわけではない。より喫緊の課題や利益がかかわっていたからこそ、統合に向けた一歩を踏み出すことができたのである。

冷戦とドイツ問題

フランスが「ヨーロッパ」の構築をめざすことになった最大のきっかけはドイツ問題であり、地域統合によってそれを克服しようとしたことだ。フランス史をふり返ると、ドイツとの東部国境地帯での緊張や紛争が幾度となく起きていた。それゆえ第二次世界大戦が終わっても、ドイツを脅威とする認識が変わることはなかった。ところが、ドイツが敗れたからといって、懲罰的な措置を加えるわけにはいかなくなった。なぜならば懲罰的な措置を選択しても、必ずしも戦争の抑止につながらないことは、フランスの政治エリートが第一次世界大戦から戦間期、そして一九三九年の第二次世界大戦の開戦によって経験済みであったからだ。このことを理解しつつも、高額な賠償を課し、敗戦国に不利な国境線の引き直しを行い、ドイツを分断することは、自国の安全保障を盤石なものとすることに心血を注いでいたフランスにとって魅力的に映ったのである。

問題は、フランスだけでドイツの帰趨（きすう）をどうこうできるわけではなかったことだ。もう一つの大国であるイギリスだけではなく、英仏ソに比べれば戦争の被害が格段に少ないアメリカの存在をふまえた外交を展開する必要があった。フランスは一九四四年一二月に仏ソ条約を締結し、いざとなればドイツを挟撃する措置をとろうとした。しかし国際情勢は、そうした軍事協力を実現性の薄いものにした。米ソ対立に伴い、西ヨーロッパの行く末が、非ヨーロッパ国家であるアメリカの思惑に左右されるようになったのである。ヨーロッパ統合の端緒を語る際にアメリカの存在は不可欠である。

世界を安定させ、さらに巨大な市場を再生し、アメリカの製品を消費してもらうためにも、ヨーロッパの復興は必要不可欠であった。そのようなわけで、一九四七年六月五日、アメリカのジョージ・マーシャル国務長官は、復興を後押しするための支援を提案した。莫大な資金を獲得することが可能となるヨーロッパ諸国にとって嬉しいニュースであった。だが、フランスにとって看過できない問題も含んでいた。それは、マーシャル・プランがヨーロッパ最大の工業地域を領内に抱えていたドイツの復興も念頭に置いていたことである。フランスは、自国を復興させるための経済支援を必要としていた一方で、安全保障上の理由からドイツの復興を嫌がったのだ。

折しもマーシャル・プランの発表から遡ること約三カ月、ハリー・S・トルーマン大統領の名を冠した「トルーマン・ドクトリン」が三月一二日に発表され、世界大戦で傷つき、軍事力の限界が見え、ギリシャやトルコで共産主義勢力を抑えるパワーを失いつつあったイギリスに代わり、アメリカが反共政策をとる政府への支援に主導的な役割を果たすようになっていた。アメリカは、日本やドイツを脅威とするような「第二次世界大戦の論理」から「冷戦の論理」へと国際政治を俯瞰する際の思考をシフトさせており、「西側」陣営に参じたヨーロッパ諸国に対し、より合理的に復興を進めるために統合することを促したのである。

フランス政府も勢力圏の拡張を目論むソ連を脅威とする視点を共有していたが、アメリカほど論理の転換を柔軟に行えたわけではなく、行うつもりもなかった。冷戦が構造化し、敵対関係が固定化されてしまうことを望まない一方で、依然として敗れた日本やドイツを潜在的な脅威として捉えていた。とはいえ、フランスにアメリカの思惑を無視してヨーロッパの国際秩序を構築するだけのパワーはなかった。

以上のようにフランスにとって不都合な状況のなか、すでに連邦主義的なヨーロッパを希求する運動は高まりを見せていたが、これは外交政策上も有益なヒントを含んでいた。つまり、どうすればフランスの不利益にならないかたちでドイツの経済復興を実現するかという問題の解答こそ、ヨーロッパ統合であった。その構想の端緒をつくったのが、計画庁の長官を務めていたジャン・モネを筆頭とする政治エリートである。モネはジョルジュ・ビドー首相やロベール・

シューマン外相に独仏両国の石炭と鉄鋼の生産をすべて一つの高等機関の管理下に置くことを提案した。そしてビドーではなく、シューマンがこの提案に乗り、一九五〇年五月九日、外務省の「時計の間（ま）」で「シューマン宣言」が発表された。「平和を実現させるためのヨーロッパ」をめざして統合し、姿かたちのある「ヨーロッパ」をめざすと発表したのである。フランスのイニシアティヴでヨーロッパ統合は現実的な一歩を踏んだわけであり、独仏両国以外に、イタリア、ベルギー、オランダ、そしてルクセンブルクが参加することとなった。

一九四五年以降、石炭と鉄鋼の共同管理を軸に「ヨーロッパ」を構築する構想は、フランス外務省のなかを含め、数多くのアクターによって出されており、必ずしも青天の霹靂（へきれき）と呼べるような構想ではなかった。だが、高等機関を設置し、参加六カ国が対等な立場で共同体を構築したことは、やはり終戦から約五年後のこととしては画期的であった。一九五〇年六月から翌年の三月にかけて「シューマン宣言」を具体化するための交渉が行われた。その結果、一九五一年四月のパリ条約を経て、一九五二年七月にＥＣＳＣはフランス、西ドイツ、イタリアに加えベネルクス三国の六カ国で発足した。これが今日まで続く統合ヨーロッパの第一歩である。

ＥＣＳＣが誕生したことに伴う最大の受益者は西ドイツであった。一九五〇年、フランスはＥＣＳＣ域内での鉄鋼の三二％を生産していたが、一九五五年には二四％にまで落ちていた。ザール地方の石炭はフランスが管理していたが、それはＥＣＳＣの高等機関の管理下に置かれるようになった。西ドイツは、ＥＣＳＣを利用して自国の石炭と鉄鋼の生産力の回復を実現し（Bossuat 2012 : 97）、これによってフランスと西ドイツとの関係が制度化され、統合への道を歩み出したのである。

西ドイツ再軍備

だが、ヨーロッパ統合をめぐる政治はドイツ問題の解決や独仏の和解だけによって規定されていたわけではない。時代を特徴づけていたのは冷戦であり、西側の盟主アメリカの戦略であった。そのアメリカが求めていたのは西ドイツの再軍備である。ところが、これはシューマンを含め、「第二次世界大戦の論理」を捨てきれないフランスの政治エリートにとって受け入れがたい要求であった。

もっとも、冷戦はフランス政府の思惑とは関係なく進行した。「シューマン宣言」からわずか一カ月半後にはじまったのが朝鮮戦争である。六月二五日、北朝鮮軍が南になだれ込むようにして攻撃を開始したのだ。これにはフランス政府も衝撃を受け、シューマンやモネも冷戦を現実として受け入れた。つまり何らかの方法での西ドイツの再軍備を認めざるを得なくなったのである。

ここで再びモネが活躍した。シューマン・プランの発想をそのまま軍事面でも活用しようと考えたのである。フランスが何としても避けたかったのがドイツ国防軍をそのまま復活させることであった。一九五〇年九月、ニューヨークの外相会談では、ドイツ再軍備を希望するアメリカのディーン・アチソン国務長官に対し、シューマン外相が猛烈に反発していた。首相になってまもないルネ・プレヴァンは、モネからシューマン・プランを発展させた壮大なヨーロッパ安全保障構想を聞いていた。モネは同じような話をニューヨークに旅立つ前のシューマンにも行っていた。それはフランスが主導する「ヨーロッパ」であり、防衛を共同で担うのはもちろんのこと、市場統合をも念頭に置くものであった。

だがフランスにとって喫緊の課題は、西ドイツの制限なき再軍備を阻止することであった。そうしたことから、一九五〇年一〇月二四日、プレヴァン・プランと呼ばれる「ヨーロッパの統合機構の一部となるヨーロッパ軍」の創設案が国民議会で発表された。アメリカでこの構想は懐疑的に受け止められた。ヨーロッパ軍を先に創設するのか。それともそこに加わるドイツ軍を先に再建するのか。アメリカの国防省はプレヴァン・プランの実現可能性に疑問を抱いていたわけだ。結局、同年一二月の北大西洋条約機構（ＮＡＴＯ）理事会で、軍事統合をＮＡＴＯの枠組みのなかに組み入れる妥協が米仏を中心になされた。こうして一九五二年五月、パリで欧州防衛共同体（ＥＤＣ）条約が締結された。

ところが肝心のフランス国内では、根強い反発が渦巻いていた。ＥＤＣ条約は、調印されるだけでは効力を発せず、それは各国の議会で批准される必要があった。ここで構想の立案国であるフランスが足を引っ張ることとなった。フランス政府はEDCを包括する欧州政治共同体（EPC）構想もEDC条約第三八条の規定によって設立する予定であり、ECSC加盟六カ国で話し合っていた。ところが、フランスでは批准の実現可能性が不透明な状況に陥っていた。いかなるかたちであってもドイツの再武装化に反対する勢力に加え、ドイツ再軍備をしつこく要求するアメリカに対する苛立ちもつのっていたのである。

そのため、イタリアなどは雲行きが怪しくなってきたのを察し、フランスの結果が出るまで批准を延期した。イタリアを除く、西ドイツとベネルクス三国はすでに批准済みであった。フランスの国民議会では共産党とドゴール派のフランス人民連合のみならず、急進社会党と社会党の一部の議員までがEDCに反対してまとまらなかった。ピエール・マンデス＝フランス首相が率いる時の内閣では、首相本人をはじめEDC消極派が多数おり、国民議会では、一九五四年八月三〇日、批准審議そのものを中断することに決した。こうしてフランス政府は批准できなくなり、事実上EDC構想は破綻したのである。

ECSCの誕生を契機に統合を進めようとしたモネの思惑は挫かれた。そして、逡巡（しゅんじゅん）した末に説得されたフランス政府の合意を得て、一九五五年五月五日、NATOの枠組みのなかで西ドイツを再軍備させることが決まった。フランスが主導権を握らないかたちで再軍備が進行したのだ。

2　経済統合の進展

統合気運の再生

EDC構想の挫折は、ヨーロッパ統合論者にとって一見すると失敗のように見える。現にフランス政府にとっては、自ら提案した構想を自らの手で葬ったわけであり、恥をかくこととなった。さらに、構想を推進したモネは衝撃を受け、彼自身の影響力の低下が早くも露呈する結果ともなった。ECSC誕生をめぐる動きが展開された時期がモネの政治的影響力のピークであった。だが、フランスから一歩距離を置き、西側陣営の視点でみれば、結果的にドイツ再軍備が実現し、しかもNATOによって包摂され、「西側統合」といえる状況のなかで西ドイツを復興させることに成功したわけであり、マイナスの結果ばかりではなかったといえよう。

ヨーロッパ統合は違うかたちで進められることとなった。それが共同市場の創設と原子力エネルギー分野での統合である。フランス政府は共同市場に冷淡な一方で、原子力エネルギーの統合には賛同した。核武装を模索していたフランス政府にとって、原子力エネルギー分野での統合は、ウラン濃縮工場の建設にあたり、「ヨーロッパ」から支援を受けられる可能性があったからだ。

だが、モネが「ヨーロッパ」の軍事化に断固反対するなど、フランスは統合の方向性についてまとまりを見出せずにいた。モネは、ますます熱烈なヨーロッパ統合主義者になっていた。そして原子力エネルギーの統合を民生用に限定するべきだと主張していたのだ。さらにフランス政府内では、共同市場の創設が経済的に強いドイツを利することになる可能性があったことから、根強い反対論があり、まとまらなかった。フランスが「ポストEDC」の統合の主導権を握ることが可能な状況にはなかった。

スパークの活躍

「ポストEDC」のヨーロッパ統合の方向性を定めるのにイニシアティヴを発揮したのがベルギーのポール＝アンリ・スパーク外相である。すでに第二次世界大戦の間、亡命先のロンドンで西ヨーロッパ統合の必要性を訴えていたスパークは、モネの協力を得ながら、原子力共同体と共同市場創設の構想を発表した。一九五五年六月一日から二日にかけてECSC加盟六カ国の外相とECSCの高等機関の代表がイタリアのシチリア島北東部の古い町メッシーナで顔を揃えた。メッシーナ会議の主要な議題は、ヨーロッパ統合の方向性をめぐるものであった。会議の結果、共同市場をめざすこと、そして民生用の原子力エネルギーの共同体を創設することで決した。このような構想の実現に向けた検討作業がスパークに委ねられることも決まった。

こうして設置された「スパーク委員会」での検討作業の結果、改めて共同市場の設立と原子力エネルギーの共同体の創設をめざすことが報告書に記された。フランス政府は共同市場構想について諸手をあげて歓迎したわけではない。省庁間委員会を結成し、報告書の内容を検討した。フランスの海外領土にいかなる影響を及ぼすのであろうか。フランスの社会政策に悪影響を及ぼすのではなかろうか。共同市場はフランスの貿易構造に与える影響に一抹の不安を覚えていた。だが、原子力エネルギー分野でのヨーロッパ・レベルの統合はフランスにとって魅力的であり、これを実現させるためにも共同市場を受け入れることとなった。一九五六年五月二九日と三〇日、ヴェネツィアで会議が開催され、フランスは、商品貿易の自由化に関する第一段階までの実現に共同市場をとどめることを主張したものの、二つの構想を受け入れた。モレは、共同市場構想に反対した場合、原子力共同体も実現しない可能性を危惧したのである。それに、ドイツの原子力エネルギーの利用方法を管理する手段としても魅力的であった。

もう一つ注目すべきは、一九五六年のスエズ危機に際してのフランスとイギリスの失策がヨーロッパ統合をめぐる力学に影響を及ぼした点である。同じ「西側」に所属しているにもかかわらず、アメリカがあてにならないと分かった以上、フランスが頼れるのは姿かたちが不鮮明な「ヨーロッパ」だけであった。フランスは共同市場を設立するに際し、輸入関税の維持と貿易収支のバランスを保つための輸出補助金の維持と引き換えに、共同市場の第一段階に統合を限定する条件を撤回したのである。また、フランスは核武装計画を原子力共同体構想から切り離し、フリーハンドを得ることに成功し、満足していた。フランスの核保有を懸念したアメリカが横槍を入れたが、フランスはそれを突っ撥ねた。条文の細部について紆余曲折を経ながらも、一九五七年三月二五日、ローマで欧州原子力共同体（ＥＵＲＡＴＯＭ）条約と欧州経済共同体（ＥＥＣ）設立条約の締結に至った。七月九日、フランスとその植民地の紐帯を優先し、さらに核武装に支障を来すと懸念したマンデス＝フランス、急進社会党の一部、共産党、そしてドゴール派の反対があったものの、フランスの議会はこの条約を批准した。ローマ条約は翌年の一月一日に発効する。

こうしてＥＣＳＣの流れで「部門別統合」を象徴するＥＵＲＡＴＯＭと、参加各国の経済全般を包摂する「全般的統合」を象徴するＥＥＣが誕生した。このうち、ヨーロッパ統合の軸となり、さらにはその後の統合路線を決定的なものにしたのがＥＥＣである（Bossuat 2012：109-139／細谷 2014：144-156）。フランスにとって「ヨーロッパ」とは否応なくＥＥＣを軸とした統合を意味するようになった。これは他の加盟国にとっても同じであった。

3　ドゴールの「ヨーロッパ」

脱植民地化の流れ

第四共和政のフランスは冷戦の構造化以上に、脱植民地化の動きに揺さぶられ続けた。インドシナ戦争に続き、フランスはアルジェリア戦争に悩まされ、その収拾に手をこまねいていた第四共和政は存続の危機に陥った。一九五八年五月にはクーデタ勃発の気配が濃厚となり、国内にはびこる不安を払拭し、アルジェリアの混乱を鎮めるために呼ばれたのがシャルル・ドゴール将軍であった。

第四共和政最後の首相となったドゴールは一九五九年一月、第五共和政の初代大統領に就任した。一九四〇年の第三共和政の終焉期も当事者として過ごし、第二次世界大戦期の抵抗運動の実績を買われたドゴールは、一九五〇年代後半、先の見えない国家に活力を与えるために呼ばれたのである。しかし、アルジェリアにいた一部の軍人をはじめとするアルジェリア独立反対派の期待に反し、ドゴールは脱植民地化の世界的趨勢に抗うことなく、それを受け入れることによって、フランスを取り巻く秩序を安定させることを選んだ。結果的に、これがフランスに対する衝撃を軽くした。

軍事力に重きを置き、ハード・パワーを軸にフランスの外交政策を考えるドゴールは、典型的なリアリストであった。そして国際政治における力関係を重視したからこそ、フランスがそのなかで埋没することを嫌ったのである。つまり、脆弱な国際的地位に甘んじていたフランスの現状を憂え、理想を追求したといえよう。

だが、理想追求に伴う難しさは、現実との兼ね合いをふまえつつ、その理想がどれだけ実現性の高いものかを見極めることにある。現実をふまえたドゴールは、旧来の広大な植民地帝国を維持することが、フランスの大国としての地位を維持することにつながるとは考えなくなった。むしろ、フランスを脱植民地化の流れに乗せ、新たに独立する国家と緊密な関係を構築することが、影響力の維持につながると判断したのである（第12章参照）。

他方、理想と現実との間のバランスは、ヨーロッパ統合の行く末をめぐる問題でより深刻化していた。ヨーロッパ統合は、フランスの世界規模の国際関係のなかでの序列のみならず、「西側」の国際秩序のなかでも大いに影響を及ぼすと考えられた。ドゴールは決してヨーロッパ統合に原則的な反対をしたわけではなく、ローマ条約を覆すような政策を実施することもなかった。ヨーロッパ統合を所与のものとして捉え、自らの構想と合致させようとしたのである。

その構想はドゴール自ら追求しようとしたものもあれば、他のアクターの構想に反応するかたちで生成されたものもあった。ドゴールのヨーロッパ統合への姿勢は三つの案件から見えてくる。第一に、アメリカとの距離の取り方がかかわってくる「西側」の安全保障秩序をめぐる問題。第二に、EECの改革をめぐる問題。そして第三に、イギリスのEEC加盟問題である。強力なリーダーシップを発揮したドゴールは、自らの「ヨーロッパ」構想をフランスの「ヨーロッパ」構想として実現させようと画策したのだ。

だが、ドゴールがいくらフランスを軸とした壮大な国際秩序構想を描いても、当のフランスがそれを関係諸国に受け入れさせるだけのパワーをもっていないという慢性的な脆弱性に悩まされていた。これは第二次世界大戦の間、ド

図11－1　ドゴールとアデナウアー
（出典）Wikicommons, File: Bundesarchiv B 145 Bild-F011021-0002, Köln, Staatsbesuch de Gaulle, Begrüßung Adenauer. jpg

ゴールが対枢軸抵抗運動を率いていた時と事情が変わらない。フランスは世界規模でもヨーロッパ規模でも、およそ覇権国ではなかった。その一方で、「西側」最大の国家アメリカも独自の構想をもっていたのであり、ドゴールはそれと対峙しなければならなかった。

ドゴール流の統合の試み

ドゴールは、大統領に就任早々の一九五九年、ＥＥＣを基盤とする政治統合のイニシアティヴをとった。ＥＥＣ諸国はこれを受け、フランスのクリスティアン・フーシェを委員長とする専門家委員会を立ち上げ、ドゴールの希望する政治連合の検討を行った。ドゴールの狙いはヨーロッパの安全保障秩序の中心をＮＡＴＯから自らが理想とする政治連合に移行させることであった。この大胆な構想を支持したのはフランスだけであった。残りの五カ国はアメリカとの関係を尊重し、大西洋主義を堅持した。そしてフランス外務省も妥協する方向に傾いた。ところが、ドゴールが自国の外務省の妥協案すら拒否し、自らの意志を貫徹しようとしたのである。結局、一九六二年四月、政治連合をめぐる交渉は棚上げされ、不毛な議論の結果、失敗した構想として記憶されることとなった（川嶋 2014：165-166）。

しかし、フーシェ・プランで挫折したぐらいで自らの路線を変えるようなドゴールではない。ドゴールは、外交の舞台で「西側」の国際政治を掻き回し続けた。ＥＥＣへのイギリスの加盟問題、西ドイツとの関係強化をめぐる動き、そしてアメリカの構想に対する反応をめぐってドゴールは自らの考えを露骨にフランス外交に反映させたのである。

一九五〇年代末から一九六〇年代初頭のヨーロッパ国際政治は地域統合を軸に展開したといえよう。こうした時代感覚を捉えたからこそ、ドゴールはローマ条約の枠組みを受け入れたとも考えられる。それはフランスだけではなかった。イギリスもまた、頑なにＥＥＣに反発し、北欧やスイスと自由貿易圏を構築することで対抗しようとしていたものの、結局ＥＥＣを軸とした統合がヨーロッパの秩序の軸になることを受け入れた。一九六一年七月三一日、下院でハロルド・マクミラン首相はイギリスがＥＥＣに加盟申請する意向であることを発表し、これを受け、実際の加盟交渉が始まった。

しかし、イギリスは旧植民地などの国々とつくるコモンウェルスとの関係を維持するためにもＥＥＣが規定する対外共通関税を適用せず、帝国特恵関税制度を維持したまま加盟しようとした。また国内農業に対する手厚い保護制度も手放すつもりはなかった。イギリスはいわばＥＥＣのなかでの「特別待遇」の適用を要求した。これに怒ったのがドゴールである。譲歩してまでイギリスの加盟は望んでいないうえに、イギリスが加盟した場合、自ずとその盟友であり、「特別な関係」にあるアメリカのＥＥＣでのプレゼンスが高まると危惧したのである。ドゴールはイギリス加盟を拒否し、フランスの賛同できないような案を引っ提げて加盟しようとしても無駄であることを示した（川嶋 2014：166-168）。

そのアメリカに対してもドゴールは牙をむいた。ヨーロッパ統合をめぐる政治と大西洋関係は密接に絡んでいたのである。すでに一九五八年九月、ドゴールは米英仏三極指導体制を構築することでフランスのプレゼンスの増大をめざしていた（細谷 2008：138）。

その一方で、アメリカのジョン・Ｆ・ケネディ大統領はフランスの核保有を憂慮し、西ドイツの核保有も防ぐことに重点を置いた。少なくとも核戦略を共有し、「共同決定手続き」をとることで西側の核政策を一括して管理しようとした。これを嫌ったドゴールは、大西洋同盟の枠内でのアメリカとの力関係のバランスをはかるべく、一九六三年一月二二日、西ドイツとの間でエリゼ条約を締結し、そのなかで大西洋主義を批判する文言を挿入しようとした。しかし、土壇場でモネの横槍が入り、失敗した。そして一九六六年、ドゴールは、フランスをＮＡＴＯの軍事機構から撤退させると表明したのである。

空席政策

では、大西洋関係の枠組みで「ヨーロッパ」がより自立することを望んだドゴールが統合を積極的に推進するようになったのかというと、そういうわけでもない。より正確には超国家的統合を拒否し、政府間主義に徹底的にこだわったのである。その結果、ＥＥＣの超国家性を高めるべく、予算の独自財源化をはじめとした施策の実現を目論んだＥＥＣ

委員会のヴァルター・ハルシュタイン委員長と対立し、EECの主要な組織からフランスの代表を撤収させた。これはフランスの思惑を通すための強硬な手段で、「空席政策」と呼ばれた。ドゴールは「ヨーロッパ」の成立を希求した。しかし、それは政府間主義的なものであり、当然フランスが主導権を握る「ヨーロッパ」であった。この「わがまま」は押し通され、「ルクセンブルクの妥協」として知られている、多数決制導入の拒否と全会一致制の維持を確認する決定が下され、フランス代表団は晴れて戻ったのである。ドゴールなりの「ヨーロッパ」に対するヴィジョンが反映されたわけだが、これでフランスは「問題児」となった。

ドゴールは一九六八年の「五月危機（五月革命）」を受け、「時代がもはや自分を必要としていない」ことを察知し、翌年、大統領の座から退いた。そして二〇世紀のフランスが誇る政治的巨魁（きょかい）は程なくしてこの世を去った。

4　ヨーロッパ統合の拡大と深化

ドゴール路線の微修正

冷戦は二つの陣営の敵対関係を前提とした国際構造だが、その中身をみると、時期によって状況は異なり、単純な二元論でまとめることはできない。本節で扱う一九六〇年代から一九七〇年代にかけては、一九六三年、米ソ両国が部分的核実験禁止条約に署名したことによって、「デタント」と呼ばれる緊張緩和の時代に入った。ベトナム戦争の泥沼にはまったアメリカだが、戦地はインドシナ半島であり、アメリカそのものが戦場になったわけではない。つまり、地球の「北」が相対的に安定していた一方で、「南」では従来どおりの戦争や紛争が起きていたのである。それゆえ、「北」の諸国では各々の政府の「南」に対する外交政策への反発に、社会諸相に対する反発が加わり、大規模な学生運動が起こることによって混乱していた（入江 2000：185–200）。そうした社会諸相に対する反発の典型例が一九六八年にフランスで起きたいわゆる「五月危機」であり、ドゴールは大いに衝撃を受けた（コラム9参照）。同時期のフランスを取り巻く国際環境に目を転じると、「ヨーロッパ」は経済統合を軸にしたものとなり、時代状況は変化していた。国境の防衛や植民地帝国での戦争というような、安全保障上の切迫した危機的事態を抱える時代は終わり、東西間の対話の可能性を外交によって模索し、経済に重きをおいた「経済の時代」ともいえるような状況に移行していった。「ドゴールの時代」の終焉はまさにこうした時代の推移と合致していた。

ドゴールの後任の大統領であるジョルジュ・ポンピドゥは、前任者の路線に微修正を加えることで「ヨーロッパ」を構築しようとした。欧州共同体（EC）となっていた「ヨーロッパ」にイギリスを迎えたのである。むろん、加盟問題は全加盟国にかかわることであり、フランス政府だけでどうにかできるものではない。それでも、フランス、とりわけポンピドゥの意向は重要であり、イギリス政府も重々それを承知していたのである。ポンピドゥがイギリスの加盟に前向きになったのには外交上の思惑があった。西ドイツのヴィリー・ブラント首相が「東方政策」という名の下でソ連や東欧諸国に急接近し、フランス政府は、それを白い目でみていたのである。フランスの立場からこの情勢をみた場合、イギリスをECの加盟国にすることによって西ドイツとのバランスをはかろうという政策に結びつく。一九六九年一二月のEC加盟国のハーグ首脳会議では、「完成、深化、拡大」を統合のめざすべき課題とするハーグ・コミュニケが発表された。その真意は、まさに「ヨーロッパ」のなかに西ドイツをしっかりと組み込み、イギリスを加盟させることであった。一九七二年一月二二日、イギリスの他、アイルランド、デンマーク、そしてノルウェーがEC原加盟国とEC加盟条約を調印した。国民投票の結果、加盟を断念したノルウェーを除く三カ国が一九七三年一月一日、正式に新加盟国となったのである（橋口 2014：195-203／橋口 2009：178-188）。

「拡大」に理解を示したポンピドゥも、「深化」に関してはあくまでもドゴールのヨーロッパ統合観を受け継ぎ、超国家的統合には反対した。たとえば、ベルギーが望んでいた欧州議会の権限強化には反対したのである（Bossuat 2012：156）。そのポンピドゥも病に倒れ、一九七四年四月二日、世を去った。その翌月、大統領に就任したのがヴァレリ・ジスカール＝デスタンである。

図11－2　1970年代の西側首脳

左から，西ドイツのヘルムート・シュミット首相，アメリカのジミー・カーター大統領，フランスのジスカール＝デスタン大統領，イギリスのジェームズ・キャラハン首相（米・英・西独・仏四カ国首脳会談，グァドループ，1979年）。

（出典）　Public Domain（https://commons.wikimedia.org/w/index.php?title=Special:Search&limit=20&offset=40&profile=default&search=Giscard+d%27Estaing&searchToken=8o74wm4c9i6ci4m6ykhm7tmwo#/media/File:Carter_guadeloupe_cropped.png）.

「ヨーロッパ」の安定化に向けた施策

ジスカール＝デスタンにはドゴールとポンピドゥと共通する点もあれば、異なる点もあった。共通する点は、超国家的統合ではなく、国家連合を志向し、国家を基軸としたヨーロッパ統合を追求したことである。異なる点は、ジスカール＝デスタンが、ヨーロッパ統合を経済にとどまらず、よりいっそう政治分野でも深化させようとしたことである。それが欧州議会の直接選挙の導入と年三回、ＥＣの首脳が顔を揃える会合を開催することであった。一九七四年一二月、パリの首脳会議で、首脳会合の制度化と欧州議会の直接選挙の導入、そして共同体予算の分野での権限の強化が決定されたのである。フランス政府には、超国家的統合の無軌道な拡張を防止し、統率のとれた「深化」をめざしたいという思惑があった。欧州議会を直接選挙にするに際し、争点となったのが加盟国別の議員の数である。人口に比例して議席を配分した場合、西ドイツに有利になってしまう。フランスとしては、それは何としても避けたいことであった。結局、フランスと西ドイツ、さらにイギリスとイタリアには、同じ八一議席が配分されることになった（Bossuat 2012：161-164）。もっとも、その後、人口にある程度比例して議席の配分が行われるようになり、統一後のドイツがもっとも多数の議員を送り込むようになった。

欧州議会の直接選挙が一九七九年に初めて行われ、四一〇名の議員が誕生した。その初代議長に就任したのは、女性閣僚としてフランスにおける妊娠中絶の合法化を実現したシモーヌ・ヴェイユである。そして七月一七日、選出された欧州議会議員の最長老として議場で挨拶を行ったのが、戦前からヨーロッパ統合運動に携わってきたフランス人女性のルイーズ・ヴァイスである。当時の欧州議会はその限定的な役割ゆえに、男性中心のヨーロッパの政界のなかでも、女性が活躍しやすい場であったとの指摘がある。だからこそ、多くのフランス人女性が欧州議会を活躍の場として選んだとのことだ。なお、一九九九年に就任した、女性としては史上二人目の議長となるニコル・フォンテーヌもフランス人であった（Denéchère 2007：73-85）。

同じ一九七九年、欧州司法裁判所において「カシス・ド・ディジョン判決」が出された。その意義は、「加盟国の一つで合法的に認められた商品は、健康安全の基準を満たす限り、他の加盟国もその商品を承認しなければならない」という相互承認原則の確立である。その結果、域内でのモノの自由移動が促進されることとなった（南 2014：41）。またジスカール＝デスタンは、西ドイツのヘルムート・シュミット首相と協力して欧州通貨制度の設立に漕ぎ着け、ＥＣ加盟国の為替変動幅の安定を期する制度を構築した。この制度の先にあるのは通貨統合であった（橋口 2014：211）。

冷戦の終焉と統合

一九八一年五月二一日、社会党のフランソワ・ミッテランがフランス第五共和政の四人目の大統領に就任した。当初は、大統領選での公約を守るべく「一国ケインズ主義」的な政策を打ち出したミッテランであったが、一九八三年には程なくして緊縮財政政策にシフトした。つまり、法定最低賃金の引き上げ、家族手当や老齢年金などを引き上げる一方で、富裕税を設けるような政策をとっていたが、緊縮財政に転じて通貨フランの立て直しをはかるとともに、ヨーロッパ統合を推進する立場を明確にしたのである（上原 2011：295／鈴木 1996：74-91）。そして、ヨーロッパ統合は紆余曲折を経ながらも加速度的に進展していくことになる。

ヨーロッパ統合史の文脈で焦点となるのは、通貨統合と加盟国の拡大、そしてドイツ統一にまつわる政治である。一九六八年七月にすでに関税同盟は成立し、域内貿易に関しては関税がゼロになり、対外共通関税が適用されるようになっていた。とはいえ、さまざまな非関税障壁はまだ残っていて、それらを撤廃することがＥＣの経済発展のためには不可欠であった。それを積極的に推進したのが一九八五年にＥＣ委員会の委員長に就任したフランス人のジャック・ドロールである。長期にわたり、その委員長の座を占めたドロールは急速に統合の深化と拡大に邁進するようになった。その射程には安全保障政策まで含まれていたが、何よりも優先したのが「域内市場の完成」であった。国境の検問や製品の安全基準など、依然として解決すべき問題が多かった。そこで「域内市場白書」を一九八五年に完成させ、カシス・ド・ディジョン判決にみられるような相互承認原則が明確に示された。翌年、一二カ国となっていたＥＣ加盟国は、単一欧州議定書に調印した。これにより、機構改革をめざすだけではなく、一九九二年までに市場統合を完成させるという目標が設定されたのである（南 2014：40-41）。

ＥＣは経済通貨同盟を統合の大きな柱に据え、ドロールを議長とする委員会を設置した。段階的に単一通貨を導入するという報告書に結実した。一九九一年一二月一一日、マーストリヒト条約が合意され、欧州連合（ＥＵ）誕生への道筋が整った。これによって通貨統合の他、「ＥＵ市民権」が条約に明記され、ＥＵ市民は、所属する国家の外に居住していても、加盟国であるならば地方議会と欧州議会の直接選挙の投票に参加できるようになり、ヨーロッパ統合は、ようやく政治エリートだけの政治現象ではなく、市民が関与できるものとなった。

マーストリヒト条約は、一九九二年二月、各国によって調印されたものの、それからしばらくしてデンマークで実施された国民投票によって否決された。条約の発効にはすべての加盟国で批准されることが必要であり、ヨーロッパの政治エリートが顔面蒼白になるような事態に陥った。ここでいわば賭けに出たのがフランスのミッテランだ。フランスで国民投票を実施し、そこで賛成多数を獲得することで、一気に統合の勢いを取り戻すことを狙ったのである。そうすればフランスの統合への貢献と影響力の強化もはかれるかもしれない。ところが、これを絶好の機会と捉えたのはミッテランだけではなかった。フランス国内の反統合主義者が、ここぞとばかりに活気づき、結果的に賛成五一・四％対反対四八・九五％という僅差で批准する有様であった（遠藤 2014a：256-257）。この後、デンマークは自国に対する特例を認めてもらい、一九九三年に再度国民投票を実施することで賛成派が上回り、条約は同年一一月一日に発効した。ＥＵの誕生である。フランスはかろうじて面目を保ったが、市民の欧州統合に対する態度が一筋縄ではいかないことを他の加盟国共々知ったのである。

また、マーストリヒト条約から少しさかのぼる一九八九年、東欧革命が勃発し、翌年の一〇月三日にはドイツ統一が実現した。フランスにとって、東西ドイツが再び一つの国家となることは、自国の東に巨大な国家が誕生することを意味した。シューマン・プランによってドイツの石炭・鉄鋼へのアクセスを管理するのと同様、ミッテランは統一の条件として欧州統合の枠組みを利用した（遠藤 2014b：246）。ドイツにとっても自らに降りかかる脅威のイメージを払拭するためには通貨統合をはじめとして欧州統合に積極的な姿勢を示すことが国益にかなっていたのである（中村 2015：40）。

さらに一九八九年から一九九六年にかけて、新たな国々のＥＣ、そしてＥＵへの加盟申請が相次ぎ、ＥＵは拡大した。マーストリヒト条約に続き、一九九七年一〇月に調印されたアムステルダム条約、二〇〇一年二月に調印されたニース条約によって、ＥＵは着実にその地歩を固めていった。

5　混沌のなかの「ヨーロッパ」

ポスト「九・一一」のヨーロッパ統合

二〇〇一年九月一一日のアメリカにおける「同時多発テロ事件」に世界は震撼し、ＥＵ加盟国も動揺した。アメリカは攻勢に出て、アフガニスタンで戦い、イラクとも開戦した。国際連合の安全保障理事会では、常任理事国のロシア、中国、そしてフランスが対イラク戦争を模索するアメリカの姿勢に反対の立場をとり続けた。ところが、二〇〇三年一月から二月にかけて、ＥＵの加盟国、そして加盟候補国を含むヨーロッパ諸国が次々とアメリカの立場に賛意を表明した。イギリス、イタリア、スペイン、デンマークのような加盟国、翌年に加盟するポーランド、ハンガリー、チェコ、

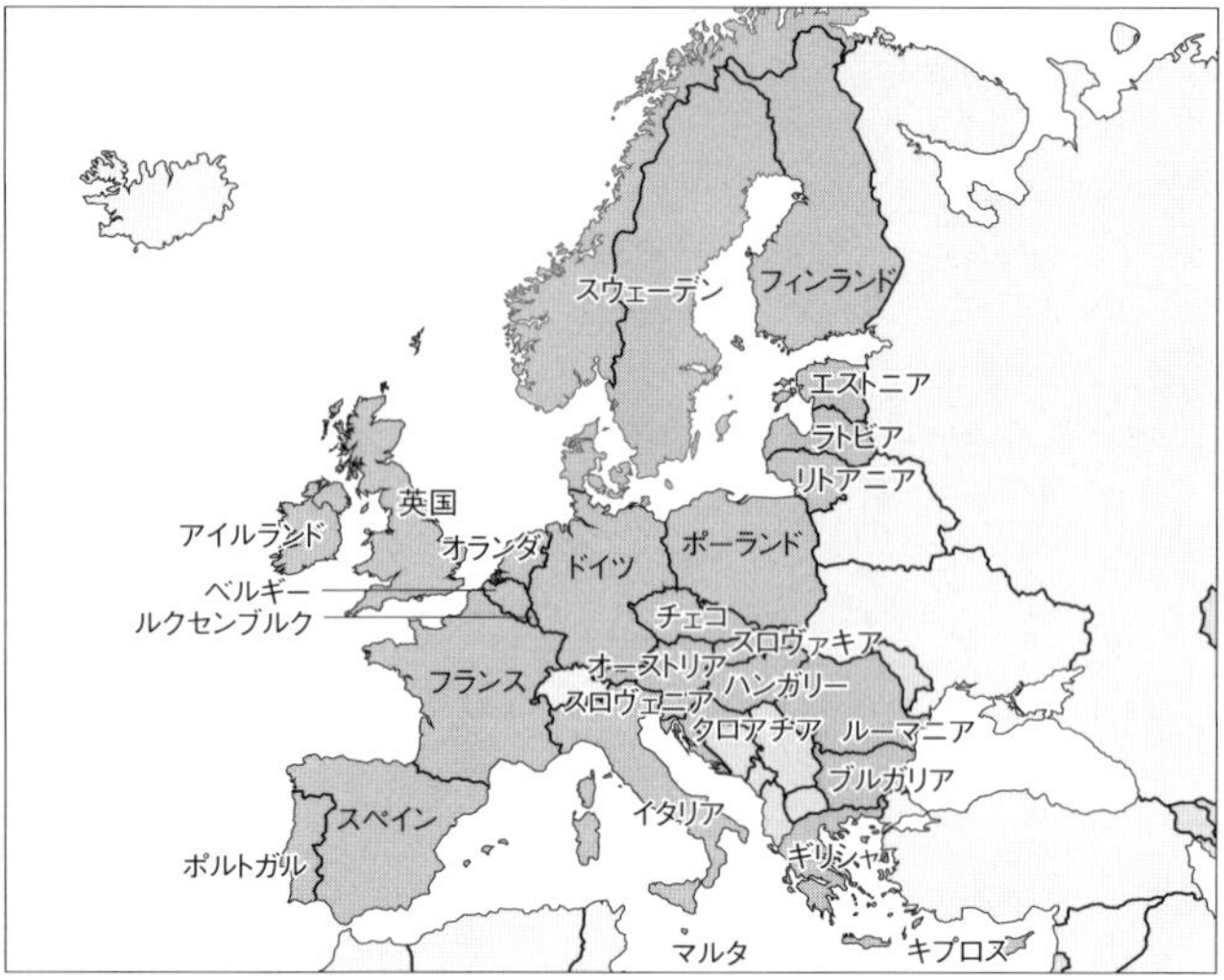

図11－3　EU 加盟国（2018年4月時点）

（出典）　EU MAG（http://eumag.jp/eufacts/member_countries/）.

そしてルーマニアとブルガリアなどがフランスやドイツとは一線を画す姿勢をとった。フランスのジャック・シラク大統領は、上記諸国の中でもとりわけEU加盟候補国の非協調的な態度に激怒し、「しつけが悪い」「黙る良い機会を逸した」などと痛烈に批判した。しかし、ルーマニアやブルガリアからしてみれば、EUに加盟することがフランスの立場に従うことを意味するわけではまったくなかった。

　フランスにとって「ヨーロッパ」とは、それがEUというかたちであれ、何であれ、自らの国益に資するもので、国際的影響力を増すための統合体であった。しかし、加盟国が増え、「深化」を重ね、市民が注目するようになり、制度化の度合いを増してEUが強化されればされるほど、それはフランスの期待する「ヨーロッパ」とは異なるものへと変貌していった。

　だが、これはフランスに限ったことではなかろう。EUでは「民主主義の赤字」が叫ばれ、欧州議会の強化がはかられてきた。別の見方をすれば、民意をできる限り反映させる努力を重ねてきたわけで、その民意は往々にして国家ごとに異なっていたのである。ヨーロッパ統合がいくら「深化」と「拡大」を重ねても、EU市民の政治的思考がEU単位に収斂することはなかった。これがEUの特徴であり、「ヨーロッパ」としての外交を収斂させるのを難しくしている（図11－3）。

不明瞭な理想の「ヨーロッパ」像

理想の「ヨーロッパ」像が見えにくくなっていたのはフランスだけの問題ではなく、EU加盟国全般に共通する課題であった。ヨーロッパ統合が徐々に市民生活に密接な政治現象になっていたとはいえ、その骨格となる条約を作成していたのは政治エリートであった。とりわけブリュッセルには巨大で強力な官僚機構ができあがっていた。国家レベルでもしばしばみられるように、官僚機構の膨張は市民の反発を招きがちである。こうした状況を打破するため、音頭を取ったのがドイツとフランスの議会であった。ヨーロッパ統合論者の長老となっていたジスカール＝デスタンを議長とする「ヨーロッパの将来に関するコンヴェンション」が立ち上げられ、二〇〇二年二月二八日、本格的に作業を開始した。これまでのような条約ではなく、EUの「憲法」をつくることによって、より市民に理解しやすく、さらには統合体の決定版を構築することをめざしたのである。「コンヴェンション」はそのための「憲法」起草委員会であった。

この「憲法」をめぐる議論のなかで、現代ヨーロッパを象徴するような争点が生じた。前文でヨーロッパ統合のキリスト教的性質に言及するかどうかでもめたのである。ポーランド政府がもっとも強硬な支持派であり、イタリア、リトアニア、チェコ、ポルトガルなどが立場を共有した。政教分離を唱え、イスラーム教が国内第二の宗教勢力となっていたフランスは反対する一方で、ローマ教皇のヨハネ・パウロ二世はヨーロッパのキリスト教的性質に言及し、地域の「本質」をみようとしない市民を批判した。結局、「ヨーロッパ文化」などへの言及はあったものの、キリスト教の「神」の文字が前文に入ることはなかった。「コンヴェンション」は二〇〇三年七月に憲法条約の原案を提出し、その後は政府間会議で討議が行われた。最終的には当初の目的であった「分かりやすいEU」からは程遠い条約案ができあがり、二〇〇四年一〇月二九日、EU加盟国が欧州憲法条約に調印した。

ところが、「憲法」誕生への道は呆気なく閉ざされた。二〇〇五年五月二九日、フランスで国民投票が実施され、反対が五四・七％に達したのである。七月一日には、続くオランダでも六一・六％で反対が上回り、憲法条約が発効することはなかった。

ヨーロッパ統合はしばらく停滞することとなったが、ドイツのアンゲラ・メルケル首相も、二〇〇七年に就任したフランスのニコラ・サルコジ大統領も、憲法的概念がもはや通用しないことでは一致していた。そこで、サルコジの案を全面的に受け入れるかたちでメルケルがイニシアティヴをとり、二〇〇七年一二月、リスボン条約が調印された。「EU外相」を「外務・安全保障政策上級代表」と言い換えるなどしたが、実質的にはほとんど憲法条約と内容が変わらない（鈴木 2014：306-308／Bossuat 2012：199-202）。結局のところ、リスボン条約は、憲法条約の当初の目的の一つであった、EUをより市民に親しみやすいものにするという課題に応えたとは到底いえない内容のものであった。リスボン条約によって、「ヨーロッパ市民発議」制度という、一〇〇万人以上の署名が集まった場合、欧州委員会に対し、EU法案の提出を求めることが可能となり、二〇一二年四月から運用されるようになった。しかし、法案の発議の採否は欧州委員会が決めるのであり、市民の声がどれだけ届くかは欧州委員会次第ともいえる（田中 2016：40-41）。

さらに、国際情勢の変遷によってEUの機能やアイデンティティが問われるような事態が続いた。ギリシャの金融危機に続き、中東での混乱の影響がEUを直撃したのである。元来、フランスは地中海に面する国家として、それを「ヨーロッパ」と結びつけ、政治的、経済的、文化的に国益と結びつけようとしてきた。一九九五年、シラク大統領のイニシアティヴの下、「バルセロナ・プロセス」として知られている「欧州・地中海パートナーシップ」というEU加盟国と地中海沿岸の北アフリカ、中東諸国の協力枠組みができあがっていたが、サルコジも二〇〇七年二月、地中海連合をつくるべき旨、演説で述べたのである。当初の思惑は、フランスが主導権を握って、「バルセロナ・プロセス」よりも野心的な構想を発表することであったが、結果的に「バルセロナ・プロセス――地中海のための連合」という協力枠組みが二〇〇八年に創設された。これは環境問題、教育、交通、エネルギーなど、幅広い問題を扱う場である（Bossuat 2012：209-212）。

だが、地中海は地域横断的な協力の象徴であると同時に、中東の紛争の激化に伴う悲劇の象徴の意味合いをもつようにもなった。シリアの内戦から逃れた難民が海路でヨーロッパをめざす場合、地中海を経由する。そして劣悪な装備しかない難民は遭難する。あるいは無事ヨーロッパに到着したとしても、そこで受け入れをめぐる新たな困難が待ち受けていることが多い。ＥＵをＥＵたらしめている要素の一つが域内での人の自由移動であり、それを取り決めたシェンゲン協定である。しかし、膨大な難民を前に、国境の重要性が再認識され、まさにＥＵの根幹の一つであるシェンゲン協定が問題視されるようになったのである。

ＥＵ加盟国は、ＥＵの「かたち」に関する議論を深めなければならない事態に直面している。こうした先行きがみえない時期にこそ、大国の協調に基づくイニシアティヴが必要なのであろう。だが、イギリスはそもそも二〇一六年六月の国民投票の結果、ＥＵから去ろうとしている。深化と拡大を経たＥＵは精緻な国際政治アクターになったが、問題もまた山積するようになった。

参考文献

入江昭『二十世紀の戦争と平和【増補版】』東京大学出版会、二〇〇〇年。

上原良子「フランスとヨーロッパ統合」佐藤彰一・中野隆生編『フランス史研究入門』山川出版社、二〇一一年。

遠藤乾「ヨーロッパ統合の再活性化――一九七九－九一年」遠藤乾編『ヨーロッパ統合史【増補版】』名古屋大学出版会、二〇一四年ａ。

遠藤乾「冷戦後のヨーロッパ統合――一九九二－九八年」遠藤乾編『ヨーロッパ統合史【増補版】』名古屋大学出版会、二〇一四年ｂ。

川嶋周一「大西洋同盟の動揺とＥＥＣの定着――一九五八－六九年」遠藤乾編『ヨーロッパ統合史【増補版】』名古屋大学出版会、二〇一四年。

鈴木一人「ミッテラン政権の経済政策とフランスの欧州政策」『日本ＥＣ学会年報』第一六号、一九九六年。

鈴木一人「21世紀のヨーロッパ統合――ＥＵ－ＮＡＴＯ－ＣＥ体制の終焉？」遠藤乾編『ヨーロッパ統合史【増補版】』名古屋大学出版会、二〇一四年。

田中俊郎「ヨーロッパ統合と市民――ＥＵ市民の政治参加と世論」小久保康之編『ＥＵ統合を読む――現代ヨーロッパを理解するための基礎』春風社、二〇一六年。

中村民雄『EUとは何か――国家ではない未来の形』信山社、二〇一五年。

橋口豊「デタントのなかのEC――一九六九－七九年」遠藤乾編『ヨーロッパ統合史【増補版】』名古屋大学出版会、二〇一四年。

細谷雄一「ヨーロッパの復興と自立」渡邊啓貴編『ヨーロッパ関係史――繁栄と凋落、そして再生【新版】』有斐閣アルマ、二〇〇八年。

細谷雄一「シューマン・プランからローマ条約へ 一九五〇－五八年――EC－NATO－CE体制の成立」遠藤乾編『ヨーロッパ統合史【増補版】』名古屋大学出版会、二〇一四年。

南佳利「EU」網谷龍介・伊藤武・成廣孝編『ヨーロッパのデモクラシー【改訂第2版】』ナカニシヤ出版、二〇一四年。

Bossuat, G., *La France et la construction de l'unité européenne: De 1919 à nos jours*. Paris: Armand Colin, 2012.

Denéchère, Y., "La contribution des Françaises à l'idée d'Europe et à la construction européenne au XXe siècle," *Parlement[s], Revue d'histoire politique*, n° 3, 2007.

Renouvin, P., *L'Idée de Fédération Européenne dans la Pensée Politique du XIXe Siècle, The Zaharoff Lecture for 1949*. Oxford: Clarendon Press, 1949.

第12章　植民地独立から多文化社会へ

平野千果子

この章で学ぶこと

第二次世界大戦後のフランスは、植民地の独立の動きに直面する。まずはインドシナ戦争に敗れてこの地を失い、一九六〇年にはサハラ以南アフリカ諸国が一気に独立した。一九六二年のアルジェリア戦争での敗北は、植民地帝国の実質的な崩壊となった。しかし旧植民地との関係が、これで終わったのではない。独立後の新興国に対してフランスは、政治や経済の面で影響力を保ち続けるからである。国内に目を転じれば、高度経済成長期には、多くの労働者が旧支配地域からも呼び寄せられた。石油危機を経ると経済不況ともあいまって、ヨーロッパとは異なる文化的背景をもつ彼らに対する反感は、フランス社会に急速に広がっていく。冷戦終結後は不安定な中東情勢に加え、グローバル化の進展などの国際社会の変化もあり、一部に過激な行動に出る者も生まれている。ヨーロッパ外部に根をもつ人びととの軋轢は、かたちを変えて今日のフランスにもちこされている。

1　インドシナ戦争と難民

植民地体制の再構築

第二次世界大戦後は、本格的な脱植民地化の時代となる。本章では、フランス領の脱植民地化はどのように行われたのか、脱植民地化以後の社会には、どのような変化があったのか、概観する。そこではじめに、フランス解放前後の政治を担ったシャルル・ドゴールの戦後構想に言及しておこう。

大戦中、植民地はフランスの主権下に残されて、ヴィシー派とドゴール派の奪い合いになったのだが、徐々に優勢となったドゴールは、植民地には将来にわたって自治すら認めない方針を打ち出していた。それに沿って戦後のフランスは、大戦でドイツに占領され失墜した威信を回復する手段として、まずは植民地帝国の再編に着手するのである。宗主国フランスにとって植民地支配の正当性は、揺らいではいなかった。まもなく経済界の一部からは、支配の継続がむしろ経済発展の足かせになるとの主張も出されたが、大きな声にはならなかった。

第四共和政憲法とともに発足したのが、植民地を再編した「フランス連合」である。各地は管轄する省や支配の形態などから、表12－1のように分類された。「植民地」という呼称は使われてはいないが、実質的には植民地支配の継続だった。「海外県」について一言触れるなら、これは旧奴隷植民地で、一八四八年の奴隷制廃止以降、本国人と同等の権利を要求してきた地域である。一世紀を経て、名称だけは「県」となった。制度面での本国との差別が解消されるのは、一九七〇～一九八〇年代のことになる。つまりフランス植民地のなかには独立せず、本国の一部として吸収された地域もあるわけである。

旧奴隷植民地のみならず、フランス領の民族運動をふり返ると、戦間期において独立を目標に掲げた運動は、一部を除けばさしたる広がりはなかった。植民地化以前に、近代国家につながる自律的な政権を確立していた地域がほとんど

表12－1　フランス連合構成地域

フランス本国
アルジェリア[1]
海外県 　マルティニック[2]　グァドループ（カリブ海）　ギアナ（南米）　レユニオン（インド洋）
海外領土 　アフリカ： 　　仏領西アフリカ（AOF）――セネガル　仏領スーダン（マリ）　コートディヴォワール 　　　　　　　　　　　　　　ダホメ　オートヴォルタ　ニジェール　モーリタニア　ギニア 　　仏領赤道アフリカ（AEF）――コンゴ　ガボン　ウバンギシャリ　チャド 　　仏領ソマリア 　インド洋：マダガスカル　コモロ諸島（含マイヨット）　インド５都市 　太平洋：ニューカレドニア　仏領ポリネシア　ワリス・エ・フツナ 　大西洋：サンピエール・エ・ミクロン
協同領土　　トーゴ　カメルーン
協同国家　　ベトナム　カンボジア　ラオス

（注）1）アルジェリアは1947年９月20日の組織法でフランス連合に含まれることとなったが，どの分類にもあてはまらないので別枠とした。チュニジアとモロッコはフランス連合に入っていない。
　　　2）下線を引いた地域は現在もフランス領である。
（出典）平野千果子『フランス植民地主義と歴史認識』岩波書店，2014年，217頁。

なかったことも、関連していよう。近代文明を携え圧倒的な武力をもつフランスを前に、植民地の多くは支配されるなかで、フランスと同等の権利を得る方向、つまりフランスとの格差の解消をめざしたのである。

しかし第二次世界大戦を経ると、明確に独立を唱える地域が現れてくる。その一つがインドシナである。フランス連合では、インドシナ各地は自律性の高い「協同国家」と位置づけられているが、インドシナの指導者はこうした従属的な地位は受け入れなかった。この地には第二次世界大戦に際して日本軍が進駐し、日仏が共同で統治するという例外的事態が続いていた。一九四五年三月九日には日本軍がフランス植民地政庁を排除して（明号作戦）、単独で支配するに至るのだが、まもなく八月に敗北する。これを受けてベトナムの民族運動指導者ホー・チ・ミンは九月二日、すなわち日本が戦艦ミズーリ号上で降伏文書に調印した翌日、ベトナムの独立を宣言した。日本の軍国主義とフランス植民地主義を脱するとした歴史的な宣言である。それを認めなかったフランスは、即座にインドシナに「極東派遣軍」を送り込み、局地的な戦闘が断続的に続いていく。それと並行して両者の交渉が続けられるものの難航し、ついに全面戦争へと発展した。

表12－2　フランス極東派遣軍の出身別兵員数
（1945年9月～1954年7月）

フランス	233,467
外人部隊	72,833
北アフリカ（マグレブ）	122,920
サハラ以南アフリカ	60,340
計	489,560

（出典）　平野千果子『フランス植民地主義と歴史認識』岩波書店，2014年，77頁より作成。

戦争の経緯と兵士たち

　インドシナ戦争は、北部に拠点を置いたベトナム独立同盟（ベトミン）が一九四六年一二月一九日に開始した、というのが定説となってきた。しかし今日では、同年一一月二〇日に、現地のフランス軍が先に攻撃を仕掛けたことが明らかにされている。植民地時代、フランスはベトナム南部のコーチシナに支配の中心を置いており、ここには反ベトミン勢力や親仏的な者たちも少なくなかった。それらを背景に素早く攻めればこの地の再征服は可能だと、現地の軍首脳部は考えていた。しかも本国では最初の憲法草案が否決されるなど、不安定な政治が続いていた。そうした状況が、現地軍が突出した行動をとる後押しとなったというのである。定説の修正には時間がかかりそうだが、いずれにせよ、第二次大戦終結直後から、フランスが軍を派遣して戦闘が断続的に続いていたことを考えれば、戦争の開始がいつなのか、必ずしも自明なものではないだろう。

　開戦後のフランスは、まず戦争の「ベトナム化」をめざした。ベトミンを共産主義だとみなし、反共産主義のベトナム人との対立を明確にする策である。一九四九年六月には、南部の親仏勢力を基盤に反共産主義の「ベトナム国」がつくられている。それを頼りに今度は、戦争の「アメリカ化」をねらった。アメリカをこの戦争に引きずり込んで、軍事支援を引き出そうとしたのである。いずれの策も、フランスは植民地戦争を戦っているのではなく、ベトナム人民のために共産主義と戦っている、という筋書きに則るものだった。その後、同年一二月に中国で共産党政権が成立すると、この戦争は全面的に冷戦に巻き込まれ、事実アメリカからの軍事支援もうなぎ上りとなった。戦争末期には、年間の戦費の八割近くをアメリカが担ったほどである。

　戦闘は、当初はフランスが有利に進める場面もあったが、ベトミン軍は一九五〇年に入ると攻勢に転じてゲリラ戦を展開し、フランス軍は苦戦を強いられた。アメリカの莫大な支援によっても状況を打開するには至らず、ついに一九五四年五月、ベトナム北部の山岳地帯ディエンビエンフーで、フランスは最終的な敗北を喫した。仏領インドシナはここに終焉した。

この戦争を実質的に担った人びとについても、ふれておこう。本国からインドシナに送られた兵員数を、表12－2に掲げたので参照されたい。アフリカからの植民地兵の割合は、四〇％近くに上る。しかもこれに加えて、ベトナム現地で多くの人員が集められていた。これはまさに、戦争のベトナム化の一側面である。正規軍に編入された兵士に加え、補充兵や通訳、案内人もいたし、雑多な任務につく者もいた。フランス側の死者数はほぼ一〇万人とされるが、うち四万六〇〇〇人はインドシナ現地の人びとだとされる。フランスは戦争のベトナム化を唱えたが、現実には植民地の人びとの動員なしには、植民地の征服戦争であれ、独立戦争であれ、戦えなかったわけである。

インドシナからフランスへ

今日、フランス在住の外国人や移住民という時、インドシナ出身者を思い浮かべる人は少ないのではないか。しかしこの地で繰り広げられた戦争は、フランスにまで流出する人びとを生み出した。

フランス敗北後にベトナムは北緯一七度線で南北に分断され、北は共産党勢力となった。そのためキリスト教徒になっていた人を中心に北から南へと逃れたのみならず、おもに南部の親仏派の間から、数千人がフランスに移住したとされている。その大半は極東派遣軍の将兵と現地人女性の家族だった。混血の子どもたちは、父が戦死したり、父の認知を受けなかったりしたケースもあり、そうした子どもと母だけでフランスに渡った者もあった。ベトナムには、フランスがわずかに有していたインドの拠点や、その他近隣の植民地から来た者たちもおり、混血である場合が多かったが、彼らもまたフランスが引き上げるに際して、フランスまで逃れていった。これらの人びとは、植民地の歴史のいわば縮図を自身の内にもっていたといえるだろう。

その後のベトナムでは、北の共産党勢力に対して南にはアメリカによるクーデタの画策で「ベトナム共和国」が作られて、アメリカが直接支援する体制が整えられた。一九六五年のアメリカの北爆から本格化したベトナム戦争は、一九七三年にアメリカの敗北で終わった。ベトナムは北が南を制圧するかたちで、共産主義国家として統一された。そのベトナムから、今度は共産主義を厭う人びとが大量に難民となって流出する。いわゆるボートピープルである。

彼らの受け入れは国際的な課題となり、日本にとっては、まとまって難民を受け入れたはじめてのケースとなったが、フランスでもこの件は議論を呼んだ。彼らが共産主義を逃れてきた人びとであったことから、冷戦を背景とするイデオロギーもからんでいた。そうしたなかで、立場を超えて受け入れに声を上げたのは、左派のジャン゠ポール・サルトルと右派のレモン・アロンだった。サルトルは、政治的見解はさておき、命の危険にある人びとに手を差し伸べるべきことを唱えた。このときフランスが受け入れた難民は、およそ一二万人に上るとされる。彼らは今日のフランスにおけるアジア系の、一つの核となっている。

2　アルジェリア戦争とその記憶

戦争の構図

インドシナ戦争でフランスが敗北すると、同じ年の一九五四年一一月一日、今度はアルジェリアで独立戦争がはじまった。アルジェリアでも、第二次世界大戦前には独立を求める動きはまだ一部にとどまっていたが、一九四四年にフランスが占領者ドイツから解放されると、自らの解放に向けた動きが活発となった。一九四五年五月八日にはドイツの敗北に合わせて、大規模な蜂起も起きていた。これも含めて民族運動は弾圧を受けるが、この近代フランス最大の植民地ではじまった戦争は、一九六二年まで続くことになる。

アルジェリア戦争が続いた期間は、インドシナ戦争とほぼ等しいが、死者はフランス側でおよそ二万三〇〇〇人と、インドシナよりずっと少ない。それでもこちらの方が、フランス社会には圧倒的に重くのしかかった。地理的にアルジェリアはきわめて近かったし、入植者の数も一〇〇万人に上り、アルジェリア全人口のほぼ一割を占めていた。それだけではない。これには徴兵された若者も、二〇〇万ほどが兵士として送られた。大学のゼミの仲間が、徴兵で一人、また一人とアルジェリアに旅立つ光景もあったわけである。終結までの八年の間、フランス人の多くがこの戦争に間接的にせよ、何らかのかかわりをもったはずである。

戦争は弾圧も加わって、苛烈なものとなった。一九五八年には国境を越えてチュニジアの村まで爆撃する事態になり、フランスは国際社会の非難を浴びた。混乱は本国政治にも波及して行政は麻痺し、第四共和政は機能不全に陥った。ここに及んでレジスタンスの英雄ドゴールが政界に呼びもどされた。ドゴールなら、アルジェリアを維持してくれると考えられたのである。ドゴールは自ら新憲法を起草することを条件に政界復帰を受諾し、フランスは第五共和政へと移っていく（第10章参照）。

仏領アルジェリア維持の期待を背負って再登板したドゴールは、翌年にはアルジェリアの自決、すなわち独立を容認する姿勢を表明する。脱植民地化の時代に起きたアルジェリア戦争は、国連総会でも毎年取り上げられており、フランスは国際舞台で発言力を増していた第三世界諸国からの非難にさらされた。アルジェリアの独立へ、というドゴールの判断は、現実主義的なものといってよい。

他方でドゴールは、なかなか停戦の交渉に入らなかった。アルジェリアの民族運動は、大きく急進派の民族解放戦線（ＦＬＮ）と穏健派のアルジェリア民族運動（ＭＮＡ）に分裂しており、双方の対立は流血を伴って展開されていた。すでにフランスにいたアルジェリア人労働者の間にも対立はもち込まれ、フランスを舞台としても、両者は戦ったのである。民族運動の分裂は、交渉の窓口が一つでないとして、ドゴールが交渉を先延ばしにする格好の口実となった。

入植者の存在も、独立の方向に容易には進められなかった理由の一つである。ヨーロッパ系の入植者の多くにとっては、アルジェリアこそが故郷であり、独立となれば生活の基盤を失うことにもなりかねない。独立戦争の頃から「ピエノワール（黒い足）」と呼ばれるようになった彼らは、最後まで独立に反対する強力な核となるのである。戦争末期には、独立反対の軍人らが結成した秘密軍事組織による、種々のテロ活動も続いた。フランスの世論は割れていた。ドゴールは独立反対派から、命を狙われることもあった。またフランス国内のアルジェリア人のデモが弾圧され、多数の死者を出すこともあった。戦争のなかでの拷問、裁判なしの処刑などの残虐行為も続いた。そうした数々の惨事を経て、ついに一九六二年三月一九日、アルプス山中のエヴィアンで停戦協定が結ばれた。

図12－1　1962年，マルセイユに到着したピエノワールたち

（出典）Colon, D. (dir.), *Histoire 1re L. ES. S*, Paris: Belin, 2011, p. 241.

今日における記憶と亀裂

エヴィアン協定の締結は、戦争の終わりには必ずしもならなかった。一九六二年はまさに「カオス」だったといってよい。停戦協定締結後になってさらに、多くの衝突が起こり死者も出たのである。まずピエノワールに対しては、独立に反対する彼らの暴動を防ぐために軍が出動し、多くが命を落とした。ピエノワールの大半は、この年のうちにアルジェリアを脱出する。その数が増えた夏、南仏の港町マルセイユは、もてるだけの荷物をもち、暑いなかをコートまでまとって逃げ「帰って」きた人びとであふれた（図12－1）。エヴィアン協定によれば彼らのアルジェリアでの生活は守られるはずだったが、現実は違った。

他方では、フランス側についたアルジェリア人がいた。ハルキ（アルキとも）と呼ばれる彼らは、確たる動機のある者たちばかりではなかったものの、結果として祖国の裏切り者とされ、休戦協定への調印がなると、同胞による復讐の虐殺がはじまった。フランス軍も、彼らを積極的に守ることはしなかった。運よく命からがらフランスにたどり着いた場合でも、周囲と隔離された収容所での苦難の生活を強いられた。

戦いの間にフランスもアルジェリアも分裂していたのであれば、この戦争がそれぞれの立場から異なるかたちで記憶されていることも諒解されよう。独立戦争が支配者と被支配者にもつ意味は、むろん同じでないとはいえ、アルジェリア戦争には戦争終結の日についての合意もない。ピエノワール、あるいはハルキにとって、エヴィアン協定は虐殺のはじまりであり、戦争の終わりでないのは明らかだろう。アルジェリアは一九六二年七月に住民投票を行い、七月五日に正式に独立するが、敗北したフランスがこの日を戦争終結の日とみなすこともない。さまざまな議論を経て二〇一二年一一月、フランスではエヴィアン協定締結の三月一九日を、「北アフリカにおける戦闘と犠牲者を祈念する日」と定めるに至ったが、すべての合意の上に決められた日付では決してない。

実は独立後のアルジェリアにも、大きな問題があった。民族運動の内紛を制したFLNが、一党独裁体制を敷くのである。独立後は一丸となって新しい国家建設にあたる必要があり、分裂した過去を覆い隠す意味もあった。アルジェリアにおいても、戦争そのものはさして思い出したくない過去だったわけである。アルジェリアは一九九〇年代に複数政党制への移行を試みた結果、内戦に陥るが、内戦を経た後になってようやく、この戦争を見直す機運が訪れる。

今日、フランスとアルジェリアの間には、大きな歴史認識の相違がある。二一世紀に入ってアルジェリアを訪問するフランス大統領は、それぞれが支配の歴史に言及している。しかし、植民地支配への謝罪を要求するアルジェリアに対して、過去を批判的に語ることに反対するフランス人もおり、双方が納得する状況にはなっていない。アルジェリアは、支配の時間の長さと、独立戦争の苛烈さがあいまって、現代にまで影を落としている。

フランツ・ファノン

この戦争には当初から、解放戦線に積極的に連帯したフランス人もいた。アルジェリアで数学教師だったモリス・オダンは、ピエノワールだが、アルジェリア共産党に所属し、解放戦線側に立った人物である。それが二五歳だった一九五七年、フランス軍に捕らえられて行方不明となった。彼が軍の手にかかって死亡していたことは、半世紀以上を経た二〇一五年、事情を知る元将軍からようやく明かされたところである。同じ頃、やはりフランス軍に捕らえられて拷問を受けたジャーナリスト、アンリ・アレッグは自らの体験を『尋問』（一九五八年）に著し、フランス軍の残虐な行為を告発した。こうした事件や情報に接し、抑圧的なフランス政府を批判する声は、戦争が長期化するにつれて高まった。また本国でも展開される凄惨な闘いや襲撃事件に本国の人びとは倦み、早く身を引くべきだと考える者も増えていく。

他の植民地から、この戦争にかかわった人物もいる。フランツ・ファノンがそうである。マルティニック出身のファノンは、第二次世界大戦期には抵抗運動を率いたドゴールに賛同して、ドゴール派の自由フランス軍に志願した。その後のフランス滞在で、肌の黒い自分がフランス人の目にどう映るのか、差別的な経験も経て体得するなかから、精神科医となる。アルジェリアの病院勤務だったが、独立戦争の勃発後はＦＬＮの活動に身を投じた。

ファノンはアルジェリアの独立を見ずに、一九六一年に白血病で世を去った。短い生涯での書き物のなかでも、アルジェリア戦争における精神障害を扱った『地に呪われたる者』（初版一九六一年）では、次のように記している。

> 植民地主義は他者の系統だった否定であり、他者に対して人類のいかなる属性も拒絶しようとする凶暴な決意であるゆえに、それは被支配民族を追い詰めて、「本当のところおれは何者か」という問いをたえず自分に提起させることになる。
>
> （ファノン 1969：143）

支配の影響を心理面・精神面から分析しており、植民地支配が単に物理的暴力にとどまらない性質をもつことが示されていよう。しかも、反植民地主義の時代に書かれたファノンの書物は、単にフランスの支配を糾弾するだけではない。たとえば初期の作品である『黒い皮膚・白い仮面』（初版一九五二年）では、自身の出身であるカリブ海の黒人の心性を俎上に載せ、彼らが白人の価値観を内面化して、白人を黒人より上位に位置づけるのみならず、アフリカの黒人より自分たちカリブ海の黒人の方が「開化」していると優越感をもつさまを描き出している。つまり植民地支配のなかで育まれた心性によって、植民地化された者が、異なるかたちで他者の抑圧に関与する現実があることを、鋭くついているのである。これは今日必要が唱えられている「精神の脱植民地化」という課題に直結する視点であろう。

3　旧植民地との連携

「アフリカの年」

アルジェリア戦争が戦われているさなかの一九六〇年、サハラ以南に位置するアフリカ諸国が一斉に独立した。この地はインドシナやアルジェリアのような凄惨な戦争を経ずして、平和裏に独立を達成する。そちらに話を進めることとしよう。

この地は帝国主義の時代に武力で圧倒され支配下に置かれた後は、フランスに対して本国と同じ権利を要求する運動が中心となる。独立をめざす立場がなかなか出てこなかった背景には、そもそも征服当時において、今日につながる国家が成立しておらず、独立する主体が明確でなかったこともある。とはいえサハラ以南アフリカは、第二次世界大戦後においてもフランスとの連携にこだわった。より急進的な運動が弾圧されたことはあまり語られないだけに強調すべきだが、この地の指導者たちの親仏的な傾向は際立っていたといえる。

前節で触れなかったが、一九五八年の第五共和政憲法では、植民地はフランス連合からさらに「共同体」へと名称が変わった。ドゴールはその憲法草案を国民投票にかけた九月二八日、すべての植民地で、新たにつくる「共同体」に参加するか否かを住民投票で問うという行動に出た。「共同体」に不参加ならば、独立できるというのである。ただし、独立すれば、フランスは援助をしないという条件がつけられた。先進諸国が高度経済成長を遂げるなか、経済の基盤が整っていない植民地が支援なしに自立の道を行くのは困難であろう。それを見越しての条件でもあった。

しかも世界は冷戦時代である。植民地からすれば、単に独立するなら米ソいずれかの陣営につかざるを得ない。それよりは、歴史的関係のあるフランスと連携したほうが、直接的に冷戦構造に組み込まれることなく、近代化に向かえるとも考えられた。全植民地における住民投票の結果、ドゴールと確執のある大統領が率いるギニアを除き、すべての地域が共同体への参加を圧倒的な高率で支持したのだった。独立戦争中のアルジェリアも、同様である。

それでも世界的な脱植民地化の時代において、まもなくアフリカ諸地域は独立に向けて動き出した。結局ドゴールは一九六〇年、独立しても援助をすることを承諾した。そのためドゴールは、憲法の共同体に関する条項の改正も行っている。憲法制定から、わずか二年という時期の改正は、植民地をめぐる情勢の変化によるものであったことは指摘しておこう。こうして「共同体」は、実質的な活動をほぼしないままに幕を閉じることとなった。

この年に独立したフランス領は、アフリカ大陸の一三カ国とインド洋のマダガスカル、合わせて一四カ国である。一九六〇年はそれらを含めて一七カ国が独立し、「アフリカの年」として知られるが、それはフランスの憲法改正ゆえに起きたことであった。

ちなみにアルジェリア戦争中に、アフリカの独立という結論が出るのは、フランスにとって好ましいものではなかった。仮に独立するならフランスが影響力を保てるよう、親仏的な政権であることが望ましかった。そのためフランスは、植民地に親仏派の指導者を見出し、その人物と連携することで、植民地が独立後にフランスから離反しないような状況を整備したとされる。それがまず実現したのは、アルジェリアに先立って一九五六年に独立した、チュニジアとモロッコにおいてであった（池田 2013）。

植民地帝国の発展的解消？

ところでアフリカは、日本からは遠い大陸だが、フランスからは真南に位置する広大な領域であり、戦間期からその重要性は認識されていた。たとえばフランスには戦間期から、「ユーラフリカ」構想というものがあった。第一次世界大戦後にヨーロッパを襲った没落感のなかで、もはや一国でのアフリカ支配は困難だとの認識から、敗北したドイツも含めて、ヨーロッパとして広大なアフリカ支配にあたり、この地を確保しようとする構想である。

ヨーロッパとアフリカを合わせた名称であるこの構想は、第二次世界大戦で中断された後も引き継がれた。実際にヨーロッパ共同市場を創設する交渉の過程でフランスは、「ユーラフリカ共同市場」にしようとまで提案している。一つには、アフリカという市場を他のヨーロッパ諸国にも開放する代わりに、これらの地域への援助も共同で行うという意図があった。脱植民地の時代に進んだヨーロッパ統合は、植民地の単純な放棄につながったわけではないのである。結果としてユーラフリカ構想は実現しないが、一九七三年にイギリスが欧州共同体（ＥＣ）に加盟すると、イギリス支配下にあった地域も含めて、ヨーロッパとしてＡＣＰ諸国、すなわちアフリカ、カリブ海、太平洋の旧植民地地域を共同で支援しようとする枠組みも、徐々につくられていく。二〇一六年に決定されたイギリスの欧州連合（ＥＵ）離脱は、こうした枠組みにいかなる変更を迫るのか、今後注視する必要があるだろう。

フランスと旧仏領の関係に絞ってみれば、一九七〇年にはフランス語圏を意味する「フランコフォニー」という国際機関が成立する。文化や技術の面で、フランス語に何らかのかかわりのある国々が協力する場として構想されたものである。当初は、独立したアフリカ諸国が主導するかたちで進められた。脱植民地化の時代においてフランスが積極的に動いたのでは、「新植民地主義」との批判を招く可能性も認識されていたからである。

交渉の過程では、フランス語を軸に集うより幅広い組織として機能させようと、ヨーロッパのフランス語圏であるベルギーやスイスなども加わることになった。ところがそこに、一八世紀にイギリスに奪われてカナダの一部となったケベック州が、フランス語地域として参加の希望を申し出た。これをめぐっては、北米大陸におけるフランス語圏の拠点としてケベックの存在を重視したドゴール政権が、背後で参加を後押しするという、複雑な外交の駆け引きが展開されている。ケベック「州」は「国家」ではないために、国際機関への参加の可否が議論になったのに加えて、ケベック州の分離主義的傾向を、カナダ連邦政府が牽制する場面もあった。最終的にはそれぞれが譲歩して、この組織はようやく実現の運びとなった。

フランコフォニーが活動を本格化させるのは、一九八〇年代なかば以降のことになる。グローバル化が進む今日では、英語一辺倒の世界に対抗する役割すら、この組織は担うようになった感がある。かつての支配―被支配関係がどのように姿を変えていくのか、興味深い一例といえるだろう。それでも旧植民地がこうして旧宗主国との連携を求める背景には、改善しない経済状況など、支配の負の遺産もあることは指摘しておきたい。

4 「移民」と呼ばれる人びと

「移民の国」フランス

アルジェリアとサハラ以南アフリカの独立で、フランス植民地帝国は実質的に崩壊し、脱植民地化の時代は一段落を迎えた。その後のフランスの対応は、地域によって一様ではなかった。一九七〇年代には、太平洋のニューヘブリデスやインド洋のコモロ諸島など、小さな領域の独立が散発的に起きた。一九八〇年代には、ニューカレドニアの独立運動が今度は弾圧されている。この地では、独立派、反独立派、フランス政府の三者による一九九八年のヌメア協定に沿って、二〇一八年一一月に独立を問う住民投票が行われた。独立派は健闘したが、ここは入植者が多かったこともあって反対派が過半を占めた。この場合の措置としてさらに二回の投票が予定されており、結論は今後にもち越された。

逆にコモロ諸島のなかで唯一フランス領に残っていたイスラームの島マイヨットが、二〇一一年には「海外県」となってフランスへの統合の度合いを高めた。フランス一〇一番目の県である。それらの状況からひとまずいえるのは、フランスはいまだに支配地域の問題を抱えていることではないか。

他方、フランス本国には、植民地時代から支配地域の出身者がやってきていた。その数が急増するのは、第二次世界大戦後のことである。彼らを受け入れる状況は、どのように変化してきたのだろうか。

そもそも戦後経済の復興を前に、人手不足は政財界で認識され、外部からの労働力の導入が急務とされていた。イタリアなどと個別に協定を結んで、新たな労働者の受け入れに努めるなどもしたが（図12－2）、ヨーロッパからの移住民では不十分だった。数が増したのが北アフリカ出身者、なかでもアルジェリア人である。在仏のアルジェリア人は、独立戦争開始の時点で二一万一〇〇〇人、戦争終結時には三五万人にまで増えている。すべてが労働者とは断定できないが、植民地時代にやって来たのは、大半が単身の男性であったとされる。独立後はさらに多くの男性労働者が、フランスの産業界に導入された。彼らをはじめ、外国からの労働力が、フランスの高度経済成長を大きく支えることとなったのである。

転機は一九七三年の石油危機とともに訪れた。外国人労働者は、景気の調整弁に使われる。大不況に陥ったフランスは一九七四年、さっそく新規の外国人労働者の入国を止める措置をとった。ところがそれは、予想外の結果をもたらした。それまで労働者はある程度フランスで働くと、一時帰国をしていたのだが、今度はいったん帰国すると、フランスへの再入国ができなくなる。そこで彼らは不況下で失業しても、国に帰らなくなった。加えて人道的配慮から、一九七六年には家族の合流が認められた。つまり、新規の外国人労働者の入国を停止したのに、フランスに家族がやって来たことで、かえって外国人が増えたのである。とりわけマグレブ三国であるアルジェリア、モロッコ、チュニジアの出身者は、一九八二年にはおよそ一四四万人を数え、最多の「外国人」集団となった。彼らがフランスのイスラーム系住民の核である（表12－3）。

ヨーロッパ系とは「異なる」風貌や文化をもつ彼らは、社会でも目につくほどに増え、フランス人も大量に失業する時代に、彼らへの嫌悪感は高まった。「フランスをフランス人に！」をスローガンに排外的主張を唱える極右勢力が急速に台頭したのは、八〇年代なかばのことである。つ

図12－2　イタリア人にフランスに来るよう呼びかけるポスター

（出典）　Colon, D. (dir.), *Histoire 1re L. ES. S*, Paris: Belin, 2011, p. 45.

表12－3　出身国別の外国人数

国　籍	1946年	1954年[1]	1962年	1968年	1975年	1982年	1990年	1999年
総　計[2]	1,743,619	1,765,298	2,169,665	2,621,088	3,442,415	3,714,200	3,596,602	3,258,539
ヨーロッパ								
ドイツ	24,947	53,760	46,606	43,724	42,955	44,000	52,723	76,882
ベルギー	153,229	160,828	79,069	65,224	55,945	52,636	56,129	66,927
スペイン	302,201	288,923	441,658	607,184	497,480	327,156	216,047	160,194
イタリア	450,764	507,602	628,956	571,684	462,940	340,308	252,759	200,632
ポーランド	423,470	269,269	177,181	131,668	93,655	64,804	47,127	33,925
ポルトガル	22,261	20,085	50,010	296,448	758,925	767,304	649,714	555,383
北アフリカ								
アルジェリア	22,114	211,675	350,484	473,812	710,690	805,116	614,207	475,216
モロッコ	16,458	10,734	33,320	84,236	260,025	441,308	572,652	506,305
チュニジア	1,916	4,800	26,569	61,028	139,735	190,800	206,336	153,574
アジア								
トルコ	7,770	5,273	調査なし	7,628	50,860	122,260	197,712	205,589

（注）1）1954～1962年はアルジェリアの独立戦争。
2）内訳はおもな地域のみ掲載されているため国ごとの合計は総計と一致しない。
（出典）Dewitte, P., *Deux siècles d'immigration en France*, Paris: La Documentation française, 2003, p. 75.

け加えるなら、従来フランスには「移民の国」だという自覚はさほどなかったとされる。一九世紀からの移住者は、一八八九年に制定された出生地主義の国籍法の下で、みえない労苦を伴いながらも「フランス人」になっていったということであろう。それが異なる人びとが増えるなかで、移住者をめぐる研究も爆発的に増え、フランスがすでに一九世紀から「移民」の国であったことが、改めて想起されたのである。

イスラームのスカーフをめぐる攻防

イスラーム嫌悪が高まるなか、一九八九年秋にスカーフ事件と呼ばれるものが起きた。三人のムスリムの少女が、公立中学校へイスラームのスカーフをかぶって登校したのを校長がみとがめ、スカーフを取るよう指示したのに、少女たちがそれを拒んだことから、大きな議論になった件である。フランスでは一九世紀のフェリー法以降、紆余曲折はあったものの、公立学校は世俗の、すなわち宗教を排除した「非宗教」の学校とされてきた。そうした場に生徒が宗教の徴（しるし）をもち込むことが、問題視されたのである。しかもこれ以後、スカーフをかぶって登校する生徒がむしろ急増したことから、公立学校の「ライシテ（非宗教性）」（第7章参照）のあり方をめぐる議論は激化し、ついに二〇〇四年に「宗教標章法」の成立へと発展した。この法により、いかなる宗教であっても、それとわかる徴を公立の学校にもち込んではならないと定められたのである。すべての宗教が対象とはいえ、実質的にはイスラームのスカーフが狙い撃ちされたものだった。

争点は、フランスが拠って立つ「共和主義」の概念だった。第三共和政以降のフランスは、宗教を教育や政治の場から追放する方向を模索してきた。もっとも法の制定前後に騒動があったとはいえ、実際の運用は時代に応じてさほど厳密なものではなかったし、何しろ対象はカトリック教会であった。それが一九八〇年代にムスリムがいわば「可視化」され、人びとの間に異質なものを排斥しようとする機運が高まると、こうした観念を厳密に適用する傾向が強まった。イスラームの伸長を前に、思想や信条、さらには出身といった個人の属性を取り払えば各人の平等が達成されるという、フランス流共和主義の考えが顕在化してきたのである。教育現場では、スカーフを身に着けたまま登校する生徒と、それを外させようとする教員との対立がエスカレートした。宗教標章法は、そのような状況に決着をつけるための法だった。

それにしてもなぜ少女たちは、スカーフをかぶったのだろうか。一九八〇年代を通してイスラーム嫌悪が広がると、フランスにおける生活者としてのアイデンティティが、揺らぐ事態が生じていた。とくにフランス国籍である二世、三世の場合は、フランス人であるにもかかわらず、フランス人として扱われずに差別の対象となることから、イスラームによりどころを求める場合も出てきたのである。

ここで注意すべきは、歴史的に公立学校で禁じられていたのは、宗教教育を行わないことや、聖職者が教壇に立たないことである。換言すれば、生徒の信教の自由は保障されていたのみならず、生徒が身なりなどで自らの宗教を周囲に表明することには、何ら法的問題はなかった。だからこそ、それを新たに禁じる宗教標章法のようなものが必要だったわけだが、宗教など個人の属性を取り払えば平等になる、という共和主義の考え自体が、後から数を増したイスラームを牽制する役割を担ったとすらみえる。結果としてこの法は、非宗教性の原理に則るとするフランス共和主義を、さらに強固なものとした。それを後押ししたのは、フランス社会に広まったイスラームへの嫌悪感だといえるだろう。

しかもフランスでは、イスラームのスカーフは女性を抑圧する象徴と一般に考えられている。少女たちは強制されたものでなく自らかぶったというが、スカーフ禁止に賛成するイスラーム系の女性も少なくない。結果としてより弱い立場に置かれる女性たちが、いわば分断される状況が生まれている。

本節の最後に、「移民」とはだれなのかという点を、改めて考えておきたい。今日のフランスで移民という言葉は、おもにヨーロッパ外の世界から来た人びとを想起させる。繰り返しだが、フランスに生まれてフランス国籍があっても、移民二世、三世と呼ばれているのが現状である。二〇〇二年に設置された統合高等評議会の定義によれば、移民とは外国で生まれ、外国人としてフランスに来て居住し、将来的にフランス国籍を取る可能性のある者のことだが、そうした定義の通りに言葉が使われているわけでは必ずしもないことには十分注意したい。

5　現代フランス社会の隘路

二〇〇五年の騒動

宗教標章法が成立した翌年の二〇〇五年は、植民地の過去にまつわる事件が、数多く起きた年となった。二〇以上をあげる論者もある。本節では主要なもの二件に言及しよう。まずは二月に制定された「引揚者への国民の感謝と国民的支援に関する法」（以下、引揚者法）である。植民地、とりわけアルジェリアからの引揚者への補償を念頭に策定されたものだが、この第四条第二項に、学校教育において「海外領土、なかでも北アフリカにフランスが存在したことの肯定的な役割」を認める旨が記されていたのである。何を教えるかを法が決めるかのようなこの文言には、歴史家の間で、歴史を書くのは誰なのか、政治権力なのか、という大きな議論を巻き起こした。

しかし同時に、植民地支配のいわば良い面を教えようというこの条項が、フランスの植民地支配の過去に対する歴史認識のありようを浮かび上がらせている点も、見落としてはなるまい。批判を受けて一年後にこの条項は削除されたが、この法ゆえにアルジェリアとの友好条約締結に向けての交渉は頓挫してもいる。植民地支配の過去は、折に触れて重く社会にのしかかってくる。

二つ目に、この年最大の事件を取り上げよう。秋深まった一〇月末、パリ北東の郊外で、警官に追われた若者のうち二人が変電所に逃げ込んで、感電死した件である。大都市郊外には、イスラーム系や旧植民地に出自をもつ貧しい人びとが集住しており、失業率も高い。学校での落ちこぼれも続出している。「悪」のレッテルを貼られたそうした若者は、地元の警官と恒常的な敵対関係にあり、この日もゆえなく追われた結果の感電死だった。

これへの抗議行動は瞬く間にフランス全土に広がって、ほぼ三週間で千台単位の車が燃やされる事態となった。車を燃やすだけの、無言の抗議である。郊外のいわゆる「移民」二世三世が疎外される状況のなかで、フランス社会に対する異議申し立ての行動は、一九八〇年代からかたちを変えてたびたび起きていたのだが、このときはまれにみる規模に拡大した。強権的に抑え込もうとした当時の内務大臣ニコラ・サルコジ（後に大統領）が、彼らに蔑みの言葉を投げつけると、引揚者法第四条への反発ともあいまって、海外県マルティニックでは批判の渦が巻き起こった。マルティニック出身の若者も多く、こうした地区に住んでいるからである。

二〇〇五年に起きたことがすべて、対立を引き起こす性質のものだったわけではない。それでも一連の出来事は、フランス社会に深い亀裂があることを見せつける結果となった。そして一〇年後、フランスは大きな事件に立て続けに見舞われる。

うち続く襲撃事件

近年、ヨーロッパではイスラームへの嫌悪が暴力に発展するケースも頻発するようになった。他方で、中東に拠点を置く過激な思想をもつ者たちが、イスラームを掲げて各地で襲撃事件を起こすようになり、それに合わせてヨーロッパ内部から呼応する動きが目立つようにもなった。二〇一五年一月、週刊の風刺画新聞『シャルリ・エブド』紙の社屋が二人組の男に襲撃されたのも、そうである。この新聞社は長いこと、ムハンマドの風刺画を延々と掲載し続けていた。いうまでもなく、イスラームでは禁じられている行為であり、シャルリ社は中東の勢力の攻撃目標にされていた。しかもこれに乗じて、パリ郊外のユダヤ人商店も襲われた。風刺画家や警官を含め一七人の犠牲者を出したこの事件は、フランス社会に大きな衝撃を与えた。

この件以降、政府はこうした襲撃への備えを強化する一環として、中東に拠点を置き二〇一四年から「イスラーム国」を名乗る過激な組織への攻撃にも加わった。軍事費ももちろん増強された。そのようななかで二〇一五年一一月、パリ市内の複数の場所が同時に襲撃され、一三〇人の死者を出すという前代未聞の事件が起きた。シャルリ社の事件のときは「表現の自由」を合言葉に、全土で三七〇万人もが連帯のデモに繰り出したのだが、一一月の事件は市民に大きな恐怖を与え、人びとは内にこもった。

この時はベルギー出身者もかかわっていたが、二つの事件の首謀者の大半がフランス生まれのフランス人だった。いずれも、大都市郊外のイスラーム系の人びとが集住する地区の出身である。彼らはムスリムだったとはいえ、「フランス人」がこのような事件を起こしたことは、一様に衝撃をもって受け止められた。くしくもこの年、二〇〇五年に二人が感電死した事件に関係した警官の裁判が行われ、五月に無罪判決が出された。シャルリ社の事件の後でもあり、郊外の若者を取り巻く状況は改善されていないのではないか、という観察がメディアでも広く語られた。

以上に関しては二点を指摘しておこう。第一に、郊外の疎外された若者は、近年、ソーシャルメディアの発展によって、フランスに居ながらにして中東とも接するようになり、過激な思想に染まっていくことが多々ある。つまり、フランス領土内であるにもかかわらず、フランス政府の主権が及ばないような地域が生じているのである。二一世紀初頭から、そうした現象は、「脱領土化」と表現されている。今後、こうした若者の置かれる環境が変わらなければ、この傾向はさらに増すとも考えられる。

第二に、これら過激な思想に走る若者たちの間の大きな問題として、反ユダヤ主義の蔓延が指摘されることである。

反ユダヤ主義は、旧植民地である北アフリカに淵源があるともされるが、植民地時代にフランスから反ユダヤ主義がもち込まれた歴史も、想起すべきであろう。また反ユダヤ主義を防ぐ手立ては、フランスでは幾重にもつくられてきたが、反イスラーム的な言動を抑止するものは何も整備されておらず、「表現の自由」の名の下に、イスラームへの「冒瀆」が繰り返されている。それは、歴史的な「犠牲者」としてそれなりの対策を得ているユダヤ人と、近年増加し続けるムスリムの間の溝を深める結果ともなっている。近年ではヨーロッパ規模で反ユダヤ主義が再燃しているが、その背後には複雑に入り組んだ歴史や現状がある。

その後もフランスを含めヨーロッパでは、襲撃事件が続いている。こうした状況は大きく変わっていくだろうか。

『苦い祖国』

現代のフランスが他民族社会になっていることに、異論はないだろう。フランス国籍をもちながら、フランス人扱いをされない人びとが相変わらずいるなかで、彼らを含みこんだ「フランス史」がこれまで十分に書かれてきたとはいいがたい。それが、そうした人びとの疎外感を高めてもいる。

しかし、新しい試みが手つかずなわけではない。ここではフレデリック・ブリエの物語にクリスティアン・ラックスが絵を手掛けた漫画『苦い祖国』（全二巻、二〇〇七〜二〇一一年）を取り上げよう（図12-3・4）。これはフランス南部、オート・ロワール県出身のジャン・ガドワと、セネガルのウスマヌ・ディウムの二人の主人公をめぐる物語である。それぞれに貧しいなかを成長するが、まもなく第一次世界大戦の開戦となる。ジャンは徴兵によって、ウスマヌは植民地兵として、この戦争に参加する。二人は激戦となったシュマンデダムの戦場で出会っている。しかしジャンは、あることから脱走の罪を着せられて銃殺刑に処せられる。この大戦では、多くの兵士が相応の罪もないままに、「見せしめ」のためもあって銃殺された。銃殺をめぐる研究は二〇世紀末から進んだもので、これが反映されていよう。物語の後半は、ジャンの妻ユベルティーヌが、ジャンの名誉回復を勝ち取るのが一つの軸である。

図12－3　『苦い祖国』第１巻表紙

図12－4　『苦い祖国』第２巻表紙

銃殺を含め、この物語には新しい論点がふんだんに盛り込まれている。ユベルティーヌはフェミニストとの設定で、その名前はユベルティーヌ・オクレール（第6章参照）を想起させる。貧しい農村の生活は、改めて時代の変化を思わせる。ウスマヌがフランスで体験する差別も容赦なく描かれる。そして何より、ジャンとウスマヌの物語が同時進行していることは重要だろう。第一次世界大戦研究は、二一世紀に入る前後から大いに盛り上がったテーマである。植民地を巻き込んだことについても、多くの書き物が出されてきた。それでも戦争の全体像を語るに際して、植民地にもつねに言及されるというわけではまだなさそうである。それがこの漫画では、セネガルとフランスの生活、双方への目配りがある。異なる地であれ、いずれも普通の暮らしをしてきた若者が、戦場という共通の場で接しながら生きていく歴史に焦点があてられているのは、多くの読者に新鮮な読後感を残すだろう。

今日のフランス社会には、ウスマヌのようなセネガルをルーツとする「フランス人」も少なからずいる。そうした人びとと共存する社会こそが、いまの現実でもある。彼らを含みこんだ歴史の語りは、歴史研究からというよりは、もっと身近な漫画という手段で、いわば下からの試みとして、すでに発信されはじめているといえようか。それでもこうした融和的な社会の到来は、まだ先のことになりそうである。

コラム10　アルジェリアのユダヤ人

平野千果子

ヨーロッパ史を学んでいると、ユダヤ人の存在はつねに視野に入ってくる。フランスに根強い反ユダヤ主義があることは、本書でも触れられるとおりである。それでは植民地化された地域に「ユダヤ人問題」はなかったのだろうか。近代フランス最大の植民地だったアルジェリアにも、ユダヤ人は長年にわたって定住していた。自身、アルジェリア生まれのユダヤ人である歴史家バンジャマン・ストラは、フランス支配のなかでユダヤ人がこの地から三段階を経て切り離されていったとし、その過程を『三つの追放』（二〇〇六年）に著している。ここではストラに拠りながら、アルジェリアのユダヤ人を事例に考えてみよう。

七世紀になるとこの地には、東方からイスラームを携えてアラブ人が到来した。先住のベルベル人も含め、共存していた人びとの関係が大きく変わるのは一八三〇年、中心都市アルジェにフランスが派兵し、植民地支配がはじまってからである。アルジェリア侵攻にあたってイタリアから入植したユダヤ商人が手引きをしたこともあり、ユダヤ人は支配のなかでフランスに優遇されていく。植民地支配の原則は支配する人びとの分断だが、ユダヤ人が特権的扱いを受ける路線は征服の当初からできていたようである。

ストラのいう第一の追放が起こるのは一八七〇年。第三共和政発足直後のクレミュー政令による。この措置は、軍政下にあったアルジェリアを民政に移管するとともに、ユダヤ人にフランス市民権を与えた。現地人の間でユダヤ人のみを、フランス人扱いとしたのである。先立つ帝政期には親アラブ的な外交政策がとられたが、新しい共和政府はそれへの対抗もあって、支持基盤を植民地のユダヤ人にも広げようとしたことが背景にある。一八八九年に制定された国籍法は出生地主義を採用し、ヨーロッパ系の入植者にも「フランス人」になる道が開かれたのだが（第6章参照）、ユダヤ人への市民権付与は、それに先んじるものだった。これによって三万四〇〇〇人ほどの新フランス人が誕生している。

第二の追放はやや間があいて一九四〇年。対独敗北で成立したヴィシー政権は反ユダヤ的政策を打ち出し、その余波はアルジェリアにも及んだ。ユダヤ人は、クレミュー政令で認められたフランス市民権を剥奪されたのである。これは三年後に回復されるものの、「フランス人」として生活してきたユダヤ人たちは、誰からの庇護もない事態に直面したのみならず、大きなアイデンティティの問題を突きつけられたことになる。

そして第三の追放は、一九六二年のアルジェリア独立である。多くの入植者は独立の混乱のなかで、フランス本国への「帰還」を余儀なくされた。ユダヤ人も例外ではない。しかし帰還した「祖国」フランスにも、やはり反ユダヤ主義があった。アルジェリアを離れた一人であるストラは、ユダヤ人は「フランス人」として帰還したつもりが、「ユダヤ人」であることを思い知らされたと述懐している。

以上のような状況は、いくつかのことを考えさせる。まずは植民地の人びとが分断され、それが独立後にも尾を引いている点である。独立後のアルジェリアはアラブ中心主義を推し進めたため、残留したユダヤ人も徐々にアルジェリアを離れざるを得なくなった。独立の前後に一一万を数えたユダヤ人は、一九九〇年代にはすべていなくなったという。彼らの多くがイスラエルではなく、フランスに「帰還」したことにも注目されよう。これは出自を問わず、フランスの理念に賛同する者を受け入れるというフランス共和主義が、一面では機能した結果だろうか。

他方、植民地時代に本国の反ユダヤ主義がアルジェリアにもち込まれたことも、指摘しておこう。今日のフランスで「イスラーム過激派」の温床とされる貧しい郊外地区には、強烈な反ユダヤ主義が見出される。それは旧植民地から直接もち込まれたともいわれるが、フランス支配の一つの帰結でもある。加えてフランスにおけるムスリムへの差別が、今度はムスリムからの反ユダヤ主義に向かっている側面も無視できない。一つの差別的思想や行動の背後には、幾重にも歴史の澱が重なっているのである。

参考文献

Stora, B., *Les trois exiles: Juifs d'Algérie*, Paris: Stock, 2006.

参考文献

アレッグ、アンリ『尋問』（長谷川四郎訳）みすず書房、一九五八年。
池田亮『植民地独立の起源——フランスのチュニジア・モロッコ政策』法政大学出版局、二〇一三年。
ヴェルシャヴ、フランソワ＝グザヴィエ『フランサフリック——アフリカを食いものにするフランス』（大野英士・高橋武智訳）

緑風出版、二〇〇三年。
黒田友哉『ヨーロッパ統合と脱植民地化、冷戦——第四共和制後期フランスを中心に』吉田書房、二〇一八年。
ストラ、バンジャマン『アルジェリアの歴史——フランス植民地支配・独立戦争・脱植民地化』（小山田紀子・渡辺司訳）明石書店、二〇一一年。
内藤正則・坂口正二郎編著『神の法vs.人の法——スカーフ論争から見る西欧とイスラームの断層』日本評論社、二〇〇七年。
西川長夫『フランスの解体？——もう一つの国民国家論』人文書院、一九九九年。
平野千果子『フランス植民地主義と歴史認識』岩波書店、二〇一四年。
平野千果子「シャルリ・エブド襲撃事件——報道から考える現代社会」『歴史学研究』936号、二〇一五年。
ファノン、フランツ『地に呪われたる者（フランツ・ファノン著作集3）』（鈴木道彦・浦野衣子訳）みすず書房、一九六九年。
ファノン、フランツ『黒い皮膚・白い仮面（フランツ・ファノン著作集1）』（海老坂武・加藤晴久訳）みすず書房、一九七〇年。
ベッツ、レイモンド・F『フランスと脱植民地化』（今林直樹・加茂省三訳）晃洋書房、二〇〇四年。
Blier, F., et Lax, C., *Amère Patrie*, vol. 1, 2, Marcinelle/Paris: Dupuis, 2007–2011.
Delpard, R., *L'histoire des pieds-noirs d'Algérie: 1830–1962*, Paris: Michel Lafon, 2002.
Deniau, J. C., *La vérité sur la mort de Maurice Audin*, Sainte-Marguerite-sur-Mer: Editions des Equateurs, 2014.
Dewitte, P., *Deux siècles d'immigration en France*, Paris: La Documentation française, 2003.
Faes, G., et Smith, S., *Noir et Français!*, Paris, Editions du Panama, 2006.
Haut conseil à l'intégration（http://archives.hci.gouv.fr/-Mots-de-l-integration-.html）
Rolland, D., «Indochine: les oubliés de Sainte-Livrade», *Histoire*, no 356, 2010.
Stora, B., *Ils venaient d'Algérie: l'immigration algérienne en France 1912–1992*, Paris: Fayard, 1992.

書名	編著者	判型・頁数	価格
はじめて学ぶ フランス文学史	横山安由美・朝比奈美知子 編著	A5判三六八頁	本体二八〇〇円
フランス文化 55のキーワード	朝比奈美知子・横山安由美 編著	A5判三〇四頁	本体二五〇〇円
よくわかるフランス近現代史	剣持久木 編著	B5判二一二頁	本体二六〇〇円
よくわかるイギリス近現代史	君塚直隆 編著	B5判一八四頁	本体二四〇〇円
教養のフランス近現代史	杉本淑彦・竹中幸史 編著	A5判三六〇頁	本体三〇〇〇円
教養のドイツ現代史	田野大輔・柳原伸洋 編著	A5判三六〇頁	本体三〇〇〇円
大学で学ぶ 西洋史〔古代・中世〕	服部良久・南川高志・山辺規子 編著	A5判三七六頁	本体二八〇〇円
大学で学ぶ 西洋史〔近現代〕	小山哲・上垣豊・山田史郎・杉本淑彦 編著	A5判四二四頁	本体二八〇〇円

ミネルヴァ書房

http://www.minervashobo.co.jp/

《編著者紹介》

平野千果子（ひらの・ちかこ）

1958年　生まれ。
現　在　武蔵大学人文学部教授。
主　著　『フランス植民地主義と歴史認識』岩波書店，2014年。
『アフリカを活用する——フランス植民地からみた第一次世界大戦』人文書院，2014年。
『紛争化させられる過去——アジアとヨーロッパにおける歴史の政治化』（共著）岩波書店，2018年。

新しく学ぶフランス史

2019年11月30日　初版第１刷発行　〈検印省略〉

定価はカバーに
表示しています

編著者　平野千果子
発行者　杉田啓三
印刷者　坂本喜杏

発行所　株式会社　ミネルヴァ書房
〒607-8494　京都市山科区日ノ岡堤谷町１
電話代表　(075)581-5191
振替口座　01020-0-8076

©平野千果子，2019

冨山房インターナショナル・清水製本

ISBN 978-4-623-08598-9
Printed in Japan

執筆者紹介（所属，執筆分担，執筆順，＊は編著者）

＊平野千果子（ひらの ちかこ）（武蔵大学人文学部教授，はしがき・序章・第６章・第12章・コラム10）

鈴木道也（すずき みちや）（東洋大学文学部教授，第１章）

加藤耕一（かとう こういち）（東京大学大学院工学系研究科教授，コラム１）

阿河雄二郎（あが ゆうじろう）（大阪外国語大学名誉教授，第２章・コラム２）

坂野正則（さかの まさのり）（上智大学文学部准教授，第３章・コラム３）

高橋暁生（たかはし あけお）（上智大学外国語学部教授，第４章・コラム４）

長井伸仁（ながい のぶひと）（東京大学大学院人文社会系研究科准教授，第５章・コラム５）

西山暁義（にしやま あきよし）（共立女子大学国際学部教授，コラム６）

前田更子（まえだ のぶこ）（明治大学政治経済学部准教授，第７章）

小田中直樹（おだなか なおき）（東北大学大学院経済学研究科教授，第８章）

槇原　茂（まきはら しげる）（島根大学教育学部教授，コラム７）

舘　葉月（たて はづき）（武蔵大学人文学部准教授，第９章）

南　祐三（みなみ ゆうぞう）（富山大学人文学部准教授，第９章・コラム８）

中村　督（なかむら ただし）（南山大学国際教養学部准教授，第10章）

鈴木道彦（すずき みちひこ）（獨協大学外国語学部名誉教授，コラム９）

宮下雄一郎（みやした ゆういちろう）（法政大学法学部教授，第11章）

長島　澪（ながしま みお）（東京大学大学院人文社会系研究科，フランス史略年表）

人名索引

ア　行

カ　行

サ　行

タ　行

ナ　行

ハ　行

マ　行

ヤ　行

ラ　行

事項索引

ア 行

カ　行

サ　行

タ　行

ナ　行

ハ　行

マ　行

ヤ　行

ラ・ワ行

欧　文

フランス史略年表

年	フランスの出来事	世界の出来事
481		クロヴィスの下，メロヴィング朝フランク王国成立
527		8．ビザンツ帝国でユスティニアヌス大帝即位（〜565）
589		隋，中国統一
622		ムハンマド，メディナに移住（聖遷）
751		11．ピピン3世の下，カロリング朝フランク王国成立
800		12．カール大帝（シャルルマーニュ）の戴冠
843	8．シャルル2世，西のフランク人たちの王国を統治（〜877.10）	8．ヴェルダン条約，フランク王国が三分割
870		8．メルセン条約
962		2．オットーの戴冠
987	7．ユーグ・カペー即位（〜996.10），カペー朝成立	
1054		教皇と総主教が相互破門（東西教会分裂）
1096		第1回十字軍（〜99）
1122		9．ヴォルムス協約締結，叙任権闘争の妥協成立
1147		第2回十字軍（〜49）
1169		サラディン，アイユーブ朝建国
1180	9．フィリップ2世即位（〜1223.7）	
1189		第3回十字軍（〜92）
1202		第4回十字軍（〜04）
1209	アルビジョワ十字軍（〜29）	
1214	7．ブヴィーヌの戦い，イングランド王･神聖ローマ皇帝に勝利	
1217		第5回十字軍（〜21）
1226	11．ルイ9世即位（〜70.8）	
1228		第6回十字軍（〜29）
1248		第7回十字軍（〜54）
1270	8．第8回十字軍にて，ルイ9世病没	第8回十字軍
1285	10．フィリップ4世即位（〜1314.11）	

1299		オスマン帝国成立（～1922.11）
1302	**3.** フィリップ4世，パリに三部会召集	
1303	**9.** アナーニ事件	
1309	**3.** 教皇のバビロン捕囚，教皇庁がアヴィニョンに移転（～77）	
1328	**4.** ヴァロワ朝成立	
1337	**5.** フランスの王位継承を巡り，イングランドと百年戦争開始（～1453）	
1358	**5.** ジャックリーの乱勃発（～6）	
1378		教会大分裂（～1417）
1389		**6.** コソボの戦い，セルビア王国にオスマン帝国勝利
1415	**10.** アザンクールの戦い，イングランドに大敗	
1419		**7.** フス戦争開始（～36.7）
1420	**5.** トロワの和約締結，イングランド王家がフランス王位継承権を獲得	
1429	**5.** ジャンヌ・ダルク，オルレアン解放。**7.** シャルル7世戴冠	
1435	**9.** ブルゴーニュとアラスの和約締結	
1453		**5.** オスマン帝国によりビザンツ帝国滅亡
1461	**7.** ルイ11世即位（～83.8）	**3.** イングランド，ヨーク朝成立（～85.8）
1477	1. ナンシーの戦い。ブルゴーニュ併合	
1492		1. グラナダ陥落。**10.** コロンブス，アメリカに到達
1494	**9.** イタリア戦争開始（～1559）	**6.** スペイン・ポルトガル間でトルデシリャス条約締結
1498	**4.** ルイ12世即位（～1515.1），ヴァロワ・オルレアン朝成立	**5.** ヴァスコ・ダ・ガマ，カリカット到着
1515	1. フランソワ1世即位（～47.3），ヴァロワ・アングレーム朝成立	
1516	**8.** ボローニャ政教協約締結	1. スペイン，カルロス1世即位（～56.1）
1517		**10.** ルター「95カ条の論題」発表
1519		**6.** 神聖ローマ帝国，カール5世即位（～56）。**9.** マゼラン，世界周航開始（～22）
1520		**9.** オスマン皇帝にスレイマン1世即位（～66.9）

1524		6. ドイツ農民戦争勃発（～25）
1526		8. モハッチの戦い，ハンガリーにオスマン帝国勝利
1529		9. 第一次ウィーン包囲開始（～10）
1534		8. イエズス会成立。11. イングランド国教会成立
1536		3. ジャン・カルヴァン『キリスト教綱要』初版刊行
1538		9. プレヴェザの海戦，神聖同盟連合艦隊にオスマン帝国勝利
1539	8. ヴィレール＝コトレの王令	
1545		3. トレント公会議開催（～63. 12）
1547	3. アンリ2世即位（～59. 7）	1. イヴァン4世戴冠，ロシア帝国成立（～1917. 9）
1555		9. アウクスブルクの和議成立
1562	3. 宗教戦争開始（～98）	
1571		10. レパントの海戦，オスマン帝国に教皇・スペイン・ヴェネツィア連合艦隊勝利
1572	8. サン＝バルテルミの虐殺	7. ポーランド，ヤギェヴォ朝断絶
1574	5. アンリ3世即位（～ 89. 8）	
1581		7. オランダ独立宣言
1588		7. アルマダ海戦開始（～8）
1589	8. アンリ3世暗殺，アンリ4世即位（～1610. 5），ブルボン朝成立	
1598	4. ナント王令発布，宗教戦争終結	
1600		10. 関ヶ原の戦い。12. イングランド，東インド会社設立
1607		5. イングランド，ヴァージニア植民地設立
1608	7. シャンプラン，ケベック建設	
1610	5. アンリ4世暗殺，ルイ13世即位（～43. 5）	
1613		2. ロシア，ロマノフ朝成立
1616		後金成立（36. 清に改称 ～1912. 2）
1618		5. 三十年戦争開始（～48. 5）
1620		11. ピルグリム＝ファーザーズ，プリマス上陸
1626	南米ギアナを領有	

1635	1. アカデミー・フランセーズ創設。5. スペインに宣戦布告，三十年戦争に本格介入。9. マルティニック・グァドループを植民地化	
1640		11. ピューリタン革命（～60）
1643	5. ルイ14世即位（～1715. 9），宰相にマザラン選任	
1648	5. フロンドの乱（～53）	5. ウェストファリア条約締結，三十年戦争終結
1649		1. イングランド，チャールズ1世処刑
1652		5. 英蘭戦争開始（～74）
1659	11. スペインとピレネー条約締結	
1660		5. イングランド，王政復古
1661	3. マザラン没，ルイ14世の親政開始	
1664	5. コルベールによる西インド会社設立。8. 東インド会社設立	
1667	5. フランドル戦争開始（～68. 5）	
1672	4. オランダ戦争開始（～78）	7. オランダ総督にオラニエ公ウィレム就任
1678	8. ナイメーヘン条約締結，オランダ戦争終結	
1682	5. ヴェルサイユに宮廷が移転	7. ロシア，ピョートル1世即位（～1725. 2）
1685	3. 黒人法典制定。10. ナント王令廃止	2. イングランド，ジェームズ2世即位（～88. 12）
1688		4. イングランド，名誉革命（～89. 2）
1697	9. サン＝ドマング領有	
1699		1. オスマン帝国とヨーロッパ諸国間でカルロヴィッツ条約締結
1701	2. スペイン継承戦争開始（～13. 4）	1. プロイセン王国成立
1707		5. グレート・ブリテン王国成立
1713	4. ユトレヒト条約締結，スペイン継承戦争終結。9. 教皇「ウニゲニトゥス」を発布，ジャンセニスムを弾劾	
1714	3. オーストリアとラシュタット条約締結	8. ハノーヴァ朝成立
1715	9. ルイ15世即位（～74. 5）。摂政はオルレアン公フィリップに（～23. 2）	
1722	北米にニューオーリンズを建設	
1740	12. オーストリア継承戦争開始（～48. 10）	
1751	『百科全書』刊行開始（～72）	

1756	5. 七年戦争開始，イングランドとの植民地戦争激化（～63. 2）	
1757	6. プラッシーの戦い	
1763	2. パリ条約締結，七年戦争終結	
1764	11. 国内のイエズス会解散（～1815）	
1768		10. 露土戦争開始（～74. 6）
1771	2. モプーの司法改革開始	
1772		8. 第 1 回ポーランド分割
1774	5. ルイ16世即位（～92. 8）。8. 財務総監にテュルゴ選任（～76. 5）	9. アメリカ，第 1 回大陸会議開催
1775		4. アメリカ独立戦争開始（～83. 9）
1776	5. テュルゴ，財務総監解任	7. アメリカ独立宣言採択
1778	2. アメリカ植民地との間に，攻守同盟と通商条約締結	
1786	8. カロンヌの財政改革案。9. 英仏通商条約締結	
1787	2. 名士会開催。8. パリ高等法院，トロワに追放。11. 寛容王令制定	9. アメリカ合衆国憲法制定
1789	5. 全国三部会開催（～7）。6. 国民議会成立。7. バスチーユ襲撃。8. 封建制廃止決議，人権宣言採択。10. ヴェルサイユ行進。11. 教会財産の国有化	4. 初代アメリカ大統領にワシントン就任（～1797. 3）
1790	3. 植民地議会設置。7. 聖職者市民化基本法制定。	
1791	6. ル・シャプリエ法制定。国王一家のヴァレンヌ逃亡事件。7. シャン・ド・マルスの虐殺。8. サン＝ドマングで黒人奴隷の蜂起。9. オランプ・ド・グージュ「女権宣言」。10. 立法議会成立（～92. 9）	8. ピルニッツ宣言
1792	3. 国民議会で自由有色人に政治的権利承認。4. オーストリアに宣戦布告。8. 王権停止。9. 国民公会成立（～95. 10）。第一共和政成立（～1804. 5）。9. 離婚の合法化	10. ラクスマン，根室来航
1793	1. ルイ16世処刑。6. モンターニュ派独裁開始。7. 封建的諸権利の廃止。8. サン＝ドマングで奴隷制廃止を宣言。9. 恐怖政治開始（～94. 7）。10. ジロンド派処刑。非キリスト教化運動激化。11. 共和暦採用	1. 第 2 回ポーランド分割。2. 第 1 回対仏大同盟発足（～97. 10）
1794	2. 植民地における奴隷制廃止。7. テルミドールのクーデタ，ロベスピエール処刑	3. ポーランド分割に対し，コシューシコが蜂起決行

1795	**4**. ジェルミナルの蜂起失敗。バーゼル条約，ライン左岸領有。**5**. 家庭復帰・集会禁止法。**10**. ヴァンデミエールの王党派反乱。国民公会解散，総裁政府成立（～99.11）。度量衡統一	**10**. 第3回ポーランド分割，ポーランド王国滅亡
1796	**3**. ナポレオン，イタリア遠征開始（～97.10）。**5**. バブーフの陰謀発覚。**11**. アルコレの戦い，オーストリア軍に勝利	
1797	**5**. 五百人議会選挙で王党派伸長。**10**. カンポ・フォルミオ条約締結	
1798	**5**. ナポレオン，エジプト遠征開始（～1801.9）。	**12**. 第2回対仏大同盟発足（～1801.2）
1799	**11**. ブリュメール18日のクーデタ，統領政府成立。**12**. 共和暦第八年憲法制定。第一統領にナポレオン就任（～1802.8）	
1800	**2**. フランス銀行設立。**6**. マレンゴの戦いでオーストリアに勝利。**10**. スペインからルイジアナを購入	
1801	**7**. 教皇ピウス7世とコンコルダート締結	**1**. グレート・ブリテン＝アイルランド連合王国成立（～1922.2）
1802	**3**. イギリスとアミアン条約締結。**5～7**. 奴隷制再建。男子中等教育機関「リセ」設置。**8**. 終身統領にナポレオン就任（～04.5）。共和暦第十年憲法制定	**6**. 阮福暎，ヴェトナム統一
1803	**5**. アメリカにルイジアナを売却	
1804	**3**. 民法典制定。**5**. 皇帝にナポレオン即位（～15.6），第一帝政成立	**1**. サン＝ドマング，ハイチ共和国として独立
1805	**3**. イタリア王国成立，国王にナポレオン即位。**12**. アウステルリッツ三帝会戦	**8**. 第3回対仏大同盟発足（～12）
1806	**10**. イエナ・アウエルシュテットの戦いでプロイセンに勝利。**11**. ベルリン勅令，大陸封鎖実施	**7**. ライン連邦成立。**8**. 神聖ローマ帝国消滅
1807	**7**. プロイセンとティルジット和約締結	**10**. フィヒテ「ドイツ国民に告ぐ」（～08.3）
1812	**6**. ナポレオン，ロシア遠征開始（～12）	**6**. 英米戦争開始（～15.2）
1813	**10**. ライプツィヒの戦い，同盟軍に敗北	
1814	**4**. ナポレオン退位。**5**. 第一次パリ条約締結，ルイ18世即位（第一王政復古）。**6**. 憲章公布	**9**. ウィーン会議開催（～1815.6）
1815	**3**. ナポレオン百日天下。**6**. ワーテルローの戦い，ナポレオン退位。**7**. 第二王政復古。**11**. 第二次パリ条約締結	**6**. ウィーン議定書制定。**9**. 神聖同盟発足
1816	**5**. 再び離婚の違法化	**7**. アルゼンチン独立

1821	5. ナポレオン没	3. ギリシア独立戦争開始（～29.9）
1823	4. スペインに派兵	
1824	9. シャルル10世即位（～30.7）	
1830	7. アルジェ占領。七月革命勃発。8. ルイ＝フィリップ即位（～48.2）。憲章の改正	8. ベルギー革命勃発。10. ベルギー独立
1831	3. 市町村議会に選挙制導入。4. 新選挙法公布。11. リヨンの絹織工の蜂起	4. マッツィーニ，青年イタリア結成
1832	6. パリでラマルク将軍の葬儀，共和派による蜂起	6. イギリス，第1回選挙法改正
1833	6. ギゾー法制定	8. イギリス，奴隷制廃止法制定
1834		1. ドイツ関税同盟結成
1835	9. 出版の自由を制限する諸法により，共和主義運動停滞	
1840	7. 東方問題で孤立。12. ナポレオンの遺骸，アンヴァリッドに移葬	アヘン戦争開始（～42.8）
1841	3. 児童労働法制定	
1842	9. タヒチの保護領化	
1847	7. 改革宴会開始	
1848	2. 二月革命によりルイ＝フィリップ亡命，臨時政府成立，第二共和政成立（～52.12）。4. 奴隷制廃止。国民議会選挙を普通選挙にて実施。6. 国立作業場閉鎖に抗して六月蜂起。11. 第二共和政憲法制定。12. 大統領選挙でルイ＝ナポレオン勝利	2.『共産党宣言』発刊。3. ドイツ三月革命勃発。「諸国民の春」，各地で民族蜂起発生。5. フランクフルト国民議会開催（～49.5）
1849	4. ローマ共和国に軍事干渉。7. ローマ共和国占領	
1850	3. ファルー法制定。5. 選挙資格制限法制定	
1851	12. ルイ＝ナポレオンのクーデタ	1. 太平天国の乱勃発（～64.8）。5. 初の万国博覧会がロンドンで開催（～10）
1852	12. ナポレオン3世として，皇帝にルイ＝ナポレオン即位（～70.9），第二帝政開始	
1853	7. オスマン，セーヌ県知事に就任（～70.1），パリの都市改造本格化。9. ニューカレドニア植民地化	10. クリミア戦争開始（～56.3）
1854		12. カトリック教会，「聖母無原罪の宿り」を教義に認定
1855	5. 第1回パリ万国博覧会開催（～11）	
1856	2. クリミア戦争終結，パリ講和会議開催（～3）	6. アロー戦争開始（～60.8）

1858	1. 皇帝暗殺未遂事件。6. 清と天津条約締結	6. 日米修好通商条約締結
1859	2. サイゴン占領，インドシナ侵略開始。4. スエズ運河建設着手。5. イタリア統一戦争に介入，オーストリアに宣戦。6. ソルフェリーノの戦い。7. ヴィラフランカ条約で単独講和	4. イタリア統一戦争開始（～61. 3）
1860	1. 英仏通商条約締結。パリ市域20区に拡大。3. サヴォワ・ニース併合。10. 北京条約締結。11. 憲法修正	
1861	12. メキシコ出兵開始	1. 清，洋務運動勃発。3. 大統領にリンカーン就任（～65. 4）。4. アメリカ，南北戦争開始（～65. 4）。3. ロシア，農奴解放令制定。イタリア王国成立
1862	6. ヴェトナムでコーチシナ併合	
1863	8. カンボジアの保護領化	1. リンカーン，奴隷解放宣言
1864	4. メキシコ皇帝にマクシミリアン擁立。5. 労働者の団結権承認。9. 下関砲撃。ローマから軍隊撤退	9. 第一インターナショナル発足
1866		6. 普墺戦争開始（～8）。8. 北ドイツ連邦結成
1867	2. メキシコから撤兵，マクシミリアン処刑。4. 第2回パリ万国博覧会開催（～11）	10. 徳川慶喜，大政奉還
1868	5. 出版法制定，新聞発行自由化。6. 集会の自由化	1. 戊辰戦争開始（～69. 6）
1869	9. 立法院権限の拡大	11. スエズ運河開通
1870	7. 普仏戦争開始（～71. 5）。9. ナポレオン3世スダンで降伏，共和派による共和政宣言と臨時国防政府樹立（第三共和政成立）。10. クレミュー政令制定	7. エムス電報事件
1871	1. 暫定休戦の成立，パリ降伏。2. 国民議会選挙。3. 18. パリ蜂起。3. 22. パリ含むフランス各地でコミューン宣言（～3. 28）。5. 10. フランクフルト講和条約締結。5. 21.「血の週間」（～5. 28）	1. ドイツ帝国成立。10. イタリア統一完成
1873	5. チエール，大統領辞任，大統領にマクマオン就任（～79. 1）。8. 王政復古の企て（～10）	5. ウィーン株式市場大暴落。10. 独墺露三帝同盟発足
1875	1. ヴァロン修正案可決。	
1877	5. 16. マクマオン，共和派の首相を更迭。10. 総選挙で共和派勝利	1. ヴィクトリア女王，インド女帝就任。4. 露土戦争開始（～78. 3）

1878	5. フレシネ・プラン実施（～82）。第3回パリ万国博覧会開催（～11）	6. ベルリン会議開催（～7）
1879	1. 大統領に共和派のグレヴィ就任（～87.12)。2. ラ・マルセイエーズが国歌に	
1880	3. 無認可修道会を規制する大統領令制定。7. 7月14日が「国民の祝祭日」に	
1881	5. バルド条約締結，チュニジア保護領化。6. フェリー法制定（～82.3)。6～7. 出版・集会の自由化	3. ロシアのアレクサンドル2世暗殺
1884	3. 職業組合結成の承認。市町村法制定。6. 清仏戦争開始（～85.6)。7. 離婚の合法化	11. アフリカ分割に関するベルリン会議（～85.2)
1885	6. ヴェトナムの支配確立。12. マダガスカルを保護領化	12. インド国民会議開催
1886	1. 陸相にブーランジェ就任（～87.5)。10. ゴブレ法制定	
1887	10. 仏領インドシナ連邦編成	
1889	1. パリでの下院補選でブーランジェ大勝。5. 第4回パリ万国博覧会開催（～10)。6. 国籍法制定	2. 大日本帝国憲法発布。7. 第二インターナショナル発足
1892	9. パナマ運河会社汚職事件発覚	
1894	1. 露仏同盟締結。4. 植民地省設立。6. 大統領カルノー暗殺。10. スパイ容疑でドレフュス大尉逮捕。	3. 甲午農民戦争勃発。7. 日清戦争開始（～95.4)
1895	9. 労働総同盟（CGT）結成。仏領西アフリカ（AOF）編成（～1958.6)	4. 三国干渉
1898	1. ゾラ「私は告発する」，ドレフュス事件紛糾。9. ファショダ事件勃発	6. 戊戌の政変勃発
1899	6. ヴァルデック＝ルソー首班の「共和国防衛」政府成立。9. ドレフュス，再審で有罪となるが大統領令で恩赦に	10. 南アフリカ戦争開始（～1902.5)
1900	4. 第5回パリ万国博覧会開催（～10)	6. 義和団事件勃発（～01.9)
1901	7. 結社法制定	
1902	4. 左翼ブロックが総選挙で勝利（～6)。11. 仏伊秘密協定締結	1. 日英同盟締結
1904	4. 英仏協商締結。7. 修道会による教育禁止，ヴァチカンとの外交断絶	2. 日露戦争開始（～05.9)
1905	3. 第一次モロッコ事件，皆兵制の実現。4. 社会党（SFIO）結成。12. 政教分離法制定	1. ロシア，血の日曜日事件勃発。9. ポーツマス条約締結
1906	7. ドレフュスに無罪判決	7. ロシアの首相にストルイピン就任

1907		8. 英露協商締結
1910	4. 仏領赤道アフリカ（AEF）編成（～58.6）	8. 日韓併合
1911	**7.** 第二次モロッコ事件	**10.** 辛亥革命勃発（～12.1）
1912	**3.** フェズ条約でモロッコ保護領化	1. 中華民国成立。**10.** 第一次バルカン戦争開始（～13.5）
1913	**2.** 大統領にポワンカレ就任（～20.2）	**6.** 第二次バルカン戦争開始（～8）
1914	**7.** ジョレス暗殺。**8.** 総動員令発布。**9.** マルヌの戦い（～10）	**6.** サライェヴォ事件勃発。**7.** 第一次世界大戦開始（～18.11）
1916	**2.** ヴェルダンの戦い（～12）。**3.** サイクス＝ピコ協定締結。**7.** ソンムの戦い（～11）	
1917	**4.** 兵士の不服従運動拡大。**11.** クレマンソー内閣成立（～20.1）	**3.** 二月革命勃発，ロマノフ朝滅亡。**11.** 十月革命勃発
1918		**1.** ウィルソン「14カ条の原則」発表。**11.** コンピエーニュの森で休戦条約締結
1919	**11.** 下院選挙で保守派・中道派の連合が勝利	**1.** パリ講和会議開催(～20.1)。**3.** コミンテルン発足。**6.** ヴェルサイユ条約締結。**7.** ヴァイマル憲法制定
1920	**2.** 労働総同盟の波状スト発生。**12.** 社会党分裂，共産党誕生	**1.** 国際連盟発足
1921	**2.** 仏・ポーランド同盟条約締結	**7.** 中国共産党成立。**11.** ワシントン会議開催（～22.2）
1922	**6.** CGT 分裂，統一労働総同盟（CGTU）結成	**7.** ローザンヌ条約締結，トルコ共和国成立。**10.** ムッソリーニ，ローマ進軍。**12.** ソヴィエト連邦成立
1923	**1.** ベルギーとともにルール占領（～1925.8）	**9.** 関東大震災。**11.** ヒトラー，ミュンヘン一揆
1924	**1.** 仏・チェコスロヴァキア相互安全保障協定締結。**5.** 下院選挙で左翼連合勝利	**1.** 中国，第一次国共合作成立。**7.** ドーズ案制定
1925	**4.** パンルヴェ内閣の外相にブリアン就任(～26.7.19, 26.7.23～32.1)。リフ戦争開始（～26)。**10.** ロカルノ条約締結，仏独緊張緩和	**1.** スターリン，権力確立
1926		**9.** ドイツ，国際連盟加盟
1928	**8.** パリ不戦条約締結	
1929		**6.** ドイツ賠償問題に関するヤング案承認。**10.** ニューヨーク株価大暴落，世界恐慌へ
1931	**5.** 世界恐慌が波及。**7.** 国際植民地博覧会開催（～11）	**9.** 柳条湖事件勃発，満州事変開始
1932	**11.** 仏ソ不可侵条約締結	**3.** 満州国建設。**7.** ジュネーヴ軍縮会議

1933	7. フランス・フランを中心に「金ブロック」形成	1. ヒトラー，首相就任。3. 日本，国際連盟脱退。10. ドイツ，国際連盟脱退
1934	2. 2月6日事件。7. 社共統一行動協定締結	8. ヒトラー，総統就任。9. ソ連，国際連盟加盟
1935	5. 仏ソ相互援助条約締結	7〜8. コミンテルン第7回大会で人民戦線戦術採択。10. イタリア，エチオピア侵攻
1936	3. CGT と CGTU 再統合。5. 総選挙で人民戦線の勝利。6. マチニヨン協定締結。9. フラン切下げ	3. ドイツ，ラインラントに国防軍を進駐。5. イタリア，エチオピア併合。7. スペイン内戦勃発（〜39.4）
1937	8. フランス国有鉄道会社設立	4. 独伊空軍が，スペインのゲルニカを無差別爆撃。7. 日中戦争開始（〜45.9）
1938	9. ミュンヘン協定締結。11. 人民戦線崩壊	3. ドイツ，オーストリア併合
1939	9. イギリスと共にドイツに宣戦布告	8. 独ソ不可侵条約締結。9. 第二次世界大戦開始（〜45.9）
1940	6. ドゴール，BBC から抗戦継続を呼びかけ。仏独休戦協定調印。7. ヴィシー政府成立。8. ペタン「国民革命」に言及。10. ユダヤ人身分法制定	5. ドイツ，フランスへの電撃戦開始。9. 日独伊三国同盟結成
1941	5. 共産党「国民戦線」結成。9. ドゴール，フランス国民委員会（CNF）結成	6. ドイツ，ソ連侵攻。8. 大西洋憲章発表。12. 太平洋戦争開始（〜45.9）
1942	4. ラヴァル，組閣。7. パリでユダヤ人一斉検挙（ヴェルディヴ事件）。9. ナチの要請に応え，交代制による労働徴用開始。11. 連合軍の北アフリカ上陸。ドイツ軍，フランス全土占領	1. ドイツ，大量殺戮による「ユダヤ人問題の最終解決」を確認。6. ミッドウェー海戦
1943	1. 民兵団結成。2. 強制労働徴用（STO）開始。5. 全国抵抗評議会（CNR）結成。6. フランス国民解放委員会（CFLN），アルジェに設置。11. レバノン独立	2. スターリングラード攻防戦終結。9. イタリア降伏
1944	1. CNR 綱領採択。6. 共和国臨時政府誕生。連合軍，ノルマンディ上陸。8. パリ解放。10. 共和国臨時政府，女性参政権を承認。12. 基幹産業国有化（〜46）	6. アメリカ，サイパン上陸
1945	4. 市町村議会選挙，女性が初めて投票。10. 国政選挙，同時実施の国民投票で第三共和政の存続否決	2. ヤルタ会談開催。5. ドイツ降伏。7. ポツダム宣言。10. 国際連合発足。11. ニュルンベルク国際軍事裁判開始（〜46.10）

1946	1. フランス銀行･四大預金銀行国有化。ドゴール，臨時政府首班を辞任，三党体制。3. カリブ海のマルティニックなど旧奴隷植民地4地域が海外県に。4. シリア独立。5. 第一次憲法草案を国民投票で否決。10. 第二次草案可決，第四共和政成立。11. インドシナ戦争開始（～1954. 7）	3. チャーチル，「鉄のカーテン」演説。5. 極東軍事裁判開始（～48. 11）。7. 中国，国共内戦
1947	1. モネ・プラン実施。7. マーシャル・プランに参加	3. トルーマン･ドクトリン。6. マーシャル･プラン発表（～51. 12）
1948	3. ブリュッセル条約調印	5. 第一次中東戦争開始（～49. 3）。8～9. 南北朝鮮成立
1949	6. フランス連合内でヴェトナム国成立	5～10. 東西ドイツ成立。12. 中華人民共和国成立
1950	5. シューマン・プラン提起	2. 中ソ友好同盟相互援助条約。6. 朝鮮戦争（～53. 7）
1951	4. パリ条約調印（52. 7発効）	
1952	5. 欧州防衛共同体（EDC）条約調印	7. 欧州石炭鉄鋼共同体（ECSC）発足
1953	7. プジャード運動開始。8. 公務員中心にゼネスト発生。秋にかけて農民デモ発生	10. ラオス独立。11. カンボジア独立
1954	4. TVA（付加価値税）導入。5. ヴェトナムでディエンビエンフー要塞陥落。7. ジュネーヴ協定調印，ヴェトナムが南北に分断。8. 下院が EDC 条約の批准拒否。11. アルジェリア戦争開始，FLN の成立	6. 周恩来とネルーによる平和五原則発布。9. 東南アジア条約機構（SEATO）発足
1955		5. ワルシャワ条約機構発足
1956		2. フルシチョフ，スターリン批判。3. チュニジア，モロッコ独立。10. 23. ハンガリー動乱（～11. 10）。10. 29. 第二次中東戦争開始（～57. 3）
1957	6. 債務支払い停止，IMF 等から緊急融資。3. ローマ条約調印（58. 1発効）	
1958	6. 首相にドゴール就任。9. 第五共和政憲法が国民投票で承認	1. 欧州経済共同体（EEC），欧州原子力共同体（EURATOM）発足
1959	1. 第五共和政初代大統領にドゴール就任（～69. 4）	1. キューバ革命勃発
1960	6. 憲法改正，アフリカ諸国の独立可能に	1. カメルーン独立。4. 韓国，四月革命勃発。トーゴ独立。6. 仏領アフリカとマダガスカル独立（～11）
1962	3. エヴィアン協定調印。10. 大統領直接公選制に向けた憲法改正を国民投票で承認	7. アルジェリア独立。10. キューバ危機

1963	1. 西ドイツとエリゼ条約調印	
1964	1. 中国承認	
1965	4. ブリュッセル条約調印（67.7発効）	2. ベトナム戦争本格化（～75.4）。6. 空席危機（～66.1）
1966	7. NATO の軍事機構から脱退	
1967		6. 第三次中東戦争。7. ヨーロッパ共同体(EC)発足。8. 東南アジア諸国連合（ASEAN）発足
1968	5.「五月革命」	1. プラハの春（～8）。4. キング牧師暗殺。8. チェコ事件
1969	4. 国民投票での「敗北」，ドゴール退陣。6. 大統領にポンピドゥ就任（～74.4）	10. 西ドイツのブラント首相，東方外交開始
1970	3. フランコフォニー成立。11. ドゴール没	
1971	6. エピネー大会にて新社会党が発足，書記長にミッテラン就任	8. ドルの金兌換停止,欧州は共同フロートに
1972	6. 社共共同綱領締結。10.「国民戦線」設立（党首ジャン＝マリ・ルペン）	
1973		10. 第四次中東戦争，第一次石油危機へ
1974	4. ポンピドゥ没。5. 大統領にジスカール＝デスタン就任（～81.5）	4. ポルトガル，無血クーデタ
1975	1. ヴェイユ法，中絶合法化。12. パリ市長職復活	7. マイヨットを除くコモロ諸島独立。11. フランコ死去。フアン・カルロス1世即位
1977	3. パリ市長にシラク就任（～95.5）	6. 仏領ソマリア，ジブチとして独立
1979		2. イラン革命勃発，第二次石油危機へ。3. 欧州通貨制度（EMS）成立
1980		9. ニューヘブリデス，ヴァヌアツとして独立
1981	5. 大統領にミッテラン就任（～95.5）。9. 死刑廃止	
1982	3. 地方分権化法制定	4. フォークランド紛争勃発（～6）
1985		4. ゴルバチョフ書記長，ペレストロイカ開始
1986	2. 第1回フランコフォニーサミット開催。3. 総選挙で右派が勝利，コアビタシオンの成立	
1988	5. ミッテラン大統領再選。6. 総選挙で社会党勝利	
1989	10.「スカーフ問題」の表面化	6. 天安門事件勃発。11. ベルリンの壁崩壊。12. マルタ会談開催，冷戦終結

1991	**12**. 9. マーストリヒト条約調印（93. 11発効）	**1**. 湾岸戦争開始（～2）。**6**. ユーゴスラヴィア紛争勃発（～2001. 11）。**12. 25**. ソ連崩壊
1992	9. マーストリヒト条約批准の国民投票，僅差で可決	
1993	**3**. 総選挙で右派が勝利。第二次コアビタシオン	**9**. パレスチナ暫定自治合意。**11**. ヨーロッパ連合（EU）発足
1995	**5**. 大統領にシラク就任（～2007. 5）	
1997	**6**. 総選挙で左派連合が勝利，第三次コアビタシオン	
1998	**5**. ヌメア協定調印	
1999	**10**. 市民連帯契約（PACS）制定	**3**. ユーゴスラヴィア空爆開始（～6）
2000	**6**. パリテ法制定	
2001	**5**. 上下両院で奴隷制と奴隷貿易を「人道に対する罪」とする法案可決	**9**. アメリカで同時多発テロ事件
2002	**1**. ユーロ全面流通。**4**. 大統領選挙でシラク再選。極右ルペン，決選投票進出	**5**. 東ティモール独立
2003		**3**. イラク戦争開始（～11. 12）
2004	**3**. 宗教標章法制定	
2005	**7**. 国民投票でヨーロッパ憲法案否決。**10**. パリ郊外「暴動」	
2007	**5**. 大統領にサルコジ就任（～12. 5）	**12**. リスボン条約調印
2009	**3**. NATO の軍事機構に復帰	
2011	**3**. マイヨットが海外県に	
2012	**5**. 大統領にオランド就任（～17. 5）	
2013	**5**. 同性婚法制化	
2015	**1**. シャルリ・エブド社襲撃事件。**11**. パリ同時多発襲撃事件	
2016		**6**. イギリスが国民投票で EU 離脱を決定
2017	**5**. 大統領にマクロン就任	
2018	**11**. ニューカレドニアで独立を問う住民投票実施，独立否決	